한국외교사와 한국외교

한국외교사와 한국외교

이용희

동주 이용희 전집 4

연암서가

차례

제1부 한국외교사 논고

동인승(東仁僧)의 행적 (상): 김옥균과 개화당의 형성에 연(沿)하여	9
거문도 점령외교 종고(綜攷)	75
38선 획정 신고(新攷)	134
두 개의 중국과 한국의 장래	212
6·25 사변을 에워싼 외교	241

제2부 1940, 50년대 세계정치와 한국외교

미국의 결의와 평화의 상실	283
전쟁으로 가는 길	295
미소위기의 의의와 군사론	308
미국 극동정책의 변모	331
38선 획정의 시비	346
(속)38선 획정의 시비	350
동서진영에 있어서의 서독의 위치	360
우리나라의 외교를 위하여: 외교란 자랑이나 이상의 선언이 아니다	365
유엔거부권 문제와 그 장래	386

제3부 1960년대 세계정치와 한국외교

미일 신방위조약론	403
소련 외교정책을 해부함	409
중근동 친선방문을 마치고나서	415
또 유엔총회를 맞으면서: 한국문제의 현황을 논한다	424
탄트 보고와 한국문제	445
한국에의 외교적 도전	448
금차총회와 한국문제	456
정치의 앞날을 위하여: 70년대 초를 향한 거센 시대조류	459
한국근세 국제관계의 이해를 위하여	467
한국과 미국, 시련의 전환기: 신고립주의 경향을 따진다	472

일러두기

- 본서는 한국외교사에 관한 논문과 한국외교에 관한 논설을 모아 편집한 것이다.
- 한글 표기를 원칙으로 하되, 필요한 경우 한자를 병기하였다.
- 독자의 편의를 위해 띄어쓰기와 문장부호는 현행의 쓰임새에 맞게 적절히 고쳤다.
- 외래어 고유명사는 국립국어연구원의 외래어 표기법에 따라 수정하였다.
- 동양서의 경우 책명, 신문명, 잡지명은 겹화살괄호《 》로 표시하였고, 논문이나 기사의 경우 홑화살괄호〈 〉를 사용하였다. 서양서의 경우 일반적인 방식을 따랐다.
- 서지 사항의 표기는 현행 방식으로 수정하였다.

제1부

한국외교사 논고

동인승東仁僧의 행적 (상)
김옥균파 개화당의 형성에 연沿하여
(1973)

이동인은 본시 승려 출신으로, 주지되듯이 구한말 1880년 전후에 정계에서 암약하던 개화파의 인물이다. 그리고 갑신정변을 일으킨 김옥균 일파와 밀접히 관련되어 있는 것으로 알려져 있으나 다만 그의 행적은 그리 소상하지 못하다. 이 글의 내용은 일찍이 1969년 한국국제정치학회의 모임을 빌어 〈이동인 소고小巧〉라는 제목으로 그 대요를 발표한 것인데 그 후 학계의 상황을 살피건대, 그 모임의 성질과 구두발표에 그친 탓인지 널리 일반의 주의를 환기하지 못한 것 같다. 한편 수수께끼 같은 동인승의 행적에 관한 관심은 그 후도 끊일 줄 몰라서 사가史家의 탁론卓論이 나오는가 하면 또 조고계操觚界의 한말 개화기 특집에도 취급이 되었는데 하도 자료가 요요寥寥한(1) 중에 나의 발표라도 이용되었더라면 하는 점이 약간 없지 않아 있었다. 그러므로 여기 다시 미진未盡을 보태서 무문蕪文을 엮는 바이다.

1. 동인승

동인의 성씨는 이씨로되 그 본관은 알 수가 없다. 항용 개화승 동인으로 통하거니와 본시 동인이란 이름은 속명으로 그의 법명은 기인琪印, 그리고 그의 법호法號는 서명西明으로 여겨진다. 동인의 가계·생시 및 혈육관계는 현재로 도무지 분명치 않으나 다만 친형이 있었던 모양이며 또 그의 고향이 부산 지방일 가능성이 크다.(2) 동인은 1878년경(고종 15년 무인戊寅)에는 나이 30 안짝으로 서울 수유리 소재 화계사의 속사屬寺인 삼성암三聖庵에 잠시 있었다.(3)

그 당시 경상도 부산 지방은 일인日人의 한반도 진출의 근거지였다. 부산 지방의 초량草梁은 예부터 일본 세견선의 도착지로 일인의 거류가 허용되어 온 것은 모두 아는 일이거니와 병자년(1876) 수호조약 이후로는 새 조약에 의한 최초의 개항지로 지정되어 거류지역도 확대되고 일상日商의 내왕도 갑자기 빈번하게 되었는데 1877년(고종 14년 정축丁丑) 말에는 그곳에 일본 불교의 일파인 히가시혼간지東本願寺의 별원別院이 설치되게 되었다. 그런데 이 부산별원의 설치는 비단 일본 진종眞宗의 포교에 목적이 있을 뿐 아니라 조선국의 유지와 접촉하여 그들을 친일화함으로써 당시의 일정日廷의 대한對韓 정책을 측면에서 돕고, 나아가서는 히가시혼간지로 하여금 "8도의 사원을 총할總轄"하여 마침내 조선의 승속僧俗을 풍미하려는 데 본뜻이 있었다.(5) 따라서 별원의 초대 원주院主로 부임한 오쿠무라 엔신奧村圓心은 도착 다음해부터는 승속의 조선 인사들과 열심히 접촉하였는데(6) 그 즈음 곧 1878년(무인) 양력 6월 동인은 홀연히 부산으로 이 별원을 찾고 원주인 엔신과 만난다. 그리하여 이틀 동안 그

곳에 연류連留하면서 석도釋道를 논한 끝에 떠날 때는《석씨계고록》釋氏稽古錄을 빌려갔다.(7) 그 후 동인은 같은 해 9월 중순에 다시 부산 별원을 찾았는데 그때 이미 동인은 사적寺籍을 경기도 삼성암(당시는 경기도)으로부터 경상도 양산군 통도사 백련암白蓮庵으로 옮겨놓고 있었다. 그리고 오쿠무라 원주와의 화제도 단순한 불교담론을 떠나서 어언간 조선 불교의 퇴폐상 또 조선정국론, 특히 조선의 국제적 고립 등에 미친 것 같다. 엔신의《일지》를 따르면, 이때 동인은 조선 간본刊本으로 생각되는 대장경 목록, 유마경維摩經 일부, 아미타경 주서註書 일부를 일본 교토京都 소재 히가시혼간지 본산本山에 투헌投獻하기를 청했으며 또 "제자 되기"를 원했다고 하는데(8) 그 의미가 히가시혼간지에의 입적을 말한 것인지 혹은 다만 엔신을 따른다는 뜻이었는지 확실하지 않다. 하여간 연 3일 별원에 묵어가면서 장長 담론을 하였다니 그 의기상투한 모습을 짐작할 만하다. 동인의 경서투헌은 지체 없이 일본에 연락된 모양으로 그 해 양력 12월에는 교토 본산으로부터 회례回禮의 뜻인지 동인에게 염주 1련聯과 성교聖敎 1책이 전달되었다. 그리고 이때 동인은 엔신의 알선으로 일본군함 히에比叡(9)를 탑승 구경한다.

그런데 동인은 1879년(기묘) 초봄까지에 다시 거처를 서울 근교의 봉원사奉元寺(새 절)로 옮긴 것 같다. 서재필 박사의 회고담에 의하면 고우古愚 김옥균이 동인승을 만난 것은 이 새 절이었다고 하는데 그것이 옳다면 그 시기는 1879년 곧 기묘년 봄으로 보는 것이 가장 타당할 듯싶다.(10) 그 당시 김옥균의 나이 29, 벼슬은 홍문관의 수찬修撰(종6품)·부고리副校理(정6품) 사이를 넘나들고 있었으니 7년 전(1872) 과거에 장원급제하고 그 해에 정5품직인 지평持平 자리로부터 관력官歷을 시작한 사람치고는, 매천梅泉 황현黃玹의 소평所評대로 미상불 "관도미양"官途未揚이라고 할 만하다.(11) 그러나 옥균은 이즈음에 이미 상당한 정치적 포부를 가지고 있었으며 한편 귀천을 가리지 않고 동지를 규합하고 있었는가 하면 다른 편으로 권문權門에도 길을 트려고 노력한 흔적이 엿보인다. 동인승이 1879년 8월 일본으로 밀항하기 위하여 부산별원의 엔신을 만났을 때의 담談이라는 것을 보면 '혁명당' 또는 '개화당' 박영효朴泳孝·김옥균 등이라고 나온다. 그 시기에 있어서 '혁명당'이라는 의미가 어떤 것이냐 하는 것은 차치하고라도 김옥균·박영효 그룹이라고 할 수 있는 그룹이 있었으리라는 것은 의심이 없다.(12) 또 동시에 김옥균은 당시 세도의 중핵되는 운미芸楣 민영익閔泳翊에도 접근하려 하였거니와 일방 영의정 이최응李最應의 아들이며, 소민小閔이라던 민영익과 더불어 출세관도를 달리던 이재긍李載兢과도 기맥을 통한 듯하다.(13) 하여간 김옥균과 동인승과의 해후는 단순히 신지식, 특히 일본을 통한 해외지식의 전파만을 의미하지 않았다. 동인승은 1879년 8월까지는 어언간 박영효·김옥균 일파의 동지로 자처하고 있었으며 일본에의 밀항도 목적은 '열국공법'列國公法 등을 익히는 데 있다고 명언하고 있다. 곧 엔신의 일지를 따르면, 동인승은 1879년 양 8월 중순경 다시 부산별원에 나타나 그곳에서 체류하면서 일본에서 돌아오는 오쿠무라 엔신을 기다리고 있었으며,(14) 그의 알선으로 9월 상순 일본으로 밀항한다. '열국공법' 운운은《일지》에 첨기添記된 〈동인일본만유사정〉東仁日本漫遊事情에 나오는 것인데 이 경우 동인이 설령 열국공법을 주장 내세웠다고 하여서 도일 목적을 이것에 국한할 이유는 물론 없다. 그러나 '열국공법'의 학습을 내세운 것은, 한편 생각하면 당시 옥균 일파의 관심의 일단을 추측하는 단서가 된다. 주지되듯이 구한舊韓 조정은 한·일 수호조약(1876) 이래 일측의 개항지 결정 요구, 공사公使 주재 요구 등등으로 낯선 외교교섭에 곤경을 겪고 있던 중, 1878년에는 조선 정부의 부산해관 설치와 해관세 징수에 따라 일본은 그 철회를 요구할 뿐 아니라 심지어 여러 가지 방식으로 무력시위를 감행하였다. 1878년(戊寅) 음 12월 부산에서는 일본 해병이 상륙하여 연무演武한다는 명목으로 시위를 자행하는가 하면 일상日商들이 부아府衙에 난입하는 불상사가 일어났다. 이듬해(1879) 음 3월에는 일본 해군이 다시 부산에 상륙하여 동래부에 시위행군하는가 하면 함장이라는 자가 발검拔劍하여 부사와 판찰관辦察官을 치상致傷케 하고, 다음달인 윤 3월에는 2항의 신규 개항과 부산해관 사건에 대한 일본의 손해배상청구 등을 목적으로 대리공사 하나부사 요시모토花房義質가 조선에 온다. 따라서 조선 정부의 주 관심사는 당시 어떤 방법으로 안으로 척사의 여론을 막고 밖으로 일본 사신과의 교섭에 임하느냐에 있었다. 이즈음 옥당관원玉堂官員 김옥균에 대한 기록은 《승정원일기》承政院日記 기묘년 4월 10일조에 나타난다. 그날 영의정 이최응의 정사보고가 있은 연후 고종이 왜사倭使가 호위병력을 거느리고 병함兵艦으로 내경來京 중인 일에 관심을 표시하고, 이에 응하여 최응은 왜는 본시 이적이라 치지도외置之度外하던 것인데 동래부(부산)에서의 왜인 행패는 실로 통분사痛憤事라고 하여 군신 더불어 우려의 빛을 보였다. 이에 뒤이어 옥균이 진언을 하는데, 그 말 중에 "지금 객사이항客使異航이 연년입경連年入境하니 무릇 선린善隣(대일외교) 어이馭夷의 방도를 불가불 강구해야 되겠습니다"라고 하였는데 비록 그 진언이 강경講經의 정철停綴을 막고 또 선린어이의 도道도 옥당소임玉堂所任답게 춘추좌전春秋左傳과 국어에서 찾을 것을 진주陳奏한 것이로되 내심은 선린어이의 방안을 신지식과 만국공법에 의거한 근대외교(15)라고 어렴풋이 생각하고 있었을는지 모른다.

여설(餘說)

(1) 동인승에 관한 기본자료에 대하여: 얼마 안 되는 동인 관계자료를 국내외로 구별하여 보면 다음과 같다. 우선 관부문서인데《승정원일기》,《고종실록》신사년(1881)에 동인 임관(任官)과 일본 파견안 관계기록이 있으되 그것은 승정원의 초고로 알려지는 규장각문고 소재〈정치일기〉혹은〈정사〉를 정리한 것이다. 관문서 아닌 관원의 당시 기록으로는 주지되듯이 운양 김윤식의《陰晴史》의 소기(所記)가 있는데 이것도 영선사 자격으로 북양아문의 이홍장(李鴻章)을 만난 운양이 한미 수호조약 초안을 의논하는 자리에서 동인의 조약초안에 언급한 짤막한 글에 불과하다(국사편찬회본, 신사년). 다음 비교적 자세한 동시대인의 회고담으로는《서재필 박사 자서전》(김도태 편, 1948년)이 있으며 이밖에 동인승을 간접으로 언급한 그의 기록에는《회고 갑신정변》(변영로 역,《갑신정변과 김옥균》. 원제: *A Few Recollection of the 1898 Revolution*) 이 있으되 소상한 점에서 도저히《자서전》을 못 따른다. 다만《자서전》은 1945년 해방 후 귀국한 노경(老境)의 서 박사의 기억을 더듬은 것인데, 그 기억에도 동인 관계에는 애매한 것이 많거니와 또 편자의 보필(補筆)이 상당히 들어가 있어서 주의를 요할 바가 한둘이 아니다. 그러나 이《자서전》의 구술은 역시 중요한 자료임에는 틀림이 없다. 이 외에 동인의 실종 시기의 고간(古簡) 1통을 이광린 교수가 소개한 것이 있다(〈개화승 이동인〉,《창작과 비평》5권 3호). 이상과 같은 국내자료에 비하면 동인에 관한 해외자료, 주로 일본 자료는 그래도 풍부한 편이다. 먼저 관청기록으로는《日本外交文書》(일본 외무성) 제14권에 동인 관계문서가 있다. 그리고 동인이 활약하던 시기의 일본 주한대리공사이던 하나부사 요시모토의 문서가 공개되어 있다. 하나부사 문서의 원문은 현재 도쿄의 도쿄도립대학의 소장이로되 그 가운데 한국관계를 발췌복사한 것이 대한민국국사편찬회에 있다. 이것은 본시 김정계(金正桂) 씨의 노고

로 된 것으로 그 문서 중에는 동인 관계의 귀중한 자료가 더러 있으며 그 일부는 이미 이광린 교수가 이용한 바다(〈개화승 이동인〉). 동인 관계의 또 하나의 획기적 자료는 동인의 도일밀항을 알선했던 일본 히가시혼간지의 부산별원을 관장하던 오쿠무라 엔신(奧村圓心)의 자필본《朝鮮國布敎日誌》이다. 이것은 엔신의 부산파견이 결정된 1877년 10월부터 1897년까지의 그러니까 10년간의 조선관계를 그때그때 기록한 것으로 일지의 형식을 취하고 있으나, 사건의 다과(多寡)와 용무의 망한(忙閑) 탓인지 기재의 번간(繁簡)이 다르고 또 특별한 일이 있을 때는 몇 달 몇 날을 뛰고 있다. 인찰지에 묵서(墨書)한 총 102장(본문 202면)의 얇은 것이어서 그것의 존재가 오래 망각되어 왔다. 본래 엔신의 소속이던 일본 사가(佐賀) 현 가라쓰(唐津) 시 고도쿠지(高德寺) 소장이며, 그것이 발견된 것은 필자가 1970년 이른 봄 교토에서 히가시혼간지 문서를 조사하던 중, 그때 마침 히가시혼간지사(史)의 편찬을 위하여 교토 본산에 전국에서 빌리고 모아 온 문헌문서의 퇴적 속에서 후지시마 다쓰로(藤島達朗) 박사의 협조를 얻어 우연히 발견한 것이다. 동인에 관한 또 다른 자료는 당시의 신문보도, 그것도 주로 일본 기사의 약간인데 그중의 몇 개는《新聞集成明治編年史》제4권에 수록되어 있다. 이상의 것이 현재 알려진 제1차 자료의 전부인데 인용의 편의를 위하여 아래에서는 다음의 약호를 쓴다.

《日記》:《承政院日記》

《자서전》:《서재필 박사 자서전》

《外交文書》:《日本外交文書》

《日誌》:《朝鮮國布敎日誌》

《編年史》:《新聞集成明治編年史》

(2) 동인승의 인적 사항: 이동인의 동인이 속명인 것은 신사년(1881) 임관 때의 이름인 것으로 보아 의문이 없거니와 그의 법명과 법호, 그리고 그의 사적(寺籍) 관계는《日誌》로 짐작이 된다. 해당 부분을 이끌면 다음과 같다.

《日誌》메이지 11년(1878) 6월 2일 "경기도 삼성암의 승려 내방, 종일 진종(眞宗)의 종의(宗意)를 담(談)하고 뒤에 불배(佛拜)하고 가다." 이 날짜에는 후일의 첨기로 보이는 두주(頭註)가 있어서 "즉 동인이다"라고 적히어 있다. 6월 3일 "또 삼성암의 승려 필담 수 시간을 하고《釋氏要覽》을 차거(借去)하다." 동년 9월 15일 "또한 통도사 백련암 서명(西明) 실명은 기인(琪印)이 와서《稽古釋氏錄》을 반환하다. 대장(大藏)목록, 유마경 일부, 아미타경 주서(註

書) 일부 사이쿄(西京, 교토) 본산에 헌납하고 제자될 것을 바라다." 동년 12월 10일조 "동인(琪人임)에게 염주 1련(連), 성교(聖敎) 1책 본산(本山)으로부터 사여(賜與)."

동인의 고향이 부산일 가능성은 《자서전》 63면에 의거한 것이거니와 또 일설에 동인을 동래 범어사의 승려로 보고 있었던 것도 참고가 된다(李能和, 《朝鮮佛敎通史》 하권, 899면). 혹은 본은 부산 출신으로 처음 범어사에서 득도하였는지 모르겠다. 하여튼 동인이 1877년부터 엔신에게 속명으로 대하고 또 나중에 축발한 것을 보면 이 당시 벌써 환속에 뜻이 있어 법명을 아니 사용한 것이 아닌가 의심난다. 또 동인에게 친형이 있었던 것은 《外交文書》 제14권, 302면으로 분명하다.

(3) 삼성암(三聖庵)의 동인승: 《日誌》에 따르면 동인이 1878년 6월에 삼성암에 적을 두고 있었던 것은 의심 없으되 언제부터 그곳에 있었는지는 현재 알 길이 없다. 《日誌》의 경기도 삼성암이란 현재 수유리 화계사의 윗산에 속사(屬寺) 격으로 있는 삼성암에 틀림이 없다. 그런데 이 절은 6·25 사변 중 소실되어 현재의 건물은 그 뒤의 신축일 뿐 아니라 암려(庵廬)의 내력관계와 기타의 모든 문건이 사변 중 산실 또는 소실되어 지금 정확히 그 역사를 따질 수 없다. 다행히 《불교사전》(운허용하 편, 1961)과 50여년래 단가(檀家)로 있는 황명휴(黃明休) 씨의 기억으로 약간의 내력을 더듬을 수 있다. 사전과 황 씨에 의하면, 삼성암은 1872년 고상진(高尙鎭) 거사가 창건하고, 박선묵(朴銑默)과 이모, 변모가 독성각을 1882년에 짓고 삼성암이라고 하였다. 70여 년 전에는 암주(庵主)가 최덕운(崔德雲), 그 다음은 이두산(李斗山) 등등이었는데, 그 당시 들은 바로 동인승이 잠깐 머무른 일이 있었다는 것이며 절의 건물은 일자형의 여염집 같았다는 것이다. 그런데 삼성암의 본사인 화계사는 동인과 밀접한 관계가 있던 인사와 연관이 깊어서 주목된다. 화계사는 고균 김옥균이 자주 찾던 사찰로 알려지며 갑신정변 때 형사(刑死)한 차홍식(車弘植)도 화계사에서 옥균을 만나 따라 나서게 되었다(甲申大逆不道罪人李喜貞等鞫案 光緖 10年 12月 9日 車弘植 推考條). 뿐만이 아니라 1879년 동인이 밀항도일하였을 때, 김옥균의 밀명으로 동인을 뒤따라 도일한 승려 무불(無不)(성은 卓씨, 속명은 挺植 또는 鼎植, 법명 覺地 또는 無不, 법호 夢聖)은 김옥균을 역시 같은 화계사에서 만나 알게 된 것이라고 전한다(《조선불교통사》 하권, 899면). 그리고 갑신년 모의장소로도 자주 모이던 곳이기도 하다(이광수, 〈박영효

씨를 만난 이야기〉,《동광》 1931년, 15면). 그러면 혹은 그 즈음에 화계사 윗산 삼성암에 우거하던 동인이 그때 벌써 옥균과 무불을 알았을지도 모른다는 추측도 가능한데 다만 아직은 증거가 없다. 하여튼 1879년(기묘) 동인이 처음 일본으로 밀항할 때는 동인과 무불은 이미 서로 아는 사이로 생각된다. 그리고 삼성암 때의 동인의 나이가 30 안짝이 아닌가 하는 것은 1881년 동인 암살설에 대한 일본《朝野新聞》의 회고기사에 근거를 둔 데 불과하다(《編年史》 제 4권, 386면 참조).

(4) 히가시혼간지(東本願寺) 부산별원: 히가시혼간지의 편찬물에 의하면 별원의 내력은 아래와 같다.

    오쿠무라 가몬노스케(奧村掃部介)라는 무사가 혼간지(本願寺)에 귀의하여 조신(浄信)이라는 법명의 승려가 되어 1585년(선조 18년) 개교의 목적으로 조선에 건너와 부산 지방에 고덕사(高德寺)라는 절을 창설하였다는 것이며, 그 후 임진왜란으로 1598년(무술) 귀국하여 일본 규슈 가라쓰(唐津) 번주의 소청으로 후산카이 고도쿠지(釜山海高德寺)를 현 장소인 가라쓰에 옮겼다고 한다. 그런데 이 후산카이 고도쿠지는 혼간지 소속으로, 이 까닭에 도쿠가와 막부 시대의 조선통신사도 조선과 인연이 있는 혼간지의 도쿄분원 곧 아사쿠사(淺草) 분원에 유숙하게 하였다는 것이며, 또 그 탓인지 병자수호의 이듬해인 1877년 정축 일본정부의 내무경과 외무경은 히가시혼간지에 조선 개교를 종용하고 또 의원(依願)하였다는 것이다. 이리하여 히가시혼간지는 조선과 인연 깊은 고도쿠지의 오쿠무라 조신의 후예인 엔신 및 히라노 게이스이(平野惠粹) 양인을 선발하여 파한(派韓), 부산별원의 건설을 명했다는 것이다(大谷波 本願寺 朝鮮開教監督府 編,《朝鮮開教五十年誌》, 13~19면). 그런데 엔신의《日誌》에 의하면 내력에 약간 다른 바가 있다. 오쿠무라 조신의 내한은 1585년이 아니라 1587년(선조 20년 정해)이며, 조신은 임진왜란의 전년인 신묘년(1591) 도요토미 히데요시(豊臣秀吉)의 명으로 일시 귀국, 히데요시에게 조선사정 기타를 보고하고 임진년 조선침략에 종군하였다가 병신년(1596) 다시 귀국한 것으로 되어 있다. 그리고 가라쓰로 옮긴 고도쿠지를 일명 후산카이 고도쿠지라고 하는 '후산카이'(釜山海)도 히데요시가 명명한 것이라고 하니 오쿠무라 엔신이 대를 이은 고도쿠지의 창건 내력부터가 적이 정치적이라 아니 할 수 없다. 더욱이 히가시혼간지의 부산 진출부터가 당초 일본정부의 요청으로 이루어진 것은 주목할 만하고 또 이 점은《五十年誌》(18면)에도 "우리

혼간지는 비록 정교는 분리한다 하더라도 종교는 곧 정치와 서로 보완하여 써 국운의 진전발양과 국민의 활동을 기도해야 될 것을 신조로 하고 있다"는 호국불교의 입장을 명백히 하고 있다. 그것은 그렇고, 엔신이 파견될 때의 히가시혼간지의 외국포교장은 아쓰미 게이로쿠(渥美契緣), 그 후임은 도쿄사무를 겸임한 스즈키 게이쥰(鈴木惠淳)이며, 엔신의 부산 도착은 1877년 9월 28일, 그리고 일인거류지 서관(西舘)편에 구옥(舊屋)을 얻어 수리 이사하여 부산분원의 체모를 갖춘 것은 같은 해 양 11월 27일로 적혀 있다(《日誌》同日條).

(5) 히가시혼간지의 조선개교 목적: 앞에 든 《五十年誌》에 의하면 조선개교의 목적과 포부는 아래와 같다. "당시 혼간지의 계획은 먼저 부산에 별원을 창설하여 국위(國威)의 진전에 따라, 아니 그에 앞서서 온 조선 추요(樞要)의 지(地)에 별원 및 포교소를 건설하여 재류 일본인의 포교전도는 물론이고, 그밖에 교육과 사회개선에 종사하는 일방 조선동포 방면에의 개교를 기도하고 있었다. 그런고로 거류민의 교육을 창시함은 물론 자선사업의 대부분은 별원의 손으로 시작되었던 것이다. 한편 조선동포의 교화도 크게 볼 만한 것이 있어서 조선동포의 일본유학은 혼간지 별원이 그 단(端)을 발하였을 뿐 아니라 양국 국교하는 사이에서 알선을 노력하였으며 음양으로 그 원활을 기도하였다"(20면). 그런데 당시의 포교의 대방안은 단순히 전도라는 방법이나 소위 양국 간의 알선에 그치는 것이 아니라, 조선 내 친일정권의 수립을 지원함으로써 일거에 팔도에 혼간지의 교권을 확립한다는 상당히 정치적인 면이 있었으며, 특히 초대 별원주였던 오쿠무라 엔신이 그러하였고, 또 이런 면에서 나중에는 마에다(前田) 총영사와 현지의 엔신 그리고 혼간지 간부가 합작하여 책동한 흔적이 있다. 엔신의 계획이라고 할까 의도라고 할까는 그의 일지에 남겨둔 그의 〈朝鮮國弘教建言〉에 자세한데, 동인 일파와 혼간지와의 관계, 그리고 그 실지를 생각하는데 중요하므로 그 전문을 끌면 이러하다.

조선국 홍교 건언: 무릇 불교는 무상(無上)의 법이라 하오나 불가독립이오 필히 국왕대신의 보호를 득하여 홍통(弘通)하게 되는 것입니다. 이미 아국(我國) 황제 폐하께서도 숭경(崇敬)하시는 고로 대신 이하 서민에 이르기까지 한 사람도 불교를 장애(障碍)하지 못하고 국내에서 당당히 홍교(弘敎)하여 왔습니다. 이것은 불덕(佛德)입니다만 또한 국가보호의 은혜가 아니겠습니까. 아국 천 여년의 풍습으로도 여차(如此)하니 하물며 타국에 있어서겠습니까. 고

로 근년 서양 각국의 교사(전도사―필자)가 아국에 흥교함에 있어서도 우선 관도현귀(官途顯貴)의 인사를 설(說)하여 금일의 형세를 종내 얻었습니다. 연이나 다행히 요로(要路)의 인사가 빨리 저들의 간책을 간파하여 신(信)하지 아니 하니 이에 불교가 성대하게 되었습니다. 위태롭구나(危哉岌岌乎) 그런즉 흥교는 국가대신의 보호, 불보호에 따라 그 성리(盛裏)를 인정할 수 있다 하여도 무언(誣言)이 아닐 것입니다. 지금 우리 대교정(大敎正) 전하께서 불조보은(佛祖報恩)의 염의(念意)가 심후(深厚)하사 이미 메이지 9년(1879) 중국 상하이에 별원을 개설하시고, 10년(1877) 조선국에 법기(法旗)를 하사하시었습니다. 불초 엔신은 차거(此擧)에 회(會)하여 은명(恩命)을 받들고 조선국 부산항에 도항하여 불일(不日)에 별원을 개설하고 13년(1880) 다시 함경도 원산 개항에 따라 동항(同港)의 설교장을 건축, 이체(二諦)의 종의(宗義)를 연설하였는데 양 항에 왕래하는 승속(僧俗)이 모두 응기(應機)의 양법(良法)이라 하여 점차 신도로 인정될 수 있는 자가 늘어났습니다. 그러하오나 조선 정부는 외교(外敎)의 신앙을 불허하므로 공연히 우리 종의(宗義)를 시행하기 곤란합니다. 고로 양국 교의(交誼)가 일(日)과 월(月)에 따라 친밀하게 되기를 기념(祈念)하던 차 요즘 흥교의 시기가 도래하였는지, 조선국의 유지가 우리 별원과 설교장으로 인하여 내정을 일본정부에 통하게 되어 이들 유지와는 접부접(接不接) 간에 교의가 친밀하게 되었습니다. 이들이 뜻을 득하여 개명의 기운(機運)을 얻게 되면 이들이 어찌 우리의 진종 흥교를 장애할 수 있겠습니까. 오늘날 조선국 정부의 사정을 관찰컨대 일본 정부의 간정(懇情)을 연모하는 뜻이 매우 빈번하여 세태의 유신(維新)에 1년을 넘지 않을 것입니다. 금번 하나부사 공사가 조선국에 내항하면 인천 개항은 필성(必成)이요, 나머지 건도 또한 낙낙(諾諾)일 것입니다. 이에 이르면 우리 종교도 1일을 지체할 수 없은즉 속히 정부와 동일(同日)에 경성 인천 간의 승지(勝地)를 복(卜)하여 당우(堂宇)를 건축하여 청컨대 혼간지라고 하고 팔도의 사원을 총할(總轄)하려는 형세를 보이면 조선 정부에 있어서도 어찌 이 일을 등한히 보겠습니까. 오늘날의 유지(有志, 친일 유지―필자)는 필히 보호의 일단을 가할 것은 의심이 없습니다. 만일 이런 시기에 이르면 황송하오나 연지(連枝)되는 분 중의 한 분이 주임으로 앉으셔 법위를 팔도에 보이시면 노반(勞半)에 공배(功倍)일 것입니다. 오늘날 조선 유지는 우리 혼간지의 성대함을 진실로 믿고 또 알고 있는 바인즉 어찌 경멸을 가할 것입니까. 그들은 필히 경례를 후히 할 것이니 이것이야말로 실로 홍교의 기초로서 법위(法威)로 팔도의 승속을 풍미할 호(好)기회인즉 이 일을 등한히 간과하여서는 불가합니다. 복망(伏望)하건대 집사(執事) 각하는 조선국의 사정 변천을 통찰하시어 종풍(宗風)을 비양(飛揚)케 하여 팔도 인민을 구제하시기를 바라며 목격 사정을 묵묵히 불언할 수 없어 삼가 이처럼 미의(微意)를 표정(表呈)하옵니다. 메이지 13년(1880) 11월 19일 원산항 설교장 출장 7급 출사 오쿠무라 엔신, 집사권중교정(執事權中教正) 시노하라 준메이(篠原順明) 전(殿)(《日誌》1881年 1月 26日條).

이상으로 보아도 그 포교의 방안은 천주교의 예와는 아주 판이한 것을 알 수 있으며, 또 엔신의 조선정국과 민심에 대한 판단은 친일 개화인사의 정보가 위주였던 탓인지 어지간히 천진난만하거니와 하여튼 그 주지(主旨)가 조선의 개화파 친일유지들로 정권을 장악하게 하여 그런 연후에 그들의 지원을 얻어 일거에 조선팔도 내에 교권을 확립한다 하고 있는 것은 명료하다. 뿐만 아니라 상태의 경과로 보아 혼간지 본산이 이 〈건언〉을 받아들인 것도 의문이 없을 것 같다.

(6) 엔신의 한인접촉 관계: 우선 오쿠무라 엔신인데, 그는 1843년생으로 일본 규슈 가라쓰에 있는 후산카이 고도쿠지에서 태어났으며, 소년시절 이미 이른바 일본 막말시대의 근왕운동에 참여한 일이 있고, 나이 35세에 혼간지 부산별원의 초대 윤번(輪番, 院主)으로 뽑혀 내한하였다. 조선 포교와 일본애국부인회 운동으로 유명한 오쿠무라 이오코(奧村五百子)는 바로 그의 매제. 엔신은 부산별원 외에 원산설교장 그리고 후에 매제 이오코와 더불어 광주포교소를 설치한 인물이다. 다음 한인과의 초기 접촉을 보면,《日誌》에 의하건대 1877년 11월 별원의 체모가 점차로 갖추어짐에 따라 한인의 심방(尋訪)이 빈번하였다고 하는데,《日誌》에는 그 중 승려와 사인(士人), 관인들의 심방은 성명을 기록하면서 특기하는 것을 보면 대체로 접촉의 취지가 짐작된다. 한편 별원을 심방하는 승려는 부산 부근의 범어사, 통도사를 비롯하여 멀리 금강산, 경기지방에서도 오는 사람이 있어서 별원 설치의 초기에 이미 승려 사이에 소식이 전해진 인상이며, 또 사인 중에도 경상도를 위시하여 서울, 전라도 등 각지의 사람이 있어서 각지의 사정을 듣게 된 듯하다.

(7) 앞에서 이미 이끌듯이 동인의 별원 방문은 1878년 6월 2일 및 3일의 양일이로되 그때 동인은 불교 관계에만 말을 그친 것 같다.《日誌》에도 "종일 진종

의 종의를 담(談)하였다"고 하였으며, 그 익일 다시 심방하였을 때도 "필담 수시에《석씨요람》을 차거(借去)"라고만 적었다. 엔신의《日誌》의 내용을 살피면 승속 간에 조선시국을 논한 사람은 거의 성명을 특기하여 놓았으며 또 큰 관심을 표시하였다. 따라서 동인의 경우 삼성암 승으로만 기록한 것은 혹시 큰 관심을 끌지 못한 탓이 아닌가 생각되는데, 후일 동인에 대한 관심이 커짐에 따라《日誌》에 두주(頭註)를 가하여 "즉 동인이라"고 첨기하였다. 한편 동인이 차거하였다는 "석씨요람"은 곧 후에 "석씨계고록"이라 적은 것인데 아마도 석가의 사력(事歷)을 편년체로 엮은 각안(覺岸, 1354년 찬)의《釋氏稽古略》일 것이다.

(8)《日誌》를 이끌면 이러하다. 1878년 9월 15일조 "또한 통도사 백련암 서명(西明), 실명은 기인(琪印), 내방하여《稽古釋氏錄》을 반환하다. 대장(大藏)목록, 유마경 일부, 아미타경 주서 일부 사이쿄(西京) 본산에 헌(獻)하여 제자될 것을 바라다. 또한 충청도 서원(西垣) 내방하니 이객(二客) 담화하여 일모(日暮)에 급(及)하여도 그치지 않고 필담 야반(夜半)에 이르다. 담화 심경(深境)에 들어서니 16, 17일 도합 3주야간(晝夜間)을, 조선 고립에 정강(政綱)이 부진(不振)하고 또 종교가 패퇴(敗頹)함을 담(談)하다". 18일조 "담화 부진(不盡)이나 귀장(歸裝)을 하다. 동인(琪印)에게 칠조성교(七祖聖敎) 일부를 대여, 서원에게 진종교지(眞宗敎旨) 일부를 주다".

(9) 이 대목의《日誌》는 다음과 같다. 1878년 12월 9일조 "통도사 승 동인이 오다. 담화 수 시간 후에 가다". 10일조 "동인(琪印을 말함)에게 염주 1련, 성교 1책, 본산으로부터 사여…". 11일조 "동인 체재하여 호국부종(護國扶宗)의 담화 누누 2일간에 이르다. 그 뒤 우리 군함을 보기를 간망하는지라 김철주(金鐵柱)와 동도(同道)하여 히에함(比叡艦)을 보게 하다". 13일조 "동인 이별을 고하고 거(去)하다…". 여기 '호국부종'이란 말은 암시하는 바가 크다. 호국은 호국불교의 입장이거니와 부종의 뜻은 앞서 이끈(주 5)〈조선국 홍교건언〉의 문맥에서 봄직도 하다.

(10) 동인승과 김옥균이 처음 만난 장소와 시기문제: 김옥균이 동인을 만난 장소가 서울 근교의 봉원사(奉元寺)였다고 하는 것은《서재필박사 자서전》(62면 이하)에 의거한 것이다. 서 박사는 다른 곳에서도 "조선의 지식분자는 일본에 왕래하여 일어를 능통하는 총혜(聰慧)한 일 승려(불교)를 통하여 일본과의 비밀한 통신을 하였다"고 하여(민태원,《갑신정변과 김옥균》, 1947, 82면) 개

화파에 미친 동인의 영향을 강조하였거니와 《자서전》에는 동인과의 회오(會晤) 장면을 상당히 자세히 말해놓았다. 옥균이 동인을 절에서 만났다고 하는 또 하나의 기록은 1882년 9월 11일자 일본 신문인 《時事新報》의 글로서, 옥균은 우연히 어느 사원의 승려 이동인이란 자를 만나 옥균은 그와 동거하길 10일 간을 하였다고 전하였다(《編年史》 제5권, 147면; 石河幹明, 《福澤諭吉傳》 제3권, 1932년, 287면). 이 글의 필자는 바로 옥균과 특수관계가 있던 후쿠자와 유키치인즉 옥균, 동인 양인의 회면(會面) 관계는 필시 옥균 혹은 동인에게서 문지(聞知)한 것이 틀림없을 것이니, 이렇게 보면 서 박사의 회고담에 근거가 있듯이 생각된다. 그런데 《자서전》에는 옥균과 동인이 회면한 곳이 앞서 이끌듯이 새 절 곧 봉원사였다고 하거니와, 그렇다면 동인이 새 절에 기우(寄寓)한 것은 1878년 양 12월 하순경부터 1879년 양 8월 초순까지의 약 8개월 여가 된다. 그리고 서 박사에 의하면, 봄철 옥균, 동인이 회면한 후 두어 달 사이를 비었다가 "책이며 사진이며 성냥 같은 것을 많이 사가지고" 왔으며, 책은 "여러 권인데 역사도 있고 지리도 있고 물리, 화학 같은 것도" 있었다고 한다(《자서전》, 64면). 만일에 이 서 박사의 기억이 옳다면 동인은 8개월 사이에, 그것도 봄여름 사이에 다시 부산 지방을 다녀왔다는 것이 되는데, 《日誌》를 따르면, 마침 엔신은 그해(1879) 1월 중순으로부터 2월 중순까지 그리고 6월 상순부터 8월 중순까지 별원을 비우고 일본에 가 있었으니, 엔신이 없는 사이에 동인이 별원에 들렀을지도 모르는 일이며, 《日誌》에 그간 동인 방문의 기록이 없는 것도 당연해진다. 다만 동인이 왜 삼성암에 돌아가지 않고 봉원사에 우거하게 되었는지 지금 알 길이 없으되, 만약 서 박사의 기억착오라고 하면 봉원사보다는 화계사가 동인, 옥균의 회면이나 무불과의 관계에서도 자연스럽다. 이 점에 있어서 동인의 봉원사 우거설은 서 박사의 《자서전》 외에 봉원사 주지의 전문이라는 것이 있는데(《자서전》, 65면; 경향신문, 《한반도 백년》 1972년 5월 1일자), 그것이 과연 신빙할 만한 것인지 적이 의문스럽다. 다음 동인, 옥균의 회면은 대치(大痴) 유홍기(劉鴻基)의 소개에 의한 것이며, 동인은 서울에 있을 때 하나부사 공사 일행 중의 한어통역인 혼간지승 후 겐테쓰(楓玄哲)로부터 일본 불교와 일본어를 배웠다는 설이 있는데(古筠紀念會編, 《金玉均傳》 上卷, 132~133면) 이것은 졸지에 믿기 어렵다. 후 겐테쓰는 어학생으로 내한한 것이 1878년 1월 하순이며, 또 하나부사 공사 일행이 청수관(淸水館)에 머문 것은 1879년 6월 중순부터 9월 초순 사이인즉 동인이 삼성암에 있었든 혹은 봉원사에 유(留)하였든간에 6, 7월 양삭(兩朔)은 시기가 부합한다. 그러나 당시 청수관의 일본공사 일행은 엄격히 외부와 차단되어 마치 포위되어 있는 것 같은 형편이어서 좀처럼 한인을 접촉할 길이 없었다는 사실과, 또 그런 일이 있었으면 의당 엔신 기록에 언급되었어야 할 일인데 일언반구가 없다. 또 유대치가 소개하였다는 것도 근거가 없다. 또 한 가지 가능성은 앞서도 잠깐 생각하듯이 동인이 부산별원을 찾기 전에 이미 옥균과는 면식이 있는 사이가 아니었나 하는 것인데 이것도 있기 어려운 일 같다. 첫째 동인이 삼성암에 체류한 것은 비교적 짧은 시일이며, 또 암주의 위치가 아니었다는 노단가(老檀家)의 소전(所傳)은 유의할 만하다. 하기는 《자서전》을 편찬한 김도태씨는 동인을 본시 통도사의 승려라고 하였는데(65면) 이것은 아마 호암(湖岩) 문일평(文一平)에 의거한 것 같거니와(문일평,《호암전집》제3권, 38면 이하; 이선근,〈기걸(奇傑)했던 개화승 이동인의 업적과 생애〉,《동아논총》제3집, 1966년, 64~66면), 문호암 역시 소전의 근거를 명백히 하고 있지 않다. 그렇기는 하나 통도사는 동인에 관한 《日誌》와의 관계에서 본다면 범어사 출신설보다는 그럴싸하다. 하여간 동인의 출신이 통도사이건 범어사이건 같은 부산 인근으로 그의 부산태생설과 잘 부합한다. 따라서 서울 근교의 삼성암은 일시의 기우처였을 가능성이 크며, 한편 그가 삼성암에 우거하던 1878년에는 마침 옥균은 기복(忌服) 중이었다. 둘째로 생각할 점은 《자서전》과 후쿠자와 기사의 공통되는 부분이다. 곧 이 두 가지가 모두 옥균, 동인의 초(初)회면과 의기투합하게 된 계기로서 동인의 신지식, 특히 일본지식을 들고 있는 점이다. 동인의 일본지식이 문제라면 《日誌》의 기술로 보아 초회면은 1879년의 일일 수밖에 없다.

(11) 국사편찬위원회,《梅泉野錄》, 67면, "玉均護薄有才藝 登第十餘年 官途未 歇…".

(12) 김옥균 일파에 대하여: 1879년 당시 김옥균 일파라고 할 만한 일당이 있었느냐는 옥균파 개화당 형성의 시기문제와 연관해서 자못 관심이 가는 문제이다. 우선 1879년 당시에 일당을 자처하고 있던 것은 의심이 없다. 《日誌》 1879년 8월 중순〈동인일본만유사정〉(東仁日本漫遊事情)이라는 대목에 다음의 말이 있다. "동인은 원래 승려이지만 평소 애국호법의 신경가(神經家)로서 만근(挽近) 조선국의 국운 나날이 쇠퇴하여 종교(불교)는 이미 떨어질락 하는지라, 이때 혁명당 박영효, 김옥균 등이 국가의 쇠운을 분개하여 크게 쇄신

하려고 하다. 동인 역시 의견이 부합하는 고로 박영효, 김옥균 양씨로부터 동인을 인견(引見)하여 중용하기에" 이르고, 그리고 엔신은 동인의 일본 밀항을 가리켜 "한국 개화당의 일본도해의 처음이라"고도 적었다. 이 경우 '혁명'이니 '개혁'이니가 과연 무엇을 의미하느냐는 차치하고, 여하튼 '혁명, 개혁'을 목적으로 하는 일당의 정치적 그룹이 있다고 엔신이 양해하였으며, 또 그 후 그 일당의 움직임을 표시하는 일련의 활동이 있었던 것은 틀림없다. 그런데 이러한 '혁명, 개혁당'이 어느 때쯤 형성되었느냐가 문제된다. 종래의 연구를 보면 이 문제는 간단히 개화파 혹은 개화당이라는 개념을 설정하고 그 개화당의 결성 시기라는 방식으로 문제를 다루었다. 따라서 개화당의 형성을 일찍 잡는 사람은 1874년경을 그 시기로 보았으며 그 적극적인 근거로서 김옥균의 《갑신일록》, 소극적인 증거로서 《金玉均傳》上卷(古筠紀念會編)에 나오는 오세창 씨의 회고담을 들었다. 《갑신일록》 12월 1일조에는 주지되듯이 거사계획을 서술하는 가운데 궁녀 모씨에 언급하여 "宮女某氏 年今 四十二 身體健大 如男子 有膂力 可當男子五六人 素以顧大嫂稱別號 所以得坤殿寵 時得近侍 自十年以前 趨附吾黨 時以密事道報者也"라고 한 곳이 있어 '오당'(吾黨)의 '당'을 개화당으로 해석하면 대략 1874년경이 되리라는 것이며, 한편 《金玉均傳》上卷에 실린 오세창 씨의 담에 의하면, 개화의 신사상은 역매(亦梅) 오경석(吳慶錫)이 유대치에게 전하고, 유대치는 옥균에게 전하여 개혁사상을 품게 하였으며, 그것은 옥균의 나이 20 전후의 일이었다고 하는 것을 들어(49~50면), 개화당 형성의 방증으로 삼으려 한다(예컨대, 朝鮮社會科學院歷史研究所, 日本朝鮮研究所 譯編, 《金玉均の研究》, 1968, 109~110면). 이에 대하여 박영효가 갑신정변과 연관시켜 신사상의 발단을 환재 박규수의 사랑방에서 찾은 것은 널리 알려진 일이다. 그리고 김옥균과 박영효의 회면(會面)이 '혁명개혁당'의 중대한 인적 면이라는 점에서 보면 그것은 1877년경 같이 보인다. 그것은 박영효 담(談)에 "내 백형(박영교)이 김옥균과 사귀라고 해서 사귀게 되었지만, 그때에 김옥균은 27세, 나는 17세였소"라고 하였으니, 그 나이가 그때 풍습으로만이 아니라면 곧 26세, 17세 때가 되어 1877년이 되는 까닭이다(이광수, 〈박영효 씨를 만난 이야기〉, 《동광》 1931년 3월호, 15면). 따라서 옥균과 개화당이라고 할 수 있는 일당은 빨라서 1877년에 결성된 것이 되는데, 1877년은 영효, 옥균이 만난 지도 얼마 아니 될 뿐 아니라, 마침 옥균은 모친상을 당한 때이니 그의 환경이 정치적 활동에 그리 좋은 해였을지 의문이다(H. C. Cook, *Korea's*

1884 Incident, 1972, pp. 22, 233). 한편 황현의《매천야록》에는 옥균과 서로 붕비(朋比)하여 옥균을 영수로 받든 사람으로 박영교, 영효 형제, 이도재(李道宰), 신기선, 서광범, 홍영식 등을 들고 있다(국사편찬회본, 67면). 이것은 황매천이 어느 때를 생각하고 적은 것인지 알 수 없는데 박영효와 이도재와 신기선이 설령 옥균과 가까웠다 하더라도 당파라고 할 수 있는 멤버였는지는 의문이다. 왜냐하면 1881년 일본과의 연락을 갖게 된 옥균파에 대한 일본 측 기밀문서에 보면, 당시(1881년 4월 15일) 이 파는 "원래 사람이 적어서 일당의 기무(機務)를 요리한 자는 오직 이(재긍)·박(영효)·김(옥균)·서(광범)의 4인이 있을 뿐"이라고 하였다(국사편찬회,《花房文書》第7卷 近藤眞鋤 發). 따라서 이것으로 보면 동인승이 한참 활약하던 신사년(1881)초 일당의 중진은 위에 적힌 4인이며, 일인의 눈에는 그 문벌로 보아 이재긍이 수령 격으로 보였던 모양이다. 하기는 이재긍의 경우도 그 참여는 경진년(1880) 이후로 추정된다. 엔신의《日誌》기록의 방식과 동인의 과시풍으로 보아 기묘년(1879) 동인 도일 시에 재긍 같은 영상의 아들이며, 당상관으로 자주 도승지를 맡아 보던 현관(顯官)이 끼어 있었다면 말하지 않고 적지 않을 까닭이 없는 연고이다. 또 한편 귀현(貴顯) 사대부가 아닌 동지는 누구였을까. 앞에 끝은《김옥균전》에 이미 보듯이 중인인 유대치가 옥균파의 처음부터 핵심이었을 것은 엔신의《日誌》로 명백하고 또 무불승(無不僧)이 옥균 등의 수족인 것도《日誌》로서 분명하다.《日誌》를 보면 경진, 신사년간에 대치의 사위되는 김창희(金彰熙)라는 사람이 원산에 있던 엔신에게 심부름 다닌 것으로 되어 있다(1881년 1월 13, 15일조). 이 김창희가《김옥균전》(52면)에 이른바 대치의 장녀의 서방이 되는 김영찬(金永燦)과 같은 인물인지 아닌지 지금 판단하기 어려우나, 하여간 이 사람은 단순한 장인 대치의 심부름꾼이 아니었을지 모른다. 또《喜貞等鞫案》에 보면 '충의계'(忠義契)로 엮어져 있던 이희정, 이인종(李寅鍾), 오창모(吳昌模) 등은 모두 김옥균 계통으로, 이것으로 보아 혹은 이런 조직이 경진년(1880) 이전에 이미 있었던 것이 아닐까 하는 추측도 가거니와 다만 아깝게도 아직은 증거가 없다.《자서전》에는 서재필 박사의 어렴풋한 기억으로 옥균에게 드나들던 유오아장(柳五衛將) 곧 유혁로(柳爀魯, 자는 聖玉)를 들고 있는데 유혁로는《윤치호일기》,《갑신일록》에 나타나는 인물이며 그의 부친되는 상오(相五)가 옥균의 "동지 중의 동지였다"는 것은 민태원(閔泰瑗)의 말이다(《갑신정변과 김옥균》, 1947, 37면). 이러고 보면 유혁로가 동인·옥균 회

면 당시의 옥균 주변의 인물일 것이 틀림없을 것이다. 동인 당시의 옥균파 인물로서 일본측 기록에 이름을 남긴 사람이 있다. 앞에 든 이재긍도 그렇지만, 이 이재긍의 연지(連枝)라고 하는 이헌우(李獻愚)라는 사람은 옥균파의 밀사로 일본에 갔다온 것으로 되어 있다(《花房文書》제7권 近藤眞鋤報告書 및《日本外交文書》제14권, 360면). 이밖에《花房文書》제1권에는 신사년(1881) 5월 5일자로 된 와타나베 히로모토(渡邊洪基)의〈對韓現今政略大要覺書〉라는 건의문이 수록되어 있으며, 그 가운데 "김옥균, 박영창(朴永昌), 이재긍, 이동인 등의 도(徒)"라는 구절이 있어서 마치 박영창이라는 새 인물이 있는 듯한 인상을 주거니와 이것은 아마 박영효의 이름을 착오한 것으로 생각된다. 물론 김옥균의 제1, 2, 3차 방일 시의 수원(隨員), 현존《윤치호일기》의 계미, 갑신 양년(1883, 1884) 간의 옥균, 대치의 주변인물,《갑신일록》의 옥균파 인물 중에 혹은 동인 활약기의 옥균파 인물이 포함되어 있을 성싶으나 아직 적극적 증거가 없어서 옥균, 동인기(期)의 사람들을 자세히 알 수 없다. 이렇게 보면 《日誌》에서 일컫던 '혁명·개혁당'으로서의 옥균파 개화당은 초기 개화파 일반과는 다른 것으로 적어도 1887년 이후의 것일 가능성이 큰데, 민태원이 "그네들 중에 구체적 계획이 있은 것은 7년 전되는 무인의 해(1878)였으나 마침 중요 동지의 사망으로 제1차 계획은 필경 토붕와해(土崩瓦解)에 돌아"갔다고 한 것은(《갑신정변과 김옥균》, 1947, 37~38면) 어디에 근거를 둔 것인지 분명치 않으나 적어도 1878년을 중시한 점은 수긍이 간다.

(13) 김옥균, 민영익, 이재긍: 민태호(閔台鎬)의 아들 영익(1860년생)이 폭사한 민승호(閔升鎬)의 사윤(嗣胤)이 됨으로써 민비의 친조카가 되고 민규호(閔奎鎬)가 죽은 뒤(1878년 10월), 민씨 세도의 소(小) 중심으로 나타난 일은 모두 아는 일이다. 이러한 소민(小閔) 세도에 옥균이 출입하고 있었다는 것은 황매천이 적은 바 있다(《매천야록》, 44면). 단지 출입하였을 뿐 아니라 상당히 옥균파와 가까운 위치에 있었던 것이 아닌가 하고 의심나는 면도 있다. 옥균이 제1차로 방일하던 임오년 여행의 수원(隨員) 중에는 이수정(李樹廷)과 김용원(金鏞元)이 있었는데 이수정은 본시 소민의 사람이며 김용원도 소민에 출입하던 인물이다(《花房文書》제7卷, 明治 14年 2月 21日字 近藤報告書). 하나부사 공사의 수족이던 오바 나가나리(大庭永成)의 신사년 보고서에 보면(동권, 12월 23일자) 변석윤(邊錫胤)이라는 탐객(探客)을 말하면서 그는 "평시 소민, 김옥균, 서광범 등과 우의를 맺어 은연히 개진당의 정세를 구구(鉤求)하

고 있다"고 하여 마치 영익, 옥균, 광범이 같은 일파인양 적고 있는데, 혹은 그런 인상을 주었는지 모른다. 그러나 동인, 대치, 무불 등과 가까웠던 엔신의 당시의《日誌》에는 경진년 전후로 소민인 영익은 옥균파로 등장하지 않거니와 곤도(近藤) 영사의 기밀보고에는 "민(영익)도 쾌론(快論, 개화당) 중의 거벽(巨擘)이로되 옥균 등의 기밀에는 아직 참여하지 않는 것으로 보인다"고 하였다(《花房文書》第7卷, 明治 14年 4月 15日). 한편 고종의 백부이며 동인 활약 당시 영상 직에 있었던 홍인군 이최응의 아들 재긍(1857년생)은 어떤 경로인지는 모르나 신사년(1881) 일본영사의 기밀보고서에는 옥균 일당의 핵심 인물로, 아니 당수 격으로 취급되었다. 그러면서 동시에 어윤중, 홍영식 양인을 쾌론파(옥균파)의 유력자로 소개하였으되 이(재긍), 박(영효), 김(옥균), 서(광범)와는 구별하고 있다(《花房文書》第7卷, 明治 14年 4月 15日 · 14日 近藤 領事 報告書). 말하자면 옥균이 군주의 근시(近侍) 중의 유력가에게 접근하는 순서 또는 상황을 암시하는 것 같아서 흥미롭다. 지금 김옥균, 이재긍, 민영익, 박영효 4인의 무인, 신사년간(1878~1881년) 경력을《일성록》을 위주하여 일별하면 다음과 같다.

	김옥균 [1851 생 1872 과(科)]	이재긍 (1857 생 1873 과)	민영익 (1860 생 1877 과)	박영효 (1861 생 철종부마)
무 인 (1878)	복상(服喪) 중	대교(待敎), 부호군(副護軍), 직제학(直提學), 부제학(副提學: 정3품), 승지(承旨)	대교, 승지, 도승지, 부제학, 직제학, 이조참의, 대사성(정3품)	금릉위(錦陵尉) 도총관(都摠管)
기 묘 (1879)	수찬(修撰, 정6품), 부교리, 부수찬, 수찬, 부교리	승지 · 직제학	선전관(宣傳官), 직제학, 승지, 부제조(副提調), 도승지, 대독관(對讀官), 동의금(同義禁), 호조참판, 도총관	
경 진 (1880)	부교리, 3월 창성부(昌城府) 원찬(遠竄), 6월 방송(放送). 11월 부교리(종5품)	동의금, 부총관(副摠管), 호조참판, 동춘추(同春秋), 이조참판(종2품), 동성균(同成均), 동돈녕(同敦寧)	이조참판, 도승지, 동성균, 동춘추, 승지, 좌윤(左尹), 직제학, 동돈령	

	김옥균 [1851 생 1872 과(科)]	이재긍 (1857 생 1873 과)	민영익 (1860 생 1877 과)	박영효 (1861 생 철종부마)
신 사 (1881)	부교리(이만손 등 추국 시 문사 낭청(問事郎廳) 수찬, 정언(正言: 정6품) 교리(정5품)	통리기무아문 전선어학당상(統理機務衙門典選語學堂上), [정월 재긍 졸(卒)], 예조판서	통리기무아문이용당상(理用堂上), 도승지, 기연사당상(譏沿司堂上)	판의금 (判義禁: 종1품)

　요컨대 옥균의 불우에 비하여 민영익, 이재긍 양인은 당대 유례없는 출세를 하고 있었으며, 박영효는 철종의 부마요 종친으로 벼슬은 높고 실권은 없는 위치로되 옥균과는 비교가 아니 되는 자리였다. 이런 점을 감안할 때 일인들이 옥균, 영효 중에 영효를 높이 보고 또 재긍 생존 시에 그를 당수 격으로 본 것은 일리가 있다고 볼 만하다.

(14) 동인의 일본밀항 경위: 종래 동인의 일본밀항 경위와 그 목적에 대하여 여러 가지 추측이 있는 중에 그간 가장 정확한 것으로 앞에 인용한《朝鮮開教五十年誌》를 드는 경우가 많다.《五十年誌》의 편집자가 동인 도일에 대한 엔신의 기록을 이용하고 있는 것은 엔신에게 보낸 동인의 서간을 인용한 점으로도 의심이 없다(137~139면). 그러나 이《五十年誌》는 그 편집의 목적이 다른 곳에 있었던 관계도 있어서 경위를 정확히 전하려 한 것 같지도 않다. 지금 밀항을 알선한 오쿠무라 엔신의《日誌》를 따르면 다음과 같다. 1879년 "6월 상순에 요건을 띠고 귀국하여 본산(교토) 사무소에서 한국 포교에 관하여 협의 등을 하고 겨우 사무를 필(畢)한 뒤 8월 중순에 이르러, 포교시찰을 위해 교육과(教育課) 녹사(錄事) 와다 엔쥬(和田圓什) 씨 및 한어(韓語) 학생 긴이로 료닌(金色良忍)이 출장하는지라 동도(同途)하여 귀한(歸韓)하다. 차제에 한승(韓僧) 동인이 일본에 들어가려고 부산별원에 체재하고 있었음. 와다 씨에 담하여 동인을 본산에 보내다." 이에 앞서 잠깐 든 바 있는〈東仁日本漫遊事情〉이 계속된다. 전문은 다음과 같다. "동인은 원래 승려이나 평상(平常) 애국호법의 신경가(神經家)로서 만근(挽近) 조선국 국운이 나날이 쇠퇴하고 종교는 이미 땅에 떨어지려고 하는지라 차시(此時)에 혁명당 박영효 김옥균 등이 국가의 쇠운에 분개하여 크게 쇄신하려 하다. 그리고 동인 역시 의견이 부절(符節)하였던 까닭에 박영효, 김옥균 양씨로부터 동인을 인견(引見)하여 중용하

기에 이르다. 고로 열국의 공법 등을 알기 위하여 아국 종문(宗門)에 귀입(歸入)함으로써 일본에 도항하려 하다. 동인은 박영효로부터 받은 순금의 환봉(丸棒) 4개(길이 2寸余, 둘레 1寸余)를 나에게 보이고 여비로 하여 도항하겠다고 말하다. 고로 와다 씨 및 부산관리관 마에다 겐키치(前田獻吉) 씨와 의논하여 본산에 보내기로 하다. 이것이 곧 한국 개혁당이 일본에 도항하는 개시(開始)이다". 아마《五十年誌》에서 말하듯이 일본 옷을 걸치고 벙어리 흉내를 내면서 와다 엔쥬를 따라서 부산을 떠났는지 모른다. 떠난 시일이 9월 초순일 것은《日誌》에 와다 씨가 9월 상순에 귀경하였다고 적은 것으로 알 수 있다. 그리고《五十年誌》에는 이동인을 "최초의 일본유학생"(138면)이라고 불렀는데 이것은 히가시혼간지 관계만으로 보아도 정확하지 못하다. (9)에 이미 인용하듯이 1878년 12월 11일 동인은 김철주라는 사람과 같이 일함(日艦) 히에(比睿)를 구경한 일이 있었는데 이 김철주는 동인에 앞서길 8개월여인 1878년 12월 30일 역시 엔신의 알선으로 일본 교토의 본산으로 떠났으며 그의 목적은 일본의 진종 교지를 배우는 데 있다 하여, 엔신은 "이것이 한인이 종교에 귀향하여 아국(일본)에 도항한 처음"이라고 적고 있다(《日誌》1878年 12月 30日條).
(15) 동인의 도일 이유: 인용한 엔신의《日誌》에서 보듯이 동인의 진(眞)목적이 무엇이든 간에 엔신과 히가시혼간지는 '열국의 공법'을 알기 위하여 동인은 도일하는 것이며, 동인의 배후는 박영효, 김옥균 등의 혁명·개혁파로 양해하였다. 한편 일본에 건너간 동인은 1880년 5월 오쿠무라 엔신 편으로 서책을 옥균에게 탁송(託送)한 것을 보면(《日誌》5月 11日條), 서재필의 기억으로 동인이 도일해서 옥균의 책 구입 심부름을 하였다는 것과도 부합되는 면도 있다(《자서전》, 63~64면). 일인의 전하는 바로는 본시 동인은 일본에 장기체류할 예정이었던 것 같다. 하기는 그래야 열국공법도 배우게 될지 모른다. 그러나 1880년 5월 초에는 대치의 제자인 무불승이 옥균 등의 밀명으로 일본에 밀항하여 도쿄서 동인과 접촉하고 다음 달인 6월 하순에 귀한(歸韓)하였는데 엔신의 표현을 빌린다면 일본에 간 무불승은 "박영효, 김옥균 등의 명을 받아 동인을 도와 일[事]을 성취케 하려는 자라고 하였으니 그것이 '열국공법' 연구나 '서책 구입'을 도우러 온 것이 아닌 것은 확실하고 따라서 동인의 사명이 공법제도의 공부나 서책 구입에 그친다고 볼 수 없다. 그렇다고 해서 열국공법 곧 그때의 어투로 만국공법을 배우러 간다는 명목이 단순한 명목만으로도 이해되지 않는다. 무릇 개국 전후의 한정(韓廷)의 대일교섭에 있어서 가장 약점으

로 느끼고 당황한 것이 이 만국공법이라는 국제법지식 또는 외교절차라는 신외교지식의 결여였다. 이러한 면은 병자체약(丙子締約) 직전 일본 사신과의 접촉에 있어서도 이미 자처한 바이며(金正明編,《日韓外交資料集成》제1권, 106면), 또 김기수의《日東記游》에 있어서도 정법(政法)관계의 신기한 것으로 거론되고 있다(국사편찬회본, 70면). 정축년(1877) 음 10월 개항 및 공사 주경(駐京)문제를 교섭하러 내한한 하나부사 요시모토는 교섭에 실패하자 일본의 독립이 국제법에 의거하고 있다는 의미에서 흡사 외교제도를 강술(講述)한 듯한 문서를 예조판서 조영하(趙寧夏)에게 보내고, 겸해서《星軺指掌》과《만국공법》각 1부를 선사하였다.《성초지장》은 주지하듯이 드 마르텐스(Ch. de Martens)의 *La Guide Diplomatique*의 역본(譯本)이며,《만국공법》은 휘튼(H. Wheaton)의 *Elements of International Law*의 번역으로 공히 베이징의 동문관(同文館)이 1887, 1875년에 각각 간행한 것이니,《성초지장》의 경우 하나부사는 최신간본을 기증한 셈이 된다. 본시 동문관(1863년 설립)은 통역양성을 위하여 애초 세운 것이며 역서는 청조에게 서양의 외교제도와 국제법지식을 알리려는 의미에서 착수되었던 것인즉 혹은 하나부사가 이 연원을 알고 기증한 것인지도 모르겠다. 하여간 한정에 있어서 일정(日廷)은 개항 주경문제는 물론이요 심지어 1878년 일정은 부산 해관세 철수를 들고 나와 행패가 자심(滋甚)하였다. 바로 이 해관세 설정은 태서의 통법이라고 해서 청정(淸廷)의 시사로 시작한 일이라 또한 국제통례에 대한 지식이 문제되지 않을 수 없었다. 이 전후 한정에서 청정에 대하여 통상개구(開口), 해관에 관해 여러 번 문의하여 겨우 난국을 처리한 사실은, 가령《李文忠公奏稿》제38권〈朝鮮通商西國片〉(1879년 9월 27일), 제40권〈答覆朝鮮所問事宜摺〉(1880년 2월 2일) 등에서 명료하고 한편 경진(1880)년 수신사로 일본에 건너간 김홍집도 우선《만국공법》(동문관 간)을 읽고 간 듯하되, 그것을 활용하느라 하면서도 실은 상세하지 못하여 청사(淸使)의 도움을 받는 것을 알 수 있다(국사편찬회본,《수신사일기》권2, 175, 177, 183면). 물론 1879년경 옥균은 오경석, 박규수에게서 들은 바로 국제법 또는 외교관례에 대하여 약간 아는 바가 있었다 하더라도 그것은 한정의 수요에 비하면 문제가 안 될 뿐 아니라 또 개화, 개국을 논하는 사람으로 초미(焦眉)의 필요며 필수의 지식이 아닐 수 없다. 따라서 '열국공법'을 배우러 간다는 동인의 도일 이유는 그 나름대로 목적의 하나였으리라 생각된다.

2. 일본에서의 동인 (1)

우선 동인승의 주변 상황부터 살펴본다. 1879년 9월 상순 부산별원의 엔신의 알선으로 부산 주재 일본관리관 마에다 겐키치의 양해를 얻은 동인은 와다 엔쥬와 동반하여 일본으로 건너와 1880년 양 4월 초까지 교토의 히가시혼간지 본산에 머무르고 있었다. 그 사이 동인의 담談에 의하면(《日誌》1880년 9월 28일조), 동인은 일본말과 진종眞宗의 교법, 그리고 일본정국을 학습·문견하느라 나날을 지낸다. 한편 부산별원의 엔신 역시 원산개항에 따른 혼간지 원산설교장 개설 및 기타 건을 의논하러 1879년 12월 귀국하여 교토에 돌아왔다. 그러므로 그때 필시 엔신은 본산에 유숙하고 있던 동인을 만났을 것이다. 1880년 2월 초순부터 3월 중순까지 엔신은 볼일로 도쿄에 체류케 되는데 그때 동인 건을 당시 히가시혼간지의 외국포교장이며 도쿄의 아사쿠사 별원장別院長을 겸하고 있던 스즈키 게이쥰鈴木惠淳과 상의했을 것이 분명하다. 다만 그것이 동인의 발안發案인지 아닌지 지금 알 길이 없다. 하여간 1880년 4월 2일 교토에 돌아와 있던 엔신은 도쿄의 게이쥰으로부터 기별을 접수하고 이어 동인을 동반하여 도쿄에 안내하라는 사명司命을 4월 4일자로 받게 된다. 그리고 그날 동인은 득도得度를 청원하여 그 이튿날인 5일, 드디어 득도식을 끝내어 마침내 혼간지의 승려가 되었다. 이것으로 미루어 보건대 엔신과 게이쥰 사이의 의논 가운데는 당초 동인을 혼간지 승려로서 아사쿠사 별원에 거주시키고 각계에 소개시킨다는 계획이 있었던 것이 틀림없으며, 그러려면 일본 외무성의 양해를 얻을 뿐 아니라 또 히가시혼간지의 승적이 형식상 필요하였을 것이고, 한편 동인의 일본 성씨인 아사노朝野 또는 淺野라는 것도 이때로부터 정식으로 사용한 것으로 여겨진다. 이리하여 동인의 교토 출발은 4월 6일, 그리고 11일에는 엔신을 따라 일본 외무성으로 전일 밀항을 양해해 준 전 부산관리관 마에다 겐키치를 방문하고 소거所屬는 예상대로 아사쿠사 별원이 된다(1).

그런데 동인이 별원에 기우寄寓한지 일삭一朔에 박영효·김옥균 등의 밀명을 띠고 홀연히 무불無不승이 내일來日하여 동인과 접촉하고(5월 중순), 다음달인 6월 중순 말에는 부랴부랴 일본을 떠나 귀한歸韓한다. 무불이 과연 무슨 밀명을 띠고 급거 일본에 건너갔으며, 또 동인과 무엇을 의논하였는지 현재 기록상의 증거가 없다. 다만 어렴풋이 짐작 가는 바도 있거니와 또 하나 주목할 점이 있다. 무불의 도일도 역시 부산별원의 알선일 것은 의심이 없거니와, 무불은 나가사키長崎 도착 즉시로 우선 엔신에게 연락하였으며 다음 일본 고베에 도착한 무불은 마침 원산 출장길에 고베에 들른 엔신을 만나게 되고 또 엔신의 소개로 스즈키 게이쥰과 더불어 도쿄로 직행하여 동인을 찾게 된다. 《일지》에 의하면 "승 무불(전년 부산별원에 내방한 일이 있다.)은 구지舊知의 사람으로 박영효·김옥균 등의 명을 받아 동인을 도와 일을 성취하려는 자인 고로 교토를 경유하지 않고 직접 도쿄를 향해 출발하려던 차에 다행히 스즈키 종정宗正이 동상東上하려던 참이라 부탁해서 보내다"(1880년 5월 11일조)라고 되어 있어서 무불이 동인 관계의 용건인 것을 명백히 하고 있다. 요컨대 무불 역시 부산별원을 통하여 오쿠무라 엔신, 그리고 엔신을 통하여 마에다 총영사(전 부산, 후 원산) 및 스즈키 포교장과 접근하여 결국 동인과 무불이 모두 같은 인맥으로 연결되는 것을 보게 된다. 그것은 그렇고 도쿄별원에 기숙하게 된 동인은 5, 6, 7월의 3개월간 주로 스즈키 포교장의 주선으로 일본 조야의 지명知名인사들과 만나 조선문제에 대한 경륜經綸을 털어 놓아 많은 찬성을 받았다고 한다(《日誌》1880년 9월 28일 동인담화). 그러나 동인의 가치, 아니 옥균 등 일당의 정치적 가치가 일본 정부에 인정된 것은 수신사 김홍집의 방일에서 비롯한다고 여겨진다.

당시 한·일 간의 관계는 주지되듯이 병자년(1876) 불평등조약에 의거한 일정의 적극적인 소위 개화정책에 대하여 한정韓廷은 수동적인 지연책으로 임시를 미봉하는 형편이었다. 일본은 한정에 앞서기 20여 년 구미제국諸國과 할 수 없이 불평등조약을 체결하여 재판, 과세의 법권, 세권을 상실하고 개항과 개화를 강요당하였다가 그즈음 조약 개정에 안간힘을 다하고 있으면서 일방 한정에 대하여는 자국이 당한 대로 불평등조약을 강박으로 수락시키고 법권과 세권을 박탈하고 개항과 공사 주경駐京 등을 강요하고 있었다. 곧 1876년 음 2월 수호조약이 체결되고 음 6월 일본 외무대승外務大丞 미야모토 오카즈宮本小一가 내한하여 수호조규부록 및 무역장정을 한정에게 합의시킴으로써 한정의 재판권을 거부하고 일본 무역품에 대한 해관세 부과를 배제하게 되었다. 그리고 조약 제5조에 의거한다고 하여 2구口의 개항을 요구한 것은 모두 아는 일이다. 정축년(1877) 음 10월 일본 대리공사 하나부사 요시모토가 내한 입경入京하여 2구 개항과 공사 주경 등을 교섭하다가 뜻을 이루지 못하고 귀국하였는데 그 이듬해인 무인년(1878) 음 8월에 이르러 한정은 청정의 지혜를 빌어 일본 무역품에 국제관례를 따라 관세를 부과하게 되었다. 이에 대하여 일정日廷은 병함을 파송하여 그 철회를 요구하면서 무력시위를 자행하다가 마침내 동래감영에 발검拔劍 난입하는 만행을 감행하기에 이르러 자못 양국 간에 긴장감이 감돌게 되었다. 이런 분위기에서 다음해인 기묘년(1879) 윤 3월 하나부사 요시모토는 다시 내한 입경하여 무려 5삭朔을 묶어가면서 해관 설치로 인한 손해배상이라는 것, 그리고 인천 원산의 개항과 공사 주경 등을 강경하게 요청하면서 한편으로 해관문제에 대하여는 세율을 상의할 용의가 있음을 표시하였다. 이에 대하여 조선정부는 덕원부 원산진의 개항이라는 한 조목을 양보하였을 뿐 여타는 완강히 거절함으로써 한·일 교섭은 드디어 벽에 부딪히게 되고 따라서 하나부사 요시모토는 하는 수 없이 음 7월 중순 서울을 떠나게 되었다. 당시 조선 정부는 일본의 위협외교에 오로지 천연遷延의 일책으로 맞서면서 뒤로는 부지런히 청정淸廷에 접촉하였다. 접촉의 요점은 결국 전통적인 사대의 예를 다 갖추는 반면 자소慈小의 조력助力을 입으려는 것으로 이해된다. 그 하나는 무비武備의 혁신을 위하여 텐진 기계창機械廠에 조선학습생을 파견한다는 것이었거니와, 그 둘은 한반도에 바야흐로 위협을 가하는 러시아, 일본 양국에 대한 시급한 정보, 특히 공갈조로 임하는 일정에 대한 대책 협의였다. 후자의 경우는 주지되듯이 원임대신 이유원李裕元과 청국의 북양대신 이홍장과의 사한私翰 왕래로써 그 일단을 짐작할 수 있다(《淸季外交史料》권16, 제13~17면). 무인년(1878) 음 12월 15일자의 귤산橘山 이유원의 사한에 대한 이중당李中堂(이홍장)의 회한回翰은 기묘년(1879) 7월 초순으로 되어 있어서 그 신서信書의 조선 도착은 아마 하나부사 요시모토가 출발한 이후가 될 것이다. 그런데 이중당의 회한은 당시 북양아문에서 본 바 러시아, 일본의 정형情形과 이양제일以洋制日

의 비책이 들어있었거니와 구체적인 대일외교에 있어서는 각수조약恪守條約하여 가승지단可乘之端을 주지 말라고 할 뿐 인천 개항과 공사 주경 등 문제에 별다른 묘책이 없었거니와 다만 관세의 이익만은 태서통상의 이利와 더불어 강조되었다.

경진년 수신사의 파일派日은 이러한 배경 아래 나온다. 수신사의 파견은 우선 수차에 걸친 일사日使 내한에 대한 회례回禮라는 명분에서 결정되었으나 그 사이에 비용과다라는 이유로 반대의견도 있었고 또 김홍집이라는 무명인사의 발탁에 이견도 있었던 모양이다(田保橋潔,《近代日鮮關係の硏究》상권, 742면). 하기는 도원道園 김홍집의 선정에는 혹은 이재긍, 민영익 같은 청년개화파의 배후공작이 있었지 않았나 의심도 가고, 또 그 이, 민의 뒤에는 김옥균 등의 책동 같은 것도 상상이 된다. 김도원이 수신사로 기록에 나타나는 것은 경진년 음 3월 23일자인데(《日記》,〈以政學齋日錄〉), 필시 내정된 것은 이보다 앞설 것이며, 그렇다면 무불승이 부랴부랴 박영효, 김옥균 등의 명을 받아 일본으로 동인을 만나로 온 일자와 의미심장하게 연관이 된다. 엔신의《일지》에 의하면 무불의 도일은 "동인을 도와 일을 끝마치게 하려는 데 있다"고 하였다. 주지되듯이 수신사 김홍집 일행은 전번 병자년 수신사에 수행한 한어당상漢語堂上 이용숙李容肅 외에 초행初行의 수원隨員 강위姜瑋, 이조연李祖淵, 윤웅렬尹雄烈, 지석영池錫永 등의 4인이 있었는데 추금秋琴 강위는 완당阮堂 김정희金正喜의 문하로 후에 김옥균의 제1차 방일 때도 수행한 개화인사며, 이조연은 당시 박규수에 의해 천거된 사람으로 알려졌으니 그 계열임이 틀림없고, 또 한편 윤웅렬과 지석영이 연소개화年少開化인 것은 말할 것도 없다(이선근,《한국사 최근세편》, 426~427면). 그리고 수신사 일행에 대한 표면상의 임무는 회례回禮와 더불어 개항, 정세定稅문제의 타결, 특히 해관정세에 있었다. 그러나 아마 수신사 김홍집의 선정과 파일의 진목적은 일본 대한정책의 진의를 탐지해야 한다는 취지에서 조선 왕정의 대일관觀을 개화에 유리하게 수정하려는 일부 개화파의 노력에 있었다(2)고 이해된다. 이런 각도에서 생각할 때 조선 수신사에 대한 일본 조야의 영접태도 또 조선 왕정의 호감을 살 만한 협상의 성취 여부는 바로 왕정 내 개화파의 장래를 말하는 중대사가 아닐 수 없다. 김홍집이 수신사로 결정되자 곧 박영효, 김옥균 일당이 무불을 급거 도일시켜 수신사의 목적과 의의에 대하여 동인을 통해 일측에 연락하고 그럼으로써 수신사의 수임을 준사竣事케 하려 하였다고 상정하는 것은 혹은 과도한 추측이라고 할까.

이러한 상정 아래 수신사의 행차를 볼 때 여러 가지 눈에 띄는 일이 있다. 우선 도쿄 체류 중의 숙소의 문제이다. 병자년(1876) 수신사의 숙소는 본시 엔료칸延遼舘이었는데, 경진년(1880) 김홍집 때는 히가시혼간지 아사쿠사 별원으로 바뀌었다. 수신사의 회환입시回還入侍 때에도 고종은 이 점이 미심스러워 물어보고 있는데 김 수신사는 그것은 단지 엔료칸에 방애妨碍가 있었던 탓이라고만 전한다(3). 그런데 이미 모두 알고 있듯이 혼간지 별원은 일본 승려 행세를 하고 있던 동인이 기거하는 곳일 뿐 아니라 일본 대한정책의 일익을 담당하고 친일개화파의 형성을 추진하고 있던 혼간지 외국 포교장의 근거지인 것을 주목할 필요가 있다. 수신사의 입시보고를 읽어보면 우선 고종이 관심하던 바는 일측의 대한정책에 과연 악의가 없느냐 있느냐 하는 점, 그리고 일측의 수신사 접대의 후박厚薄이었다. 김 수신사의 답변을 보면 이 점에 관해서 전체적으로 일측의 후대와 친목 분위기가 강조되고 일측의 악의는 부인되고 있으며 이러한 수신사의 보고는 군왕에게 깊은 감명을 주었던 모양으로 영상 이최응과의 대화에서 보듯이 심지어 "아국인은 공연히 (일본을) 불신하고 부언浮言이 많다"고까지 하고 있다. 해관정세 건은 교섭에 필요한 전권위임장이 준비되어 있지 않아 공식교섭이 어려웠던 점도 있었으나 동시에 일본 자체가 구미제국諸國과 세권개정을 교섭 중에 있은 즉 그 추세를 보아 자주권을 주장하라는 청국 공사의 조언을 받아들여 급히 협상할 필요가 없다는 보고를 수신사는 하고 있으며(4), 또 인천개항 건은 공식으로 제기되지 않았으며 다만 하나부사 요시모토가 한 번 사석에서 한정의 분위기를 문의하였을 뿐이라고 가볍게 보고하고 있다. 이렇듯이 그 문서 및 구두의 보고로 보면 일본 정부는 현안 건에 관해 신사 일행에 별로 압력을 가한 일이 없으며 오히려 후대와 친목 분위기가 강조된 셈이다. 이 점은 조선 왕정 내의 대일관을 수정하는 데 도움이 되었다(5).

이밖에 김홍집 수신사의 보고 중 동인 관계에서 주목할 만한 것은 첫째, 흥아회興亞會라는 단체가 있어서 한, 청, 일 삼국이 동심 육력戮力하여 구주세력에 소모所侮됨이 없도록 하자는 취지로 청국 공사 및 기타 중국 인사가 많이 참여하고 있다는 것과, 둘째로 전일 일본의 사이고 다카모리西鄕隆盛라는 자가 의범조선議犯朝鮮하였을 때 우대신右大臣 이와쿠라 도모미岩倉具視가 이위불가以爲不可하여 그것을 억지하였다는 것을 거듭 강조하고 있는 사실이다. 흥아회는 수신사가 도일하던 경진년 양 2월에 창립된 단체로서 그 창립발기의 인사로서 일본 외무성의 전 부산관리관이며 이해 원산 주재 일본총영사로 임명된 마에다 겐키치와 아사쿠사 별원의 스즈키 게이쥰도 그 속에 끼어 있었다(6). 이 히가시혼간지의 스즈키 포교부장의 소개로 후에 오쿠무라 엔신 및 이동인도 여기에 참여한다. 곧 혼간지 외국포교장, 일본 외무성 관리관, 동인의 인맥을 타고 신사의 수원 隨員인 이조연, 강위, 윤웅렬이 흥아회 모임에 초대되고 급기야는 수신사 보고에 그 이름이 특기된다. 한편 공경公卿 출신의 메이지 공신 우대신 이와쿠라는 설령 그가 이른바 정한론에 반대하였다고 전해진 것이 사실이라고는 하지만 누차 수신사 보고에 언급되고 군왕의 머리에도 해롭지 않은 인물로 기억되는 듯한 인상을 주는 것은 상당히 흥미롭다. 왜냐하면 바로 이 만년의 이와쿠라가 동인, 옥균 선線의 일본측 고위층으로 인정되는 까닭이다.

수신사 김홍집 일행과 이동인과의 접촉 관계는 현재 몇 개의 자료가 남아 있다. 하나는 이조연이 신사년(1881) 양 2월 24일 일본공사관원 이시바타 사다石幡貞에게 술회한 것으로 도쿄 혼간지에서 처음 만난 것을 확인하고 있다(《日本外交文書》14권, 293면). 그러나 가장 자세한 것은 당시 별원주主였던 스즈키 게이쥰의 서면이며 또하나는 동인 자신의 담이라고 전하는 것으로 모두 엔신의 포교일지(1880년 9월 28일자)에 기록되어 있다. 그 기록은 단지 동인과 수신사 일행과의 상봉뿐 아니라 그 후의 동인 동정을 일러주는 것으로, 관계되는 부분을 초략抄略하면 다음과 같다.

1880년 9월 15일자 동인 편에 엔신에게 부친 스즈키 원주의 서한에 의하면 "수신사 일행은 이 별원을 여관으로 하게 되어 김홍집을 위시하여 친근해짐에, 특히 동행 중의 이조연, 강위 등 사람과는 크게 친분이 생겨 만사여의萬事如意로우니 안심하시옵. 각설却說 아사노 생朝野生(東仁)도 금번 여러 가지로 궁리하던 중 마침 수신사 및 이조연을 설복하던 차 드디어 심정을 토로하여 비밀 중 잘 진력하였으므로 쌍방이 크게 정실情實이 상통하였으니 과연 그렇거니 생각되었습니다. 그런데 차제에 한번 극비로 귀국하여야 할 사정을 말하고 불원不遠 (일본에) 재래再來하겠노라 하오니 말릴 수도 없는 일이라 과일過日 출발 때는 수신사 일행과 동선하였습니다. 아마 가까운 선편으로 고베를 출발 그곳(원산)으로 갈 것으로 생각합니다. 자세히 들으신 후에 조속히 (일본에) 재래토록 말씀하시길 바랍니다. 차제에 귀국하여 오래 있으면 필히 일신의 위태를 초래할 것으로 걱정이 됩니다. 마에다 군(원산 일본총영사)은 어찌 지내고 있는지, 필연코 다망多忙할 듯 안부 전하여 주시옵. 홍아회의 취의趣意도 수신사 일행에게 대개 전달되어 사정에 통한 듯이 보입니다. 실제 양국의 신의를 유지하는 데 이 회會보다 나은 것이 없다고 생각되오니 당신도 가입하여 포교 상의 일과 서로 보태어 거사하는 것이 가할 것으로 생각합니다. 신사 귀국 후의 경황을 들으신 것이 있으면 통보하여 주시옵. 이번 사절의 일본 내도來到로 전번보다 몇 배 실로 양국의 화평을 득하게 되었으니 한국 개명에 진進하는 계제의 반은 이룬 것이라 생각된다"고 하였으며, 또 첨기하여 "금번 내일의 협상안건은 조금도 진척이 없는 것으로 듣고 있사온데 이것은 필경 국서를 휴래携來하기까지의 (예비적) 사절로서 안건을 의정하는 일은 일본 공사가 다시 출장할 때에 될 것으로 알아주시옵. 하여튼 인정은 친목을 득한 연후에 소언所言을 믿는 것인즉 교의친목交誼親睦을 먼저 함이 긴요하다고 생각됩니다.……인천항(의 개항)도 불원不遠한 것으로 생각되오니 미리 탐지하시고 적당한 한승韓僧을 열심히 유도하여 우리 종교에 귀의토록 배려하심이 중요하다고 생각

된다"고 하였다. 한편 엔신이 《일지》에 기록한 동인담에 의하면

마침 이때 수신사 김홍집이 귀국(일본)에 이르러 아사쿠사 혼간지에 숙박하였다. 스즈키 교정敎正의 접대는 김 신사, 이조연으로 하여금 감명 있게 하였다. 하나부사 공사가 김 씨에게 인천개항사事를 담하려 하여도 오배吾輩(김 신사)의 소임이 아니라고 말하며 하나부사 공사의 뜻을 따르지 않았다. 이 일을 하나부사가 스즈키에게 말하고, 스즈키는 나에게 담하더라. 그러므로 스즈키 씨에 고하여 가로되, 동인 일본인이 되어 김 수신사와 만나 일본 정부의 후정厚情으로부터 재야 유지의 참뜻을 말할진대 김 신사도 안심하고 하나부사의 뜻을 따를 것이라고 하였다. 스즈키 씨 이 일을 하나부사에게 말한즉 하나부사가 왈, 동인은 밀항자이니 신사를 만나면 피국彼國의 폭정으로 보아 어떠한 조처를 취할지 불측不測인즉 이것은 심히 위험하다고. 스즈키는 그 뜻을 동인에게 전하였다. 동인이 왈, 내가 일본에 들어옴은 국은國恩에 보답하고 불은佛恩에 응수應酬하려 할 결심에 의함이니 나라를 위하여라면 여하한 조치든 조금도 우려하지 않으니 원컨대 김사金使에게 배알코자 한다고. 하나부사, 스즈키 모두 탄상嘆賞하여 드디어 김사에게 면회토록 하였다. 동인 일본복을 착용하고 조선말을 말하니 김사가 괴상히 여겨 자세한 것을 묻더라. 동인이 무릎을 가까이 하여 작년 나라를 위하여 내일, 양경兩京(교토, 도쿄) 간에 재在하여 현관은 물론 재야의 유지를 접하여 그 뜻의 소재를 탐지컨대 조금도 조선에 대하여 이지異志가 없으며 다만 조선을 개명에 유인하려는 일사一事이더라. 그런즉 금번 하나부사의 언言을 용납

하여 귀 신사께서 귀국한 후에는 적절히 주선 있기를 바란다고
말을 다하여 설득하니 김사 무릎을 치며, 오호라 여기 기남아奇男
兒가 있어 국은에 보답하려 하니 적이 유감이라고 하더라. 이로부
터 친밀히 되어 만사 여의如意롭게 되니 그후로는 하나부사가 크
게 여呂(동인)를 신임하더라

는 것이다. 이상의 스즈키 서한 및 동인 담화는 여러 가지 사실을 암시한다. 첫째, 김도원의 입시보고에 의하면 일본은 인천개항 건에 대하여 깊이 언급하지 않은 것으로 되어 있으며 겨우 사석에서 하나부사 요시모토가 조선 왕정의 분위기를 문의한 데 그친 것으로 되어 있다. 그러나 동인 담화에 의하면 하나부사는 김 신사에게 인천 개항문제를 제기하였으며 김사가 이에 불응하자 동인의 개입이 실현된 것으로 되어있다. 뿐만 아니라 동인의 열변으로 김사의 태도가 일변하여 인천 개항문제를 포함한 여러 문제가 격의 없이 논의된 듯 싶으며 심지어 김사가 귀국 후 개항 주선의 약속도 주지 않았나 하는 인상이다. 스즈키 서한에서 엔신에게 이른바 인천 개항이 불원이라는 시사라든지 또 금번의 사절이 전번에 비해 몇 층이나 더 양국 화평을 더하게 하였다는 표현이 모두 이러한 상황을 반영하는 것 같다. 둘째, 동인은 스스로 인천 개항건을 계기로 하여 김 신사를 설득함으로써 하나부사의 신임을 샀다고 말하였다. 이 경우 뒤에 보듯이, 하나부사 공사와 이노우에井上 외무의 평가는 바로 일정의 평가가 되고 그리고 동인의 역할이 인정된 것은 곧 옥균 일파의 역할이 중요시된다는 의미가 된다. 이 점에서 보면, 동인의 귀국은 일본 정형과 김 신사 관계를 동지들에게 보고할 뿐 아

니라 나아가서는 일측의 기대대로 인천 개항을 실현시킴으로써 한편 개화파의 세력을 과시하며 또 한편 새로운 대일관계를 이용하여 국정개혁을 감행한다는 동인다운 기책奇策을 겸하여 갔었던 것인지 미처 모르겠다. 셋째, 귀국 후 김 신사는 동인의 범법 밀항을 변호하고 또 그를 천거한 것이 분명한즉 동인담은 근거가 있는 것으로 이해된다. 그리고 엔신에게 보낸 스즈키 서한에 "금번 (신사) 내일의 협상 건은 조금도 진척이 없다" 운운한 것은 곧 정세定稅 교섭을 말한 것인데 엔신은 고베에서 무불을 만났을 뿐 그곳에서 원산으로 직행하였는데 서한의 문투로는 엔신이 정세교섭을 미리 알고 있던 것 같으며 따라서 그것이 고베 혹은 원산에서의 무불 정보에 의한 것일 가능성이 크다. 넷째, 스즈키 서한으로 보듯이 동인의 귀국은 반도의 실정으로 보아 신변에 위험이 있을 것으로 염려하고 있으며, 이런 위험을 조금이라도 더는 방법을 겸하여 이후 한·일의 연락거점으로 마에다 총영사와 엔신승僧이 체류하고 있는 원산진을 택하였다. 하여튼 동인의 진가와 활동은 요컨대 김 수신사의 내일을 계기로 나타나고 또 활발해진 셈이다.

앞서 언급하듯이 무불승은 동인과의 연락을 끝마치고 김 수신사 도일 전인 6월 중순경에는 일본을 떠났으며, 6월 25일 일함 아마기天城함에 편승하여 원산에, 그리고, 그 다음날인 26일 새벽 서울을 향해 출발하였다. 원산에서 무불을 맞은 것은 히가시혼간지 원산 설교장의 오쿠무라 엔신이며 엔신은 무불이 출발한 26일 무불과의 필담 내용을 마에다 일본총영사에게 보고하고 있다. 한편 동인은 양 9월 8일 신사일행과 다카사고마루高砂丸를 같이 탑승하고 고베에 이르러 다고노우라마루田子浦丸(일본 우편선)로 갈아타고 9일 28일 역시 원산에 도착하여 엔신에게서 1박하고 다음 29일 서울로 출발하고 있다. 그런데 무불이 옥균 등의 명을 받고 일본에 밀항, 동인과 연락을 마치고 귀한하였을 때, 그리고 동인이 용약勇躍 원산을 경유하여 서울로 향했을 때는 공교롭게 김옥균의 신변에 뜻하지 않은 이변이 생겨 이 일파의 움직임은 중대한 차질을 보게 된다. 경진년 음 2월 하순 두후痘候가 평복平復되었다고 하여 그것을 축하하는 의미에서 증광시增廣試라는 임시 과거를 실시하게 되었는데 시험 관계자 중에는 김옥균도 문공사관文公事官이라는 직책으로 끼어 있었다. 그런데 그 당시 통폐通弊였던 부정시험을 국왕이 엄히 경고하였음에도 불구하고 한성시漢城試의 방락榜落이 발표되자 부정이 개입되었다는 물의가 자자하여 마침내 시관들을 귀양보내게 되었다. 김옥균도 연루로서 평안도 창성昌城에 유배되는데 그때는 음 3월 3일(양 4월 11일)이었다 (《日記》경진 2월 25일, 29일, 3월 3일조;《매천야록》, 48면). 그러다가 국왕의 특지로 풀린 것이 6월 7일(양 7월 13일), 탕척서용蕩滌敍用하라는 어명이 내린 것이 9월 18일(양 10월 21일), 다시 부교리라는 유배 전의 직책에 서임되는 것은 11월 29일(양 12월 30일)이 된다. 따라서 무불이 서울에 도착하였을 때는 일당의 주동인물은 일재—齋 어윤중의 《종정연표》從政年表에서 보듯이(국사편찬회본, 112면) 멀리 창성부에 유배 중이었으며, 이동인이 서울에 당도하였을 무렵은 옥균은 겨우 서울에 돌아와 근신하고 있었을 것으로 짐작된다. 그 사이에 겪은 동지들의 고충은 《일지》에 실린 무불의 편지로도 상상이 되는데 무불은 엔신에게 "세상사가 불여의不如意한 것은 10의 8, 9라, 공과 손을 나누어 경영한 몇 가지는 모두 김 씨의 원적遠謫으로 결국 일찍 성판成辦하지 못하게 되었으니 부끄럽고 한심스럽다"고 술회하였다.

여설

(1) 동인의 일본체류 상황: 1879년 9월 일본에 밀항한 후의 동인의 신변은 엔신의 《日誌》가 간략하게나마 제일 정확한 것 같다. 도일 후 교토의 히가시혼간지에 도착한 지 얼마 안 돼 11월 13일자로 부산의 오쿠무라 엔신에게 부친 동인 서한이 《日誌》〈東仁日本漫遊事情〉에 첨부되어 있고, 《朝鮮開敎五十年誌》에도 전재되어 있는데 문중에 "小生自到本山 飽食煖衣 安居無憂 大法主鴻恩 已天高地厚 將何以圖報萬一乎 所謂語學 如在於混沌未分之前 全沒方向未知何日擊開七竅 朗然視聽乎 悶鬱不堪"이라 하였으니 의식거주는 편했으나 일어 익히기에 무진 고생하는 모습이 상상된다. 다만 이 서한에는 동인이라고 적고 있어 아직 일본성씨를 쓰고 있지 않은 것이 눈에 띈다. 그리고 본문에 인용한 《日誌》의 〈동인담화〉(1880년 9월 28일)에 의하면 1880년 4월 초까지에는 교법 및 일본국정과 어학 등을 대략 터득하였다고 하였으니 미상불 부지런히 공부한 셈이다. 그런데 일지 외에 여러 가지 구전을 담은 듯한 《五十年誌》(139면)에는 동인이 교토 본산에 우거 중에 이른바 정한론 관계의 독서를 하고 사이고 일파의 강경론을 억지한 사람이 바로 이와쿠라 우대신인 것을 알고 호의를 품게 되었다고 적혀 있다. 이 점이 사실이라면 동인이 후에 이와쿠라 도모미를 만나게 되고, 또 김옥균 일파의 연락선으로 공작하였을 뿐 아니라 경진년(1880) 김홍집 신사를 통하여 조선 조정에 이와쿠라에 대한 호의적 정보를 주입한 동인의 이와쿠라관(觀)이 이때에 비롯하는 것이 된다. 또 《日誌》에는 1880년 2월 엔신은 교토로부터 도쿄에 출장하여 전 부산관리관으로 일본 외무성에 근무 중인 마에다 겐키치 및 아사쿠사 별원주이며 외국포교장인 스즈키 게이쥰을 만나 원산에 신설할 혼간지 원산 설교장 건을 의논한 사실만이 적혀 있으나 《五十年誌》(140면)에는 그때 동인 건을 부탁한 것으로 되어 있어 따라서 동인의 도쿄 체류에 대한 일본 외무성과의 교섭이 끝나자 스즈키 게이쥰이 교토의 엔신에게 동인의 내경(來京)을 촉구한 것 같은 인상이다. 동인의 득도식, 그리고 일본 성씨는 필시 일인의 형식으로 도쿄별원에 유숙할 조건이거나 방편으로 인정되는데 다만 현재 히가시혼간지에 남아 있는 그 당시의 사보(寺報)를 조사하였으나 동인의 득도는 기재되어 있지 않고 있다. 다음, 도쿄에 도착하여 아사쿠사 별원에 우거하게 된 동인은 물론 어학공부를 계속도 하였거니와(《五十年誌》, 140면), 또 앞에 이끈 〈동인담화〉에 의하면 스즈키 게이쥰의 주선으로 지명(知名)의 조야인사를 만나 한국 국정을 논하여 원조의 후

의(厚意)를 얻었다고 하였는데 누구를 가리키는 것인지 구체적으로 알 수 없으나 혹은 마에다와 스즈키의 관계로 외무성의 고관, 때에 따라 이와쿠라 우대신에게도 조선사정을 익힌다는 뜻에서 소개되었는지 모르며, 또 야(野)에서는 흥아회 관계의 명사 예컨대 와타나베 히로모토(渡邊洪基) 등에게 소개되었을 가능성이 크다. 이렇게 보면 동인이 전 혼간지 외국포교장 아쓰미 게이로쿠(渥美契綠)의 알선으로 도쿄의 미타(三田)에 왔으며 데라다 후쿠쥬(寺田福壽)를 통하여 후쿠자와 유키치(福澤諭吉)를 알게 되고 또 후쿠자와를 통하여 일본의 지명인사를 알게 되었다는《金玉均傳》상권(고균회편, 134~135면)이나 동곡이문(同曲異文)의《福澤諭吉傳》제3권(石河幹明, 287~278면) 등은 대단히 근거가 박약한 기술이라고 아니할 수 없다. 하기는《金玉均傳》이나《福澤諭吉傳》의 동인 관계기술은 같은 후쿠자와 계의 지식이로되 제1차 도일 때와 제2차 도일 때를 혼동하고, 전체적으로 후쿠자와의 역할을 과장하는 면이 크다. 아사쿠사 별원 우거기에 동인이 스즈키, 혹은 혼간지 계의 데라다 후쿠쥬를 통하여 후쿠자와 유키치를 만났을 가능성은 있으나 본격적인 접촉은 제2차 도일 때로 보아야 할 것이다.

(2) 경진년 수신사의 파일 결정: 기묘년(1879) 일본의 하나부사 공사가 한정(韓廷)에 왔다 간 후 그 회례 문제가 나왔다. 곧《승정원일기》,《비변사등록》등에 보이듯이 경진년(1880) 음 2월 초 9일조(양 3월 19일)에는 "日本公使 旣課歲專來矣 其在交隣之誼 宜有回謝之擧 修信使 令該曹差送 而起程日字 從當擇定 先以此意 通報館中事 分付東萊府使處 如何"라는 의정부의 계품(啓禀)이 나오고 이에 대한 군왕의 윤허가 기록되어 있다. 그러나 회사(回謝)로 말하자면 미야모토(宮本)와 하나부사 등이 3차나 다녀간 이즈음에야 기필(期必)해야 한다는 절대적 이유는 없다. 그렇지 않아도 수신사의 여비 염출이 어렵다고 하여 반대하는 측도 있었다고 하는데, 그것도 그럴 것이《승정원일기》등 기묘년 8월 22일조에는 왜사내한 때의 연도(沿道) 비용을 보상하는 것조차 힘겨워하는 사연이 기록되어 있다. 그런데 회사의 명분을 세워 수신사를 파견하는 데는 여러 가지 목적이 있었던 모양이며 그것을 일본에서 돌아온 신사(信使)의 별단이나 군왕에 대한 구두보고 및 군왕과 대신과의 문답기록으로도 짐작이 된다. 그리고 이번 수신사의 파송은 그 의의에 있어서 병자년 때와는 다른 것이 있는 듯싶다. 이 점을 잠깐 따지기 위하여 무인, 기묘년(1878~1879) 간에 있었던 이유원과 이홍장의 서한교환을 예로 삼는다.

한정의 원로대신인 귤산 이유원은 무인년(1878) 음 12월 15일자로 일서(一書)를 적어 인편으로 청국의 직예총독 겸 북양대신인 이홍장에게 전하였다. 그 내용의 개략은 ① 러시아의 월경 행패의 사실, ② 일본은 강요대로 수교입약(修交立約)하였음에도 희온(喜慍)이 무상(無常)하여 총기, 서책 등을 기증하는가 하면 조금만 불여의하여도 갈등을 일삼으니 그 심의(心意)가 난측(難測)이며, ③ 또 공문서에 청국을 상국이라 대두(擡頭) 표기하는 것도 시비하니 한 · 중의 속번(屬藩)관계는 천하소지(天下所知)어늘 그것을 시비하는 것은 공연한 트집 같고, 그리고 한정이 거부하는 덕원부 원산진의 개항을 강요함은 필욕도점(必欲圖佔)의 저의가 있어서 그런지 알 수 없다. ④ 도시 러시아 · 서양 사정과 일본 정형을 알 수 없어서 흡사 암실 중에 있는 감(感)이며, ⑤ 부산 개항 후 무인년(1878)부터 수출품에 과세하였더니 일본의 하나부사 공사가 내한하여 위법이라고 공갈하고 손해배상을 청구한다는 등의 불공(不恭)한 문서를 남기고 갔으니 금년(1879) 봄철에는 무슨 사단이 발생할지 걱정이라고 누누이 방교(邦交)문제의 난점을 들어 교시를 바란 것이다.

이에 대하여 청국의 대한정책 수립에 큰 역할을 하고 있든 이홍장의 회답은 기묘년(1879) 음 7월 9일자로 되어 있는데, 그 내용의 대략은 다음과 같다. ① 일인에게 쟁단의 구실을 주지 말 것. ② 근래 일본은 서양을 모방하여 부강을 자처하나 실은 국고가 허하고 국채가 누누(累累)라. 그래서 인근을 침략하여 그것을 보상하려 하는데 북으로 조선을 노리고 남으로 대만을 생각하고 있다. 류큐(琉球)는 수백 년의 고국(古國)으로 일본에게 하등의 잘못도 없음에도 불구하고 일본은 올 봄(1879) 돌연히 무력으로 그곳을 침해하여 왕을 폐하고 국토를 삼키고 말았다. 연즉 일본의 대청, 대한정책의 장래를 다짐하기 어려우며 그들은 병력을 증강하고 있는 중이다. 따라서 대일정책은 무비(武備), 주향(籌餉), 연병(練兵)을 든든히 하되 교섭에 있어서는 각수(恪守)조약하여 쟁단을 주면 아니 된다. 현금(1879) 일본은 호쇼(鳳翔) · 닛신(日進)의 2함을 부산 앞바다에 파견하여 연무(演武)랍시고 무력시위를 자행하는 모양으로 그 심사는 모르겠으나 청국은 멀리 있어 위급 시에 미처 도움이 못되고 또 일본 병력은 태서에 비할 바는 못 되나 그러나 조선이 대적하기에는 어려울 듯. ③ 일본은 태서 각국에 아첨하여 그 힘을 빌어 인방을 침모(侵侮)할 생각이다. 왕세(往歲)에 서양이 조선에게 통상을 요청하였다가 모두 거부되었다. 따라서 태서국의 심사가 석연치 않은데 만일 일본이 영국, 프랑스, 미국을 상리(商利)로써 꼬이고 러시아를 영토욕으로 유혹한다면 조선은 고약(孤弱)하게 되어 걱정이다. 그러므로 폐관자수(閉關自守)의 쇄국정책은 지금 양책이라 할 수 없으며 부득이하나마 일본과 수호통상조약을 맺고 차제에 태서 각국과 수호입약하면 이독공독(以毒攻毒), 이적제적(以敵制敵)의 기책(奇策)이 될 것이다. ④ 일본의 소외자(所畏者)는 태서인데 태서의 통례는 까닭 없이 남의 나라를 탈멸(奪滅)하지 못하고 상호통상하는 데 그간에 만국공법이 있다 하면서 러시아·터키전쟁과 열국간섭 등의 예를 인용. ⑤ 다만 러시아가 점령하고 있는 땅은 조선의 베이징(北境)과 접양(接壤)하고 있어 형세가 상핍(相逼)이라 만일 조선이 먼저 영국, 독일, 프랑스, 미국과 교통(수호통상)하면 비단 일본을 견제할 뿐 아니라 러시아가 조선영토를 규시(窺視)하는 것을 막을 수 있은즉 그렇게 되면 러시아도 강화통호하려 할 것이다. 또 그렇게 각국과 통상하더라도 따로 개항을 할 필요는 없고 단지 일본의 통상처와 개항처에 여러 나라 상인이 모일 뿐이며 관세를 작정하면 재정에 도움되고, 통상에 익으면 무기구입도 용이하게 될 것이며, 조약국에 외교관을 파견하면 평시는 우의를 돈독히 하고 유사시는 체약국의 집단적 간섭을 통해 침략국을 억제하게 되니 이렇게 하면 장차 일본을 겸제(箝制)하는 길이 되고 동시에 러시아에 비어(備禦)하는 책이 될 것이다. ⑥ 근자 북경 주재 각국 공사 중에 조선과의 통상 알선을 요청하는 바가 있으나 조선은 정교금령이 모두 자주의 나라이라 어찌 아배(我輩, 홍장)가 가히 간예(干預)하리오마는 다만 청, 한은 의(誼)로 보아 여일가(如一家)이며, 조선은 동삼성(東三省)의 병폐(屛蔽)가 되니 과연 순치지간(脣齒之間)이니 조선의 소우(所憂)가 곧 청정의 소우라 이렇듯이 분을 넘어 계책을 올리니 국왕께도 전정(轉呈)하고 정신(廷臣)을 모아 의논토록 하여주기 바란다. 이 계책은 이미 청정의 총리아문에도 통달된 바인즉 청정에서도 양해하고 있는 일이며, 각국과의 수호입약은 청국의 예와 같이 변고 중에 체약되면 체부(掣肘)되는 바 평시에 입약하는 것이 유리하다는 조언 등등이었다《淸季外交史料》文海本 제1책, 309~312면).

이 양인의 서신접촉은 이미 1875년(광서 원년)에 시작된 일이며《李文忠公全集》文海本 제5권, 105면), 또 경진년 이홍장 회한에 피력된 대(大)방책은 실은 푸젠순무(福建巡撫) 정일창(丁日昌)의 소진(所陳)한 바를 이홍장이 채택한 것이었다《淸光緖朝中日交涉史料》文海本 上册, 16면). 그리고 이중당의 방책은 물론 단순한 우의나 협조가 아니라 청국의 대일·대러시아책과 깊이 연관된 것이며 또 한정에 대한 청정의 우위를 견지하는 일련의 정책에 연(沿)한 소이는 일찍이 박일근 씨가 소상히 한 바라(《근대 한미외교사》 제4장 제4절) 여기서는 일체 생략에 붙인다. 다만 위에 인용한 양이(兩李)의 외교적 서한으로도 몇 가지 명백한 일이 있다. 첫째, 한정의 대일외교관의 성격이다. 곧 병자수호조약을 새로 맺고 조선이 자주국인 것을 문면(文面)에 삽입하였으되 한정은 그 조약을 3백년래의 이른바 교린외교의 일변형으로밖에는 따로 이해하려 하지 않았다. 그러므로 요구대로 과거의 약조와 구례(舊例)를 바꾸고 서식과 인계(印契) 등도 형식을 고치었는데 왜 사사건건이 위협적이며 조약의 구구한 조문을 들어 일본이 시비를 따지는 것인지 그 심정을 모른다는 태도였고, 심지어 천하소지(天下所知)의 한·청 관계의 사대적 표현방식을 들어 일본이 항의하는 것은 도무지 납득이 아니되던 일로 여겨졌다. 이러한 대일외교관은 단적으로 국왕의 태도에도 나타난다. 경진년 수신사 김홍집의 출발에 임하여 고종은 병자년 수호 직전의 태도와 변함없이(정월 11일) "저 왜는 이미 통호한지 3백여 년으로 자래(自來)로 그 정상(情狀)이 교활하더니 근일인즉 전과 다르다고 하나 거익(去益) 난측(難測)이라"고 하였으며《日記》경진년 5월 28일조;《以政學齋日錄》하책 동년 동일」), 또 일본의 "빈년작폐(頻年作弊)가 이시회측(己是回測)"(《日記》기묘년 4월 10일조)이라고 통탄하기도 하였다. 요컨대 새로운 근대외교라는 각도에서 한·일 관계를 본다는 것은 상상부도(不到)의 일이었다. 둘째는 국제정세, 특히 인국(隣國) 사정에 대한 극심한 정보의 부족이었고 따라서 러시아의 월경행패도 다만 불안한 행패로밖에 의식되지 않았다. 이에 대하여 청정은 이홍장의 서한에서 보듯이, 외국정세와 근대외교에 대한 상당한 지식을 가지고 한·일, 한·러 관계를 보고 있었으며 동시에 전통적인 사대관계를 외교에 적당히 활용하는 것을 잊지 않고 있었다.

한편 조선에 있어서는 병자수호 전에 이미 박규수 같은 개화 안목이 있었으나(《瓛齋集》1권 行狀, 11卷 答大院書答左相書,《동광》1931년 3월호, 13~16면) 소수의견이었고 또 사역원 당상인 오경석 같은 외국 사정에 밝은 선지식(善知識)이 있었으되(金正明編,《日韓外交資料集成》第1卷, 105~108면) 그의 건의는 무시되고 오히려 개항가라고 하여 소외되었다는 것이다. 경진년 수신사의 파견이 결정되는 연초에는 연전 별입직(別入直)으로 국왕에게 수시로 접근 건의할 수 있는 민척(閔戚)의 청년세력 민영익이 개화파로 알려져 있었으며 그 밑에 소장개화인사들이 몰려 있었다. 또 소민(小閔) 영익(泳翊)의 취승

(驟陞)에는 따르지 못하되 역시 승진길을 달리고 있었던 재긍(在兢), 곧 영상 이최응의 계윤(繼胤)은 역시 개화파로서 옥균 같은 적극파와 밀착되어 있었다. 김홍집이 수신사로 일본을 다녀온 후 귀국한 밀항승(僧) 이동인을 소장 개화세력인 민영익에 소개하였다는 것은 신빙할 만한 것 같은데(《湖岩全集》제3권, 38면) 그렇다면 김홍집의 수신사 천거가 이 소민(小閔)의 길을 통해 이루어졌을 가능성이 있다.

이 점은 김 신사의 임명에 대하여 이유원 같은 원임(原任) 영상의 불찬(不贊)이 있었음에도 불구하고 국왕, 척족이 이에 따르지 않았다는 설과 부합도 된다. 회례의 신사파견을 공식으로 의정부가 계주(啓奏)한 것은 앞서 적었듯이 음 3월 19일이거니와 무불이 박영효 김옥균의 명을 받고 일본에 도항한 것은 대개 양 5월 초로 추정되니 무불이 이경(離京)하였을 때는 신사 파견뿐 아니라 김홍집의 신사 내정과 개화파 수원(隨員)도 대략 결정된 것을 알고 떠났을 것으로 믿어진다. 개화파의 당면 외교방책은 틀림없이 개국, 개항에 따른 국리(國利)의 앙양과 근대외교제에 따른 자주였을 것인데 따라서 태서와의 통상은 이중당 서한에 동감되는 바가 클 것이로되 다만 대일관에는 의견의 차이가 있었을 것이다. 그나마 이중당 서한에 대한 이균산의 회답은 전통적 보수태도를 반영하여 "不欲與他國來往"이로되 현실적으로 "牽於衆議 不散主持"라는 것으로 단지 고례(古例)를 따라 유학생을 텐진에 파견하여 연병과 제기지법(製器之法)을 학습하겠다는 것이었다(《淸光緖朝中日交涉史料》文海本, 22~23면).

그러므로 당시 개화세력 일반은 수신사 파견으로 해외정보를 수집하여 국왕 및 정신(廷臣)을 설복하고 겸해서 일본에 대한 이미지를 고치고 개항, 개국의 필요를 납득시키려고 하였을 것이다. 그러려면 일본이 정세문제 등에서 생색을 내어주어야겠고 또 이러한 목표에 연하여 신사 일행에게 충분한 정보를 제공해 주고 신(信)을 드높이는 극진한 대접이 필요하였다. 아마 적극적인 개화분자인 옥균 일당은 이것을 넘어서 일정(日廷)의 유지와 협력체제로서 조선의 급속한 개화까지를 생각하였을지도 모른다. 이런 점에서 신사는 국왕 및 척족의 신임과 동시에 개화세력에 호의적인 인물이어야 될 것이다. 김홍집은 국구(國舅)였던 경은부원군(慶恩府院君)의 후손으로 국왕도 이것을 기억하여 항시 그를 근시(近侍)의 직책에 두었으며 잠시 흥양현감(興陽縣監)으로 외임을 맡은 것만이 예외였는데 근시로는 내명(內明)하고 현감으로는 선정이었고 매사에 공정한 것으로 덕망이 있었다. 더구나 그는 소론이로되 부조(父祖) 이래 북촌 소론이라고 하여 당시 노론이 중심인 민척과 정신에 자연 친근한 소론으로 이름이 났다(《매천야록》, 49면). 혹은 아마 이 까닭에 이규산 같은 소론이 노론적 소론이라고 할 김홍집을 못마땅히 여겼는지 모르겠다. 하여간 민척에도 가깝고 국왕의 신임도 두터운 김도원이 당시 소민 영익이 업고 선 민비가 '친일개화'라는 것을 몰랐을 리 없다.

 김 신사의 환국 후 조정에 제출한 별단이나 또 인시(人侍) 보고 때의 국왕과의 문답을 보면 신사는 어지간히 일정의 후대를 강조하고 국정(國情)을 두둔해 말하고 있으며, 청정(淸廷)이 그렇게 권하는 자강책에 대하여도 자강은 "非但富强將自强修我政敎 保我民國 外峅無從 此實自强之第一先務"라고 하여 자주를 들었다. 또 청정의 원한(援韓) 정책에 대하여 국왕이 "彼(淸)人雖欲與我國同心合力 而此何可深信乎 則要亦行富强之術而已"라고 평한데 이어 김 신사는 "彼情誠不可深信 而惟以我國不識外事爲關矣"라고 한 것을 보면, 마치 일정의 개화정책이라는 것을 믿지 않듯이 청정의 자강책도 의심으로 대한 것을 알 수 있고 동시에 청정이 정확한 국제정세 정보를 주지 않는 것으로 생각하고 있다(《日記》庚辰 8月 28日條). 이러한 새로운 대청관은 그들의 러시아 위협(俄患) 경고도 의아했던 모양으로 그것을 일본에서 확인할 뿐 아니라 나중에는 백춘배(白春培)를 밀파하여 러시아사(事)를 정탐까지 하였다(《수신사기록》, 191~194면). 또 이러한 청정관(觀)은 일본에 대하여 국왕이 김 신사의 보고를 들은 다음, 일본을 "我國人空然不信 而多浮言矣"라고 한 놀랄만한 변화와 호대조(好對照)를 이룬다(《日記》庚辰 9月 初8日條;《淸光緖朝中日交涉史料》상책, 35면).

(3) 경진년 수신사의 숙소: 병자년 신사의 숙소가 도쿄의 엔료칸이었음에 대하여 경진년에는 혼간지 아사쿠사 별원이 지정되었다. 고종은 이것을 이상히 여겼는데 김사는 단지 "聞延遼舘有妨碍"라고만 대답하였다(《日記》庚辰 8月 28日條). 본시 도쿠가와 막부 때의 조선 사신은 숙종 때부터 에도의 아사쿠사 혼간지에 유숙하는 것이 예로서 이 점은 경진년 수신사의 숙소가 엔료칸에서 혼간지로 바뀐 것이 역사의 전례를 따른 것이 되고 또 이 까닭에 혼간지 조선 개교 감독부에서 발간한 《朝鮮開敎五十年誌》(140면)에서 수신사 일행이 "전례에 따라서 아사쿠사 별원에 체재하게 되었다"고 적은 것 같다. 그러나 경진년의 경우는 도쿠가와 막부시대의 구례라고 하기보다는 한국 포교와 일정의

대한정책에 호응하고 있을 뿐 아니라 김 신사 일행의 사명과 의의를 무불을 통하여 미리 연락받고 있던 일본 외무성이 김 신사 일행의 동정을 동인 등을 통해 소상히 알 수 있는 아사쿠사 별원으로 고의로 옮긴 것이 아닌가 하는 것이 내 생각이다.

(4) 경진년 수신사의 임무와 청관(淸館): 본 논문은 주로 이동인의 행적과 연관이 있는 사항을 중점적으로 다루고 있는 관계로 김 수신사의 보고 중의 대일관계의 일부만이 강조되었다. 그러나 김 신사는 일정(日廷)과 공식으로 접촉하고 또 동인 등을 통하여 비공식적으로 하나부사 등과 흉금을 트는 듯하면서 일방 도쿄 주재의 청관(淸館)과도 접촉하여 여러 가지 정보와 조언을 얻고 있다. 원래 김 신사의 교섭임무는 3개항으로 전해졌다. 청관의 하여장(何如璋) 공사는 "使節之來 聞有大事三"이라고 김사에게 물었는데《수신사기록》, 173~174면) 이것은 필시 당시의《東京日日新聞》에서 ① 인천개항, ② 미곡금수, ③ 해관정세의 3대 문제가 신사의 임무라고 보도한 것에 의거한 것 같다 (이선근,《한국사 최근세편》, 427~428면). 그런데 김 신사가 일정에 전한 서계에는 교섭건으로 '부산항구 수세(收稅)'건만이 적혀 있었다. 이 까닭인지 김홍집도 청국 공사의 물음에 "書契中有定稅事而已"라고만 대답하였다. 그리고 교섭은 도쿄 도착 6일 후인 양 8월 13일부터 시작된 셈이로되 다만 한정 측의 구체안이 없는 것과 교섭에 필요한 전권위임장이 없다는 것을 우에노(上野) 외무대보(外務大輔)로부터 지적받았다. 그 후 8월 21일 김사는 이용숙(李容肅)을 시켜 김사의 세액초안을 하나부사 공사에게 제시하였는데 그 속에 금(禁)수출품목 중 미곡이 들어 있어서 이후 정세문제는 미곡 금수출(防米) 문제를 자연히 겸하게 되었다.

그즈음 김 신사는 청관에 접촉하여 정세문제 및 일본의 조약개정 건에 대한 정보를 얻게 되고 러시아 위협 문제, 중국·러시아 관계론 심지어 연미(聯美) 외교론까지를 경청하고 있다. 하기는 일본 정부도 그즈음 관세자주권을 포함한 불평등조약의 개정을 위하여 새로 유럽제국과 접촉을 꾀하고 있었다. 일정(日廷)이 본격적으로 조약개정에 나선 이와쿠라 사절 파견(1871)으로부터 1876년에는 대미교섭, 1878년에는 대유럽활동으로 들어갔는데 그러면서 수출세를 제정 부과하는 한정에 대하여는 무력시위와 동래관아 침입의 난동으로 나오길 주저하지 않았다. 여하튼 김사의 착일(着日) 얼마 전인 1880년 7월에 일정은 새로 조약개정안을 작성하여 미, 청을 제외한 유럽열국에 교부하였는데 이 비밀개정안이 일본 영자신문에 누설됨으로써 도쿄 외교관계에 일대 화제가 되었다. 따라서 도쿄 주재 청관은 조약개정의 최신 상황까지 알고 있었으며 이 까닭에 김홍집에게 비교적 자세한 정보를 주게 되었다. 이러한 정보에 접한 김사 일행은 도쿄에서 모든 상품의 세액을 정하기도 어렵고, 현지에서 작성 제안한 5퍼센트의 기준세율의 적용도 난점이 많은 것을 깨닫게 되어 정세, 방미 건의 타결은 후로 미루는 것이 상책이라고 생각하였다.

그런데 동인이 한승(韓僧)인 본색을 드러내고 김홍집을 설득한 것은 생각건대 8월 25일과 31일 사이의 일 같다. 일본 측의 〈조선국 수신사 담판시말〉(朝鮮國修信使談判始末)(山邊健太郎, 《日本の韓國倂合》, 48~59면)을 일독하면 8월 25일 아사쿠사 별원에서 김사와 하나부사가 정세·방미를 놓고 논의할 때와 8월 31일 일본 외무성에서 이노우에井上 외무경과 김사가 회담할 때와는 그 요략(要略)으로도 차이가 인정된다. 더구나 출발 전일인 9월 7일에 이르면 정세·방미건은 사라지고 극동의 대세, 러시아 위협의 성격 및 태서통상 같은 경륜(經綸)들이 오고 간다. 다만 9월 8일 출발에 임해서거나 혹은 기차 중에서 공사 주경과 인천 개항에 대한 양국의 입장이 잠깐 나올 뿐이다(《日韓外交資料集成》 2권, 17면). 요컨대 문제로는 인천 개항, 방미, 정세의 문제가 다 나오게 되어 결과로 보면 《東京日日新聞》의 보도가 적중한 것이 되었다. 그리고 신문의 논조가 비교적 한정에 동정적인 것도 주목할 만한데 그 소스(source)는 알 수 없으되 무불이 전한 정보에 김사의 임무에 대한 것이 있었을 것은 의심이 없다. 그리고 옥균 일당은 아마 정세건은 적어도 중동조약(中東條約, 청·일조약) 정도로는 간단히 해결되고 그럼으로써 개화파의 입장이 유리하게 되리라고 생각하였는지 모른다. 물론 청관이 김 수신사에게 준 것이 단지 정보와 조언만은 아니었다. 김홍집이 일본으로부터 돌아와서 국왕에 바친 《朝鮮策略》, 곧 친중국, 결일본, 연미국해서 자강을 도모하고 초미의 러시아환(患)을 막으라는 골자의 황준헌의 《조선책략》이 바로 위정척사의 공격대상이 됨으로써 조선 정국이 발칵 뒤집힌 일은 너나가 다 아는 일이라 다언을 필요하지 않을 것이다.

(5) 초기 개화파: 경진년 수신사의 파일이 개화파가 바라던 바 큰 수획(收獲)을 얻은 것은 앞서 든 신사의 별단(別單), 입시연설(入侍筵說), 국왕대신 대담 등등에서 그 구체적인 증거를 보거니와 이 기회에 그 당시 개화파에 대하여 약간의 고찰이 필요할 듯하다. 이 경우 개화파란 개화사상을 지닌 일파라

는 의미가 아니라 정치사적 의미에서 개국, 개항, 개화의 정치적 세력 내지는 운동을 가리키며, 초기란 병자수호(1876)로부터 임오년 군란(1882)까지를 지칭하되 다만 여기서는 경진년을 전후한 시기에 중점을 두어 그 대략을 따져본다. 무릇 초기 개화파는 정치사적인 각도에서 볼 때 국내 정쟁과 불가리(不可離)의 관계에 있는 것은 주지된 사실로서 따라서 개화파란 척사위정 혹은 폐관자수파(閉關自守派)에 대립하는 세력이 된다. 그러므로 개화와 수구의 대립은 정치세력으로는 때에 따라 민척 대 대원군, 흥인군 대 흥선군, 신지식 대 유교세력 등등의 알력각축으로 보이기 쉽다.

우선 정치력에서 볼 때 초기 개화의 세력원으로, 사상사적으로는 문제가 안된다 하더라도 민비를 꼽지 않을 수 없다. 임오년 전에 왕비는 친일개화로 소문이 나 있었다. 청국의 마건상(馬建常)과 같이 조선에 와 일시 한정의 녹을 먹은 왕석창(王錫鬯)의《蜷廬隨筆》〈光緖甲申朝鮮政變始末〉에 의하면 "朝鮮國王之本生父 明昰應 素以閉關爲主 國王名熙 王妃閔氏 王素懼內 妃喜親日 於是國中分爲兩黨 兩黨水火 各不相入 守舊多老成 開化者多新進"이었다고 한다. 이렇게 되면 개화, 수구의 대립은 왕백공(王伯恭)의 서술대로 결국 민비 대 대원군의 갈등이 되고 만다. 이것과 비슷한 관점은 이노우에 외무경에 보낸 하나부사 공사의 보고에도 엿보인다. 다만 하나부사 보고에는 더 구체적으로 왕비와 소민이라던 민영익과의 관계가 적혀 있다. 보고에 의하면

> 지금 이 사람들[신사유람단의 어윤중, 조준영(趙遵永), 강문형(姜文馨), 박정양(朴定陽), 심상학(沈相學), 엄세영(嚴世永), 홍영식(洪英植)]은 모두 민당(閔黨) 중의 사람임. 이 당은 대개 소장으로 대원군 노배(老輩)의 당에 대하여는 자연 양보를 면치 못함. 동인배(東仁輩)의 뜻은 차(此) 일거(一擧)로서 그 세력을 전적으로 민당에 옮기려는 듯. 민씨의 우두머리는 금년 24세의 민영익으로 관(官)은 지금 참판에 있으니 따로 기치를 세워 1개의 정사당(政事黨)을 결성한다는 것은 일견 괴이하게 보일 것이나, 생각건대 그 조부의 여광(餘光)과 중궁(中宮, 민비)의 친신(親信)으로 해서 이렇게 되는 것임. 중궁은 영익의 숙모로서 개진설(改進說)이라 함. 국왕 역시 그 설을 용납하는 것으로 들은 바 있음. 그러므로 세인은 이 당을 중궁당이라 부르니 이것을 보면 중전이 정사를 안에서 좌우하고 권세가 있은즉 그 조카인 영익이 연약관미(年弱官微)하여도 밖에서 일당을 능히 결성하는 소이연(所以然)임. 이 수 건으로 생각건

대 이 당은 실제로 정의파(正義派)는 아닌 듯. 다만 사심[욕(慾)]을 다투는 것 뿐이나 그러나 이 당의 소위(所爲)가 그래도 약간 시세에 호응하는 바가 있으며, 특히 소장이 많으니 비록 차 일거로서 권세를 장악하지 못하더라도 타일 조선정부의 세력 있는 당일 것은 거의 의심이 없다.

는 것이었다(《外交文書》 제14권, 297~298면). 다시 말해서 소장 개화인사의 실력자는 민영익이로되 그 실력의 근원은 왕비라는 말이 된다. 초기 개화파의 또 하나의 맥은 대원군의 중형(仲兄)이며 병자년 이래 영상인 홍인군 이최응을 들 수 있다. 홍인군이 아우인 대원군과 사이가 나쁜 것은 중지(衆知)의 일로서 이로 인하여 민척의 승호(升鎬)가 추만(推挽)하여 영의정으로 올리고 아우 대원군에게 대적케 하였다는 것은 황매천(黃梅泉)의 소전(所傳)이다. 또 최응은 병자수호 당시 영상으로 주견이 없어 '유유정승'(唯唯政丞)이라는 놀림을 받은 일도 기록되어 있다(《매천야록》, 22, 29면). 관문서로 보면(《승정원일기》 등) 수호 직전인 정월 20일 회의 때 영상은 가부를 표명하지 않고 접견대관의 소보(所報)를 기다려 대책을 강구하자고 하였는데, 인상으로는 반대를 회피하는 것 같았다. 그러나 영상으로 홍인군이 주견이 없이 단지 국왕 내외의 뜻을 살펴보면서 그에 영합한 것인지는 모르되 세상에서 그를 주화로 인정하고 개화의 선두로 본 점은 의심없다. 이 까닭에 만언소로 척사위정을 주장하다가 참형을 당한 홍재학 같은 사람은 홍인군을 지목하여 최응의 몸은 종두지족(從頭至足) 모두 양물(洋物)이며, 이상공(李相公)의 집은 자대지세(自大至細)가 모두 양물로 가득하다고 비난하고, 심지어 소중(疎中) 그 머리를 자를 자라는 것은 바로 최응 같은 사람을 말한 것이라고까지 극언하였다(宋相燾,《騎驢隨筆》국사편찬회본, 12면). 영상 이최응의 개화 및 대일관을 적극적으로 보여주는 몇 개의 기록에 의거하건대, 홍인군은 병자수호로부터 경진년 김 신사의 회환보고를 거쳐 청국 이홍장에게 사한(私翰)을 보내는 과정에서 점차로 개화의 입장을 명백히 하고, 일본에 대하여도 적이 호의적 관점에 서게 되고, 또 이런 점에서 국왕과 의견이 일치되었다. 병자수호 때는 비교적 태도가 애매하였으나, 경진년 수신사의 보고내용을 평가하는 소위 '국왕집정대신'의 대화(경진년 9월 초8일조 관문서)에서 보면 비단 대일평가가 달라졌을 뿐 아니라 김사가 휴래(携來)한 황참찬의 《조선책략》에 대하여도 "彼人諸條 論辯 相符我之心算"이라고 태도를 명백히 하고 있다. 이중당에 보낸 서한에서 전일 미국의 통상제의를 거부한 것을 후회하고 태서와의 개국에 필요한 여러 자료를 요청한 것은 이 개화태도의 연장이며 국왕과 의견을 일치하게 된 소이임에 틀림없다(《淸光緖朝中日交涉史料》文海本 상책, 35~36면). 그런데 마치 민비의 뒤에 소민 영익이 있듯이 홍인군의 뒤에 그의 윤사(胤嗣)이며 옥균과 개화당의 수령으로 소개된 재긍이 있는 사실은 주목할 만하다.

이밖에 개화사상이라는 자기 주견에 있어서 그 태도를 비교적 명백히 한 고관에 우상(右相) 박규수가 있는 것은 주지의 일이며 병자수호 때도 주화의 장본인으로 알렸으되(《매천야록》, 29면) 다만 병자년(1876)에 사망하였으니 경진년 전후로는 문제가 아니된다. 박규수와 같이 개화의 주견을 가진 역관 출신의 당상관 오경석이 있는 것도 모두 아는 바로 그의 견해의 일단은 이미 일사(日使)와의 응답에서도 나타난 것은 앞에 인거(引據)한 바 있으되 그 역시 기묘년(1879)에 세상을 떠났으니 경진, 신사(1880~1881) 양년에 활약하는 동인 관계로 보면 직접 개화세력에 관계되지 않는다. 물론 박 우의정, 오역매(吳亦梅) 같은 개화사상가 밑에서 김옥균, 박영효 형제, 홍영식, 서광범 같은 소장개화가들이 나옴으로써 개화사상의 일단의 진보를 보였다고 볼 것이나 《金玉均傳》上卷, 49~40면;《동광》1931년 3월호, 14면) 그러나 정치세력으로는 보잘것이 없어서 혹은 소민 영익에 붙어 정부정책에 영향을 주려고 하고 혹은 영상의 자제 재긍을 포섭하여 개화의 비책을 강구하려던 것 같다. 더구나 중인이나 천승(賤僧), 상민 출신에 이르러서는 비록 유대치와 같이 그 사상과 인품이 중인(衆人)을 넘는 것이 있는 경우라도 당시와 같은 신분사회에 있어서 속급히 목적을 달성하려면 불가불 당시 세력을 이용하고, 북촌의 유력한 자제를 물색해서 그를 앞에 내세우는 수밖에 없었다. 유대치의 경우에 불여의(不如意)로웠던 일은 오역매의 말대로 북촌 소장양반 중에 동지를 찾았으되 그것이 세력없고 미관(微官)인 김옥균이었다는 사실이라고 할까.

이렇게 보면 당시 정치세력으로서 개화파란 요컨대 소민파와 최응계밖에 없었는데 그것도 필경은 민비세력으로 줄여 말할 수 있다. 따라서 당시 개화에 추종한 여러 인사와 관원이 과연 개화인사냐 혹은 세력에 추종하는 추세(追勢)인사냐는 상당히 따져야 할 필요가 있다. 가령 병자수호 전 민척집권 후에 일정에게 밀함으로 한정(韓廷) 내용을 내통한 조영하가 일단 민척이 친청으로 기울어지자 곧 친청파가 되는 예와 같다. 그러므로 하나부사 공사의 서한초고로 보이는 단지(斷紙)에 "門閥爲政之國 欲革弊習 推二三門閥有爲之士

爲首領以伏民心爲便 今貴國主上 信閔參判之言 多用其議 果然閔參判則其人也"라는 의견도 나온다(《花房文書》7卷 其三, 무명씨 초안).

그런데 제1장 여설 제12에서 이미 따진 바 있는 옥균계 개화당은 소민과는 기본적으로 다른 한 면이 있었다. 곧 민비-소민의 계열은 바로 집권세력으로 그의 친일 개화는 정권의 유지를 의미하고 수구 일파의 권력추구를 조지(阻止)한다는 면이 있었다. 이에 대해 김옥균 이하의 무력한 사인(士人)과 중인 이하의 출신은 말할 것도 없고(《매천야록》, 40~41면) 심지어 이재긍, 박영효에 있어서도 개화운동은 권력의 획득이라는 면에서 추구되었다. 그것은 이미 기묘년 김옥균과 동인의 해후로부터 알려진 바로 앞서 이끈 엔신의 〈조선흥교건언〉에 그 일단이 엿보인다. 말하자면 개화의 정치세력을 집결하며 대원군 수구파와 정쟁을 벌리고 있는 민척의 세력이 곧 개화세력으로 활용될 수 있으나, 그러나 민척세력은 소민 같은 개화파의 경우도 권력의 현상유지에 있었고 정치세력의 변동에 있었던 것은 아니었다. 이에 대하여 개화혁신을 꿈꾸고 있던 순수개화파라고도 할 수 있는 박환재, 오역매에서 박영효, 김옥균, 유대치로 내려오는 일당은 당시 권력체제의 유지가 아니라 개화이념에 의한 국정의 혁신이요 또 그것을 위한 정권의 장악이었다. 따라서 그것은 필연적으로 정권유지에 중점을 둔 소민세력과는 다른 것이며 따라서 수구세력이 약화되면 불가피하게 표면화될 운명에 있었다. 초기 개화파의 특징은 정치사적으로 볼 때 당시 사림의 여론을 거의 지배하고 있던 대원군 수구파에 대항상 민척과 그에 추세(追勢)는 관원들의 이른바 개화정책에 순수개화파의 인사도 합세하여 정국의 양대 분맥(分脈)을 이루는 상황에서 일 세력이라는 것이었다. 기실 옥균파 개화당의 형성은 이러한 국내적인 상황 가운데 일본 정부의 관여라는 새로운 계기에서 비롯하는 변화가 가져온 문제이며, 바로 동인은 이 계기에 깊이 연결되었던 것으로 인정된다.

(6) 홍아회: 홍아회는 1880년(경진년 메이지 13년) 2월 13일 창립, 회장에 나가오카 고요미(長岡護), 부회장에 와타나베 히로모토(渡邊洪基)가 선임. 창립발기인에는 나가오카, 와타나베 외에 마에다 겐키치, 소네 도시토라(曾根俊虎), 사토 조(佐藤暢) 등등의 다수가 있었으며 부설 지나어학교(支那語學校)의 규칙을 정한 것으로 보도되었다. 제1회 집회는 동년 3월 11일 개최, 와타나베 히로모토 부회장의 취지 설명과 청국공사 하여장과의 축하 회담이 보고되었다고 하는데 출석회원에는 구사마 도키요시(草間時福), 시게노 야스쓰구(重

野安繹), 미야지마 세이치로(宮島誠一郎), 나카무라 마사나오(中村正直), 마에다 겐키치, 스즈키 게이쥰, 정영녕(鄭永寧, 淸館), 장자방(張滋昉, 지나어학교 교사) 외 50여 명이 참석한 것으로 되어 있는데 이 단체는 아시아의 흥기라는 의미의 흥아주의를 고취한다는 것으로 일본 황실에서의 하사금도 있었고 또 당시의 내무경 오쿠보 도시미치(大久保利通)가 후원하고 있는, 곧 정부와 밀접한 관계가 있는 국책단체였다(《編年史》제4권, 167, 181면;《東亞先覺志士記傳》상권, 414~416면). 이 흥아회의 마에다 겐키치, 스즈키 게이쥰 등이 바로 옥균, 동인, 무불의 인맥인 것은 본문에도 적었거니와 그래서인지 한정에서 오는 옥균 관계는 대개 여기 초대되고 있다. 김홍집 수신사에게 설립취지서와 찬조요청서가 오고 잇따라 9월 5일(1880) 신사일행의 초대연까지 열리게 되어 일행 중의 이조연, 강위, 윤웅렬의 3인이 참석하고 있으며 그때 스즈키 게이쥰이 동석하고 있었으니 알선을 누가 한 것인지 족히 알 수가 있다(이광린,〈김옥균의 저작물〉,《문학과 지성》제3권 2호, 1972, 270~271면). 흥아회는 김 신사 일행만을 초대한 것이 아니고 1881년 신사유람단으로 도일한 어윤중 일행만을 5월 26일 환영연회에 초대하였다. 그때는 청관의 황준헌도 참석하였다고 하거니와 어윤중은 김옥균과 가까운 점을 고려해야 될 것이다. 이동인도 1880년 11월 18일 흥아회 월례회에 참여하고 있으며, 김옥균도 1882년 제1차 도일 때 6월 21일 서광범 · 강위 · 유길준 등과 더불어 흥아회 친목회에 참석하고 있다. 이 회는 1883년 1월 이름을 아세아협회(亞細亞協會)로 바꾸었다(《新聞集成明治編年史》第4卷, 265, 302면 5권 95, 224면;《金玉均傳》上卷, 108~109면).

3. 일본에서의 동인 (2)

다시 이동인의 신변의 사항을 더듬어 본다. 동인은 앞에 적었듯이 1880년 9월 28일 일본으로부터 원산진에 도착, 그 다음날 서울을 향해 출발하였는데 공교롭게 바로 며칠 뒤인 10월 4일 유대치는 김옥균과 무불의 소개장을 들고 원산의 오쿠무라 엔신을 찾고 있었다. 그 당시 서울·원산 간의 행정行程은 빨라도 3·4일이었은즉 두 사람은 서로 길이 어긋난 셈이다. 먼저 대치의 뒤를 살펴보면 옥균의 소개장은 간단해서, 대치 선생을 잘 맞아달라 하면서 자기는 근자 병이 깊어 고뇌 중이라고 전하였다. 그리고 소개장은 대치가 서울을 떠나기 한참 전에 써진 것 같다. 무불의 서신은 앞서도 옥균 원적遠謫 관계를 잠깐 인용하였거니와 나머지도 주목할 만한 것이 있기에 다시 그 다음을 인용해 본다. 곧 "여기 가시는 선생(유대치)은 내 사옹師翁으로 그 성함을 일찍 귀공에게 말씀드린 바거니와 그분은 실로 큰 뜻 그리고 큰 힘을 가지셨고, 더구나 모모某某 제학사諸學士와 토심토담吐心吐膽의 계약을 가졌으니 공도 모시는데 범홀泛忽한 바가 있어서는 안 될 것이다. 그리고 물론 거세지간巨細之間에 일이 있으면 필히 의논하여 성취토록 해야 할 것이다. 귀공과 나의 소원은 진속양전지계眞俗兩全之計를 갱도更圖하는 것이니 지축지도至祝至禱로다", "동인과의 왕래서한은 의당 정밀히 처리하였을 줄 아오나 혹 별원에 오는 사람이 내 이름을 말하여도 하나같이 차게 물리치고 은폐하시옵. 만일 외인에게 우리들 이름자가 노출되면 그 해가 적지 않으니 공은 수명념須銘念하시라", "후[楓: 후 겐테쓰楓玄哲 일본 어학생 훗날 일사日使통역] 씨의 부탁은 감히 소홀히 할 리 없으나 제사諸士와 다시 상의하였으되 어려움이 많으니 장차 어쩌면 좋을지. 내 한 사람을 권송勸送해서 후 겐테쓰와 같이 있게 하여 어학(일어)을 익힌 연후에 초지初志를 달성하면 어떨지 명교明教를 바란다", "아마기天城 함장은 현재 어디 있는지" 운운하고 요건을 끝맺었다.

다만 이상한 일은 이 무불 서한의 발신인을 아사노 가쿠지朝野覺治

라는 동인의 일본 변명變名으로 적어놓은 것인데 이것이 엔신의 일시의 착오인 것은 의심이 없다. 그리고 엔신은 이 무불 서한의 적록摘錄에 붙여서 "유대치는 원래 자산가이며 또한 상당한 학식과 경험이 있고, 특히 대단한 우국지사라 항상 박씨(영효) 및 김씨(옥균) 기타 신사상을 품은 제씨諸氏 사이에 끼었고 또 항상 좌우하였다. 그런 고로 사상을 같이한다 하여 소생의 거소인 원산에 와 우국퇴교憂國頹敎에 관한 일을 백방으로 담하였으며 나에겐 청옥제靑玉製 담배상자를 선사하고 총영사(마에다 겐키치)에게도 수품數品을 증정하였다"고 첨기하였다(1).

한편 서울에 도착한 동인은 박영효, 김옥균 외에 김홍집, 이조연 등과도 곧 연락이 닿았던 모양으로, 문호암의 말대로 그 선으로 소민 영익에게 소개되었을 것이며 동시에 일본에서 가져온 석유램프 기타의 진기한 물건들을 권가權家와 왕실에 바쳐 제법 인기가 있었을 것으로 믿어진다. 그런데 김 수신사가 입궐해서 국왕에게 교섭내용과 견문을 구두보고하여 호인상好印象을 준 것은 양 10월 2일의 일이었는데, 동인 말에 의하면 동인은 양 10월 6일(음 9월 초3일) 국왕의 명령을 받고 도쿄 청관의 하何 공사를 만나러 다시 서울을 떠난 것으로 되어있다(《근대한미외교사》, 取引何公使文書, 206면). 그러나 동인은 명령을 받자 곧 떠난 것은 아니고 서울에 며칠 더 머무르면서 제법 바쁘게 활동을 하였던 것으로, 엔신의 《일지》에 의하면 동인은 10월 15일 다시 원산의 엔신 숙소에 나타났으며 도착 즉시로 박(영효)・김(옥균) 기타 '혁명 제씨의 사정'을 전하였다. 여하튼 10월 2일에 김 신사가 입궐하였는데 10월 6일에는 대미 수교알선을 전제로 정보수집 차 하何 공사가 있는 도쿄를 향하여 서울을 동인이 떠났다면 그 사이 그 얼마나 개화파들이 공작을 한 것인지 짐작이 간다. 또 명령을 받았다는 동인의 말이 국왕으로 직접 받았다는 것인지 적이 의심스러우나, 뒷날 유대치가 일 포의布衣로서 몰래 국왕을 뵌 것으로 미루어 보아도 민영익 같은 사람의 주선이 있었다면 동인이 국왕을 그때 벌써 뵈었다는 것이 그리 부자연스럽지 않다. 하여간 동인은 옥균파의 대선배인 유대치를 16일 혼간지 설교장에서 만난 후로는 5일간 연속 무엇인가 밀담을 하였는데 그 사이도 외인이 두려워 동인은 일본 총영사관사 중 바바馬場이라는 관원 집에 기거하였다. 그러는 중에 10월 23일 서울에서 밀사가 동인에게 와 정부 동향을 전한 것으로 되어있다《日誌》.

한편 서울에서는 10월 11일(음 9월 8일) 김 신사의 보고와 그가 휴래携來한 황참찬의《조선책략》을 두고 국왕과 영상, 대신 간에 중대회의가 벌어졌으며 그 결과는 개국으로 정론廷論이 기울어졌다. 밀사는 이 소식을 전할 뿐 아니라 소위〈국왕대신 대화서〉라고《일본외교문서》에서 칭하는(제13권, 389면 이하) 회의초록(관기록)과《조선책략》의 사본도 그때 가져온 것 같다. 이 서울 소식을 들은 동인은 24일 마에다 총영사를 엔신과 같이 가서 만난다. 27일에는 서울로부터 대치에게 소식이 있었고, 30일에는 처음으로 대치가 동인, 엔신과 더불어 일본 총영사에게 가서 한국 정치를 논한 것으로 되어 있다. 31일에는 대치가 동인에게 고서화 수 폭을 선사하였다고 엔신은 적었는데 이것은 필시 일본 출발이 가까워지자 일본에서의 선사용으로 준 것으로 이해된다. 드디어 11월 1일 일함 아마기天城가 원산에 입항한다. 아마기함은 일본이 부산, 원산의 무역과 거류민을 보호한다는 명분으로, 실지는 위방威方과시를 위하여 양항 간을 순회시키던 전함이었는데 앞서 6월 25일 무불이 원산 도착할 때 이용한 함편이 바로 이 아마기함이었으며 또 이 까닭에 무불의 서한에서도 아마기 함장을 찾은 것으로 보인다. 내 생각에 동인은 본래 자기가 타고 온 다고노우라마루田子浦丸 같은 우편선을 이용하여 다시 일본에 도항하려 한 것이 아닌가 한다. 당시 일본 우편선은 달에 1회씩 원산에 기항하는 것으로 되어 있는 것을 동인이 알고 원산에서 기다린 것으로 인정된다. 그런데 그때 마침 일본 정부에서는 하나부사 공사를 다시 조선에 파견하여 인천 개항문제 등을 결말지으려고 하였는데 때에 따라 소위 무위를 과시하는 것이 교섭에 효력이 있다는 계산 아래 아마기함을 공사의 탑승함으로 결정하고 순회 중인 함선의 귀국을 훈령하였다. 그러므로 원산에 기항한 아마기함은 곧 일본으로 출발할 참에 동인이 이것을 이용할 수 있도록 마에다 총영사에 의뢰하였다. 11월 2일에는 동인의 아마기함 탑승이 허락되었는데 그날 마침 무불이 서울로부터 원산에 도착하였을 뿐 아니라 동인, 무불의 일본여행을 허가하는 한정의 여권을 가지고 있었다. 11월 4일 동인, 대치, 무불의 3인은 엔신과 같이 일본 총영사를 만나고, 드디어 그날밤 동인과 무불은 일함에 탑승하였으며, 다음날 아마기함은 일본으로 대치는 서울로 각기 떠났다. 엔신의 《일지》(11월 11일)에 의하면 동인은 혼간지 원산설교장의 엔신으로부터 일화日貨 3백 원, 그리고 교토 본산으로부터 천 원을 빌린 것으로 알려진다.

　또 한 가지 흥미있는 일은 동인 등이 도일한 10일 후 원산의 엔신에게 박영효의 소개장을 가지고 김정모金正模가 온 것인데, 그의 목적은 일본에 건너가 구리학究理學(철학)을 연구한다는 것이며, 소개장은 도일 알선을 부탁한 것이었다. 김정모는 역시 엔신의 주선과 마에다 총영사의 양해로 교도協同사 소유의 일선 도후쿠마루同福丸를 타고 11월 20일 원산을 출발하였는데 그는 일단 도쿄 아사쿠사 별원의 스즈키 외국포교장 앞으로 간 것으로 인정된다. 한편 《조선개교 50년지》(143면)에 의하면, 김정모도 단순한 철학 연구차 도일하느라 원산에 온 것이 아니라 박영효, 김옥균과 엔신, 동인, 대치 간 연락에 관계가 있는 듯이 보이며, 일방 동인은 '아사노 도진'淺野東仁이라 칭하고 (일본)외무성에 봉직하고 있었으나 얼마 아니되어 조선에 돌아갔다고 적혀 있다. 그런가 하면 동인, 무불이 교토를 둘러 도쿄에 도착한 것은 비교적 빨랐던 모양으로 11월 18일에 동인은 도쿄 고메바나도米花堂에서 열린 흥아회 월례회 석상에 나타났으며(《新聞集成明治編年史》제4권, 302면) 그 이튿날인 19일과, 또 그 다음날인 20일 연이틀을 국왕의 밀사로서 청관의 하여장 공사를 찾았다(《근대한미외교사》, 205면 이하).

청관에서 동인은 자기가 국왕의 밀명으로 금후의 제반 정세를 탐정하러 왔다고 밀서를 제시하고 한정은 한·미 수호를 원하게 되었으며 하나부사 공사로 인하여 극동 정세를 이해하게 되었고 대미수호를 위하여 청국 알선을 요망하는 취지의 김홍집 서한이 불원不遠 하 공사에게 올 것이라는 것을 전한 것으로 알려진다. 그리고 한정의 개국방책은 도쿄 주재 영관英館에도 정보로 들어간 모양으로 하 공사에게 타진이 있었다는 것이며, 그런가 하면 동인과 같이 일본에 온 무불은 12월 22일자로 일서一書를 초草하여 하 공사에 보내고 있는데 역시 대미수호에 청정의 주선과 권고를 요청하는 것이었다. 그 서한 속에 "작일 촉囑하신 바 미국과의 연결은 실로 보

동인승의 행적 (상) 63

국保國의 양책" 운운한 것을 보면 그 전날인 21일 무불이 하 공사를 만났다고 생각할 만하다(이광린, 〈개화승 이동인〉, 《창작과 비평》 5권 3호, 464면). 뿐만 아니라 무불은 1881년 2월 초(음 정월 초) 다시 하 공사를 만났다고 하는데(《근대한미외교사》, 212면), 무불은 1881년 2월 5일 원산에 입항하고 있는즉 하 공사를 만났다면 정월 중이거나 혹은 1880년 12월에 만난 것을 착각하였던 것인지 모른다. 하여간 밀서를 지닌 동인은 물론이거니와 무불도 밀사로 인정되었던 모양이다(《清光緒朝中日交涉史料》文海本 상책, 35면).

그것은 그렇고 동인, 무불이 도쿄에 도착한 지 주여週餘되는 11월 24일 일본 변리공사 하나부사 요시모토 일행은 아마기함에 탑승하였으며 그 후에야 비로소 김정모는 도쿄 아사쿠사 별원을 찾았을 것인데 김은 11월 3일 병조정랑 유원식劉元植이 위정척사의 입장에서 《조선책략》의 개국과 균세방안을 처음으로 공격하는 상소문을 올린 것을 알고 도일하였을 것이다. 다만 정모가 도쿄에 도착하였을 때 동인이 그때까지 도쿄에 체류해서 서로 만났는지 적이 의심스럽다. 다시 《조선개교 50년지》에 의하면 동인은 귀국길에 앞서 히가시혼간지로부터 2만 원이라는 당시로서는 대금을 빌려 섬유제품 도자기 등의 신기한 물건을 대량으로 구입하였다고 한다. 그리고 그 돈은 1887년 한정이 갚았다는 것이다. 그렇다면 2만 원은 한정의 소용으로 빌린 것이 되고 또 물품의 구입은 심부름으로 한 것이 된다. 동인은 부산 일본영사의 보고에 의하면 1880년 12월 18일 센자이마루千歲丸 편으로 부산에 도착하였다. 그리고 무불 탁정식卓挺植은 계속 일본에 남아 있다가, 앞서 언급하듯이 우편선 다고노우라마루 편으로 1881년 2월 5일 원산에 도착하였다.

이렇게 보면 우선 이동인이 귀국하자마자 겪는 바쁘고 긴장된 분위기를 짐작할 수 있고 또 총총 걸음으로 다시 일본길을 나섰거니와 올 때는 제법 명사 기분으로, 여권을 믿어선지 부산을 택하여 귀국하였다. 그런데 1880년 10월 초 서울에 도착한 후 동인의 움직임에는 크게 두 갈래로 나눌 수 있는 면이 있었다. 첫째는 말할 것도 없이 소위 '혁명당'의 일원으로서의 그의 움직임이다. 당초 무불이 일본에서 돌아와 대치(유홍기)를 중심하여 박영효 등과 의논한 것은 국정개혁과 정권에의 접근이었던 것이 틀림없고 거기에는 동인이 전한 일본 조야의 후원이라는 것이 과장되었을 가능성이 크다. 앞서 인용한 무불의 유대치 소개장에는 "공과 나의 본원은 갱도진속양전지계更圖眞俗兩全之計"라는 말이 있었는데, 그 서한을 엔신은 10월 4일에 접수하였다.

그런데 동인, 무불이 다시 일본으로 떠난 11월 15일을 나흘 지난 11월 19일 엔신은 〈조선홍교건언〉(제1장 여설 제5에 인용)에서 이 '진속양전지계'를 밝히고 있다. 곧 "요즘 홍교의 시기가 도래하였는지, 조선국의 유지가 우리 별원과 설교장(원산)으로 인하여 내정을 일본 정부에 통하게 되어 이들 유지와는 접부접接不接 간에(면식이 있는 동인, 무불, 대치 등이나 면식이 없는 옥균, 영효든 간에) 교의交誼가 친밀하게 되었습니다. 이들이 뜻을 득하여 개명의 기운을 얻게 되면 이들이 어찌 우리의 진종 홍교를 장애할 수 있겠습니까. 오늘날 조선국 정부의 사정을 관찰컨대 일본 정부의 간정懇情을 연모하는 뜻이 매우 빈번하여 세태 유신에 1년을 넘지 않을 것입니다. 금번 하나부사 공사가 조선국에 내항하면 인천 개항은 필성必成이요 그 여건도 낙낙諾諾일 것입니다." 요컨대 엔신의 한국 정국에 대한 정보는 주로 옥균파인즉 11월 15일(1880) 동인, 무불을 아마기함에 태워 일본에 보낸 엔신은 1년(!)을 넘지 않고 개화 '혁명당'의 개혁은 성공할 것이고, 그러면 혼간지는 한국 불교를 통할할 것이며, 또 당면과업으로 12월 하나부사 공사 일행이 오면 인천 개항은 물론이요 기타도 모두 타결될 것으로 믿었다. 그렇다면 무불의 '진속양전지계'란 일본조야의 후원을 얻어 국정개혁을 하며 동시에 퇴세頹勢에 있는 불도의 재흥을 혼간지와 같이 착수하자는 것이 된다. 그리고 6월에 일본으로부터 귀국한 무불이 그 계획을 추진하려던 것이 그만 옥균의 원적遠謫으로 불여의不如意하게 되었으니 이제부터 다시 해보자는 것이 무불 서한의 첫 구의 의미가 될 것이다. 이렇게 보면 옥균파의 진의가 그렇든 아니든간에 그들의, 그러니 동시에 동인의 일본에서의 활동이 의미를 갖게 된다. 또 같은 의미에서 히가시혼간지가 대금 2만 원을 빌려주고 그리고 수차에 걸쳐 이 '혁명당' 사람들에게 금품을 준 그 정치적 포교정책도 이해됨직하다.

한편 옥균이 없는 차에 서울에서 무불(혹은 동인)의 이러한 구상을 들었을 때 다른 동지들이 일본 정세나 일정日廷의 협력에 대하여 자못 의문이 컸을 것은 의심이 없다. 김옥균이 양력 8월 초 겨우 유적流謫에서 풀려나와 신병을 이유로 집에 우거하고 있는 중에도 이 의문은 남았을 것이며 또 김 수신사의 방일도 그 결과가 궁금하였을 것이다. 옥균의 소개장을 보면 대치는 미리부터 원산의 엔신에게 달려가서 직접 일측 형편을 듣고 싶었던 모양이다. 실재로는 김 수신사 일행이 부산에 도착하여 일정의 후득厚得이 미리 서울에 알려졌을 때 대치는 원산으로 향하였다. 옥균은 아직 탕척서용蕩滌敍用되지 못하고 따라서 두드러진 활동을 하기 어려운 가운데였으나 장차 닥쳐 올 정국에 대처하려면 우선 먼저 김 신사일행에 대한 일정의 반응, 그리고 이에 대한 동인으로부터의 정보가 시급하였을 것이다. 이러한 정보에 은밀한 연락은 물론 원산의 엔신을 중개할 수밖에 없는즉 말하자면 시급한 정보와 동인, 무불 구상의 일측 태도를 확인하고 겸해서 동인과 연락하는 길을 찾기 위하여 '혁명당'의 배후의 거물 대치 유홍기가 직접 엔신과 접촉한 것이 된다. 흥미 있는 것은 중인 출신의 한방의인 유대치가 엔신에겐 '자산가'로 소개된 것이나 또 동인이 이미 귀국하여 서울로 간 것을 알면서 대치가 근 10여 일을 원산에서 묵다가 동인을 만났다는 사실이다. 첫째 건은 나중에 보듯이 대치의 일본과의 밀무역과 연관되어 혹은 유력한 옥균파의 자금원으로 소개되었던 혐의가 있고, 둘째는 엔신을 통해서 불원 동인이 다시 원산을 경유하여 도일할 것을 알고 있었던 것 같다. 만일에 그렇다면 동인은 동인대로 김 신사의 귀국 후 한정 정세를 시급히 알아서 일본 출발 전의 하나부사 공사 일행에게 전한다는 용무도 있었던 듯싶다. 그리고 대치는 대치대로 일본에 밀무역을 하여 자금조달할 계획을 엔신과 의논하는 용건이 있었을 것이다. 곧 1881년 1월 중순(《日誌》1881년 1월 13일) 대치의 사위되는 김창희가 원산으로 엔신을 찾아와 상품 견본으로 보이는 꿀과 명주를 두고 가는데(《日誌》1881년 1월 21일 이원離元) 다음 2월 12일자 《일지》에는 엔신은 대치 상품 곧 꿀 35통과 명주 30고리를 일인 하리야 기치조針屋吉藏에 위탁하여 나가사키로 수송하였노라고 적고 있다. 대치는 이만하고 다시 동인에게 돌아간다.

앞서 엔신에게 부친 스즈키 게이쥰 서한이나 엔신의 〈조선홍교건언〉에서 보듯이 혼간지 계통에서는 혼간지와 동인 등의 중간 역할이 주효해서 하나부사 공사가 다시 한반도에 오면 인천개항 기타의 난문제가 해결될 뿐 아니라 한정 내의 개화파, 특히 동인계의 옥균파가 정권에 깊이 관련될 것이라는 전망을 가졌던 모양이다. 이것은 아마 동인 및 옥균 일당이 혼간지계와 그것을 통한 일본 정치가들을 이용하기 위한 과장과 선전이 있었던 것 같으나 하여간 동인으로는 하나부사가 조선에 교섭차 오기 전에 자기들이 일측에 준 인상을 한정에서 확인하고 또 동인, 무불 구상을 추진하는 방식을 동지들과 의논할 필요가 있었을 것이다.

서울에 돌아온 동인은 김홍집 선線으로 소민세도小閔勢道에 접촉하게 되고 다시 소민小閔 영익을 통하여 국왕 내외에까지 자기의 일본 지식을 피력할 기회를 갖게 된다. 당시 김옥균파로서의 동인을 보는 경우 눈에 띄는 사실은 첫째, 동인은 김홍집, 민영익의 선으로 활약하되 옥균 일당과의 선은 숨겨둔다. 무불도 동인의 줄로 김홍집에 접근시킨 혐의가 있다. 둘째, 일정日廷과 청국이 모두 권유하는 대미수호 등은 설령 최근 이노우에 외무경이 중개의 노勞를 취한 일이 있으나 그러나 전통적 한·청 관계를 이용하여 청정의 대한압력을 활용하는 의미에서 청국에 대미중개를 요청한다. 다만 북양아문과의 선을 직접 이용하지 않고 이동인, 김홍집과의 선이 닿는 도쿄 청관 하여장 공사를 이용한다. 셋째, 동인, 무불과 혼간지의 선을 이용하여 일본 정계 고위층에 옥균파에의 지원세력을 구축하여 한·일 관계의 개선에 따른 일정의 대한영향력을 옥균 일당의 진출에 활용한다. 이 경우 한·일 외교 개선에 적극적으로 협력하며, 때에 따라 수구파 혹은 정부 내의 비협력분자에 대하여는 무력시위의 방식도 고려한다는 등등의 구상이다.

첫째의 것은 동인의 제2차 도일이 끝날 때까지 비교적 잘 유지된 것 같다. 곧 이조연의 표현대로 그들은 동인의 입신이 김홍집, 이조연 등의 천거에 오로지 의거하였다고 생각하였으나(《日本外交文書》第14卷, 293면), 또 동인, 무불의 청사淸使 접촉에 옥균파 및 히가시혼간지 관계가 일체 숨겨져 있는 사실, 그리고 끝으로 동인의 실종 후 엔신에게 보낸 무불 서한 중 동인은 "不聽人言 況諸大人(박영효 김옥균)手勤保惜之功 不能報答 豈可得終乎"(《日誌》1881년 5월 9일)라고 한 것으로 충분 짐작이 된다. 둘째의 것은 묘안임에 틀림없는 것이, 비록 교섭의 주동은 김홍집 등이고 그 배후에는 소민 세도가 있다 하더라도 현실적인 연락과 공작의 선은 결국 옥균파인 동인과 무불인즉 따라서 그들을 통하여 옥균파의 배후조정이 어느 정도 가능할 뿐 아니라 이에 대한 방향과 정보를 충분히 일정에게 제공할 수 있게 되어 그들의 실력을 과시할 수도 있다. 동인 등이 도쿄청관에 밀사로서 접촉하기 전에 이미 하나부사나 이노우에 경에 용건을 누설하였을 것은 그들과의 관계로 보나, 또 혹은 영관英館의 케네디가 하 공사에게 한정의 태서 수호修好 소식을 물은 것으로도 짐작이 된다(《근대한미외교사》, 207~208면). 셋째의 것에 대하여는 거의 의문이 없거니와 다만 그들이 무위의 발동에 관심을 가졌다고 생각되는 점은 주목할 만하다.

옥균파와 도쿄 혼간지의 선으로 가까웠던 흥아회의 부회장인 와타나베 히로모토가 1881년 5월 5일자로 적은 〈대한 현금 정략대요 각서〉對韓現今政略大要覺書라는 건의서가 전한다(《花房文書》제1책). 이 외무성 출신의 도쿄제국대학 총장이며 우대신 이와쿠라 도모미의 옛 부하로서 귀족원 칙선의원까지 되었던 와타나베는 이 〈각서〉에서 대한정략에 있어서 무력의 과시를 역설하고 있다. 그에 의하면 "조선의 정세는……국내에 서로 경쟁하는 세력이 없고 600여 년간 일시 임진란이 있었을 뿐, 태평무사에 젖어 병력도 없으며 사기도 없다", "일본은 조속히 병함을 (일본인) 거류지의 각처 및 인천에 띄워 정병精兵 2소대 정도를 파송하되 그 명분은 아국(일본) 관리를 보호하고 아국 인민을 보호한다는 것으로 족하리라. 이 일은 기실 만국공법이라는 것에 위배하고 우리(일본)가 남에게 거부하는 바를 남에게 실시하는 것으로 본래 지당한 일이라고 할 수 없으나 그 뜻으로 생각하고 임기臨機의 처치를 함은 부득이한 일이라. 결국 그 나라(조선)을 위함이요 아국(일본)을 위함이라.……고로 그 정부(조선)의 의뢰를 받고 치병置兵함이 순서로되 현재 그 정부가 공연히 의뢰한 일은 없으나 작년(1881) 이래 그들의 밀사 또는 유지들이 내고來告함에 서로 의심하는 가운데라도 이 일을 의뢰하지 않는 자가 없더라. 또 그 반대당(수구파)에게도 병력이 없으니 약간의 (병세의) 무게를 보이면 결코 사단을 일으킬 우려가 없다", "아국(일본)이 만일 별안간 병세兵勢를 시현하면 조선은 반드시 격激하여 드디어 그 분란을 더할 것이라고 하나 그것은 결코 그렇지 아니하다. 저 조선의 약함이 그에게 격할 힘이 없다. 그것은 강화만의 결말 및 구로다黑田, 이노우에 양사兩使 때로 증거할 수 있다(운요호 사건과 수호 건). 그때에는 지금 같은 개화당도 없고 전국일치 쇄양론이라 하여도 가하였는데 그럼에도 그런 일(격함)이 없었으니 하물며 오늘에 있어서랴"는 것이다.

조선에 대한 임진왜란 이래의 일본의 평가는 문약국이라는 것으로서 개항교섭에 있어서도 일정이 무력시위를 최선의 방법으로 생각한 것은 주지의 일이다. 경진(1880)년 김 신사의 파일 직전만 하더라도 하나부사 공사의 교섭방침 품의(《外交文書》第13卷, 422-423면)에 조선 측의 교섭천연책을 피하려면 "일시의 권도를 택하여 강박의 방책을 사용하는 것 외에 방법이 없으며", "그들(조선 수구파)이 보아서 무섭고 꺼릴만한 위력을 준비하여서 필성必成을 기해야" 된다고 역설하였거니와 또 그런 의미에서 병함을 당시 부산, 원산 간에 순회시키고 있었다. 이러한 무위武威 방식은 옥균파에서도 가진 사람이 있었던 모양이다. 와타나베의 〈대한 현금 정략대요 각서〉에는 앞서 이끈 구절에 계속해서 "동인이 항상 200인의 정병을 얻을 것을 요망하였다"고 적고 있다. "저 밀사 또는 유지배輩가 이 일(置兵)을 의뢰하지 않는 자가 없었다"고 할 때 밀사와 유지가 옥균파를 두고 말한 것은 틀림이 없다. 와타나베의 〈각서〉 기초에 앞서기 4개월 미만인 1월 17일자(1881) 곤도 마스키近藤眞鋤 영사의 보고 별지에 의하면, 동인을 대신해서 도일하려는 옥균파 밀사 이헌우李獻愚는 하나부사 공사의 인천 개항교섭 차 내한에 있어서 병자수호 때와 같은 병위兵威가 필요한 것으로 생각하고 있었다(《花房文書》 동일자 문서). 이렇게 보면 동인을 위시하여 여러 사람이 국정개혁에 있어서 수구파 및 기타의 반대파를 제압하는데 무위가 필요한 것으로 생각하였을 것이 명백한 것 같다. 다만 필요한 무위를 타력에 의존하느냐 자주적으로 마련하느냐는 숙제가 아닐 수 없을 것이다.

　동인, 무불이 다시 원산을 떠나 일본으로 향하였을 때 그들이 인천 개항문제, 일본국서 접수문제 같은 중요문제가 국왕 측근에 있어서는 대체로 이미 결정되어 있었던 것은 앞서 인용한 이헌우의 정보로도 알 수 있으며(1881년 1월 17일자 곤도 영사 보고 별지) 또 동인, 무불 등이 이러한 소식을 내보内報로서 이와쿠라 우대신, 이노우에 외무경, 하나부사 공사에게 아니 전했을 리가 없다. 동인이 이와쿠라 및 이노우에 같은 정계 추요樞要의 인물과 접촉하고 있던 것은 〈곤도 보고〉(전게)의 이헌우 소전所傳으로 명백한 까닭이다. 아마 이 단계에 있어서 동인, 대치, 옥균 등의 구상은 옥균파를 한정 내에 있어서의 일본 내응세력으로 정착시키면서, 때에 따라서는 일본의 무위를 이용해서라도 일거에 개화 방향에서 국정개혁을 단행하고 동시에 일정의 지원을 얻어 정치권력의 일익을 담당하려던 것이 아닌가 생각된다. 이런 경우라도 옥균파로서는 이에 필요한 최소의 자금이 필요하며 또 때에 따라 적어도 기폭제의 구실을 하는 최소의 무력이 필요하게 될지 모른다. 이 시기에 있어서 자금은 잘 하면 일본에서 염출될지 모른다고 생각하였을지 모르되 그것에 필요한 활동비 자체가 문제가 아닐 수 없다. 여기 대치옹翁이 밀수출한 꿀과 명주가 상기된다.

그런가 하면 이동인의 활동에는 옥균파가 아닌 김홍집, 소민의 선이 있었다. 설령 그것이 옥균파의 양해된 조처라 하더라도 그 선 대로의 사건의 전개가 있을 수 있다. 동인이 일본에서 돌아와 홍집·영익의 선에서 입궐하여 국왕을 뵈었을 때 가능한 화제는 대략 셋인데 그 하나는 동인 자신과 동인의 일본견문일 것이고, 그 둘은 해외정세론에 입각한 개국외교론일 것인데 이 정세론과 외교론에는 일측의 견식이 많이 채택되었을 것이다. 동인이 11월 20일(1880) 도쿄 청관의 하 공사를 방문하였을 때 꺼내서 보인 서울 우신友信에는 근자 대신회의와 왕실친척의 공론이 전일과는 매우 다르며 하나부사 공사의 정세론을 이해하고 그것을 따르려고 한다는 구절이 있었는데 이것은 필시 옥균파의 서신일 것이며 또 동인의 찬성하는 바라는 것이 전제되어 있을 것이다. 다음 화제로 상상되는 것은 틀림없이 일본과 일본에서 볼 수 있는 서양물품에 대한 것이며 동인의 신기한 선사품과 아울러 상당히 궁궐의 호기심을 자극하였을 것이다. 더구나 그러한 진기한 물건을 신표信標 하나만 써 주면 대량으로 구해 올 수 있다고 장담하였다면 약간 방만한 재정관념을 가지고 있던 왕가에서는 쉽게 물욕을 일으켰을 법하다. 앞서 언급되듯이 사실 2만 원의 대금을 동인이 혼간지에서 차용해서 갖가지 물품을 구입하고, 그리고 1887년경에 그 금액을 왕가에서 갚았다면 그것은 필시 신표가 있어서 동인에게 빌렸을 것이며 또 신표가 있어서 반환하였을 것이다. 이렇게 보면 의외로 동인이 급거 서울을 떠나 다시 일본을 향한 이유의 하나는 이 물품구입 건이었을지 모른다. 그리고 그가 선편을 기다리면서 애타게 연락을 기다린 것은 불가불 떠날 수밖에 없었던 형편에서 '제반 정세의 탐정' 외에 한 정의 개국논의의 귀추를 알고 가야된다는 면이 있어서 그랬을 것이다. 그 결과는 10월 23일에 서울에서 온 밀사로서 확인된 셈이며 따라서 내용을 그 다음날 마에다 총영사에게 전한 것으로 추측된다.

 당시 동인은 이미 승형僧形은 아니고 축발蓄髮 중으로 생각된다. 그러므로 승형도 아니요, 그렇다고 상투를 짤 만큼 축발도 되지 못하였으므로 일본인을 가장하여 일본 관사에 은거하였을 것이며 도쿄 체류 중에도 승형을 취하지 않고 축발양복 차림에 일시 일본 외무성원을 차칭借稱한 것이 아닌가 생각한다. 동인이 12월 18일, 센자이마루로 부산에 도착하였을 때는 양복의 축발신사로서 가슴에는 금시계 줄을 늘어뜨리고 있었다는 것이 당시의 보도이다(*Japan Daily Herald*, Jan. 8-10, 1881). 이 사실은 대략 곤도 부산영사의 보고로도 확인된다(《花房文書》明治 14年 機密 第2號). 당시 동인은 옥균파로서의 이외의 가장 중요한 임무는 한편 소민과 조정을 위한 정보 수집이었거니와 또 다른 편으로 혼간지에서 차입한 돈으로 구입한 허다한 물건을 빨리 본국에 가져가 왕가와 권신의 환심을 사는 것이었다. 따라서 이렇게 되면 청관 접촉도 청관 접촉이려니와 일정과의 연락 및 옥균파를 위한 정보 채취는 다른 동지가 맡아야 되는데 그것이 바로 동인 출발 후도 1881년 1월 말까지 남아있던 무불의 일이 된다. 말하자면 이 시기까지에는 일본과의 정치적 연락선은 완전히 옥균파의 장중掌中에 있었다.

그런데 흥미 있는 일은 일본에서 동인 등이 체류하는 동안 접촉하게 된 일본 유지 중에는 흥아회의 구사마 도키요시草間時福 같은 민권운동, 입헌정체운동의 맹장도 있었으나 동인 등이 소개되고 친히 접촉한 유지관원은 와타나베 히로모토 같은 관료 출신의 국권론자가 아니면 이노우에 외무, 이와쿠라 우대신 같은 정부의 요로要路이긴 하지만 언제나 정책적 입장에 서는 사람으로서 여기에는 마에다 총영사나 스즈키 게이쥰 외국포교장의 역시 정책적 고려가 인맥 형성에 크게 작용한 것 같다. 아마 동인은 이러한 일본의 유력자와 국사를 논한다는 어마어마한 환경의 변화에 적이 흥분하고 있었을지 모른다. 동인이 직접, 간접 남겨준 이 시기의 기록에는 당시 일본이 겪고 있던 경제난, 그리고 이홍장의 밀함에도 시사된 일본의 재정난에의 의식은 전연 엿보이지 아니한다. 물론 동인이 도쿄에 체류하던 1880년 봄 아이코쿠샤愛國社 대회를 중심한 일본의 민권운동, 그리고 국회개설운동 같은 것이 더구나 시야에 들어왔다는 흔적은 찾을 길이 없다.

여설

(1) 대치(大痴) 유홍기(劉鴻基): 대치는 혹은 '大致'로도 적으며 홍기는 '洪基'라고도 적는다. 이광린 씨의 연구에 의하면 대치는 1831년생인즉(《동아일보》, 1972년 9월 28일자) 1880년에는 나이 50으로 김옥균보다 20세 연장이 된다. 무불의 서신으로 대치가 무불의 스승뻘이 되는 것이 명백히 되었거니와, 엔신의 말에 대치가 자산이 있는 사람이며 신사상가들에 끼어 그들을 좌우하였다는 것은 대치에 대한 오세창(吳世昌)담(《金玉均傳》上卷, 49~50면)과 부합하는 점이 있다. 또 이 점은 《윤치호일기》 1883년 1884년에 걸친 대치 관계에서도 엿볼 수 있고, 《갑신일록》의 편편(片片) 기록에서도 짐작된다. 다만 통설로는 유대치는 주로 사상가로 실천을 담당한 것 같지 않았는데, 엔신의 《日誌》로 보면 후에 보듯이 자금조달에 활약하고 또 부산을 왕래하면서 동인 신변을 보살피는 등의 활동을 하고 있다(《花房文書》 明治 13年 機密 第1號). 대치가 상당한 군사지식을 가지고 있으며 적확한 판단을 한 사례도 《윤치호일기》에 보이는데(갑신년 2월 초6일 경상도 亂黨 건), 이 점은 《갑신일록》 11월 16일조에 대치가 일병(日兵) 수효의 과소(寡少)함을 걱정하는 대목에서도 나타난다. 대치는 또 윤치호의 주선으로 입궐하여 국왕을 뵙고 시국을 논한 일이 있다(《윤치호일기》 1888년 3월 10일자). 이것으로 보아 뒤에 적듯이 이동인이 입궐하여 국왕을 대하였다는 것이 못 믿을 바도 아닌 것 같다.

《논문집》 1권(서울대학교 국제문제연구소), 1973년

거문도 점령외교 종고綜攷
(1964)

1885년 4월, 영국 해군 병함은 전라남도 소재의 소小군도인 거문도 巨文島(巨磨島)를 불의不意에 점거하였다가 1887년 2월에 이르러 겨우 동도同島를 철거한 사건이 발생하였으니 이것을 거문도 사건이라고 부른다. 이 사건에 대하여는 일찍이 한, 영, 일 등의 학자가 누차 연구를 발표하여 후생後生을 크게 비익裨益하였거니와, 대체로 사건 경과의 개략을 더듬는 데 그치었던 관계로 그 세부에 있어서나 그 외교교섭의 의의에 대하여 허다한 의문을 남기었다. 거문도는 본시 사건 전부터 연래年來 영국의 관심을 사던 터로, 마침 1885년에 이르러 영국·러시아 관계가 급작히 악화함에 따라 불법점거로 나타난 것으로 알려진다. 그러므로 거문도 사건을 둘러싼 외교교섭은 1885년 4월 직전부터 수개월 동안의 위기가 가장 중요하지 않을 수 없으며, 동년 9월 초순 아프가니스탄 협정 체결과 함께 영국·러시아 위기는 완전히 무산되고, 따라 그때로부터 1887년 2월에 이르는 거문도 외교는 그 '점령'에 관한 외교라기보다 오히려 거문 '철거'에 관한 외교였다고 부를 만하다. 뿐만 아니라 '점령' 외교시기에 있어서 그 주되는 교섭국은 영, 청, 한의 삼국으로서, 이 점은

'철거' 외교에 있어서 중요 교섭이 영, 청, 러 3국 간에 이루어지는 것과 대조를 이룬다. 설령 '점령' 외교기에 있어서 한·러 밀약사건 같은 중대사건도 없지 않아 있었다고 하나 이 역시 거문 점령과 직접 관련되어 있지 않을 뿐 아니라, 그 발단의 근원도 거문 점령과는 무관한 데 있었다. 또 한편 생각하면 양차兩次의 한·러 밀약사건과 아울러 '철거'외교는 러시아가 깊이 관여하는 바로서 이에 대하여는 러시아 측 사료의 중요성은 영, 청에 못지 않거니와 불행히도 당시의 러시아 정부문서는 오늘날에 있어서도 검열이 여의롭지 못한 형편으로,[1] '철거'외교의 핵심이라고 할 수 있는 '불점령 보장'에 대하여도 러시아 측 동정은 다만 간접으로 췌탁揣度되는 데 불과하여 적이 격화소양隔靴搔痒의 감感이 불무不無하다. 이런 까닭으로 하여 본고는 우선 점령외교만을 취급한다.

주지되듯이 거문 '점령' 외교는 그 주교섭이 영, 청 간에 있었고 한정韓廷은 청정清廷의 양해 하에 일시 교섭상대로 등장하였던 인상이 없지 않다. 그러면서 일방 한·러 밀약사건에서도 그 일단을 엿볼 수 있듯이 자주외교의 기맥이 전연 없었던 것도 아니었다. 본래 거문도 사건은 조선 영토에 대한 영국의 불법점거로서 조선은 바로 피해당사국이었으나, 당시 한, 청 간에 유전되던 사대자소의 전통적 외교관계의 여신餘燼으로 말미암아 청정은 자소字小의 명분과 실리를 겸전兼全하려고 기도하였고, 또 영측은 청조의 자존자대自尊自大를 십분 활용하여 교섭에 임하였는가 하면 한편 한정은 그 사이에 개재하여 양으로는 사대요 음으로는 자주를 꾀하는 면도 없지 않았으나 결과로 보면 마치 수서양단首鼠兩端을 지持하는 것 같았다. 이것은 얼핏 보면 구래의 사대외교와 신래의 서양외교의 교착에서 이루어지는 이른바 개명과도기의 혼란상을 일시 노정하였음에 그 치는 것 같으나, 그러나 다시 생각하건대 제도사적으로는 비록 사 대와 신외교의 혼합은 사라졌다고 하더라도 그 기본양상은 과연 오늘에는 없는 것일지 크게 의심스럽다. 이런 뜻에서도 거문 '점령' 외교의 전말을 위곡보철委曲補綴할 필요를 느낀다.

1. 영흥만

19세기 80년대에 있어서 한반도 동북방의 연해주 일대에 세력 을 부식扶植한 러시아 제국은 청·일 양국에 대한 위협적 존재일 뿐 아니라 또한 영제국의 가상적국이었던 것은 주지된 일이다. 일찍이 러시아제국은 반도의 동해를 임하는 연해의 해삼위海參威 (Vladivostok, 포항浦港)를 강점하여 청정을 놀라게 하였다가 마침내 1860년 베이징 조약을 체결함으로써 이를 합법적으로 영유하게 되 었다. 이에 앞서 러시아는 크리미아 전쟁으로 인하여 유럽에 있어 서의 해양 진출을 부득이 단념하게 되었던 차라 우수리강 이동의 광막한 시베리아 지역을 획득코자 교섭함에 있어서도 특히 해양에 면하는 해만海灣이 '수지노국욕점지지'須知露國欲佔之地라는 점을 솔직 히 밝히었다. 따라서 연해주와 이에 따른 해만의 영유는 유럽, 아시 아에 걸친 대륙세력인 러시아에 있어서 해양세력의 겸비兼備를 복ㅏ 하는 일대 사건으로서, 그것은 비난 육·해 양면에서 압박을 받게 된 청정이나 부근 연해세력인 일본뿐이 아니라 또한 유럽, 아시아 에 걸쳐 첨예한 이해의 대립을 보이고 있던 영국에 대한 위험신호였다. 다만 해삼위(블라디보스토크)는 연중 4, 5개월 정도는 동결되어 해만으로서의 가치가 좋지 않았던 관계로 해양세력의 수립을 위하여서는 유럽에 있어서와 같이 부동항의 획득이 필요하였고, 또 당시의 러시아의 팽창정책으로 보아 블라디보스토크 근처에 양항良港을 물색하려 하는 것을 이해관계국은 의심하지 않았다.[2] 이러한 상황에 있어서 러시아가 규사窺伺하지 않는가 하고 췌단揣斷되던 곳은 대체로 영흥만, 제주도, 거문도, 대마도 등으로 알려졌다.

대마도는 러시아 언론계에서도 그 점령을 논의하던 장소로서 1861년에는 실제로 반세半歲 동안 그 일부를 점거하여 러시아기旗를 게양한 일까지 있었다가 영국 측의 대항조치로 퇴거하였다고 한다.[3] 제주도는 오래전부터 러시아의 관심이 있던 곳으로서 거문도 사건 당시에는 일시 러시아 측이 점령하였다는 오보까지 신문에 게재될 정도였고 그리고 또 그 당시 러시아 측이 여러 차례 강점하겠다고 한정을 위협하던 곳이 바로 제주도였다는 점은 기억할 만하다.[4] 한편 거문도는 1884년부터 러시아의 점령계획설이 있어 이미 청, 영의 비상한 관심을 모았던 것 같다. 1884년 9월에는 주영청국공사 증기택曾紀澤, 그리고 1884년 12월에는 주청 영국공사 파크스Parkes가 모두 러시아의 거문도 점령계획의 소문을 알고 있었다고 하며 영국은 곧(동년 12월) 선박을 때때로 파송하여 거문도 부근 동정을 살피도록 결정을 내렸다.[5] 1885년 4월 9일 영국문서에 의하면 증기택은 영국이 거문도를 점거하지 않는 경우 동도同島는 러시아에 넘어갈 것이라고 말한 것으로 영국 외무부에 전하여졌는데(6), 그것이 청정부의 판단이었는지 또는 그 개인의 판단이었는지 알 길이 없거니와 일방 거문도 점령 후 영국의 태도는 일찍부터

"거문도가 타국 손에 떨어질 가능성에 감鑑하여" 영국은 동도로부터 철거할 수 없다는 것이었는데(1885년 11월 일자 특별훈령),[7] 그 타국이 주로 러시아를 의미하였던 것은 의문의 여지가 없었다. 이밖에도 부산 등지가 또한 풍설에 오르내리기도 하였으나 그러나 어느 곳보다도 가장 오래, 그리고 예민하게 러시아의 점거계획설에 대상이 된 곳은 바로 영흥만 내의 영흥항永興港(송전항松田港)이었다.

영흥항Port Lazareff은 일찍이 1854년 러시아선에 의하여 측량되었으며, 1866년 1월에는 같은 만내灣內의, 영흥항에서 멀지 않은 원산진에 러시아선이 나타나 통상교역을 청하였다고 전한다.[8] 영흥만은 동해의 양항으로 선전되어 일시(1884년) 영국서도 급탄지로 고려된 바가 있다고 하거니와,[9] 오래 러시아 정부가 수연垂涎하던 해항海港이라고 알려졌는데 때마침 제1차 이리伊犁조약을 둘러싼 청·러시아 분규를 계기로 하여 러시아의 영흥만 점령계획설이 전포傳布되었다. 곧 1879년 가을 체결된 제1차 이리조약의 비준을 청정이 거부하고 교섭책임자인 숭후崇厚 주러시아 대신을 중형으로 문책하며 국내에 강경론이 비등함에 이르러 러시아도 마침내 일전불사의 위협을 가할 차 극동함대를 동원하게 되었다.[10] 그런데 이즈음 영, 청은 모두 러시아 측 작전계획에는 조선해만, 특히 영흥만의 점령이 포함되어 있는 것으로 의심하고 있었다. 광서 6년(1880년) 음 9월 초6일자 이홍장의 상주문에 의하면, 독일측 정보로서 러시아 해군대신은 훈춘琿春과 조선해만을 진격, 공탈功奪함으로써 육陸으로는 봉길奉吉지역(펑텐奉天, 지린吉林의 동북지역)의 우벽右劈을 자르고 해海로는 북양(랴오닝遼寧, 허베이河北, 산둥山東 일대)의 인후咽喉를 움키려는 생각이었으며 신문논평도 대동大同하였다고 겸술兼術하고 있으며, 특히 동해의 해만은 러시아의 욕취지지欲取之地임을 강조하였다.**11** 동년 음 9월 29일자 상주문에 부록된 문답(조선 사신 변원규卞元圭와 진해관도津海關道 정조여鄭藻如)에 의하면 중국은 덕원의 영흥만을 러시아의 오래 욕취欲取하려는 곳으로 보아 조선 측의 병비의 시급함을 고하고, 다시 그 익년 춘계 러시아함 회귀 시를 경계하였는데,**12** 1881년 봄 러시아의 한지점획설韓地占獲說은 웨이드Wade 공사에 의해서도 영국 외무부에 타전된 일이 있었다.**13** 뿐만 아니라 웨이드 주청 영국공사는 러시아함에 탑승한 장교들이 적어도 영흥만을 점령할 계획이었던 것을, 카슈가르 문제(중앙아시아 분규)의 완화에 따라 그것조차 실행 못하는데 낙망하고 있다는 정보를 프랑스인으로부터 듣고 있었다.**14** 광서 6, 7년(1880~1881년)에 걸친 청조 외교문서를 참고컨대,**15** 러시아 위협과 더불어 반도해만, 특히 영흥항 러시아 측 점거에 대한 우려는 여러 곳에 산견하여 일본의 대한 책동에 대한 우려와 아울러 청정 대한외교의 양대 위협이었음을 쉽사리 짐작할 수 있었다. 이러한 양국 위협에 대한 대책의 하나로서 미, 영, 독일 등의 구미세력과 한정을 수호교역케 함으로써 일본, 러시아의 야망을 견제한다는 구상이었는데, 이에 따라 주중 러시아공사의 반대를 무시하고 대미수호 등을 한정에 강권한 것은 주지된 일이다.**16**

그리고 특히 러시아 위협에 대한 대비책은 대체로 김홍집이 주일청관으로부터 재래齎來한 황준헌의 《조선책략》 등의 내용에 유사한데, 이것은 또한 주중 영국공관이 총리아문에 건의한 내용이나 또는 주중 영국공사 자신의 의견과 일치하는 점이 매우 흥미롭다.**17**

이리, 중앙아시아 분규를 계기로 하여 유포되었던 영흥만 점령설은 제2차 이리조약(페테르부르크조약)의 성립으로 일시 가라앉는

듯이 보였으나 새로 아프가니스탄 문제를 둘러싼 영·러시아 충돌을 계기로 하여 다시 떠돌기 시작하였다. 이에 앞서 중앙아시아의 러시아 세력은 1880년 초에는 아무르 하河의 좌안까지 진출하였는데, 이때로부터 아프가니스탄을 보호령화한 영국의 경계심을 사더니, 1884년 아프간 서북국경의 요지인 메르브Merv의 토민을 회유하여 영유화함에 이르러 양국 간에 긴장상태가 벌어지게 되었다. 왜냐하면, 메르브는 인도로 통하는 아프간의 요충인 헤라트Herat로부터 불과 상거相距 150마일의 근거리 지점의 요지로서, 따라서 영측은 러시아의 관심이 헤라트에 있으며 또 결국 인도를 위협하는 데 그 진의가 있는 것으로 의심하게 되었다. 이러한 긴장분위기에서 아프간 국경획정협상이 현지에서 개최되었는데, 때마침(1884년 12월 말) 러시아 정부는 경계선은 헤라트로부터 110km의 거리를 둘 것이로되 펜제 지방Pendjdeh 및 줄피카르Zulficar 고개는 필히 러시아령에 속하도록 한다는 교섭방침을 비밀 결정하였는데 이것이 뜻밖에 헤라트 영유방침이라고 영측에 와전되어 영경英京은 사뭇 격분의 도가니에 빠지게 되고 또 이러한 위험한 상태에서(1885년 3월), 영병英兵 지원 하의 아프간군은 러시아군과 현지에서 충돌 전투가 벌어지게 되었다.[18] 이어 영국 수상 글래드스톤Gladstone은 하원에 추가예산을 요구함으로써 영·러전 불가피라는 인상을 주었으며 일방 러시아 측은 블라디보스토크[浦港]에 수뢰 부설을 선포하여 한반도 주변에 있어서의 영·러 전투도 급박한 것 같은 암시를 주었다. 따라서 영흥만은 이러한 상황 아래 주목을 받게 되어 영·러 충돌을 예상하고 각가지의 풍설이 유포되었던 모양이다. 1885년 4월 9일(광서 11년 2월 24일), 역서譯署(총리각국사무아문)에 타전된 북양대신 전고電稿에 의하면, "조선 영흥만은 동해의 극호極好한 정박지가 되어 러시아가 수연垂涎한 지가 장구한데……영국이 일선一船을 파송하여 왕주住駐케 하니 대개 해삼위로부터 (러시아함) 남하의 길을 엿보는 것"¹⁹이라고 하였는데 영선英船 파송여부는 확인되지 않는다. 또 갑신정변의 처리를 위한 텐진회담 중 1885년 4월 15일(음 3월 1일)에 실시된 제6차 회담 시 이홍장은 러시아가 조선을 침략하려 할 때는 청국은 즉시 출병 아니 할 수 없음을 밝히고 나아가서 러시아가 오래 양항을 구하였던 것과 원산진의 항구로서의 양부良否를 이토伊藤 대사에게 물은 일이 있었으니 그 의중은 그 시기로 보아 명백하다고 할 만하다.²⁰ 이밖에도 목穆 참판(묄렌도르프)의 대러시아 교관 파견교섭에 관련하여 러시아는 영흥항의 용익권用益權을 조선 정부로부터 양여받을 예정이었다는 설이 있었던가(21) 하면 한편 영측의 거문도 점령은 러시아 측의 영흥항 기도에 대응하는 것이라는 명분 아래 감행된 것이라는 설도 있었던 모양이다.²²

2. 거문도

영흥항 그리고 영흥만이 러시아의 대한정책과 관계있는 것으로 알려진 데 대하여 영측은 거문도에 관심이 있는 것으로 전하여진 바가 있다. 뿐만 아니라 영흥항의 경우가 주로 풍설로 유포되었던 것에 반하여 거문도의 경우는 영측의 명백한 의사표시로써 확인되었다. 곧 1882년 한·영 수호교섭 무렵에 이미 영국은 거문도 조차를 제의하였었다. 1881~82년에 걸쳐 한·미 수호교섭이 텐진 북양아문에서 실질적으로 이루어질 동안 한편 주청 영국공사는 슈펠트미 제독의 비밀교섭을 탐지하고 이홍장에게 강청强請하여 대한조정을 의뢰하고 대표로서 윌리스Willes 해군제독을 파견할 것을 밝힘과 아울러 조약안에 있어서는 미약美約에서 일자一字도 불개不改한다고 언명한 것으로 전하여졌다(1882년 음 3월 21일).[23] 그러나 동년 음 4월 13일 한강구漢江口에서 한·영 회담을 개최하였을 때 윌리스 제독은 처음 미약美約에 따라 "대강을 약거略擧하고 다음 유루謬漏에 관하여 수 조條를 첨주添註하여 주밀周密을 기한다고 하더니 다시 조약에 주명註明하되 거문도를 구하여 병선정박지兵船停泊之地로 하고자 한다"고 하였다가 미숙眉叔 마건충馬建忠의 논박으로 그쳤다고 한다. 한편 텐진 체류 중이던 운양 김윤식도 해관의 주옥인周玉人에게로부터 거문도에 대한 질문을 받았고(음 4월 22일), 4월 말에는 조선으로부터 귀국한 마건충에게서 영인英人이 요구한 거문도는 이미 변박辨駁하여 말게 된 것을 알게 되었다.[24] 이렇듯이 윌리스 제독의 한·영 수호교섭에는 거문도 조차에 대한 교섭이 포함되어 있었는데 당시 윌리스 제독의 움직임을 러시아 측에서도 수상하게 여기고 있었던 터로 1882년에는 영측 거문도 점령의 비밀계획에 대한 정보를 러시아 해군은 이미 입수하고 있었다고 한다.[25] 한편 영측은 1884년 봄 해군측 주장에 따라 점거지를 거문도로 확정하였다는 설이 있으며,[26] 그 이듬해 되는 1885년 3, 4월 영·러 전쟁의 위기가 깃드는 것 같이 보이자 영국정부는 거문도 점령의 이유로서 우선 러시아 측의 선점을 예방한다는 명분을 내세운 것 같다. 이에 따라 그 후 영국 외무부는 영국의 거문도 점령은 러시아 측 선점위험에 대한 비상시의 부득이한 대비라는 공식입장을 취하였고 또 이러한 입장이 당시 풍설에 영향을 주었을 뿐 아니라,²⁷ 앞서 이끈 증甑 주영공사의 예에서 보듯이²⁸ 관계국에도 또한 영향을 미친 것 같다. 그러나 이러한 입장과 명분은 어디까지나 러시아 측 공격에 대한 방비라는 입장이며 또 명분이려니와 사실은 이와 달랐던 것으로 이해된다. 왜냐하면 거문도 점령은 영측의 대러시아 방비책이 아니라 반대로 대러시아 공격책이었으니 곧 ① 거문도 점령은 해삼위 러시아 해군기지에 대한 공격기지로 영국 해군에서 구상하였을 뿐 아니라 영국 외무부의 실무자까지도 그렇게 이해하고 있었다.²⁹ ② 영국 해군의 윌리스 제독이 지적하듯이 전시에 있어서의 소小도서의 점령은 자연히 인근 해면의 지배 없이는 곤란할 것이며, 따라서 당시 해상에서 열세한 러시아 해군이 전쟁을 예기하면서 거문을 점령한다는 것은 전략적으로 예상이 아니 되는 일이었으며,³⁰ 더구나 러시아 측은 영흥항의 점령조차도 그 확보를 위하여 반도 북반부의 군사적 안전 없이는 어렵다는 이유로 주저하고 있었다는 설이 있을 정도니 말이다.³¹ ③ 당시 한정韓廷의 통리아문 정보로는 러시아 측은 조선영토 점령의 구체안도 없었다고 하니,³² 만일에 영측이 대러시아 방어로서 거문 점령의 긴급실시를 기도하였다면 정보도 없이 상상으로 착수하였다는 비평을 받게 될 것인즉, 이 대러시아 방비차 점령설은 영측의 위장명분으로밖에 이해 아니 된다. 여하간 아프간 사태가 급박을 고하던 1885년 3월 26, 27일경 영국 해군은 예비병력을 동원하여 인도 방면에 배치하는가 하면 일방 러시아군도 페르시아 국경 방면으로부터 대군을 집결하여 아프간 영병 격퇴의 태세를 갖추었는데, 4월 10일경 드디어 아프간 영군英軍의 대패가 세계에 보도되었다. 이즈음부터 한반도 근해에 영선

거문도 점령외교 종고 | 85

의 움직임이 전하여지기 시작하였다. 앞서 이미 일부를 인용하였거니와, 4월 9일(음 2월 24일) 북양아문의 기역서전문寄譯署電文에는, 영선 1척이 영흥만에 왕주往駐하여 러시아함 남하의 길을 살피고, 한편 대고구大沽口 외양外洋에는 영선 두 척이 텐진 체류 중의 러시아함 출구를 사절伺截하였다고 전한다.³³ 또 이홍장은 영, 미 양 해군제독이 4월 15일전에 2일간 원산진을 측량하고 왔다는 정보를 가지고 있었는데³⁴ 이로 보면 원산, 영흥 양 해구를 포함한 영흥만 일대를 영국은 수사한 것이 아닌가 하는 의심이 난다. 텐진 북양아문에 들어온 거문점거의 보도는 내진來津 중의 일사日使 이토伊藤로 전하여진 것이며, 영국의 대청對淸 정식통고의 훈령은 4월 17일, 그리고 주영청관에는 그 전일인 4월 16일에 통고되었다.³⁵ 지금 4월 12일 전문에 나타난 이홍장이 이토 특사에게서 청취한 정보를 보면, "昨에 伊藤가 言하기를, 英兵船이 往據朝鮮仁川至釜山中間에 有小島하니 名曰哈米敦이라 屯積煤水하고 爲拒(截)東海俄船要路하니 頃에 英領事 壁利南이 密稱키를 水師提督이 前數日에 帶數船하여 似往此處하였다 한다. 査朝鮮輿圖하거늘 即濟州道在海中하고 非東北之永興灣也라 英이 暫據此하여 備俄하니 與朝鮮中國이 皆無損이라."³⁶고 하였다. 그런데 이 정보는 텐진회담의 제4차(양 4월 10일, 음 2월 25일)와 제5차(양 5월 12일, 음 2월 27일)의 간일間日인 11일에 비공식으로 얻은 듯, 역서譯署에 지급 타전한 것이 양력 12일 오전 11시부터 오후 1시 사이였는데, 과연 그날 오후 3시부터 개최된 제5차 회담에 있어서 일측 이토 특사는 거문도에 대하여 공식으로 언급하였다. 이, 이토 양 대표는 조선에서 양국군이 철거한 후 다시 파병할 수 있는 조건을 토의하던 중에, 제3국이 조선을 침공 또는 점거하여 청, 일 양국 어느 편에 중대한 '방애'妨碍를 가져올 때 그 피해 당사국의 파병은 인정한다는 대목이 있었는데, 이때 이토는 지도를 가리키며 '거마(문)도'를 타국이 점령하는 경우를 들었다. 그때는 이미 양 대표는 영국의 거문도 점령 소문을 지실知悉하던 터로 따라서 양국 이익을 위협할지 모를 '타국'이란 단순한 일반론이었던 모양이다.³⁷ 한편 주영 청공사관에는 막연하나마 조선도서 점령에 대한 영측의 타진이 있었던 모양이다. 1885년 4월 5일(음 2월 20일)자 증 공사 청훈請訓에 의하면 "朝鮮濟州, 俄貪已久, 頃, 英忽據之, 必有爭吵, 查該島, 當俄師南下之路, 朝鮮不能自守, 我亦鞭長莫及, 則英取抑俄取, 署意如何"³⁸라 하였는데 제주도를 든 것은 영측 타진의 묘妙에 걸린 탓이려니와 그 내용으로 보면 청국정부 의사의 타진을 전하는 것이 틀림이 없을 것이다. 그후 영국의 거문도 점령의 소문은 이미 널리 유포되었던 모양으로, 4월 8일(영국시간)에는 본국 정부훈령에 의하여 증기택 공사는 매카트니Macartney로 하여금 거문도 점령여부를 영국 외무부에 왕방문의往訪問議케 하는가³⁹ 하면 또 일본 외무성에서는 점령여부를 주일 영공사관에 문의하였다는 연락보고가 있었다.⁴⁰ 이에 대하여 당시 영국 외무부는 아는 바 없다거나 혹은 확인된 바 없다는 태도였으며, 공식으로 해군장관이 부제독 더웰Dowell에게 명령전보를 발한 것은 4월 14일(영국시간)로 되어 있고, 이에 대하여 더웰 부제독은 일본시간 4월 15일발(영국시간으로 16일 접수) 나가사키長崎 전보로 즉각 영병 함척은 점거차 이항離港하며 러시아함 접근이 없는 한 차후 명령 시까지 영국기 게양은 하지 않겠다고 회답한 것으로 되어 있다.⁴¹ 앞서도 잠간 언급하였거니와 4월 16일 영국정부는 4월 8일자 문의에 대한 회답의 형식으로 주영 증 공사에게 점령을 통고, 그리고 다음날 17일(영국시간)에는 청, 일 양국에 통고할 것을 양국 주재 영국공사에게 훈령하였고, 끝으로 주청 영국대리공사는 4월 23일자(영국시간) 본국 훈령에 따라 비밀각서의 형식에 의한 대리공사 명의로 24일(음 3월 10일) 조선 정부에 점령 통고를 발송하였으며 조선 통리아문은 5월 19일(음 4월 6일)에야 이를 접수, 그 익일에는 정식으로 철거를 요청하였으되[42] 물론 그때까지는 점령에 관한 정보를 이미 입수하고 있었을 뿐 아니라[43] 정여창 제독 휘하의 청함에 편승케 되어 엄세영, 묄렌도르프의 양인은 현지조사차 파견된 후였다. 또 한 가지 영국기 게양의 시일이 문제인데, 영측 문서로는 5월 10일 러시아함 블라디보스토크호가 거문도에 내도來島하여 24시간을 정박하였으며 그때 도상에 영국기를 게양한 것으로 되어 있는데[44] 일방 조선정부의 실지조사에서 얻은 도민 증언에 의하면 4월 23일(음 3월 초9일) 영병이 내점령하고 영국기 게양한 것으로 되어 있어서 일자가 명백하지 않다.[45]

3. 영·청 외교

거문도 사건이 발생할 무렵 영, 청은 매우 접근한 위치에 있었다. 당시 베트남 문제로 인한 청불전쟁은 미식未息상태로서, 대만의 지룽基隆항은 프랑스군 점령 하에 있는가 하면, 청·일 관계는 갑신정변으로 일시 전쟁설이 유포되었다가 마침내 텐진회담에 합의하였으되 긴장상태는 가시지 않고 있었고, 한편 중앙아시아 및 동북경에 이해가 충돌된 러시아 정부와 청국정부는 불화하였을 뿐 아니라 프랑스·러시아 밀약에 의한 동삼성東三省, 조선 침공설이 유포되어 청국은 사뭇 경계 중에 있었다.[46] 이러한 판국에 있어서 영국은 해양의 최강세력으로서 비단 거아책拒俄策에 있어서 청정淸廷과 이해 일치할 뿐 아니라 여지餘地 위협에 대하여도 최대의 견제세력이리라는 점에서 청은 당시 진행되고 있던 미얀마 문제를 불문에 붙이고 영국에 접근을 기도한 것 같다. 한편 영국 입장에 있어서는 청은 비단 팽창적인 상업주의의 대상일 뿐 아니라 근동의 터키 경우와 같이 러시아의 남하정책을 방어하고 또 동북남아東北南亞의 세력균형을 유지하는 데 있어서 불가결의 존재로 이해된 것은 주지된 일이다. 이러한 국제환경에서 일찍이 청은 1884년 8월 베트남 분규에 관한 대프랑스 회담이 결렬되자 곧 주영 공관을 통하여 영국에 동맹을 제의하였다가 거절되고 다만 중립의 보장만을 받은 일이 있었다.[47] 이 제의는 물론 그 직접동기로 대프랑스전을 꼽을 것이나 그러나 당시 유포된 프랑스·러시아 동맹교섭설로 보아 일면 방러책의 의의를 가졌던 것을 부인할 수 없다. 그 익년 거문도 점령 직전 영국정부는 영·청 대러시아동맹을 청에 시사한 것 같다. 1886년 4월 20일자 주청 영관 비밀보고에는 텐진 북양아문의 이홍장의 영·러 아프간 분규를 계기로 대러시아 청·영 동맹을 발설한 사실과 따라 이 직독李直督[이홍장]이 청·영 동맹을 찬성, 지지할 것은 의심 없는 바로, 이러한 배경 하에 영국은 이미 동맹 건으로 청국과 접촉하고 있었음을 전하였다.[48] 이 보고 일자는 거문도 점령 직후의 일자로되 이러한 동맹교섭에 관계된 움직임은 여러 면으로 나타났다. 첫째 당시 회담차 텐진 체류 중인 일본의 이토 히로부미는 대러시아 동맹에 찬성, 가입할 의사까지 표명하였다는 설이 있다.[49] 하기는 일본 외무성에 접수된 보고에 의하면 4월 18일 이 북양대신 측이 청·일 대러시아 밀약을 이토에게 역설하였다고 한다.[50] 한편 거문도 사건 발생 후 그 해결이 지지부진하던 7월 중 영측 정보에 의하면, 일본의 에노키榎木 제독은 본국 명령으로 청·일 공동행동을 취하자는 중대 제의를 북양아문에 행하였는데, 그 목적은 영국의 거문철수 불응상태에서 러시아 측이 대한對韓 침해를 감행하는 경우에 대비하는 데 있다고 하여[51] 문제가 자못 착잡하여 감을 시사하였다. 그러는가 하면, 이러한 잡음에 불구하고 영·청 동맹안은 그대로 한참 진행되었었다. 1885년 6월 9일 청·불 베트남 강화조약이 체결되자 청·영 대러 동맹안이 청측에서 제의된 것으로 전하여지며, 대프랑스전을 위하여 화남華南에 동원되었던 청 병력의 일부는 동북 한, 청, 러 접경지대로 이치移置되었다. 다시 7월에 들어서면 주청 영관은 동맹가능성을 타진하여 영·러 대전이 발발할 경우 대러시아 영·청 동맹은 그리 난사難事가 아닐 것이라고 판단하였는데,[52] 이로 보아도 영·러 분규의 추세와 아울러 영·청 대러 동맹안이 꾸준히 검토되었던 것으로 알 수 있으며, 그것이 구체화되지 않은 것은 그전에 영·러 관계가 완화된 까닭이라고 말할 수 있다. 아무튼 이러한 영·청의 우호관계와 청·일의 대러시아 이해의 일치라는 미묘한 분위기에서 거문도외교는 시작되고 또 전개된다.

앞서 이미 언급한 바 있듯이 1885년 4월 8일 주영 청공사관 영인英人 직원 매카트니Macartney는 증기택 공사의 지시로 영국 외무부를 방문하고 거문도점령 소문의 진부眞否를 문의하였다. 그런데 그 문의는 단순한 문의가 아니었던 모양이다. 곧 4월 9일자(영국시간) 오코너 대리공사에게 보낸 비밀문서에 의하면, 증 공사는 거문도 점령에 관한 협약에 만일 영국 정부가 나선다면 청 정부는 찬성할 것이라는 의견이었고, 심지어 하등의 공식문서도 필요 없고 다만 청정의 승낙을 구하는 것으로 족할 것이로되 단 조선에 대한 청황제의 종주권을 결국 인정할 것이며, 이렇게 함으로써 이러한 형식을 밟지 않고 거문도를 점거할 타국에 비하여 명분이 설 것이라고 매카트니를 통하여 전하였다. 그리고 증 공사는 당시 러시아에 대한 불신감을 표명하고 동시에 영국이 선점하지 않는다면 거문도는 필경 러시아의 장중掌中에 들어가지 않을까 두려워하고 있었다고도 전하여졌다.[53] 이 문서의 초안에는 10일자 담당자의 수기로서 잠정적인 협약이 영·청 간에 이루어지는 것을 희망한다는 내용이 첨서添書되어 있어서 그 당시 영국 외무부 내 공기의 일단을 추측할 수 있다.[54] 4월 16일 증 공사에게 8일자 문의에 대한 회답 차 점령 통고를 하면서 영국 외무는 사정이 급박하여 사전양해가 영·청 간에 없은 채 점령하게 된 사실에 유감의 뜻을 표하고, 일보를 나아가 중국의 '위신'Prestige을 손상케 할 하등의 일도 아니할 것이며 청정 이해에 저촉되지 않는 협정을 체결할 용의가 있음을 밝히었다.[55] 이에 대하여 4월 27일자(영국시간)로 증 공사는 아래와 같은 회답을 영국 외무 그랜빌Granville에게 보냄으로써 교섭에 응할 태세를 표명하였다.

본도(거문도)는 비단 청국에 인접한 조선왕국에 소속할 뿐 아니라 조선은 청조의 병번屛藩, Vassal인지라 본도에 대한 외국의 점령

보도를 자연히 베이징서는 무관심할 수 없는 바입니다. 연이나 여차한 심정은 귀 회답내용에 포함되어 있는 보장으로 어느 정도 경감되었다고 각하에게 앙고仰告할 수 있음은 다행입니다. 곧 거문도 점령은 일시적인 성질의 것이며, 또 대영 정부는 청국 위신을 손상하는 하등의 일도 원치 않는 까닭에 이 지방에 대한 청국 권리와 이익을 저해하지 않을 협정을 청 정부와 체결할 용의가 있을 것이라는 보장말씀입니다. 여차한 보장을 적절히 참작하고 또 긴박한 사태가 아니었던들 대영 정부는 이 섬 점령 결정 전에 본 건에 관하여 청 정부의 양해를 얻도록 노력하였을 것이라는 표시에 감鑑하여 대청 정부는 본관에 명하여 귀 정부로서 본 목적달성에 제의할 협정내용을 본관에게 제시토록 하였기에 자茲에 각하에게 이를 앙청仰請하는 바입니다.⁵⁶

이상의 내왕으로 명백하듯이 청국 정부는 당초 거문도 점령을 예단하고 있었을 뿐 아니라 방아防俄의 일책으로 오히려 환영하는 인상까지를 주고 있었으며, 또 교섭의 초점은 청 정부의 '위신' 곧 종주권 등이 공인되면 잠정적 점거에는 하등의 이의도 없다는 형편으로 일종의 양해를 영국에게 주고 있다. 이것은 마치 사대자소의 전통적 주종관계가 청정과 주변국 사이에 아직도 엄존하는 것을 구미열국에 인정케 함으로써 한편 현실적인 우위를 주변국에 대하여 유지하고, 다른 한편 '중국'의 체면과 위신을 지탱하려는 것이었다. 더구나 청국 국방상 중요한 전략적 위치를 점하고 있던 한반도에 대하여는 때가 마침 갑신정변 처리를 계기로 하여 청조의 반도 내의 우위가 부정되는 상태에 있었던지라 외교관계에서나마 그 우위를 유지한다는 노력은 청의 대한정책의 기간基幹이었다.[57] 특히 증기택曾紀澤 주영공사는 개인적으로도 사대자소의 종주의식이 강렬한 사람으로 거문도에 관한 대영교섭에 있어서도 이 면이 십분 노출되었으니, 그 본국 보고에 "일본이 다방多方으로 우리 상방我上邦의 권權을 꾸부림에 택澤(曾紀澤)은 이것(거문협정)을 의논함으로써 대략 그것을 만회하려는 것"이라고 하였으니, 증 공사의 교섭 취의가 어디에 있었던가를 대략 짐작할 수 있다.[58] 한편 북양접경인 조선 문제에 있어서 북경의 총서보다도 사실상 외교상의 권한을 장악하고 있었던 텐진의 북양관아의 이홍장만 하더라도[59] 앞서 인용한 바와 같이 4월 12일(음 2월 27일)자 전문에서는 "英暫據此(巨文島)備俄, 與朝鮮中國, 皆無損"이라는 판단을 처음에는 갖고 있었다. 이리하여 4월 28일(음 3월 14일) 영국 외무는 증 공사에 대한 회신차 영측의 〈거문도협정안〉을 제시하였는데 그 내용은 다음과 같다.

그랜빌 경의 문의에 대한 대답차 증 후작侯爵은 대청 정부의 윤허를 얻어 다음을 선고한다고 말한다. 곧 거문도로 알려진 조선 남해의 도서를 대영 정부가 하시何時라도 점령코자 할 경우 대청 황제는 그 점령에 반대하지 않을 것이다. 이에 그랜빌 백작은 이 선고를 적절히 참작함으로써 양국은 아래와 같이 합의하니, 곧 이 도서의 점령이 적절하다고 대영 황제가 사료하는 일자로부터 영국은 이 도서를 합법적으로 점령하고 그리고 관리하는 것으로 대청 황제는 인정하여야 한다. 또한 양 체약국은 다음 사항을 양해한다. 곧 대영 정부는 영국에 의한 도서점령이 계속하는 동안 점령일자로부터 12개월이 경과하였을 경우 도민島民으로부터 징수하였을 세액 전부를, 또 그리고 매 12개월마다 동액을 조선 정부에 지불할 것이나 단 종전까지 이 섬 관계분 조공조로 조선이 청국에 지불하던 금액에 해당하는 세수 부분은 이것에서 공제한다.[60]

이 아희兒戱에 유類하는 협정안에 대하여 예상과 달리 총리아문은 즉각 결정을 내리지 못하고 수일을 경과하였는데 이 동안 영국 외무부 영향 하에 있었던 인상을 주는 증 공사의 조인체결 독촉전문이 있었으니, 그 내용인즉 즉각 협정체결을 건의하여(양 5월 1일 음 3월 17일), "安島之事, 已屢次爭論, 刻議約云, 英據該島 中朝允不阻難, 惟英據一年之後, 察該島歲稅若干, 每年以稅歸之高王, 高麗入貢中國, 安島應派費(금액을 나누어)若干, 應於稅中除出, 送交中國, 作爲貢款並聲明, 英不得損該島民權利, 可照, 此訂約畫押(조인)否, 乞示" 하라고 한 것인데, 그 끝에 이어서 앞서 인용한 바 있듯이 "東洋(일본) 多方撓我上邦地權" 운운하였다.[61]

이 전문은 역서譯署뿐만 아니라 즉일로 텐진 북양아문에 연락되었던 모양으로, 동일자로 이홍장의 강경한 반대전문이 총리아문에 발송되어 황제의 재가를 청하게 되었으니 그 내용은 아래와 같다 (光緖 11年 3月 17日 酉刻).

英據安島, 洋名哈米敦, 華名巨磨島, 當東海之衝, 距朝鮮之釜山, 日本之對馬島較近, 日使伊藤前曾商及謂, 英久據, 於日本尤不利, 但, 恐暫據備俄, 可姑待之, 茲, 曾紀澤允其佔據, 且派費作貢款,

誠如聖諭非政體(위엄이 아니 선다)多流弊, 若謂藉定約挽因上邦之權, 日本雖不明, 認朝鮮爲我屬國, 而朝屬名義自在, 天下咸知, 非東洋力所能撓, 若允英據此島, 俄必將索佔永興灣, 日本亦必有詞, 後患更大, 似應暫置勿論, 英果欲佔據, 須自與朝鮮議辦, 朝鮮弱小, 諒不能無故允許, 卽允, 亦當疏報中朝, 屆時, 仍可詰責, 較爲名正言順, 是否, 伏候聖裁代奏.**62**

이로써 대한문제에 관해 결정적 발언권을 가지고 있는 이 북양대신의 태도를 명백히 알 수 있거니와, 다음 5월 3일(음 3월 19일)에는 다시 역서에 타전하여 "英據巨磨島, 萬不可允, 昨已瀝陳, 頃聞俄使密謀, 如許英據巨磨, 俄亦欲據一島, 乞速電止曾(증 공사), 勿貽後悔, 鴻(이홍장), 擬派丁汝昌, 帶兵船往巨磨, 察探英人動靜, 並密函勸朝王, 勿輕許可否, 乞速代奏並秘之"**63**라 하여 점령윤허의 절대불가를 재강조할 차 러시아 측 동정을 보고하고 아울러 대한조치에 관한 결정을 촉구하였다. 이러한 북양대신의 태도는 5월 5일(음 3월 21일)자 공함公函으로 더욱 자세히 알 수 있으니 곧 ① 공함일자인 5월 5일, 뤼순旅順으로부터 내진來津케 한 정여창 제독을 조선으로 향하여 출발케 하였는데, 그 사명은 한정과 협의 후 한韓관원과 더불어 향向거문하여 영국 점령사실을 찰탐察探하고 회로回路에는 나가사키 주류駐留의 영국 해군제독과 회담하되, 단 결코 거문 점령을 대윤代允치 말 것을 지시. ② 주한 영국총영사는 필연코 이미 조선 정부의 외무와 협상하였을 것인데 이로써 러시아인으로 하여금 조선의 별도別島를 핍색逼索하는 단서를 줄 것이니, 영국은 그것을 역조力阻토록 할 것을 생각하라고 주진駐津 영국영사에게 이른 것. ③ 이

미 영측이 증 공사와 협약하였다 하면 반드시 따로 한정과 교섭하였을 것임에 혹여 한정이 주선駐船을 위한 잠차暫借만을 근윤僅允하고 아직 조차, 구매의 협약을 체결치 않고 있다면 정 제독의 차행此行으로 혹은 설법만회設法挽回할 수 있으리라는 것. ④ 주북경 러시아공사는 청함清艦 편에 파원왕조派員往朝케 하여 조선 국왕에게 영국 거문 점거의 윤허 여부와 거문 영국 해군처에 거원투신去員投信하는 것을 문의하겠다고 인편에 의논해왔음을 보고하며 당시 러시아 측은 해삼위 입구에 수전水電을 부설하여 방영防英 공격이나 아직 대양에 출함出艦하지 않는 까닭에 청함에 편승함으로써 영인으로 하여금 청정이 음밀陰密히 러시아 측과 연락하고 있는 인상을 갖게 하려는 혐의가 있으니 편승건은 불허할 것이라는 등의 내용이 있었다.⁶⁴ 한편 한왕韓王에 보내는 권고문은 5월 4일(음 3월 20일) 발송되었으니 그 내용은 곧 ① 영측이 증왕曾往에 해함海艦 정박처로 거문 차용을 한정에 교섭한 일이 있는가를 묻고, ② 만일에 잠시 함선 주박駐泊을 위하여 차용하겠다면 참작도 가하거니와 장기조차 또는 구매는 경경輕輕히 윤허함이 단연코 불가하니 그 이유로서 유럽열국의 동남아 잠식의 방식이 이중가임지후以重價賃地後에 드디어 양위기유攘爲己有하니 그렇고, ③ 거문도는 청, 한, 일 간의 요지로서 한정이 혹은 황도荒島라고 천시할지 모르나 청국도 홍콩을 그렇게 여기다가 영국의 중진重鎭이 되었으며 더욱이 영국은 지금 방아防俄로서 구실을 삼으나 그 진의가 따로 있지 않다고 어찌 알 것이며, ④ 또 한정이 영국에게 차임借賃으로 거문도를 주는 경우 필히 일본은 문책할 것이요, 러시아는 문죄지사問罪之師를 일으키지 않는다 하더라도 또 필히 별도別島 점거에 나올 것이니, ⑤ 한왕은 모름지기 감언에 소혹所惑되지 말고 정 제독과 상의하여 신중을 기하여 달라는 데 있었다.[65] 이상에서 보는 바와 같이 북양대신의 태도와 견지는 증 공사와는 대조적일 뿐 아니라 일본·러시아 양국 관계에 매우 예민하였으니, 이 까닭에 톈진 영국영사는 이것이 일본·러시아의 사주에 의한 것이며 한정의 반응(한국 정부의 대영對英항의 기타)은 이중당李中堂(이홍장)의 소작所作으로 의심까지 하였다고 한다.[66] 뿐만 아니라 또 한 가지 흥미있는 사실은 곧 이 북양대신은 물론이요 러시아 공사·일본 정부에 이르기까지 외교상 응당 거문 점령에 관한 한·영 교섭 내지는 협약이 있었을 것을 예상하였던 점인데, 이 점에 관하여 영국정부는 너무나 무기력한 베이징 총리아문이나 증기택 주영 공사를 과신하였던 것 같다.

북양대신의 단호한 반대표명에 접하여 총리아문은 우선 5월 3일(음 3월 19일) 청·영 거문협정이 불가한 것을 훈전訓電한 것 같고 5월 3일자의 강경한 북양대신의 전문에 접하여 다시 5월 4일(음 3월 20일) 주영 증기택 공사에게 타전하여 "英約不可畫押, 昨已電達, 此事切勿輕許, 致貽後悔, 現聞俄使密謀, 如許英據安島, 俄亦欲據一島, 且恐日本亦將效, 尤是英之發難爲無名(명분), 徒貽害於朝鮮, 而利歸於他國, 甚爲不値, 希善爲設辭, 勸令勿爲戎首以利他人, 看其如何答復, 卽電知"하라고 하였다.[67] 이에 따라 주영 청관은 5월 6일(영국시간) 매카트니 경을 영국 외무부에 보내어 협정제의에 대한 청국회전이라는 것을 영측에 제시하였는데, 그 내용은 아래와 같다.

대청 정부는 대영 정부가 제의한 바 점령건에 관하여 그 견해에 응할 수 있기를 희구하였던 바이나, 그렇지만 거문의 영측 점거를 본 대청 정부가 용허할진댄 러시아 정부는 부득이 조선왕국의 일부인 별도를 점거한다는 요지를 본서本署에 통고한 러시아 공사의 견해 및 동일한 조치가 예상되는 일본과의 사정에 감鑑하여 대청 정부는 이 같은 불편과 이로 인한 가능한 분규를 피하고자 부득이 주영 공사에 명하여 대영 정부가 제의한 협정안의 조인을 불허키로 하였으며 또한 대영 정부 측에서 이 섬 점령의 필요를 단념하도록 희원希願할 것을 동 공사에게 훈령하였음을 유감으로 여기는 바입니다.

이와 같은 청측 회답은 영국 외무부로서 의외천만의 일이었던 모양으로 전인前引 영국외교문서 초고에 첨부되어 있는 담무擔務 책임자의 메모로 추측하면,[68] 그 사이의 교섭 중 증 공사는 모종의 사전양해를 명백히 준 것이 아닌가 생각된다.[69] 여하간 이러한 사태에 따라 영·청 간은 매우 어색한 관계에 서게 되었다. 5월 11일자 주청 영관에 발송된 비밀영국문서에는 주영 청관의 매카트니 경와 동아국東亞局 담당의 외무차관보 사이의 문답내용이 기록되어 있는데, 이에 의하면 ① 영측은 청정의 협정거부에 언급하여 만일 청측이 증 공사에게 보낸 영측문서 및 협약안을 공개하는 경우에는 영국은 부득이 그 자위책으로 주영청관 측의 발신을 공개하겠다고 위협한 데 대하여, ② 매카트니 경은 자기소견으로 문서공개는 없을 뿐 아니라 청은 내심 영국의 거문철거를 불원하며 점령항의도 없을 것이라고 말하였다. ③ 그리고 매카트니 경은 다시 영국 외무의 대청회답 작성에까지 의견을 피력하여 말하되, 청측의 거문 점령불허의 통고의 내도來倒가 태만太晩하여 시기를 일逸한지라 영국 해군은 이미 행동을 취하였고 또 이 섬의 타국점령의 우려가 있으므로 영국은 거문에서 철거할 수 없다면은 어떠냐고 하였다(70). 매카트니 경은 이른바 증 공사의 바른팔로서 그의 견해는 증 공사에게 거대한 영향, 따라서 청국 역서에 상당한 영향을 미치리라는 점에서 영국 외무부는 너무나 매카트니 경의 발언이나 활동을 중요시한 인상을 받는다.⁷¹ 본래 영국의 거문도 교섭은 영·청 동맹설을 배경으로 하고 거의 친영親英 일변도의 주영 청관을 이용하여 청조의 대한 종주권의 국제적 확인이라는 허명으로 착수하여⁷² 거의 거문도 점령의 비공식 양해를 청정으로부터 획득한 것으로 자인하고, 영·청 거문협정은 거문도 점령 후라도 그리 난사難事가 아니라고 생각했던 모양이다. 그러므로 피해당사국인 한정을 영국은 고의로 무시하고, 그 점령 통고도 청, 일보다 일주일 정도나 늦게 발송하는가 하면 전보편의 지급至急조치가 아니었던 탓으로 한정은 사건발생 후 월여月餘가 넘는 5월 19일(음 4월 6일)에야 그 통고를 접수하게 되었다. 그러나 이로써 영국은 청정 일부의 환심을 사는 데 성공하였으나 일방 북양 소관의 동북아사태는 극히 미묘하여 당시 북양아문은 명분보다도 실리에 착안하지 않을 수 없게 되어 영국의 거문교섭의 제1시도는 무참히 붕괴되고 말았다.⁷³

4. 한·영 교섭

영국은 1885년 4월 17일(음 3월 3일) 청, 일에게 거문 점령을 통고토록 주재공관에 지시하였다. 이에 대하여 일측은 곧 가와세河瀨 주영

공사에게 훈전訓電하여 영국의 거문 점령은 일본의 중대 관심사임을 전하고, 붙여서 본 건에 관하여 영국은 조선 정부와 미리 교섭하였는지 여부를 문의할 것을 명령하였다. 동시에 일본 외무는 주일 플런킷Plunkett 공사에게도 동곡同曲의 문의를 하였거니와 역시 한정과의 교섭 유무에 대한[74] 관심을 표명하였다. 이러한 형편에서 영국은 전술한 바 있듯이 4월 23일(음 3월 9일)에야 비로소 주청 대리공사에게 조선 정부에 점령통고를 발송할 것을 훈전하였는데, 베이징 공사관은 그 익일인 4월 24일(음 3월 10일) 공함을 발송하였거니와 그 도착은 20여일 후로서 5월 19일(음 4월 6일) 통리아문에 접수되었다.[75] 더구나 그것이 베이징 영국공사관 발신으로 주한영사 편으로 접수하게 됨에 대하여 한정 측에서는 특별히 유의하게 되었다.[76] 한편 북양대신 이홍장이 5월 1일(음 3월 19일) 기역서寄譯書 전문에, 거문 영약英約을 불가하다고 건의하고 영국을 한정과 교섭케 함이 청정으로서는 명정언순名正言順이라고 상주한 것은 이미 언급한 바 있거니와 또 5월 5일(음 3월 21일) 기역서 전에 한·영 교섭이 있었을 것을 가상假想하였고, 전문을 부연한 5월 5일(음 3월 21일) 공함 및 5월 14일(음 3월 20일)자 치한왕문서致韓王文書에도 한·영 교섭의 존재를 가상하고 있었다. 또 러시아 측 역시 거문 점령협정의 존재 유무에 대하여 깊은 관심을 표명한 것은 앞서 인용한 이중당의 보고로도 짐작된다.

한편 한양에서는 5월 초부터 거문 점령의 보도가 유포되었던 모양으로 한정은 러시아, 일본의 신문보도로서 처음 문지聞知한 듯, 그 사실 여부를 확인 차 정황을 살피기 위하여[77] 나가사키·제물포 간 왕복선인 독일 기선을 이용하려는 계획도 있었던 것 같다.[78] 그러던 차 5월 10일(음 3월 26일) 정여창 제독 휘하의 청함이 내도함에 계획을 변경하여 조선 관원 엄세영, 묄렌도르프 양인을 청함 편에 파견키로 하고 5월 16일(음 4월 3일) 거문도로 향발케 하였다.[79]

당초 통리아문은 거문 피점被占의 보報가 입수되자 사전양해도 없는 영측 점거는 한정에 대한 비우호적이며 조약에 위배되는 행위로 판단하고 대영감정이 일시에 악화하였으나 그러나 그대로 대영 항의로 직행하지 않고, 한편 점령사실 확인방법을 연구하며 동시에 또 한편 체약국 공관의 의견을 비공식으로 청취하고 겸하여 본 문제처리에 대한 각국 협력 가능성을 구두타진하였다. 이에 대하여 일관日館은 대체로 조선통리아문의 악감정에 동조하였음에 반하여 미관美館은 내방한 김윤식 독판에게 권하여 점령의 통고 및 상보詳報를 기다릴 것과 동시에 영측 진의를 파악하기 전에 대영 악감정을 노출하는 것은 시기상조인 즉 신중을 기하도록 권하였다. 당시 미관의 인상으로 보면 영관은 통리아문의 대영감정에 어두웠던 모양으로 미국 측에 대하여는 대러시아전 임박에 따른 일시적 대비조치라고만 설명하였는데 이에 관하여 미관은 한·영 수호교섭 때 (1882년)부터 영측이 거문조차를 희구하던 사실을 지실知悉하던 김 독판이 과연 이 같은 영측 설명으로 설득될 것인지 의문이라는 평을 내렸다.[80] 이러한 상황 아래 5월 19일(음 4월 6일) 영측의 점령통고문이 내도하였는데 영관 보고에 의하면 김 독판은 통고를 접하여 다만 영·러 분규의 해결여부만을 물었다고 한다.[81] 접수 그 다음날인 5월 20일(음 4월 7일) 통리아문은 강경한 항의를 주청 영관에 타전함과 동시에 공함을 발송하고, 더불어 청, 일, 독, 미의 각 공관에 영국의 불법점령과 점령통고 사실을 연락하는 한편, 영국이 한정의 항의에 불응하는 경우 한정이 취해야 할 방책과 각국 공관의 협력을 요청하는 아래와 같은 동문조회同文照會를 발하였다.

> 昨自北京英使館, 有照會, 載有業准(이미 명함)本國水師官 將哈米芭暫行居守等語, 事出意外, 實公法之所不許, 本大臣實慨嘆, 貴公使視英國所爲果何如耶, 雖叢爾小島, 關係緊重, 不可輕易借人, 凡我同盟各國必有公平之論, 幸爲敵邦盡心盡力, 使得據公義, 以全國權如何, 今者, 敵署致函於英館, 據義論辨, 再有小牘送英國政府及北京英使館, 均已託英領事, 打電速達, 若英國翻然因意, 則可以見其篤於友誼, 若不然, 則敵邦當如何自處, 惟伏請貴公使及各與國公使下示明敎, 以保自有之權.[82]

이에 대하여 영국에 항의한 전문電文 및 정문正文의 내용은 아래와 같다.

> [電文] 『接貴使密咨, 欲借敵邦哈米屯, 暫爲居住, 査此島, 係我國緊要地方, 非徒貴國之不敢許, 卽各國有請, 斷無可准之理, 願貴國以友誼爲重, 函寢前議幸甚……
>
> [正文] 『逕啓者, 近從海內傳聞, 知貴國有意於巨文一島 卽哈米屯也, 此島係我國地方, 他國不應占有, 於萬國公法原無此理, 且驚且疑, 未便明言, 日前派員前往該島, 査看虛實, 姑未回來, 卽接貴領事取送照會, 是係北京公使館所寄送者也 細閱來意, 始信前言之非謬, 豈知如貴邦之敦於友誼, 明於公法, 而有此意外之擧也, 殊違所望, 不勝詑異, 貴國若以友誼爲重, 翻然改圖, 函去此島, 豈惟敵

邦是幸, 仰亦萬國之所共欽誦, 如其不然, 敝邦義不當嘿視, 且聲明 於同盟各國, 聽其公論, 此事不可遲延故, 玆先函名切, 請貴領事立 賜回音.[83]

또 한편 거문을 둘러 일본 나가사키의 영국 해군제독에 항의차 도착한 엄세영, 묄렌도르프 양인은 영국 통고가 통리아문에 접수되 던 5월 19일(음 4월 초6일) 나가사키에서 항의각서를 영국 제독에게 수교하였으니 그 내용의 요지는 다음에 있었다.

抵該島(거문), 卽見貴國兵艦六艘並商船二艘, 在該島內寄泊, 並見 該島高山頂上, 樹有貴國旗幟⋯⋯於本月(4월)初五日, 旱到長崎, 本官等隨卽面會貴提督所談各件, 均係奉主上之命, 應請貴提督示 覆, 旣屬友誼而據友國之地, 是出於何命, 並因有何故⋯⋯.[84]

이로써 일단 조선 정부의 태도는 천명되고 동시에 이 북양대신 의 소기所期대로 조차의 여지를 두지 않았거니와 나가사키 영국 해 군제독에 수교한 항의각서 및 주한양駐漢陽 각국공관에 회송한 동문 조회는 확실히 청정의 의표를 넘는 한정의 조치라 여겨진다. 왜냐 하면 나가사키 각서는 엄, 묄렌도르프 양원兩員의 자량自量에서 나온 듯한 인상을 받으며,[85] 후자의 동문조회에 대하여는 한양 청정세력 의 대표격인 진수당陳樹棠 상무총판의 회답(5월 21일, 음 4월 8일)을 참 고컨대 정여창 제독의 보고를 기다려 이중당에게 품달 후 의견을 피력하겠다는 소극적인 태도로서 사태가 예기豫期밖에 일이었음을 능히 짐작할 수 있는 까닭이다.[86] 이밖에 일, 독, 미 등 각관의 반응을 보면 한결같이 본국 지시 없이 공적 입장을 취할 수 없음을 밝혔으나, 그러나 사견으로서 ① 일관日館은 영국의 불법점령이 한정의 중대문제임을 인정하고, 영측 점령이유 곧 불측不測에 응방應防한다는 점은 그 대상국이 만일에 한정의 동맹국인 경우를 들어 그 부당함을 일반적으로 논하고, 아울러 한정이 금번 취한 바과 같은 적의한 조치를 취하지 않았더라면 우방 각국은 한정의 윤허 아래 영국은 거문 점령을 감행한 것으로 의심하였을 것이라고 하였고, ② 덕관德館은 영국의 거문 점령이 의외불측지사意外不測之事임을 고하고, 차거此舉는 영국이 타국과 실화失和하는 경우를 두려워한 것임에 그 타국 또한 동맹우방과 더불어 좌시하지 않을 뿐 아니라 설법판리設法辦理할 것이라는 친러적 일면을 보이고, 이어 영국의 차거가 한정의 소정원所情願이 아니라는 점을 밝히는 것이 가하다고 하였으며, ③ 끝으로 미관美館은 대체로 영측에 우호적인 입장에서 영국의 점거가 잠정적이며 대한對韓 우의에 변함이 없을 뿐 아니라 거문 점령은 영국의 가상적국의 선점을 현실적으로 한정이 저지할 수 없다는 사실에 유의하여 전쟁위기 시에 이러한 행위는 과격한 비난의 대상이 될 것이 아니라고 논하고, 다음 그러나 러시아에게도 우호적 문투로 영, 러가 모두, 그리고 또 그 어느 한편에게도 군사용 기지로서 한지韓地를 사용할 수 없음을, 예컨대 해삼위의 러시아 해군 사령관에게 통고하라 하였는데,[87] 이 미관의 의견은 비단 영국에게 동정적일 뿐 아니라 이미 묄렌도르프의 대러 접근을 지실知悉하는 입장이라는 점에서 시사하는 바 크다.[88]

한편, 거문 및 나가사키에 있어서의 엄, 묄렌도르프 양원의 영국 점령해군과의 접촉을 살피건대, 양인兩人의 보고에 의하면 양인은 5

월 16일(음 4월 3일) 거문도에 도착 비어함飛魚艦, Flying Fish 함장 맥걸이麥乞伊, Maclear와 접촉하고 우선 영국기 게양의 이유를 물음에 대하여, 맥클리어는 영국기 게양은 해군제독의 명령에 의한 것이고, 영국 정부의 탐문한 바로는 러시아가 욕점차도欲占此島하는 고로 금번 영, 러 위기에 제際하여 기선을 제制하여 잠거暫據함으로써 거문도를 보호하려고 하는 것이라는 답을 하였다. 이에 대하여 묄렌도르프는 영, 러가 공히 한정과 화호한 나라임을 밝히고 영함이 한지韓地에 영국기를 게양하는 것은 도저히 용허할 수 없은즉 그 뜻을 명백히 영국정부에 전달하여줄 것을 청하였다. 맥은 끝으로 영국정부에 거據하여 당시 주러 영국공사는 아프간 문제로 러시아와 교섭 중이며 자기 함선도 전투가 없다는 사실을 장차 보고하겠다는 등의 변명 비슷한 말을 한 것으로 전한다. 엄, 묄렌도르프 양원이 나가사키에 도착한 것은 5월 17일(음 4월 4일)로서 그 질문은 거문에 있어서와 대동大同하며 불법점령의 근거와 영국기 게양의 이유에 집중되었는데 결국 현지 부제독이 능히 대답할 수 있는 성질이 아닌 관계로 한원韓員의 항의를 접수, 본국에 전달케 되었는데 그 회답이 지연됨에 따라 한원과 정 제독 일행은 5월 21일(음 4월 8일) 나가사키를 이항離港하게 되었다.[89]

한편 영국 해군성에는 한원 항의에 대한 더웰 부제독의 청훈전문請訓電文이 18일 내도하여 그 익일 해군성은 우선 외무부와 상의 중이라는 회전回電을 발하였는데, 한편 영국 외무부에는 주일, 청공관으로부터 각각 한원의 나가사키 정식항의에 관한 보고가 타전되는가 하면(21일, 23일), 오코너 대리공사의 전문에 의하여, 5월 21일 영사는 베이징 총서總署의 경군왕慶郡王 기타의 책임자와 면담하고 청함 편에 거문, 나가사키로 파견된 한원의 임무를 문의한 결과, 총서는 문지開知하는 바 없다는 비협조적 태도였음을 알게 되었다.⁹⁰ 이러한 사태는 영측으로는 적이 의외이며 또 당황했던 모양으로 영국 외무는 5월 22일 우선 베이징 영관에 타전하여 나가사키에서 있었던 한·영 문답과 항의의 요지를 전하고, 동시에 항의에 대한 회답은 해군성을 통하지 않을 방침임을 밝힘과 아울러, 한정에 대하여 직접 혹은 청정을 통하여 거문 점령에 관한 협상에 응할 용의가 영측에 있음을 통지할 것을 훈령하고 또 동 훈령 내용을 일본 영관에도 연락할 것을 첨기하였다.⁹¹ 5월 5일(음 4월 12일) 베이징 영관으로부터 타전된 조선 외아外衙의 공식 항의요지와 더불어, 이석離席 중이던 한경韓京주재 영국총영사 애스턴Aston이 5월 말 귀임 예정이며 그때 한정에 대한 회답과 동시에 거문 협상의 용의가 영측에 있음을 한정에 시사하라고 명령한 오코너 대리공사의 보고를 영국 외무부는 접수하였다.⁹²

이리하여 조선 정부 측의 노력과 북양대신의 방침에 따라 영국은 부득이 협상을 한정에 요청하게 되었다. 영측에서 한정과 협상차 제의한 조건은 5월 29일 베이징 영관에 제시하였다가 6월 5일에 이르러 그에 의한 교섭을 훈령하였는데,⁹³ 그 내용은 거문도를 영국의 급탄지로 임차교섭하되 금액은 '연 5천 파운드 내로 할 것'과 교섭절차로서 가능한 청정을 통하여 한정에 제의하라는 것이었다. 그러나 그후의 진전으로 보면 청정을 통한 제의는 취하여지지 않고 애스턴 총영사가 직접 통서와 접촉하였는데, 이것으로 판단하면 청정에서 이것을 기피하였을 가능성이 많다. 이밖에 영국 외무부는 6월 3일 베이징 영관 명의로 한정 항의에 회답할 것을 결정하고 베이징 영관에 훈전訓電, 베이징 영관은 다시 한경韓京 애스턴 총영사에게 동 내용을 전보지시하였는데 그 요지는 전번의 통고문과 동곡이문同曲異文으로, 다만 급탄장을 설치한다는 표현과 공식으로 "거문 점령에 관하여 조선 정부와 만족할 만한 협약에 이르기를 대영 정부는 희구하고 있음"을 표명한 점이 새로운 것인데, 그나마 그 정식 원본은 6월 30일에서야 비로소 베이징서 발송되었고, 그 지연의 이유인즉 처음 오코너 영대리공사는 공식 서면회답에 대신하여 애스턴으로 하여금 구두회답하도록 하는 방침으로 임하였던 것이 공식서면을 요구하는 통서의 최촉에 못 이겨 공식 회답각서를 발송한 것이었다.⁹⁴

한편 애스턴 총영사는 6월 17일 회답요지 및 임차교섭에 대한 훈전에 접하고, 6월 19일(음 5월 7일) 통리아문에 이르러 묄렌도르프을 제외한 김 독판 외 전 관원과 회담하고 한편 한정 항의에 구두회답함과 동시에 협상가능성을 타전하였는데, 그의 본국 보고에 의하면⁹⁵ ① 애스턴은 거문 점령의 잠정적 성질과 급탄장으로만 필요한 소이를 설명한 데 대하여, ② 김 독판은 일본에도 영국의 급탄장이 있음은 지실知悉하나 개항지 외에 있음은 모른다고 힐난하고, 당시의 영·러 관계로 보아 급탄 목적일지라도 거문 점거에 한정은 응할 수 없음을 명백히 하였다. ③ 이에 애스턴은 거문도에 관하여 조선에 유리한 협약을 맺을 생각은 없느냐고 질문한 데 대하여, ④ 김윤식은 '유리한 협약'이란 무슨 뜻인지 더 명백히 설명할 것을 요구하고, 계속하여 영측 점령을 만일에 용허한다면 즉시로 여론과 열국의 힐책을 면치 못할 것을 반복 강조하고, 이러한 형편에서 타협의 여지는 없을 것이니 영국은 조속히 점령을 철수하여 한정의 곤경을 구하라고 당부하고, ⑤ 끝으로 김 독판은 본 교섭에 관한 영국 측 훈령문의 일람을 애스턴에게 요청하였다고 한다. 이 끝의 훈령문 일람 요청에 대하여 애스턴은 훈령은 전문형식으로, 후에 훈령 본문의 내도를 기다려 앙달仰達하겠다고 완곡히 거절하였다.⁹⁶

그러나 이날 회담에 있어서 애스턴은 단순히 거문 임차의 암시만에 그치지 않았던 모양으로 1884년 이래 독촉하여 오던 이화양행怡和洋行(英商) 관계의 광산 손해배상금 건에 언급하지 않았나 하는 의심이 난다. 여하간 이 거문 임차교섭은 처음부터 성공할 가능성이 전무한 터로 그것은 비단 북양관아의 찬성하는 바도 아닐 뿐 아니라, 또 당시 한·러 비약秘約사건의 노정으로 인하여 통리아문은 진퇴유곡의 궁지에 처하여 있었던 까닭이다. 곧 19일 영국 총영사가 본국 훈령에 의하여 통서에 접촉하고 있을 무렵 이미 항간에는 한·러 비약설이 성행하고 그 익일인 20일에는 국왕의 내락內諾을 얻은 러시아 참찬 스페이에르Speyer의 통서 방문이 있어 외아外衙는 일대혼란을 겪게 되는데 물론 영관에서도 저간의 사정은 숙지하는 터이었다. 따라서 애스턴은 거문 임차교섭을 더 이상 노력하지 않고 회담 직후 베이징 영관에 타전하여 "김 독판은 거문항에 관한 협약을 기하지 않고 있음"이라고 끝맺었다.⁹⁷

각설, 한·러 밀약사건이란 주지되듯이 ① 한왕의 밀명으로 김용원金鏞元 등은 블라디보스토크의 러시아 지사知事와 접촉하여 청·일 충돌 시의 러시아 간섭을 요청(1884년 12월 중순경 발 1885년 5월 귀경), ② 같은 한왕의 밀명으로 묄렌도르프는 도쿄 러시아관과 연락 후 1885년 1월에 한경韓京에 내방한 스페이에르 러시아 참찬과 제1차로 협의, 동년 2월 도쿄 수행 시를 이용하여 묄렌도르프는 도쿄 러시아관과 제2차로 협의하였으되 단순한 교관초빙이 아니라 청·일 충돌시의 러시아의 한정보호권과 관련이 있는 것으로 전하여지며, 거문 탐사 후 나가사키 체류 시 묄렌도르프는 도쿄 러시아관에 국왕의 초빙허가가 내린 것을 알렸다고 한다. 이 밀약사건은 러시아 측 사료의 미공개와 묄렌도르프에 대한 모략이 심한 듯하여[98] 그 진상을 파악하기 어려우나, 그것이 한왕의 발의發意 혹은 묄렌도르프 등의 진언으로 발단한 것과 갑신정변이 발발하고 바야흐로 청·일 충돌이 불가피한 정세 하에 취하여진 긴급조치임은 틀림없거니와, 묄렌도르프 참판의 교섭에 있어서와 같은 경우에는 표면상 러시아 교관초빙이라는 명분을 세웠던 것으로 이해된다. 한·러 밀약설은 김용원 등이 한양에 귀환하자 곧 외아에도 전하여졌던 모양으로 김 독판 등은 즉시 청관, 일관에 내통하여 궁정의 비밀외교를 견제할 뿐 아니라 앞으로 있을 러시아 관계의 급변을 대비하게 되었고, 한편 청, 일 양국은 한정에 대한 불신과 자주외교에 대한 위구危懼를 표명하게 되었다.[99]

지금 거문 점령외교에 직접 관련되는 한에 있어서 한·러 밀약사건의 추세를 본다. 6월 10일 도쿄 러시아관의 참찬(서기관) 스페이에르는 러시아 교관파견에 관한 러·한 협정을 기대하고 한경에 도착, 묄렌도르프와 협정 세목細目을 구수鳩首협의 끝에 국왕의 내락을 얻어 20일 협정을 외아에 요청하게 되었다. 이에 대하여 통서는 청, 일의 응원 아래 스페이에르의 러시아 교관초빙 협정안의 거부를 미리 결정하고, 그 이유로는 이미 미국 교관초빙을 결정하여 그 전년 그 뜻을 통지하였다는 것을 들었고, 동시에 친러 획책의 장본인으로서 묄렌도르프의 축출을 한, 청은 결정하게 되었다. 지금 이러한 사태를 거문 점령의 당사국인 영국 측에서 보건대, 6월 22일자 보고로 애스턴 총영사는 묄렌도르프 외아협판의 실각을 자세히 기술하고 겸하여 러시아 교관을 초빙하지 않는 경우 러시아는 제주도를 점거할 것이라는 스페이에르의 폭언까지를 전하였으며, 동월 26일자에는 23, 24 양일간의 김·스페이에르 회담의 내용을 상세히 본국에 전하였다.¹⁰⁰ 당시 스페이에르의 제주도 점령 위협은 비단 회담장소에서 있었던 흥분된 발언이 아니라 타국 공관에 가서도 본국 지시에 의한 바라고 방언放言한 바로, 이에 한정 및 청, 일이 모두 자극을 받았던 것은 의심의 여지가 없거니와 영국 총영사관도 영향을 입은 듯, 미관美館 보고에 의하면 애스턴은 묄렌도르프의 중개로 진행 중이라고 영국이 의심하는 한·러 협상이 한정에 의하여 승인되지 않은 경우 영국은 거문도를 포기할 것이라고 말한 것으로 전한다.¹⁰¹

여하간 밀약사건에 관하여 러시아의 대한 태도라는 것은 스페이에르 내한을 통하여 약간 과장된 듯하기는 하나 그러나 러시아가 영국의 거문 점령에 심심한 관심을 가지고 있는 것은 스페이에르를 통하여 한양 주재 각국 공관에도 알려지게 되었다. 곧, 한·러 회담에 있어서 스페이에르는 발언하여 가로되, 영국의 거문 점령이 부득이 위력소굴爲力所屈하여 견탈見奪된 것이라면 모르되 한정이 이를 정식으로 윤허한다는 것은 만불가하다고 못을 박고¹⁰² 또 미관에 방문 시는, (스페이에르) 내한의 일 목적은 영국의 거문 점령이라고 설명하고, 교섭 또는 무력이든 간에 영국의 거문 점유가 허용된다면 러시아는 그 10배 되는 한지韓地를 획득하라는 훈령을 스페이에르는 재래齎來하였다고 양언揚言하는가 하면, 거문 점령은 비단 영국의 대러 적대행위일 뿐 아니라 아프간 국경문제에 따른 러·영 분규를 더욱 증대시킬 것이라고 말한 것으로 전한다.[103] 이로써 스페이에르가 거문도 사건에 대한 러시아 관심을 대변하고 있는 것을 짐작할 수 있거니와, 동시에 같은 미관美館 보고는, 영국의 거문항내港內 및 도상島上시설로 보아 잠정적이 아닌 항구점령이 아닐까 하는 다수의견과 아울러, 영국의 점령은 청의 허가 하에 실시되었다는 설의 유포와, 또 한편 동양 국가들 공관은 거개가 이 설을 맹렬히 부인하고 영국 행위를 일치하여 규탄하고 있는 것으로 전하였는데[104] 이것은 당시의 분위기를 추측하는 데 도움이 된다.

한·러 밀약사건에 의하여 청, 일은 한정 외교에 대한 적극적 간섭을 기도하게 되고 특히 북양아문은 한경韓京 청관清館의 강화와 한정 권력구조의 개편까지를 생각하게 되었는데, 이에 따라 통리아문도 청, 일의 협력을 얻어 러시아의 압박에 대비할 뿐 아니라 러시아, 일본 특히 러시아 측의 세력균형의 명분을 줄 우려가 있는 거문영점英占에 대하여 적절한 대책을 강구하지 않을 수 없게 되었다.[105] 통서는 음 4월 7일자 항의에 대한 영측 정식회답이 누차의 독촉에 불구하고 지연됨에 따라 6월 23일 미관에 밀함을 보냈으며,[106] 25일(음 5월 13일) 청, 일, 독, 미 각관에 제2차로 동문조회同文照會하되 제1차 동문조회(음4월 7일)에 언급하여 협조와 대책을 재차 촉구하는 한편, 6월 27일(음 5월 15일)에는 동문同文으로 러시아에도 조회하였다.[107] 이러던 차 한경 영관은 같은 27일(음 5월 15일) 통서를 방문하고 베이징 영관 지시에 따른 영측 정식회답을 구두 전달하였는데 이 회답은 그 (구두라는) 형식 및 내용이 공히 불만족스러워 외아는 다시 27, 28일(음 5월 15일)에 걸쳐 새로 각관에 거중조정에 의

한 거문 사건 간섭을 요청하였다.[108] 이 음력 5월 15일 영측 구두회답 시 이미 제2차 동문 각국 조회에 대한 영측의 항의가 있었던 모양이었으나[109] 뜻을 이루지 못하고 다시 7월 6일(음 5월 24일) 새로 마련한 영측 정식 '서면' 회답을 가지고 외아에 접촉하였다.[110] 그런데 외아는 애스턴 총영사의 제언이라고 할 수 있는 "應由兩國政府相議, 庶有妥辦之道"라는 성의 표시에 응하여 그 날짜로부터 수일간에 걸쳐 각국 공관에 다시 밀함하고 전송前送 조회를 무용無庸[수須]할 것을 요청하였는데, 그 타판지도妥辦之道라는 것이 "迅行妥辦撤還在島之兵, 以解衆惑"을 포함하였던 것과, 기타의 교섭이 있지 않았나 상상되거니와, 여하간 한양 영관은 외아 발송의 동문조회의 무용無用 통고로서 거중조정 저지에 잠시 성공한 것으로 보고하였다.[111] 그러나 한편 한정의 제2차 대영對英항의 공함은 저지되지 못하고 발송되었으며, 또 후에 이르러 대영 조회를 각 공관에 회송함과 아울러 동문조회의 본국 정부 품달을 의뢰하게 되어 영관을 놀라게 하였다. 그리고 또 그동안 교섭에 있어서 미해결의 이화양행 배상문제 기타도 관련되어 논의된 듯, 한·영 간에 공한 왕래가 발생하여 거문 사건과의 관련이 논급되었다.[112] 지금 우선 대영 항의의 요점을 추리면 곧 다음과 같다.

> 本月初七日(陰五月), 貴國阿總領事來署, 面致貴大臣電報之意, 寔欲暫往該島, 運藏煤炭, 非有他意, 本大臣當經辨駁, 由阿總領事鈔錄談話, 電明于貴大臣, 嗣於本月二十四日, 推准阿總領事照內, 開失貴署理大臣札, 用前以本國將巨文島, 暫行居守, 存寄煤炭, 照會朝鮮政府在案, 今仰該總領事官, 仍以此言轉告朝鮮政府, 安定心

> 懷等, 因准此, 查敝邦與貴國修好以來, 友誼敦睦, 信如金石, 貴國明知巨文一島, 原係我國地方, 貴國不應佔而有之, 亦未聞遣一行人(외교관)齎文向我政府說明, 乃佔住一月之久, 始于責往行船傳說得聞,……今接貴大臣札, 諭阿總領事, 有朝鮮政府安定心懷等語, 敝邦自當靜聽臺命, 但歷時已三閱月矣, 朝野沸論, 殊難緘黙.

또한 애스턴 총영사에게는 이화양행 배상 최촉에 대한 회답차 거문 사건 해결 시까지 배상은 지불할 수 없다고 통고, 이에 대하여 애스턴은 7월 15일(음 6월 4일) 통서에 항의하였는데 그 요점은 아래와 같다.

> 惟查怡和償款, 與巨文島事, 有何相涉, 未能明晰於心, 且貴督辦旣以島事, 行文於本國署大臣, 以待其照復回時, 則不識尙有因何事而忙者, 矧斯二事孰前孰後, 愚意揆之, 則以爲怡和償款應屬居先, 何, 則盖怡和償款當於去臘歸結, 其事在巨文島前約三閱月,……來書云, 俟島事歸結, 再行商酌礦等事不晩[113]

이러한 미묘한 추세에 대한 영측의 견해는 오코너 대리공사의 본국 보고에 소상하거니와, 그에 의하면 동문조회가 철회되었다가 돌연 다시 각국 공관에 발송된 것은 아마 러시아에 대한 성의 표시가 주가 될 것이라고 해석하고, 이어

그러나 러시아에 대한 공포는 청·한 양측이 러시아 측 점령에 대한 여하한 정식승인에도 합의치 못하는 일대 장애이며 또 러

시아와 묄렌도르프(穆麟德) 간의 밀약이 공개된 이상 현재로는 여하한 협약일지라도 조선과 체결한다는 것은 거의 불가능한 것은 의문의 여지가 없습니다. 특히 후자는 대영 정부가 점령유지를 원한다면 거문항을 포기치 않는 근사한 구실이 될 것입니다(방점 필자). 청국과 조선은 접경세력으로서의 러시아를 조선의 영토보전에 중대한 화근이며 동시에 조선 영토의 일부를 점거할 적당한 구실을 기다리고 있는 나라로 간주합니다. 조선은 무원無援의 곤경으로, 다못 법의 권한과 종주권에 호소할 뿐인데, 청국으로 말하자면 이러한 중대사건은 설혹 타국보다는 영국의 우의를 더 평가하고 감사히 여기고 있다 하더라도 그러나 영국 점령을 승인하는 경우 생길 결과로부터 과연 무엇으로 조선을 보호할 것이냐에 대하여 의아하고 있는 것입니다. 곧 한토韓土가 러시아에 의하여 점령되지 않을 것이라는 어떠한 구체적 보장material guarantee을 영국이 줄 것이냐 하는 것입니다. '우리(청, 한)는 고립무원임에 러시아는 강대하니 분쟁으로 인한 공격이 필경 우리에게 떨어질 것인즉 귀국이 원하는 대로 (협약)한다면 우리 어깨에 지워진 짐을 덜어주던가 혹은 같이 짐을 지도록 각오를 하여야 될 것이 아니겠느냐. 그런 경우에는 귀국의 거문 점령을 기꺼이 동의할 것이나 이렇지 않을 경우 현실적으로 영국은 하등의 대가도 지불함이 없이 영국이 마음대로 아프가니스탄(사건)을 처리하는 동안 우리는 영국을 위하여 우리의 지위를 위태로이 하고 또 단독으로 러시아와 쟁단을 열 위험을 무릅쓰라는 것'입니다.

라고 청정의 견해까지를 전하였다.[114] 하기는 이에 앞서 북양대신은 한·러 밀약사건의 발생에 따라 거문도 문제를 가능한 한·영 교섭으로 유도하려는 생각을 수정하고, 좀더 대국적인 견지에서 청, 일, 러, 한 관계로 생각하게 되었다. 6월 28일 오코너에게 발송된 영국 전훈電訓에 의하면, 최근 북양대신이 대청 공격에 사용하지 않는다는 보장만 있으면 영국의 거문 점령은 가하다는 발언에 용기를 얻어 이러한 안을 적극추진하되 베이징 총서로부터 정식제의토록 노력하라고 명령하였다.115 이에 의하여 총서에 접촉한 결과는 7월 8일자 오코너의 본국 비밀보고로서 전달되었는데, 그 요지는 청정은 조선의 영토보전에 대한 청·영 공동보장 없이는 거문점령을 인정하는 여하한 공식협정에도 응할 수 없다는 것인데, 이에 대하여 오코너 대리공사는 영정이 책임지는 이 같은 보장에도 반대한다고 자기견해를 표시하여 가능한 책임없는 협정체결에 노력하되, 단 그 방법으로는 일단 양해하였다가 거절하게 된 원原협정안 성립의 경위를 들어 청국 총서가 비우호적이라고 청정을 추구追究하는 것인데, 청국 정부 측에는 이에 대하여는 사과하는 태도이기는 하나 당시 형편으로 청국 정부는 목전의 위급을 면하기에 바쁠 뿐, 이왕에 청국 정부가 사적으로 양해한 사항을 공적으로 용허할 수는 없다는 입장이었다고 하며, 앞서 이끈 7월 15일 북경발 영국 문서로써 이것이 확인될 뿐 아니라, 이러한 환경 아래 한정의 각국 공관에 부치는 동문조회가 발송되었던 것으로 설명되었다.116 이리하여 한·영 교섭의 여지는 없어졌음과 동시에 거문도사건은 다시 청·영 사이의 주교섭으로 방향을 바꾸게 되었다.

5. 점령외교의 종결

앞서 이미 논술한 바와 같이 1885년 5월 말 영국 외무는 한정과 직접교섭을 결정하고 거문 임차의 방안을 현지 영관에게 훈령하였는데 그러한 교섭이 모색되는 동안 영국 정계는 아프간 문제를 둘러싼 외교정책이나 예산안을 가지고 정쟁이 치열하다가 마침내 6월 9일 글래드스턴Gladstone은 계관桂冠하게 되었는데 다만 그때는 이미 영·러 전쟁의 위기는 넘어 협상에 들어가 있을 때였다. 이러한 상황에서 볼 때 영국이 거문 점령의 이유나 교섭의 명분을 불측지사 不測之事에 대비한다는 통고 당시로부터 후에 이르러 '급탄장 설치'로 바꾸고 그것에 대한 임차교섭으로 나선 것은 영·러 관계의 추이와 물론 밀접히 관련된다. 뿐만 아니라 한·러 밀약사건이 폭로됨에 현지의 영관 대표들은 밀약설에 착안하여 이것을 이유로 거문 점령과 그 계속 보유의 구실이 될 수 있는 점에 본국 정부의 주의를 이끌려고 하였으나 영국 외무는 굳이 이 점을 활용하려고 하지 않고 다만 영국이 혐오하던 묄렌도르프[117]의 해임으로 만족한 것은 비단 대청 관계뿐만이 아니라 대러시아 위기의 완화와 불법 거문점령에 대한 여론의 동향에 의한 것이라고 생각된다. 더욱이 영·한 교섭이 한국 정부의 강경태도로 사실상 단절되던 7월 중순으로부터, 그리고 '한토韓土보장'을 둘러싼 영·청 접촉이 시작하는 7월 이후는 영·러 아프간 협상이 진전되던 때로서 급기야 9월 10일에 이르러 영·러 아프간 협정이 조인되어 일단 위기는 무산되고 만다. 따라서 최초 영국이 긴급히 거문 점령을 결정하였던 명분이나 동기가 사라진 것이 되는데 이 점에 유의하여 이홍장도 거문 문제에 대한 영측의 의사를 10월 3일(음 8월 25일) 물었다. 곧 오코너 대리공사의 본국보고에 의하면(10월 14일 북경발 11월 30일 英京 착), ① 이 총독은 아프간 대러시아 문제가 해결된 이때가 영국의 불만족스러운 거문 문제를 종결지을 때라고 보고 만약 해결이 지연된다면 청의 대삼국 관계가 불유쾌할 뿐 아니라 대영 우호관계까지를 손상할 우려가 있음을 표명하고, ② 한정도 할지割地는 절대로 거부할 뿐 아니라 이 총독도 동감이니 만일에 거문 임차를 한정이 허용할진대 10일 내에 타국이 동 조건으로 타지他地를 요구할 것으로 추측하며, ③ 현실적이며 실제적인 해결안으로 이홍장은 영국기 게양 정지, 군사시설 철거, 해저전선의 제물포 연결(거문·제물포 연락 후 육지전선으로 통신한다는 뜻) 및 석탄저장소와 포함 1척 주박駐泊을 제시하고, 여하간 이런 선에서 급속히 영국이 해결할 것을 촉구하였다. ④ 이에 대하여 오코너는 그 당시가 영국은 총선거 임박 중임을 지적하고 정부가 이런 문제를 다룰 적당한 시기가 아니라고 대답하였는데, ⑤ 보고로 보면 이중당李中堂은 이 답변에 만족한 듯, 다만 연내까지는 어떤 결정을 내릴 것을 기대한다고 말한 것으로 전하여졌다.[118] 이 보고는 거의 단적으로 점령의 군사적 동기가 사라지고 철거에 대한 조치가 새로 문제된 것을 말하는데, 그나마 영국의 1885년 12월 총선거의 박도迫到로 영측이 이 문제를 시급히 연구, 결정할 환경에 있지 않다고 양해되었다. 본래 거문 점령은 설령 그 불법점령 이유가 제거되었다 하더라도 일종의 기정사실로서 영측에서 이 기정사실을 아무 대가 없이 무無에 돌리지 않을 것이라는 것은 영국의 외교 전통으로 보아 쉽게 짐작되는 바였다. 일찍이 1885년 5월 29일자(음 4월 16일) 이 북양李北洋 보고에는 텐진 주재

영국영사 벽리남璧利南의 소론少論이 수록되어 영국의 대對거문 '철거'정책을 복ㅏ하는 데 일조가 되었다. 곧

> 璧知朝鮮覆英使文, 不許占據此島, 頗疑曰, 俄嗾使鴻章謂朝鮮, 若許英占, 日俄必皆圖另占一處該國將成割據之勢, 朝固不得不力爭, 即中英素相親睦, 亦未便坐視不利, 璧謂, 目下不過暫駐, 但恐英船退去, 俄又來占, 且英俄即使議和, 難保他日無事, 此島實扼東海之衝, 須平時設法籌, 備窺其用意似爲久據之謀.[119]

아니나 다를까 1886년 이후 거문 철거외교에 있어서 영국은 거문도에 대한 러시아의 불점령보장을 들고 나와 새로 영, 청, 러의 교섭을 벌리게 된다. 한편 1885년 10월까지 영국은 거문에 대한 군사적 평가를 끝내고 있어서 이미 거문항에 대한 영국 해군당국의 결정은 부정적이었다. 곧 영국 해군은 거문 점령 직후 청정의 승인을 얻어 거문·상하이 간에 해저전선을 설치하고(6월 2일 완성), 동시에 항내港內, 도상島上에 군사시설을 착수하고 7월 중순경에는 현지 관헌 입회 하에 도민으로부터 토지를 임차하는 등의 조치를 취하였는데,[120] 한편 점령 후 얼마 아니 되는 5월 2일자 더웰 부제독 보고에는, 영국 해군이 해상을 지배하는 한 해군기지는 홍콩으로 족하고 거문은 요새화하지 않는 한 기지로서는 부적당하다는 견해를 개진하였으며, 9월 중순 해군성은 신임 해밀턴Hamilton 부제독에게 평·전시를 통한 거문항의 해군요항要港 내지는 급탄소로서의 적·부적適不適을 보고할 것을 명하였는데 12월 초순경까지는 3대의 부제독(윌리스, 더웰, 해밀턴)이 일치하여, 방대한 자력資力을 투입하여,

요새화하지 않는 한 군항으로서 부적당하다는 결론을 내렸으며, 또 이에 해군성도 찬의를 표하였다.[121] 따라서 1885년 세밑에는 해저 전선의 보수조차 중지하고 있던 형편으로 해군성은 외무부의 정치적 결정을 기다리는 형편이었다.[122] 1886년 1월 하순에 들어서면 영국의 외무당국과 해군성은 각기 소관에 서서 거문 점령에 관한 긴밀한 연락과 협의를 시작하는데 대체로 3월에 들어서면 거문을 군사적으로 부적당하다는 해군 견해에 입각하여 철거 전에 획득할 수 있는 외교적 보상을 연구하게 되며 한편 러시아는 영국 점령이 계속하는 한 한지 일부를 점령하겠다고 하는 균형론을 내세워 청정을 압박하게 되는데 이로부터는 소위 거문 '철거' 외교의 본무대로 들어가는 것이라고 할 수 있다.

주

약어표

『李文』: 『李文忠公全集』
『淸光』: 『淸光緖朝中日交涉史料』(上)
『淸外』: 『淸季外交史料光緖朝篇』
『英信』: 英信, 自乙酉正月至戊子三月一册(原寫本)
『日記』: 統理衙門日記 原編第六乙酉中六(原寫本)
PP: Correspondance respecting the Temporary Occupation of Port Hamilton, British Parliamentary Papers: China 1882~1898.
FO: 미간 영국외무문서(British Foreign Office Archives in the Public Records Office)
BFSP: British and Foreign State Papers, 1886~1887, vol. 78.

KA: G. M. McCune and J. A. Harrison ed., *Korean-American Relations: Documents Pertaining to the Far Eastern Diplomacy of the United States*, vol. 1. 1952.

『朝史』: 조선총독부 편, 『朝鮮史』 제6편 제4권

『陰史』: 국사편찬위원회 편, 『陰晴史』, 1959

Kiernan: E.V.G. Kiernan, *British Diplomacy in China 1880~1939*.

1 다행히 소련서는 현재 제정 러시아의 외교문서를 1801년부터 시작하여 현재 발간 중에 있으므로 머지않아 1884~86년의 대한 관계가 공표될 가능성도 있다(Vneshnyaya Poltika Rossii; XIX i nachala XX veka. Dokumentii Rossiikovo Ministerstva Inostranii Del).

2 일측(日側)에 의하면, 톈진 제6차 회담(양 4월 15일 · 음 3월 초1일) 시 이홍장은 러시아령 포항(浦港, 블라디보스토크)의 동결을 지적하고 러시아가 한지(韓地)에 양항(良港)을 얻으면 청 · 일 양국에 중대영향이 미칠 것을 논한 것으로 되어 있으나(金正明 編,『日韓外交資料集成』제3권, 400~401면), 청측에는 기재되어 있지 않다(『李文』譯署函稿 17「與日使伊藤問答節略」및 『淸光』卷8, 374). 한편, 한정에서도 1882~3년 전후에는 러시아의 해삼위 요새화 및 동기(冬期) 동결관계와 한지에 대한 야심 등을 자세히 탐지하고 있었던 것 같다(국사편찬위원회 편,『수신사기록』, 191면 이하의「俄羅斯探探使白春培」).

3 G. Curzon, *Problems of the Far East*, 2nd ed., 1896, p. 210 footnote.

4 『淸外』卷55「使英曾紀澤致總署英據朝鮮濟州俄必不服電」.『日本外交文書』第18卷, 595면 이하「附記―獨逸新聞抄譯」. 한 · 러 비약(秘約)사건에 관련하여 도쿄 러시아관의 참찬 스페이에르가 제주도를 점령하겠다고 한정을 위협한 사실은 제4장을 참조.

5 Kiernan, p.190.

6 FO China 17-975 April 9, 1885. "The Minister, Dr. Macartney said, is very distrustful of Russia at the present moment and no doubt fears that if we do not take Port Hamilton it will fall into Russia's hand."

7 FO 17-975 Esp. Confidential. No. 99 to O'Connor. May 11, 1885. "and in view of the probability of the Islands falling into other hands we could not withdraw."

8　『수신사기록』, 180면; Ch. Dallet, *Histoire de l'Eglise de Coreé*, Tome II, 1874. p. 520. 1866년 2월 러시아함 1척이 원산진에 내도하여 통상을 요구하였다는 달레 신부의 기술은 그 신빙성을 의심 받고 있다(이선근, 『한국사 최근세편』, 232~233면).

9　Kiernan, p. 191. 영흥항은 일인에게 송전항(松田港)으로 이해되어 거문도와 더불어 일측에서 오래 급탄지로 할양하여 줄 것을 교섭하였기도 하다(『수신사기록』, 137~143면 사이에 도처).

10　이 분규를 전후한 러시아의 시베리아 및 중앙아시아 방면 병력을 코르디에는 1880년 상트페테르부르크 체류 시 입수하였다고 하는데, 이 숫자는 후에 북양아문의 추측과 더불어 좋은 참고자료가 된다(H. Cordier, *Histoire des Relations de la Chine avec les Puissances Occidentales 1860~1900*, vol. II. pp. 211~212);『清光』卷9(409)「謁見國王筆談」(9월 초).

11　『清外』卷23-2,「直督李鴻章奏　朝鮮講求武備懇准該國工匠來津學造器械摺」.

12　『清外』卷23-28 · 29,「卞元圭與鄭藻如章程筆談」. 당시 청의 한 · 러 통호설에 대한 관심이나 또는 대러시아 전쟁준비에 대하여는 『陰史』, 44 및 82면.

13　FO 17-856, Jan 20, 1881, To Wade. cf. Kiernan, p. 79.

14　FO 17-895, May 12, 1882, from Wade.

15　가령 『清外』卷23-53 · 56, 卷25-2.

16　『清外』卷25-1 이하「總署奏朝鮮宜聯絡外交變通舊習摺」; ジュコフ, 相田等 譯, 『極東國際政治史』 상권, 108면.

17　러시아 위협론에 대한 청정의 견해는 주 16 소인(所引)의 『清外』 및 『清光』, 『李文』 「譯署啁稿及電稿」 도처에 산견된다. 러시아 위협론의 명백한 포괄적 견해로서 조선에 전하여진 예로 『조선책략』을 들었는데 실은 일측으로부터도 병자수호 이래 계속하여 선전되었다. 『수신사기록』, 51~52면, 122~123면, 151, 160면 이하의 『조선책략』 및 177, 188, 190의 각면; 이선근, 『한국사 최근세편』, 429면 이하, 713면 이하; 이선근, 「경진수신사 김홍집과 황준헌 저「조선책략」에 대한 재검토」, 『동아논총』 제1집 별책; 『陰史』, 53~54면. Kiernan, pp. 79 & 75. D. C. Boulger, *The Life of Sir Halliday Macartney*, 1908. p. 324 이하. Compte Rendu of a conversation which took place at the

Chinese Legation, London on Sunday, the 22nd May, 1881, between the Marquis Tseng(증기택) and Sir Harry Parkes. H. B. M. Minister to Japan. Present: H. Macartney. p. 319. "Sir Harry,…The benefit to Corea(개항통상의 뜻) would consist in the protection which the establishing of foreign interests there would give her against the ambitious designs of Russia…." "I consider the danger to Corea as being both great and imminent. Were this not so we would wait until the Coreans better understood their own interests. But there is no time to wait, for the enemy is now standing at the door and may at any moment enter in, when of course it will be too late to do anything." "…for her(Corea) danger is great and when the blow comes it will be sharp, sudden and heavy. All will be over with her in a very short time. With Russia in Corea the positions of China and Japan would be entirely altered, for then it would be but a step to Yedo(江戶) or Peking". 해리 파크스는 1883년으로부터 사망할 때까지(1885년 3월) 베이징 영관의 공사였다. 또한 FO 17-979 Confid. from Parkes, March 20, 1885. They(China & Japan) were well aware of the danger which presented itself in the contiguity of the Russian frontier to Corea and it was a danger from which Japan had as much to fear as China. Kiernan, p. 74.

18 이에 대한 청국공관의 보고는 『淸外』 卷55-6 및 56-7.

19 『淸外』 卷56-4, 「直督李鴻章致樞垣俄垂涎朝鮮永興灣英派船伺截俄船電」. 그런데 이 정보는 톈진 세무총사(稅務總司)의 데트링(Detring, 德璀琳)의 소공(所供).

20 주 2의 일(日)사료 참조.

21 S. Lane-Poole, *The Life of Sir Harry Parkes*, vol. II. 1894. p. 219; H. B. Morse, *The International Relations of the Chinese Empire*, vol. III, p. 12; 美案(외무부 편, 『舊韓末外交文書』 제1, 미국편), 247면; ジュコフ, 120면; R. von Möllendorff, P. G. von Möllendorff, 1930, S.82.

22 H. Cordier, III, p. 3.

23 『陰史』, 54~55면, 124면.

24 『淸外』 卷28-11, 「直督張樹聲奏朝鮮與英德議約事竣摺」; 『陰史』, 143·149 양면.

25   Kiernan, p. 80; ジュコフ, 120 및 145면의 주. 단 ジュコフ 일역서는 주註에서 해군 보고가 1882년 문서고에 수록된 것으로 적고 한편 본문에는 1883년 영국 계획을 탐지한 것으로 되어있어 오식(誤植)이 있을 혐의가 있다. 또한 당시 영국 해군에서는 거문 점령의 논의가 있었다. 아니, 1875년대 이후 오래 해군 군인 및 외교관의 점령안이 있었다고 한다. PP, p. 15, No. 42 and p. 22, Inclosure I in No. 50.

26   Kiernan, p. 191.

27   美案(외무부 편본), 247면 및 1885년 4월 16일 이후 발송되는 거문 관계의 영국외무 통고문.

28   주 6 참조.

29   FO 17-975. April 9. 1885, to O'Connor. No. 75 B. "Macartney's Enquiry to the Landing to Port Hamilton"이 영국 외무부 고본(稿本) 이면(裏面)에는 다음과 같은 당무자의 메모가 있어 흥미를 끈다. "We have not occupied Port Hamilton, but I should be glad if a provisional arrangement could be made with China so that we might occupy it at once if we have war with Russia. It would be necessary for us as the base for any operations against Vladivostock. April 10. cf. Kiernan, p. 191.

30   PP, p. 21. Extract from Letter from Admiral Sir G. Wills to Lord George Hamilton Jan. 7, 1886. "It was said last spring(1885) that if England did not take possession of Port Hamilton some other nation would. A short study of the chart and a few minutes reflection will show that this is absurd. Only the nation which commands the sea can hold our new acquisition, for the islands are practically barren… I therefore recommend the islands forming Port Hamilton being restored to their rightful owners forthwith."

31   『日本外交文書』第18卷, 595면 이하. 이와 관련하여 러·일 조선분할설이 조선 측에 입수되었을 때(1882년) 러시아는 오직 함경도 일원만을 요구하였다는 보고는 주목할 만하다(『修信使記錄』, 192면).

32   KA, pp. 74~75. 이 미관 보고에 나타난 묄렌도르프의 말, 곧 수개월 전 러시아 측과 교섭한 결과 (스페이에르 및 도쿄 러시아관과의 접촉을 말함) 러시아 측은 한토 점령의 의사가 없음을 확신한다고 하여 암암리에 영국 거문 점령이 방어를 위한 것이 아니라는 표현은 오히려 정곡에 가까울 뿐 아니라

그 의견이 외아에 반영되었을 가능성이 있다. R. von Möllendorff, P. G. von Möllendorff, 1930. S. 82.

33 주 20을 참조.

34 『日韓外交資料集成』第3卷, 401.

35 PP, pp. 1~2; BFSP, pp. 143~144.

36 『清光』卷7, 35·6,「366」;『清外』卷56-10,「直督李鴻章致樞垣據朝鮮哈米敦島防俄船電」;『李文』電稿 卷5-30. 단 동문(同文)을 수재(收載)한 3자는 자구의 약간의 출입이 있어 본문은 『李文』을 따랐다. 또 이 전문(電文)으로 보면 주천진 영국영사는 영국 해군 출동을 암시하였던 모양이며, 이중당은 일·러 반응에 대한 문제는 이때 깊이 생각한 것 같지 않다. 왜냐하면 점령 직전, 직후 점령 합법화에 관한 영·청 교섭이 영경(英京)에서 행하여질 무렵 이홍장은 오코너 베이징 영국대리공사에게 러시아의 선점 우려가 있다면 영국의 거문 잠정점령을 반대치는 않을 것이라고 확언하였음이 영국에 보고되었던 까닭이다(FO 17-980. from O, Conor April 20, 21, 1885).

37 『日韓外交資料集成』第3卷, 378면. 『清光』卷8-3. 단 양자는 그 기록의 간번(簡繁)이 다르나 그러나 대의(大意)는 대략 같다.

38 『清外』卷55-24·25「使英曾紀澤致總署英據朝鮮濟州俄必不服電」.

39 BFSP, p. 143; PP, p. 1. No. 1; FO 17-975. No. 75B.

40 PP, p. 1. No. 2.

41 PP, p. 1. No. 3·4.

42 PP, pp. 1~2. No. 5·6·7·9; BFSP, pp. 143~145; 『日記』4월 초6·7일; 『英信』(陰) 4월 초7일 對英照會.

43 한정 외아(外衙)가 언제 어떻게 해서 영국 거문 점령의 보(報)를 입수하였느냐에 대하여 미관(美館)에서는 5월 11일(음 3월 27일)경이라고 추측하고 있었으며(KA, p. 74) 한편 묄렌도르프는 러시아·일본 신문으로 알게 된 것으로 말하였다고 하나(PP, p. 10, Inclosure 2 in No. 33) 그러나 정여창 제독이 이중당의 거문 관계문서를 갖고 한경(韓京)에 도착한 것이 5월 10일인 즉, 거문 점령의 보는 그 전에 한정에 문지(聞知)되었을 가능성이 많다.

44 PP, p. 5, Inclosure in No. 14.

45 『英信』乙酉(陰) 5月 25日字 對英照會. 또한 『李文』譯署函稿 권17-24·5「朝鮮派員在長崎與英提督辯論節略」;『英信』在長崎與英提督辯論節略.

한편 Kiernan, pp. 190~191에 의하면 영국 해군의 거문도 점령차 파견은 4월 의 제1주에 있었다고 하는데 그 근거는 불명하다.

46 『淸外』卷46-13, 「旨寄曾紀澤聞法與俄約侵我邊疆着查覆電」.
47 Kiernan, pp. 14~23.
48 FO 17-930, from O'Connor, April 20, 1885.
49 Kiernan, p. 190.
50 『日韓外交資料集成』第3卷, 429면.
51 Kiernan, p. 204.
52 Kiernan, p. 200 이하.
53 FO 17-975, to O'Connor, No. 75. B. Dr. Macartney's Enquiry to the Landing to Port Hamilton. "Dr. Macartney said that the Chinese Minister was of opinion that it would be agreeable to his government if Her majesty's Government were disposed to enter into an arrangement with China for the occupation by England of Port Hamilton. No formal document be required, but by asking the consent of China, Her Majesty's Government would virtually recognize the suzerainty of Emperor over Corea of which Port Hamilton is a dependancy; and would acquire a better title than other Powers would have to an island in the same part of the world which they might siege without a similar formality." 이 매카트니의 발언이 정확하다면 증 공사는 거문 점령의 양해를 대한(對韓) 종주권의 인정의 대가로 영국에 준 게 되며 동시에 러시아의 한토 점령을 예기하였던 모양이다.
54 주 29에 이미 인용.
55 PP, p. 1, No. 5; BFSP, p. 143.
56 PP, p. 3, No. 10; BFSP, p. 145.
57 갑신정변에 따른 청·일관계의 조정을 위하여 텐진에서 열린 청·일 회담으로 한반도 내 청·일 양군의 동시 철수가 합의된 것은 사실상 한정 내에 있어서의 청의 우위가 부정된 것인데 이에 대하여 청의 대한우위의 유지는, i) 주재청관의 특수지위, ii) 조약·협정문에 있어서의 특정관계를 표시하는 문구의 삽입, iii) 한정 파견 외교사절의 지위 및 자격에 대한 간섭, iv) 해관의 청국 관할 같은 주로 외교적인 것이었다(해관만을 제하면).
58 『李文』電稿 5-37 「曾侯致譯書」(光緖 11年 陰 3月 17日). 이밖에도 증후

(曾侯)의 열렬한 사대자소의 종주권 의식은 여러 군데서 볼 수 있다. Boulger, *The Life of Sir Halliday Macartney*, p. 365. p. 418 이하 및 pp. 442~443 참조. 이중 i)은 대(對)월남관계각서이고, ii)는 대미얀마관계의 공한(公翰)으로 증후의 개인의식이라고 볼 수 없기도 하나, iii)에 이르러는 1889년 베이징서 구우(舊友) 매카트니에게 발송한 대한관계의 사한(私翰)으로 그 가운데에는 "Corea must at all hazards be safeguarded. Otherwise, we shall never be free trouble. Our national safety demands this and not alone our suzerain rights which can not be gainsayed. We ought boldly to assume the responsibility for the country, and when the memorial of the king regarding representatives to be sent to the West was forewarded to the Emperor, I strongly urged the Government but in vain to publish it in the Gazette as an official acknowledgement of the dependence of Corea upon China. I agree with you that there must be no more Corean envoys and no more treaties with foreign powers unless ratified in Peking."

59 당시 총리각국사무아문(總署, 譯署)의 대신은 황족인 경군왕(慶郡王) 혁광(奕劻)을 비롯하여 종실인 복곤(福錕), 몽고족의 석진(錫珍), 속창(續昌) 그리고 한족인 염경명(閻敬銘), 허경신(許庚身), 서용의(徐用儀), 요수항(廖壽恒), 등승수(鄧承修), 손육문(孫毓汶), 심병성(沈秉成) 등으로 모두가 갑신년(1884) 이후의 1년도 못되는 신출에다가 총서의 전통이 무기력하여 거의 중요문제를 취급할 만한 형편이 아니었다. 따라서 이홍장 자신의 말대로 북양관계는 북양아문에서 거의 결정하는 형세였다. FO 17-980, O'Connor, April 20, 1885.

60 PP, p. 3, Inclosure in No. 12; BFSP, p. 146.

61 『李文』電稿 卷5-37.

62 『李文』電稿 卷5-38 전면「寄譯四者」.『淸光』(上) 卷8-16 전면(376).

63 『李文』電稿 卷5-38 후면「寄譯書」.

64 『淸光』(上) 卷8-16 후면(377)「附件一 李鴻章覆總署信」.『李文』譯署函稿, 卷17-9「籌議巨磨島」.

65 『淸光』卷8-18(377)「附件二 李鴻章致朝鮮國王書」.『李文』譯署函稿, 卷17-11 · 12「與朝鮮國王論巨磨島」.

66 『李文』譯署函稿 卷17-18 · 19「論花島山電機」; Kiernan, p. 203.

67 『李文』電稿 卷5-38・39「譯署致曾侯」.

68 PP, p. 4, No. 13; BFSP, p. 147. 이 청정 거절의 공문과 그를 전한 매카트니 경의 외무성 방문을 베이징 오코너 대리공사에 알리는 영국 외무의 비밀문서(FO 17. No. 93 A. May 6. 1885)의 원고에는 다음과 같은 별첨메모가 붙어 있다. "I told Macartney that I thought we had been badly treated and that personally I was in an unpleasant position as the overture had been made through me. I asked him whether the Chinese Government had not sanctioned the answer he had made and that of course if the Government had not felt sure that it would be accepted they would not have prepared the agreement. Dr. Macartney said that when he made the answer he stated that the Marquis Tsêng believed that the Yamen would not object and that they would not have done so if they had not been threatened by Russia. He maintained that in any case we were no worse than if we had taken it in the (불명) first instance (판독불능) making any communication to Russia." May 6, 85 P. C. 여기 P. C.라는 인물은 의심 없이 당시 차관보로서 동아국(Eastern Department)을 담당하던 필립 커리 경(Sir Philip Currie)일 것으로, 이것으로 보아 협정교섭이 커리의 책임 하에 이루어진 것과 협정 거부가 대단히 의외였던 것을 짐작할 수 있다.

69 주 53 및 56 참조.

70 FO 17, Esp. Confidt, No. 99, to O, Conor, May 11, 1885. 이 문서도 커리 차관보의 손을 거친 듯, 외무부 초고에는 말미에 5월 11일 P. C.라고 서명되어 있다. "I spoke to Dr Macartney about the refusal of the Chinese Government to authorize Marquis Tsêng to sign the agreement about Port Hamilton and told him that if our note to the Marquis or the draft agreement were made public Her Majesty's Government might obliged in self-defense to publish his communications to me. He (1자 불명) to these and said that he thought it very unlikely that any publicity would be given to them. He again expressed the opinion that the Chinese Government do not want us to retire from the Island and will not pretest." cf. Kiernan, p. 202. 그리고 러시아관의 베이징 총서에 대한 항의와 압박에 대하여는 Kiernan, p. 200.

71 이에 관련하여 코르디에는, 청정은 월남 대프랑스전 중 이화양행(영국 상사)에서 기채(起債)한 부채를 상환하기 위하여 거문도를 그 양행에 양여하고 양행은 다시 영국 정부에 매환(賣還)한 것이라는 허황한 설을 소개한 다음에 이어, 기실 청은 영국 거문 점령에 항의하였던 것이나 증후(曾候)가 중간에서 그것을 회피하였다는 것인데, 그 내용은 낭설이라 하더라도 영경 청관과 베이징 총서간의 관계를 암시하는 재미있는 낭설이라 하겠다(Cordier III, p. 3). 그런지 아닌지 증후는 익년인 1886년 경질되어 총서 근무로 전임된다.

72 Kiernan, p. 191; KA, p. 87.

73 하기는 청정은 병자수호조약, 월남, 미얀마 문제에 있어서 한편 종주권을 주장하고 한편 책임을 아니 지는 병번자주(屛藩自主)를 겸용하였는데 거문도 사건에 있어서 이홍장이 건의한 한·영 직접교섭의 방향도 이러한 술책에서 이해될 수 있으니, 이에 대하여는 일찍이 해리 파크스 주청공사가 명평(名評)을 하였다. 곧 "To this the Prince replied that the policy pursued by China towards her tributaries was one of non-intervention in the internal-administration of these countries. I pointed out that it was precisely the policy of non-intervention combined, when convenient, with claims of suzerainty, of which foreign governments complained." FO 17-979, No. 112, Confidential report of Sir Harry Parkes Peking, March 20, 1885.

74 『日本外交文書』第18卷, 599면.

75 『日記』음 4월 6일조 및 PP, p. 11, Inclosure in No. 34. Acting Consul-General Carles to Mr. O'Connor"『朝史』765면.

76 『英信』陰 4월 7日條 英照會「即接貴領事所送照會, 是係北京公使館所寄送者也」.

77 주 43 참조.

78 KA, p. 75.

79 『李文』譯署函稿 卷17-20·23-5,「朝鮮王國來書」,「朝鮮派員與英國船主晤談節略」; PP, pp. 9~10, Inclosure 1-4 in No. 33;『朝史』, 761·764~5면.

80 KA, pp. 73~76. esp. pp. 74~75;『朝史』, 765면.

81 주 75 중 영국 대리총영사 보고 참조.

82 『李文』譯署函稿 卷17-21; 이선근,『한국사 최근세편』, 784~785면.

83 『英信』4月 初7日條 照會文; PP, p. 7, No. 24, No. 25; P.B. No. 40.

Inclosure 1-2 in No. 40. 영측 문서로 보면 한정 항의 본문은 한양에서 5월 20일 발송. 베이징서는 6월 9일 발송되고 영국 외무부에 8월 1일 접수되었으며, 한편 요지 전보는 5월 25일 베이징서 타전되어 동일 영경(英京)에 접수되었다. BFSP, p. 153.

84 PP, p. 10, Inclosure 3 in No. 33.

85 영측 문서를 참고하건대 엄·목 양인은 최초 구두항의를 하였던 것이 더 웰 부제독의 요청으로 서면항의를 제출한 것으로 되어 있으며 동시에 한정 항의를 일·러 양국에 통고할 예정인 것과(맥클리어 선장과의 면담), 거문이 한토임을 확인하여 동맹국에게 그 사실을 명백히 할 것을 요청하는 데 급하였다고 한다. "They then stated they were instructed to formally protest against the occupation, and desired me to notify Her Majesty's Government that they had done so. I invited them to place their communication in writing, and this they promised to do." "I have just received the accompanying letter and translation from the two Corean officials, and I notice that in it they do not assert that they are authorized to protest against the occupation, but they request that I will take immediate steps to make it apparent to the Treaty Powers concerned that Port Hamilton forms an integral portion of His Corean Majesty's dominion" (PP, p. 9, Inclosure 1 in No. 33). They then said they would proceed to Nagasaki to communicate with you, and would also forward, through their proper representatives there, to the Japanese and Russian Governments notes of their protests against British occupation. (PP, p. 10, Inclosure 2 in No. 33.) 이 문서로 보면 항의와 동시에 항의 내용을 일·러에 알림으로써 이해국에 한정의 입장을 천명하려고 하는 인상을 받거니와 이것은 한경 출발 전의 외아 방침으로 정하였을 가능성이 있으니, 곧 음 4월 6일 영국 통고를 접수하자 그 익일 즉각적으로 항의문을 영관에 수교하고 동시에 각국 공관에 조회한 전격적 조치로 보아 그러하다. 단 구두항의는 (거문·나가사키에서의) 정부명령에 의하였을 것으로 생각된다. P. G. von Möllendorff, S 82 참조.

86 『李文』譯署函稿 卷17-21·22「中國商務總辦陳樹棠覆函」. 참고 삼아 각관 복함(覆函) 일자를 보면 청국, 독일은 음 4월 8일, 미국은 4월 10일, 일본은 정(正)회답은 4월 11일, 초(初)회답은 4월 8일. 단 미안(美案)에 의하면 미국

거문도 점령외교 종고 | 129

회답 발송일자는 4월 7일(『日記』乙酉上 4월 8일, 乙酉中, 4월 10일. 日信 正月 至 6月中 4月 8·11日條. 美案(외무부본), p. 206.

87 『李文』譯署函稿 卷17-22·23; 美案(외무부 편본), 207~209면; 『朝史』, 766면.

88 KA, pp. 74~75.

89 『李文』譯署函稿 卷17-23, 24, 25; PP, pp. 5~6, 9~10; BFSP, pp. 148ff.

90 PP, p. 6, No. 20; p. 11, No. 36.

91 PP, p. 6, No. 22.

92 PP, p. 6, No. 24.

93 이 교섭안은 5월 29일에 1차 베이징 영관에 제시하였다가 그 익일인 30일 일단 중지하라고 명령, 다시 6월 5일 훈령으로 예정대로 제시안에 의한 한정과의 접촉을 명령하였는데 일단 중지하였던 이유는 불명. PP, pp. 7~8, No. 26, 27, 30; p. 13, No. 39.

94 PP, p. 8, No. 29; p. 12, No. 37; p. 15, No. 43 및 Inclosure in No. 43. 『日記』음 5월 24일조. 『英信』從歐照會. 陰 5月 24日字(1885년 7월 6일).

95 PP, p. 15, No. 43; p. 14, Inclosure 1 in No. 41. 단, 김 독판은 본래 거문을 담보로 영국에서 차금(借金)할 생각이 있었다는 설도 있다(『淸光』卷9 「407」).

96 PP, pp. 14~15, Inclosure 2 in No. 41; KA, p. 845.

97 PP, p. 8, No. 31.

98 P. G. von Möllendorff, S. 82.

99 한·러 제1차 밀약사건은 한정에 대한 청·일의 불신을 가져왔을 뿐 아니라 일본으로 하여금 청의 대한우월을 외교면에서 인정 또는 권유하는 계기가 되었다. 이른바 조선국정 간섭의 8개안인데(『李文』譯署函稿 卷17-26, 27, 28, 29 및 30, 31, 32 「論朝鮮國政」「條議朝鮮事」; 『淸光』卷8-21 이하, 특히 「385」·「390」), 이때로부터 청의 대한외교 간섭이 자심(滋甚)하여지고, 대원군의 방환(放還)으로 왕정(王廷)을 견제하려 하였던 것은 주지된 일이거니와 여기서는 취급하지 않는다.

100 FO 17-983 Confidt. No. 72, Hanyang June 22, 1885 and Confidt. No. 76, Hanyang. to O'Connor, June 26, 1885. "I have the honor to report that Mr. von Möllendorff ceased to be a vice President of the Korean Foreign

Board on the 20th instant. Much dissatisfaction has been felt for some time past with that gentleman's action in various matters, among which was the contact of the Corean Government with Sardine, Matheson and Company, but the immediate cause of his dismissal, for such really was, though in form it may have been a resignation, was an arrangement made by him a few months ago with the Russian Legation at Tokio for the employment by the Corean Gov't of Russian Drill Instructors for the Corean army. The Corean Gov't had not only never authorized Mr. von Möllendorff to make such an arrangement, but had arranged with the U.S. Gov't to furnish two officers for this purpose. I have reason to believe that this matter was discussed by the Corean envoys who visited the U.S. last year, and that some such understanding was come to not later than October last.…On the arrival here of Mr. de Speyer the truth could not long be concealed, and a rupture between him and Mr. von Möllendorff was the consequence. I am told that Mr. de Speyer then insisted in strong and indeed violent language on the engagement to employ Russian Drill Instructors being carried out, threatening the Corean Gov't. that, if it were not, a Russian force would occupy Quelport.…They even talk of treating him (Möllendorff) as a Corean subject and putting him on his trial in their courts for (treasonable?) practices."(No. 72) 이 보고의 내용은 대체로 외아 측의 소스 같으며 왕정정치의 기미에 어두운 인상이나 한경 영관의 정보상태는 알 수 있다.

101 KA, pp. 77~79.

102 『淸光』 卷8-31 至 35 「390」 朝鮮統署與俄參贊談草. 이 담초로 보면 교관 초빙 불허의 보복으로 제주를 점령하겠다는 설은 기록되지 않았다.

103 KA, p. 77.

104 KA, p. 78.

105 金一須, 「貝邪談草」에 의하면 "我曰非但不欲自給, 彼雖欲以多貨請買, 斷不可准"이라 하여 거문 매도 또는 임차의 가능성은 없게 되어 있었다(『淸光』 卷8, 34면).

106 美案(외무부 편), 260면.

107 『日記』 (陰) 5月 13·15日 및 16日條. 러시아에는 내한 중이었던 스페이

에르 참찬 편에 전달되었다(俄信 乙酉至己丑, 5月 15日條 참조).

108 『日記』(陰) 5월 15일조, 5월 16일조;『朝史』, 770~771면; PP, p. 15, No. 43. 외아 거중조정의뢰의 발송은 음 5월 16일로 통서일기에 기록되어 있으나 화(華)·미(美)안에 의하면 음 5월 15일로 기록되어 있은즉 통서의 기록일자가 1일 늦은 것 같다(華案 해당일자 조회. 美案, 외무부 편본, 268).

109 FO 17-983, No. 346, Peking, July 8, 1885.

110 『日記』(陰) 5月 24日至 28日條; PP, p. 15, Inclosure in No. 43;『朝史』, 771~772면.

111 FO 17-983, No. 350, O'Connor to Salisbury, July 12, 1885.

112 저간의 미묘복잡한 한·영 관계의 추이에 대하여는 현재 그 명백한 내용을 알 길이 없으나 그러나 몇 가지 관련이 있는 듯이 보이는 사항이 있다. 첫째는, 말할 것도 없이 대러시아·일본 관계의 고려겠으나 둘째로, 하나는 이른 바 대영(對英) 차관안을 들 수 있고, 또 하나는 이화양행 배상건이다. 원세개 보고에 의하면, "英占巨文島, 韓廷屢向催索阿蘇敦 俱推爲政府主持尙無回信, 允植欲向英借銀數十萬, 爲將來抵償地步, 世凱告以此策甚下, 不如姑待三個月, 英政府換人定局, 再作商議云云"이라 하여 외아 측의 대영차관에 의한 보상 및 거래의 뜻이 있었음을 알 수 있고(『淸光』卷9, 2면). 또 한편 이화양행(Jardine and Matheson Co.)의 항로설정, 개광권(開礦權) 및 우피 구매계약 위반에 관련된 손해배상 문제는 본래 목 참판의 알선사(斡旋事)로서(주 100 및『英信』(陰) 2月 17日字 참조. 賈禮士(Carles) 照會 乙酉年 陰 3月) 거문도 사건 후에도 계속하여 여러 번 최촉을 받던 일이며 거문 사건까지는 외아는 갑신란 이래의 배비(賠費)가 심다(甚多)함을 들어서 연기하여 오던 차였다(『英信』3月 2日 金督辨, 3月 4日 賈禮士, 4月 3日 賈禮士 등의 왕복문서). 이 이화양행 배상독촉은 거문사건 후 외아의 대영 항의에 관련하는 듯하였다. 또 한·영 관계 추측의 기삼(其三) 영·청 거문교섭의 변화인데, 한·영 관계가 냉화(冷化)하던 7월 7일의 익일인 7월 8일자 베이징 영사(英使)의 본국보고에 보듯이, 청은 한토 보전에 관한 영국의 책임 있는 보장을 요구하고 나섰으나, 그것이 한경에 영향을 미칠 것은 의심 없는 일이었다(FO 17-983, No. 349, Peking, July 8, 1885).

113 『英信』陰 5月 25日條 및 6月 初4日條 各 照會.

114 FO 17-983, No. 352, Confidt, O'Connor to Salisbury, Peking, July 15,

1885. 이에 관련하여 주 112 끝에 언급한 베이징 영사의 본국 비밀보고의 중요 부분을 적으면 여하(如下)하다(FO 17-983, No. 349, Confidt. July 8, 1885). "…that Chinese Government led very strong objections to entering into any formal agreement with a view to recognize the occupation of Port Hamilton, unless Her Majesty's Government consented to join with China in a guarantee of the integrity of Corea, and I beg to say that it was to this point I referred in my telegram when alluding to the objectionable pledges respecting Corea's integrity. It seemed to me that pledges of this onerous and responsible kind would not be agreeable to H. M. G. and I continued to direct my efforts to agree to an arrangement free from such obligations. For this purpose I made use of information conveyed in Lord Granville's despatch No. 35A respecting the proposed draft treaty between the Marquis Tsêng and his Lordship, and represented that after had passed on this occasion, the Chinese Gov't. would not well refuse without securing unfriendly to come to an arrangement in respect to Port Hamilton. The tone of the Ministers was decisively apologetic, but they repeated that any such action would place them in a very difficult position vis à vis to Russia and that under present circumstances they were obliged to look after their own interests before any other.…it behoved them to be very cautious in what they did. We were in occupation of Port Hamilton and it was all right. But they could not appear to sanction openly what they had assumed me privately they did not object to …"

115 FO 17-975, No. 153, Ext. Tel. No. 36, to O'Connor, June 28, 1885.
116 주 114에 인용한 FO 17-983, No. 349 및 FO 17-983, No. 352 참조.
117 영측에서 묄렌도르프 참판을 혐오하게 된 것은 묄렌도르프 부인은 거문도 점령 항의에 연유한다고 보았으나(P. G. von Mölendorff, S, 82), 신빙할 만하지 않고. 역시 그의 친러 태도와 영국 정책과의 충돌(op. cit. SS. 80-1)과 직접적으로는 밀약사건 같다(S. F. Wright, *Hart and the Chinese Customs*, 1950, p. 505). 영, 일을 비롯한 각국 신문의 논조가 목(穆)에 대하여 악의에 차 있었다는 것은 묄렌도르프 부인의 전하는 바이거니와(同書, 82면), 파크스 공사를 비롯한 영국 외교관 및 중국 해관의 하트, 메릴 같은 사람도 목의 활동에 대하여

는 매우 비판적이었다. 그러나 여기서 이 문제는 취급하지 아니한다.

118 PP, pp. 19~20, No. 46~47; BFSP, pp. 156~157, No. 46~47.
119 『李文』譯署函稿 卷17, 18・9「論花鳥山電機」.
120 PP, p. 8, No. 28; p. 12, No. 38; p. 15, No. 42; p. 17, Inclosure 2 in No. 45.
121 PP, p. 6, No. 1; p. 9, No. 18; p. 16, No. 44; pp. 21~23, No. 50; pp. 24~25, No. 54.
122 주 121 참조.

《이상백 박사 회갑기념논총》, 1964년

38선 획정 신고新攷
(1965)

1. 머리말

38선 획정문제에 관하여 필자는 일찍이 두 편의 단고短稿를 초草하여 비견鄙見을 발표한 일이 있었는데[1] 당시 느꼈던 자료 면의 빈곤은 그 후 상당수의 관계자료 출간으로 어지간히 완화되기에 이르렀다.[2] 하기야 오늘에 있어서도 소련 측 자료가 거의 미공개의 형편으로 있으며 미국 측 자료도 미비한 점이 허다하여[3] 물론 만족스럽지는 않으나, 그러나 10년 전에 비하면 진정 소양지차霄壤之差라고 할 만하다. 그런데 그럼에도 불구하고 이러한 신자료에 입각한 38선 획정 연구는 아직도 심절深切하지 못하여 간금簡金의 호기회가 드물다.[4] 뿐만 아니라 한인의 의식에 있어서 38선 획정론은 38선이라는 한반도 분단을 둘러싼 대국의 책임론과 깊게 연관되어 있는 것은 숙지되어 있는 터인데, 이 점에 있어서도 대국 측의 자료 출간에는 일종의 정책적 고려를 감수할 수 있거니와 동시에 강대국의 외아外衙 및 학자의 논의 중에는 왕왕히 38선 획정을 마치 항복문제로 인하여 돌발적으로 구상된, 그야말로 단순하고 기술적인 항복접수선으로 설명함으로써 그 의의를 극소화하여 도말塗抹하려는 한 경향이 있는 것을 발견한다. 더구나 우리 학자와 논객 중에도 간혹 여기에 동조하여 정책취臭의 일단을 거들고 있는 결과가 되는 데 아연 놀라지 않을 수가 없다. 10년 전의 편편단장片片短章도 실은 책임 극소화를 가져오는 이러한 논거에 반발한 무필無筆로서, 이것이 다시 오늘에 있어서도 여전히 문제거리임에 다시 한 번 개탄 아니 할 수 없다.

2. 문제설정

본 논문에서 취급하려는 38선이란 말할 것도 없이 일본항복 직후로부터 한반도에 설정된 남북 분단선으로서의 북위 38도선을 가리킨다. 그리고 역점은 '분단선'이라는 면에 있으며, 그것도 분단선 자체보다는 오히려 분단이 연합국 측의 대한對韓작전 및 전후처리 문제와 깊이 관련되어 있다는 의미에서 특기된다. 그러므로 39선이나 40도선이 아닌 38선이 왜 하필이면 분획선이 되었느냐 하는 따위의 38선론은 여기서 자연히 문제 밖의 일이 된다.

3. 38선 획정의 기원

주지되듯이 미국 정부 측에 의하면, 38선 획정은 한반도 내 일본군의 항복접수와 관련되어 결정된 것으로 알려진다. 곧 웹Webb 차관의 진술에 의하면(제81회 미 국회 하원 외교분과위),

일본의 최초의 항복제의는 1945년 8월 10일 행하여졌고 그 다음 날인 8월 11일 육군장관은 국무장관에게 연합군 최고사령관으로서 맥아더 장군이 일본 정부에 전달하여 일본군 전원에게 발포하게 할 일반명령 제1호의 초고를 제출하였는데, 이 명령 제1호는 그 제1항에 표시되듯이 일본군 지휘관에 고하여 각 연합군 지휘관에게 항복하도록 지시하는 내용이었다. 조선에 관하여는 제1항은 여차히 규정되었으니, 즉 북위 38도 이북의 일본군은 소련 지휘관에게, 그리고 38도 이남의 일본군은 미국 지휘관에게 각각 항복할 것으로 되어 있다.……그리하여 대통령의 재가를 얻은 다음 명령 제1호[6]는 합동참모부에 의하여 1945년 8월 15일 마닐라의 맥아더 장군에게 타전되었으며 동시에 모스크바 주재 대소對蘇 미군사절단장 딘 장군에게 통지되었다. 그 후 명령 제1호의 본문은 스탈린 원수 및 영국 정부에게 전달되었으며 이에 대하여 8월 16일 스탈린 회답에는 몇 가지의 수정 제청이 있어 후일 미 정부는 이에 응하였으나 그러나 38선에 관련된 명령조항에 대하여는 하등의 언급이 없었다. 이에 관련하여 유의할 바는 곧 1945년 8월 12일 소련군이 북한에 진입하였을 때 명령 제1호는 아직 토의 중에 있었다는 일이다. 38선에 관한 규정을 포함한 명령 제1호는 맥아더 장군에 의하여 1945년 9월 2일 발포되었다.[5]

고 한다. 따라서 웹 진술에 의하면 명령 제1호에 표시된 38선 자체는 오로지 항복접수의 분획선일 뿐으로 여겨지며 당시의 미 대통령 트루먼도 38선 자체에 관한 한 비슷한 회상을 하고 있다.[7] 그러나 한번 관점을 바꾸어 38선 자체보다도 오히려 한반도의 분단 획정이라는 면에서 이러한 진술과 회상을 대할진대 거연히 의문에 잠기게 되며, 또 동시에 진술은 문제의 핵심을 흐려 가면서 굳이 38선이라는 획정선에만 고착하고 있는 인상을 준다. 왜냐하면 진술은, 첫째 38선으로 상징되는 분단선 획정이 과연 항복접수에 관련하여서만 준비된 것인가 아닌가, 둘째 왜 하필이면 분단선을 획정함으로써 미, 소 양군이 일본군 항복을 공히 접수하려고 하였으며 동시에 그 결과에 대한 사태는 예측되지 않았던가 아닌가, 셋째 도대체 이러한 분단선의 설정이 과연 미, 소의 전쟁수행 및 전후처리 정책과 무관하였던가 아닌가 하는 중요한 의문을 남기는 까닭인데, 또 이 까닭에 웹 차관 진술 시에도 이에 관련된 질의가 있었던 것으로 알려진다. 그 당시 더글러스Douglas 부인은 38선 획정이 정녕 항복접수만을 위한 것인지 아니면 미, 소의 작전지구의 분획선은 아니었는지 하는 점을 물었으며, 이에 대하여 국방성 관리는 이 질문에 대한 직접적인 대답을 회피하고 다만 38선 획정은 종전 후에 전개된 것과 같은 인위적 장벽으로 의도된 일은 결코 없었다는 점을 강조하였을 뿐이었다.[8] 그러나 38선의 분단선이 항복접수선으로만 돌발적으로 구상된 것이 아닌 것은 명백한 일이 되어 있다. 곧 1945년 포츠담 회담 중(7월 16일부터 8월 2일까지) 미군 참모진은 한반도 내의 미, 소 양군의 작전 관할지역 문제에 대비하여 38선에 접근한 분획선을 설정한 일이 있다고 전한다.

제2차 대전 종국에 있어서 일본군 항복접수를 위한 조선 분단 결정에 작용한 모든 영향을 여기서 추구할 수 없거니와, 그러나 조선 내 육군 분계선에 대한 미군의 고려는 1945년 7월의 포츠담 회담에서 비로소 한 것 같다. 회담 중 어느 날 마셜 원수는 미 육군 작전부장이며 미 군사대표단의 일원인 헐Hull 중장을 초치하여 조선에의 군대 이동계획을 당부하였다. 헐 장군과 휘하의 38선 작전참모들은 미, 소 양군 간의 육군 분획선을 그을 장소를 결정하려고 조선 지도를 연구하였다. 그들의 결심은 최소한 양兩 대항大港은 미군 지역에 포함되어야 된다는 것이었다. 이것이 인천항을 포함하는 서울 북방에 일선을 긋는다는 결정을 내리게 하였는데 조선의 주항구인 부산은 이 나라의 동남단에 위치하여 있다. 군사작전가에 의하여 포츠담에서 그어진 서울 북방의 이 선은 38도선 그대로는 아니었으나 그에 근접한 것이었으며 대체로 그에 연해 있었다. 그러나 미, 소 대표는 포츠담 군사회담 중 분획선을 제시하여 토의하지는 않았다.[9]

이러고 보면 비록 38선은 아니라 하더라도 38선의 분획선이 이미 포츠담 회담 중에 미군에 의하여 구상되었던 것이 확실하며, 따라서 38선이 왜 하필이면 필요하였나 하는 문제는 그 연원이 그리 간단하지 않은 것을 쉽게 짐작할 수 있다. 따라서 한반도 분단선의 문제는 이미 포츠담 회담 당시부터 고려하지 않을 수 없는 문제였을 뿐 아니라 직접적으로는 태평양전쟁의 소련 참전이라는 문제와 밀착되어 발생하였던 것을 간취할 수 있다.

4. 소련의 거부

본래 소련의 대일참전은 일본의 진주만 공격 직후로부터 줄곧 미국에 의하여 촉구되었다. 곧 1941년 12월 8일 진주만 폭격이 발생하자 장제스蔣介石 정부의 제의와 현지군의 건의를 감안하여 미국 측에서는 주미 리트비노프Litvinov 대사에게 대일참전을 권유하였으며 이어서 연합군 군사회의(중국, 영국, 네덜란드, 미국)가 열리는 충칭重慶에의 참석을 소련에 권고하였고 아울러 유사한 회의를 모스크바에서 개최할 것을 희망하였다. 그러나 소련 측은 이를 거절하였으며 따라서 충칭 회의에도 대표를 파견치 않음으로써 소련 참전 권유는 실패로 돌아가게 되었다. 그럼에도 불구하고 미군 참모부는 소련령 연해주의 유지가 대일전쟁 수행상 절실한 것으로 단정하였다.[10] 1942년에 들어선 후 미 참모부는 일본의 대소공격의 가능성이 높아져 가는 것으로 판단하고 이에 따를 미·소 공동작전에 관한 연구를 대통령 명령으로 실시하였는데 그 중에는 알래스카-시베리아 통로의 개통과 미 공군의 소련 연해주 기지 사용이라는 중요한 계획이 포함되어 있었다.

이러한 참모부의 계획은 필연적으로 소련 측의 협력과 정보제공을 전제로 하는 것이므로, 따라서 미 합동참모부는 이 목적 등을 위한 미·소 고위층의 접촉과 아울러 미·소 참모회의의 조속한 개최 요구를 대통령에게 건의하기에 이르렀다.[11] 이리하여 미 대통령은 1942년 6월 17일 및 23일의 두 번에 걸쳐 스탈린 원수에게 친서를 전하였는데 그 중 중요한 점은 ① 일본의 대對연해주 침공 가능성에 대비한 미·소 비밀군사참모회의의 개최, ② 알래스카-시베리아 통로의 개통과 이에 따를 대소對蘇 원조기재(특히 항공기)의 수송 능률의 증대, ③ 대일 공동작전의 일환으로서의 미 공군의 연해주 기지 사용, ④ 예비조치로서의 시베리아 현지조사와 미국 측의 시험비행 등을 제의하는 데 있었다.[12] 이에 대하여 스탈린은 미국 측의 전제인 일본의 연해주 공격 가능성 및 이에 수반하는 제의 등에 관하여는 대답을 회피하고 다만 시베리아 통로에 의한 대여 항공기의 수송 및 이 수송문제에 국한된 군사대표의 회의에만 겨우 관심을 표명하였다.[13] 그리고 미국 측은 당시 이 부분적인 제의 승낙에 호응하여 동년 7월 6일 브래들리F. Bradley 공군 소장을 모스크바로 파견하였으며 10월에 들어서서야 간신히 시베리아 공군기지 시찰의 허가를 얻게 되었다.

한편 미국 측은 시베리아 시찰에 앞서 협의차 귀국한 브래들리 소장의 견해를 참작하여 일본의 소련 공격 시 미 공군은 중폭격기 편대를 시베리아에 파송할 것을 동년 12월 30일 제의하였는데, 이에 대한 스탈린의 회신은 상당히 냉랭한 것으로서 그 요지는 결국 전쟁상태도 아닌 극동에 파송할 비행기가 있다면 사투 중에 있는 대독對獨전선으로 회송하는 것이 어떻냐 하는 데 있었다.[14] 소련 회신에 접한 미 대통령은 소련 측 오해도 일소할 겸 다시 일신一信을 발하여 소·일전 발발 시 파송될 미 폭격기 편대의 성격을 설명하고 이어 그보다도 시급한 브래들리 소장에 의한 시베리아 군비시설의 시찰 및 미·소 양군 참모협의의 문제를 재차 강조하였는데, 이에 대한 회신에서(1943년 1월 13일) 스탈린은 ① 소련의 희구하는 바는 미 비행단의 파송이 아니라 단지 항공기체일 뿐이며 인원은 소련 비행사로서 충분하다는 점, ② 소련은 전투상태가 없는 극동에서보다 열투熱鬪 중인 소·독 전선에서 항공기 원조가 필요하다고 보는 점, ③ 그리고 시베리아의 소련 극동군 시설의 시찰을 미군에게 허락할 수 없다는 점을 들어 미국 제의에 대한 거부의 뜻을 명백히 밝히었다.[15]

5. 소련의 참전의사 표명

1943년 10월에 이르기까지 대체로 소련의 대일참전 의사는 매우 모호하여 추정하기 어려웠음에도 불구하고, 한편 연합국 측 특히 미국 측은 부단히 소련의 대일참전을 염두에 두고 북태평양 정세를 검토하였다. 이 까닭에 주로 대독전과 프랑스군 문제가 취급된 미·영 카사블랑카 회의(1943년 1월)에 있어서도 태평양 지역, 극동 문제가 언급되었으며, 스탈린에게 전하는 회담 결과 요지에도 중국전선의 유지와 동시에 일본의 연해주 침공은 억제되어야 된다는 점을 특기하였다.[16] 그해 5월에 개최된 미·영 워싱턴 회담에 있어서도 카사블랑카 회담을 재확인하는 의미에서 소련의 대일참전이 요청되는 바를 확인하고 나아가서 알류샨 열도Aluetians부터 일본군을 구축驅逐할 것이로되, 단 소련의 참전이 있을 때까지 캄차카-시베리아 지역에 있어서는 방위적 위치에 서는 것도 명백히 하였다.[17] 이 계획에 따라 5월 11일, 그리고 8월 중순 앗투Attu, 키스카Kiska의 양도兩島를 미군은 점거하게 되었다.

그런데 미·영 퀘벡 회담이 개최된 8월에 이르면 미국 측은 태평양전과 소련 참전에 대하여 비교적 명확한 장기계획을 보유하게 된 것 같다. 곧 당시의 미 통합참모본부의 상황판단에 의하면 일, 소 양국의 이해는 기본적으로 상충되므로 소련의 참전은 필지必至로되, 단 그것은 대독전의 위험이 제거된 후일 뿐 아니라 소련 자체의 이해타산과 일본 패망에 소요되는 소련 손실이 미미할 경우에만 실현되리라고 단정하였다.¹⁸ 한편 미국 측 작전은 그즈음 일본 격멸의 목표시기를 대독전 종료 후 12개월 내로 설정하고 있었다.¹⁹ 그러던 중 소련의 대일참전 의사는 동년 10월에 개최된 모스크바 외상회담에서 비로소 비공식으로 표시되었던 것으로 알려진다.²⁰ 이에 앞서 미 참모부는 사절단원이며 후에 대소 미군사절단장을 맡은 딘J. S. Deane 소장에게 대독전 종결 후 소련의 대일참전을 촉구할 것을 지시하였는데, 딘 소장의 그 후 보고에는 몰로토프Molotov 등이 비공식으로 대독전 종료 후 대일전 참가의 의사를 표명한 것으로 되어 있으며, 한편 스탈린 자신도 같은 뜻을 표명한 것으로 전하여진다. 그리고 다시 11월 초 해리만Harriman 주소駐蘇 대사는 같은 내용의 보고를 하였는데²¹ 이것은 모두 11월, 12월에 다가오는 테헤란 거두회담의 전조일 뿐 아니라 급기야 이에 관련된 조선 문제의 등장을 의미하게 된다.

6. 카이로, 테헤란 회담

카이로(제1차 1943년 11월 22일부터 26일, 제2차 1943년 12월 2일부터 7일), 테헤란(1943년 11월 27일부터 12월 2일)의 양 거두회담은 한반도의 운명에 있어서 중요한 의의를 갖는다. 주지되듯이 카이로 회담에 있어서는 조선독립이 확인되며 테헤란 회담에 있어서는 소련 대일참전의 의사표시가 공식으로 표명된다. 실은 이 회담에 앞서 미국 측은 회담에 수반될 여러 문제를 검토하였는데 그 중에는 소련 대일참전 문제가 포함되어 있었고 또한 이에 관련되어 조선문제도 언급되었다. 곧 미 참모부는 회담의제 시안을 작성하고 미 군사수뇌는 카이로 회담 직전인 11월 19일 미 함상에서 이 시안을 중심으로 제 문제를 의논한 일이 있었다.²² 이 회의석상 시안 A 중의 1항 즉 소련 참전과 중국태도에 이르러 마셜Marshall 장군은 이 문제를 장제스와 토의하는 것이 과연 적당할 것이냐 하는 점을 들었는데 이에 대하여 루즈벨트 대통령은

> 중국은 외몽고에서 소련과 동등한 권리를 원하며, 장제스는 만주의 회수를 바라는 고로 이 항목의 토의는 의심의 여지없이 분규를 일으킬 것이다. 그러나 이 건은 '자유지역'Free Zones이라는 식으로 처리될지 모르며 또 장제스는 소·중·미 3국이 신탁관리국으로 관리하는 조선의 신탁통치를 희구한다.²³

고 말하였다. 이어 마셜 장군은 소련은 일본의 근접지 푸산Fuzan[부산]을 욕심낸다고 하였고, 킹King 제독은 소련은 일대 양항―大良港과 또 다롄大連과의 연락을 바란다고 말한 것으로 되어 있다.²⁴ 한편 조선문제는 카이로 회담 중 1943년 11월 23일 오후 8시부터 미, 중 수뇌 간에 논의되었는데 불행히 공간된 기록에는 미국 측의 속기록이 없고 단지 중국 측의 요지 번역이 실려 있을 따름이다. 이 요지 제7항에 보면

> 루즈벨트 대통령은 미, 중 양국은 조선, 인도차이나 및 태국을 포함한 기타 식민지의 장래 지위에 대하여 상호 양해에 도달하는 것이 어떠하냐는 의견을 제시하였는데 장제스는 이에 찬성하면서 조선에의 독립 부여의 필요를 강조하였다.[25]

고 한다. 그런데 그 익일인 24일 오전 11시에 개최된 영·미 수뇌회담에 있어서 루즈벨트 대통령은 전일前日 회담에 언급하여

> 자기는 일본패망은 독일패망 다음에 올 것이로되 현재 일반적으로 가능하다고 생각되느니보다는 훨씬 빨리 올 것이라는 몰로토프 견해와 견해를 같이 하며, 어제 개최된 토의로 장 총통은 매우 만족한 것 같이 보이는데 중국이 만주, 조선의 재점거를 포함한 광범한 희망을 품고 있는 것은 의심이 없다.[26]

고 하였다. 이것으로 미루어 보면 중국 요지에 기재된 사항에 대하여 루즈벨트 대통령이 어떤 인상을 받았나의 일단을 엿볼 수 있다. 한편 미·중 거두회담이 있었던 23일자의 미 대표단 기록(Hopkins 기록)에 의하면, 대중관계에 대한 대소 타진 결과로 보아 소련은 중국에 대하여 일반적으로 영토야심이 없고, 외몽고 독립의 승인은 일본 진출에 대비한 군사 보호조치일 뿐이며, 부동항 문제에 대하여는 태도가 불확실하고, 또 조선독립은 4개국이 참여하는 신탁이라면 찬성할 것이라는 것과 동시에 이러한 견해는 주소 중국대사도 같다는 것이었다.[27] 또 11월 24일 미국 측에 제시된 중국 측 각서에는 그 제4조 C항에 "중, 영, 미는 대전 후 조선독립을 승인하

는 데 동의할 것. 조선독립 승인에 동의하는 소련의 참여는 하시何時
라도 이를 환영함"이라 하여 중국 측의 의사를 명백히 하였다.²⁸ 이
후 카이로 회담 종결 코뮤니케에 조선독립이 선포된 것은 주지되
는 바와 같다.²⁹

한편 테헤란 거두회담을 앞두고 미 참모부는 소련 대일참전 문
제가 제의된다는 가정 아래 관계 의제가 시작試作되었는데 그것은
(제6항) 대독전 종결 후 소련 대일참전 문제가 토의되는 경우 ① 작
전정보 제공 요청, ② 미, 영 내 소련 잠수함 기지 설정문제를 금번
토의하는 것을 소련이 요구하느냐의 여부, ③ 북北쿠릴열도 공격 시
소련이 제공할 수 있는 협조 문제, ④ 미군이 사용할 소련 항만 문
제, ⑤ 대일공격 시 미군이 사용할 소련 공군기지 및 이에 도달하는
통로 문제 등을 포함하는 것이었다.³⁰

테헤란 회담 기록에 의하면 11월 28일 미·소 거두회담이 행하
여졌는데, 여기서 스탈린은 인도차이나에 관련하여 대일전은 단순
한 군사면만에 그칠 것이 아니라 정치면의 의무도 있는 것인데 그
것은 일본이 식민지 민족에게 명목상의 독립조차 허용하지 않은
점이라고 지적하였고, 한편 루즈벨트 대통령은 스탈린 견해에 십분
찬의를 표하는 바이며 또 중국도 인도차이나에 대하여 계획하고
있는 바가 없는 것으로 알고 있으나, 그러나 필리핀의 예에서 보듯
이 해방민족이 곧 자치능력을 가지고 있는 것은 아닌 까닭에 인도
차이나에 대하여도 약 2, 30년의 신탁통치기간을 둠이 어떠냐 하
는 문제를 장 총통과 논의한 점을 들었는데, 이에 스탈린도 전폭적
으로 찬성한 것으로 되어 있어서 후에 따라오는 조선문제에 하나
의 암시를 주었다.³¹

동 28일 오후 4시부터 미·영·소 3거두회담이 개최되었다. 그 기록에는 스탈린의 발언으로 대일방비에는 현 소련의 시베리아 군사력으로 충분할 것이나 대일공격에는 3배의 증강이 필요할 것과 대독전이 종결되면 시베리아 증강이 가능할 것이므로 그때에는 대일공동전선에 같이 서게 될 것이라고 표시되어 있어서, 이미 소련의 대일참전은 비록 대독전 종결 후의 일이라 하지마는 결정된 인상을 준다.³² 26일 미·소 회담에 즈음하여 루즈벨트 대통령은 스탈린에게 미 참모부의 요청서(대일전 관계)를 전하고 장차 다가올 소련 참전을 위하여 공동작전의 필요가 시급한 것을 강조하였는데 이에 대하여 스탈린은 그가 모스크바 귀환 후 이 문제를 연구하여 볼 것을 확약하였다고 하거니와³³ 다시 30일에 개최된 미·영·소 거두회담에 있어서 한반도에 직접 간접으로 관계되는 발언이 있었던 것으로 알려진다. 곧 카이로에서 합의된 코뮤니케안 중 극동관계를 읽었느냐 하는 영국 수상 질문에 답하여 스탈린은 "조선은 의당 독립되어야 된다는 것이며 만주, 대만, 팽호열도가 중국에 회속回屬되어야 된다는 것도 옳고"라고 하였으며, 또 소련 대일전 참가에 대한 조건에 대하여는 참전 시에 개전할 것이라고 하여 표시를 보류하였으되 단 극동의 부동항 문제에 대하여는 관심을 표명하였으며, 이에 응하여 루즈벨트 대통령은 자유항의 형식으로 다롄을 시사한 것으로 기록되어 있다.³⁴

그러나 테헤란에 있어서 미, 소의 대일전 문제를 자세히 논하기에는 시기상조였던 관계로 미, 소 양국 군사대표단의 참모회의는 없었으며, 다만 대체로 조선의 독립과 신탁안 그리고 소련 대일참전을 고려한 북태평양 작전의 기저가 마련된 데 그 소득이 있었다

38선 획정 신고 | 147

고 볼 수 있다. 이 까닭에 1943년 12월 2일 제2차 카이로 회담 중 (미, 영)에 제출된 미 작전참모부의 대일작전 총계획에도 소련의 대일참전을 십분 이용할 것을 강조하였다(가정 C항).³⁵ 그런데 이 작전계획의 주목할 점은, 일본 패배를 위하여 일본 본토상륙이 반드시 필수적인 것이 아니며 해·공 봉쇄와 전진기지로부터의 공폭空爆으로 목적을 달성할 수 있다고 본 것이 하나요, 그 둘은 한반도가 밀접히 관계되는 북태평양 전선은 비록 소련 참전으로 중요시하는 경우에 있어서도 그것은 어디까지나 중태평양 전선에 대한 보조전선으로 규정되었다는 것이다. 이 점은 12월 3일자 대일작전 계획안에 있어서도 변동이 없었다.³⁶

그런데 카이로·테헤란 회담이 끝난 다음 워싱턴으로 돌아와 태평양 전쟁협의회Pacific War Council에 임한 루즈벨트 대통령은(1944년 1월 12일) 회담 결과를 보고하면서 조선 기타 관계에 대하여 약간 의외의 발언을 하여 주의를 끌게 되는데, 그 요지는 스탈린이 동의한 점 중에는 ① 조선은 현재로 독립정부를 운영, 유지할 만한 능력이 없으니 대략 40년의 신탁 하에 두어야 된다, ② 소련은 시베리아에 부동항을 보유하고 있지 않으며 하나를 원하고 있는 터인데 다롄을 자유항화하여 시베리아의 수출입용으로 사용하는 안에 호의를 갖고 있으며, ③ 만철滿鐵의 중국 귀속을 소련은 동의하며, ④ 스탈린은 사할린과 쿠릴열도의 소련 귀속을 희망한다는 등이다.³⁷

7. 소련의 참전조건

카이로·테헤란 회담이 종결되었던 1943년 12월로부터 1945년 2월 얄타 회담의 개최가 있을 때까지 전국戰局의 대세는 주지하듯이 연합국 측에 유리하게 전개되고 있었다. 곧 본래 1944년 중에는 끝나리라고 예상되던 대독전은 얼마간 지연은 되었으나, 그러나 1944년 1월에는 동부전선에 있어 소련의 공세가 시작되어 10월에는 동프러시아에 돌입, 한편 독일군은 1945년 1월 폴란드 일대에서 철수하기에 이르렀고, 서부전선에 있어서는 6월 북프랑스 노르망디 상륙작전의 성공으로 연합군은 크게 진출하여 8월 하순에는 파리를 탈환하기에 이르러 유럽전선은 이미 종말이 가까운 것을 점칠 수 있게 되었다.

한편 태평양 전선에 있어서 1944년에 들어서면서부터 미군의 반격이 맹렬하게 되어 4월에는 뉴기니아New Guinea에 상륙 개시, 6월에는 마리아나Mariana 근해전近海戰에서 일본해군 주력을 섬멸, 10월에는 필리핀 상륙을 개시하며 동시에 일본 해군 잔여세력을 필리핀 근해전에서 소탕, 1945년 2월에는 필리핀의 마닐라에 진입하여 이미 일본의 명수命數는 산算할 수 있게 되었다. 또 중국 전선에 있어서도 일본군은 1944년 초부터 중국에 있는 미 공군의 활약을 저지하는 것을 주목적으로 하는 상계湘桂작전, 오한奧漢작전을 실시하였으나, 충분한 성과를 거두지 못하고 오히려 미군의 중국 상륙작전에 대비하는 일본군의 화남華南, 화중華中 해안지방 이동을 1944년부터 감행함으로써 완전히 충칭 공격의 기세는 좌절되어 거연히 수세에 함입陷入하게 되었고, 이러한 사태에 응하여 일본은 1945년 1월 일본 본토 내 전투계획을 결정하기에 이르렀다.

이러한 상황 아래 미 참모부는 대일작전을 수차 변경하였는데 1944년 봄 이후에 있어서는 1943년의 계획인 본토 포위공습으로부터 점차로 일본본토 상륙계획으로 옮겨갔다. 1944년 7월 11일 미 통합참모본부는 이 새로운 계획을 승인하기에 이르렀는데 그 요점은 오키나와, 오가사와라小笠原 제도, 사할린 연안에 동시 진출함으로써 일본본토 폭격과 봉쇄를 강화시킴과 동시에 규슈九州에 대한 육·해·공 작전을 원호援護하고, 그리하여 최후로 도쿄 평야에 육·해·공 공격을 가하여 일본 공업중심지에 치명적 일격을 주는 데 있었고 그 계획 일자는 첫 계획이 1945년 4월 1일 내지 6월 30일, 규슈 진공進攻을 1945년 10월 1일, 그리고 도쿄 진격을 동년 12월 말로 잠정하였다.[38] 그리하여 1944년 9월 퀘벡에서 열린 미·영 거두회담은 이 작전계획을 검토하여 마침내 이를 승인하고, 대일작전 완료기간을 대독전 종료 후 18개월로 정하였다.[39] 그런데 이 계획은 역시 소련 참전을 필수조건으로 하고 있지 않는 것으로 알려진다.

그러나 소련 참전의 가능성은 스탈린의 공약으로 상당히 중대하였던 까닭에 이에 응하여 참모부는 소련 참전의 효과를 평가하였는데 그것은 곧 ① 만주 관동군을 견제하는 정도의 경우, ② 혹은 미군의 규슈 진격과 시기를 같이하여 만주 진입을 감행하는 경우, 후자의 경우에 있어서는 일본군의 조선, 화북華北 이동을 저지하고 또 일반적으로 대륙 진주의 일본군 이동을 견제함으로써 미군의 규슈 진격 및 도쿄 평야 진격에 도움이 될 것으로 인정되었다. 물론 이 밖에 미 참모부는 소련의 시베리아 공군기지의 미군 이용을 구상하고 있었는데 이에 대하여 참모본부는 이 구상의 전제는 알래스카-시베리아 통로의 개통작전이라고 보고 있었다.[40] 좌우간에 소련 참전을 가정한 모든 작전계획은 필연적으로 소련 측의 협력과 시베리아 현지 지식을 필요로 하는데 이 점에 관하여 소련 측의 협조는 오랫동안 미국 측에게는 실망적이었다. 비교적 고무적인 소련의 태도는 1944년 6월 10일 스탈린-해리만 대사 회견에서 엿보였는데, 그때 스탈린은 ① 미, 소 간의 육·해·공군 간의 협력사항이 협의 가능한 것을 시사하고, ② 시베리아 공군기지의 미군 사용을 응낙할 기미를 보였으며, ③ 이상을 위한 군사협의의 즉각 실시에 동의하였다.[41]

이러한 사태에 임하여 미 참모부는 딘 소장에게 추가지시를 내렸는데, 그 중에는 모든 미 지상병력은 태평양전에 투하될 것이므로 약간의 고사포 병력을 제외하면 연해주에 투입할 미 지상병력은 없다는 중요한 사항이 들어 있었다.[42] 그러나 스탈린과의 회견에도 불구하고 군사협의는 실현되지 않았는데 9월 23일 주소 미, 영 양 대사가 퀘벡 미·영 회담 결과를 보고 차 스탈린을 방문하자 다시 사태는 약간의 진전을 보였다. 곧 소련 참전을 필수조건으로 하지 않는 대일 작전계획을 청취한 스탈린은 적이 놀란 표정이었으며, 참전 시의 소련 역할에 대한 미군 견해에 관심을 표명하고, 나아가서 연해주 기지만이 아니라 극동관계 군사전반 문제를 논의하고자 원하고 있으나 불청객 격의 취급은 당하고 싶어 하지 않는다는 인상을 준 것으로 해리만 미 대사의 보고는 되어 있었다.[43] 이에 미국 측은 곧 소련 참전을 진심 희구한다는 대통령 전문을 발송하면서[44] 한편으로는 태평양 전쟁에 있어서의 소련군 역할을 규정한 미 참모본부의 견해를 전하였는데(9월 28일) 그 내용은 다음과 같았다.

> 소련 참전의 광의의 전략개념은 다음 순서의 목표 달성을 목적으로 할 것이다. 곧 ① 시베리아 횡단철도와 블라디보스토크 반도의 확보, ② 연해주 및 캄차카 반도로부터의 미·소용用 대일작전 공군력의 설정, ③ 일본 본토와 아시아 대륙 간 연락선의 차단, ④ 만주 소재의 일본군 육·공 병력의 격멸, ⑤ 소련 참여를 포함한 태평양 보급선의 확보.[45]

이렇듯이 군사 협의사항이 구체화하였음에도 불구하고 이때에도 협의는 실현되지 못하였으나, 그러나 10월 모스크바에서 개최된 영·소 수뇌회담을 기회삼아 스탈린은 상기한 미국 측 전략개념에 동의하고 나아가 연해주, 캄차카 기지 및 페트로파블로브스크 Petropavlovsk 항의 미군 사용에 응낙하면서 동시에 백만 톤이 넘는 방대한 물자보급을 미국 측에 요청하게 되었다.[46] 이리하여 미·소의 군사협조를 위한 군사협의가 드디어 실현될 듯이 보였으나 현실은 달라서 소련 측은 주로 물자보급 문제 협의에 관심을 기울여 미국 측을 실망시키더니 급기야 1944년 12월 14일 스탈린은 해리만 미국 대사를 통하여 소련 참전의 조건을 제시하기에 이르렀는데 그 조건 중에는 예상되던 바와 같이 쿠릴열도, 남사할린 등의 영토요구, 제정 러시아 시기의 만주 이권의 회복, 외몽고의 현상유지 등이 포함되어 있었다.[47]

한편 이러한 미·소 접촉의 계속 중에 있어서도 미 참모부의 연구는 진행되어 1944년 11월에는 소련 참전에 관한 일층 새로운 평가가 이루어졌는데, 그 중의 중요점은 ① 미군의 대일작전은 소련 참전을 필수로 하지 않으며 따라서 미군 작전을 희생하는 병력 물자의 지원을 소련에게 부여하지 않는다. 단, 소련 참전이 일본 패망을 촉진할 것은 틀림없으며 따라서 참전시기가 적절한 경우에는 참전을 촉구하며 어느 정도의 지원을 제공한다. ② 소련 참전은 미국 측 촉구와는 관계없는 소련의 극동이해 및 전후 국제정치에 대한 소련 자체의 판단이 주가 될 것이로되, 단 미국 측의 물자 및 병력지원 정도는 참전시기 결정에 영향을 줄 것이나 좌우간 참전시일 결정은 시베리아의 소련 병력이 관동군을 제압할 만큼 증강된 경우, 그리고 미국 측의 태평양 작전의 결과 일본 패망이 결정적이 되고 또 동시에 패망이 급속화하는 경우에 한할 것이라고 판단되었다.[48] 따라서 미국 측으로 보면 소련 참전은 그 타이밍이 중요하여 미국 측 작전에 적극적 도움이 될 수 있도록 적기에 그리고 강력하게 관동군 기타를 압박하여 줌으로써만 효과적이며, 이 까닭에 소련 공격은 적어도 규슈 진격 3개월 전에 감행될 것이 요청되었다는 것이다.[49] 물론 이것은 미국 측의 입장이며 소련 입장에서 본다면 미군의 진공이 실현되고 관동군이 본토방위 차 이동된 이후에 참전하는 것이 유리할 것이라는 것도 미 참모부는 고려하고 있었다. 따라서 미국 측의 결론은 소련 참전은 효과적인 대일공격이 가능한 가장 빠른 시기에 이루어지고 관동군을 총공격하여 화북, 만주 소재의 일본군을 압박함으로써 본토 전용(轉用)을 저지하고 한편 본토공격을 감행하여 일본-대륙 간의 연락선을 차단하는 것이 소련 참전의 미국 측 목적이라고 하는 데 있었다.[50]

그런데 이러한 작전원칙에 따른 작전 세부의 결정은 필연적으로 소련 측의 계획 및 군사능력과 관계되므로 소련 측의 협력의 시급성이 다시 한 번 통감되게 되었다.[51] 이리하여 얄타 회담이 개최되기 얼마 전인 1945년 1월 24일 미 통합참모본부는 급속히 필요한 소련군 측 계획 및 정보의 통고 희망사항을 결정하였는데, 그 중에 후일 한반도 정세와 관련 있는 것으로는 다음과 같은 것이 있었다. ① 참전 최적시기에 관한 사항(a의 1), ② 전투개시 후에 취할 소련군의 작전계획(a의 2). 또한 이 참모본부 결정에는 미국 측의 작전원칙이 기술되어 있었는데 그곳에는 전前 11월 작전안에 따라

> 미국 측은 소련 극동군의 임무를 아래와 같이 생각한다. 곧 일본 방위에 전용될 가능성이 있는 화북·만주 소재 일본군 및 물자를 견제하기 위하여 만주 총공격을 감행할 것, 시베리아 기지의 미 전략공군과 협력하여 일본 본토에 가열한 공습작전을 실시할 것. 그리고 일본-아시아 대륙 간의 연락선을 차단할 것.

이라는 작전목적이 명시되었는데 이것은 한반도 작전문제에 영향을 주는 것으로 간주될 수 있으며, 또 동 문서에는 '병력의 제한으로 인하여 1945년 북태평양에 있어서의 육·해·공 작전의 가능성은 요원하다'는 사정을 소련에게 표시할 것이라고 되어 있어서 후일의 상황을 예측하게 하고 있었다. 이 작전원칙과 대소련 요구사항은 미 대통령이 재가한 1월 23일자 참모본부 문서내용과 같은 것으로서 얄타 회담 시 미, 소 양 거두 간에 '광범위'하게 토의될 문제였으며 세부는 미·소 군사참모회의에 위촉되도록 희구되었다.[52]

8. 얄타 회담과 극동문제

독일의 패망을 1, 2개월 앞두고 개최된 얄타 회담은 1945년 2월 4일부터 동월 11일까지 계속되었는데 이 회담의 중요 의제는 전후 유럽 처리문제 및 세계평화기구 문제였으나 동시에 소련의 대일참전 문제도 그 중의 하나였다. 이 소련 참전문제는 문제의 성격상 자연히 ① 소련 참전의 조건, 특히 정치적 요구조건, ② 대일작전 수행상 미·소 상호협조 사항, ③ 대일전쟁 종결 후의 처리문제(군사적, 정치적) 등으로 집중 아니 할 수 없을 뿐 아니라 이 3개 부류의 토의사항은 서로 밀접히 관련되어 있는 점이 많았다. 예컨대 참전조건 문제는 필연적으로 특정 지역에 대한 전후처리 방안을 의미하게 되며 또 한반도 처리문제는 후에 대일작전 방침과 긴밀히 관련될 수밖에 없는 사태에서 이런 점을 간취할 수 있다. 좌우간 얄타회담에 있어서 이상 3개 항목을 중심으로 대일전 관계가 논의되었거니와 그 형식은 대체로 기본문제의 결정은 거두회담에서, 이에 따른 정치적 세부는 외상회의, 작전 관계 세부는 군사참모회의에서 취급되었으며, 회담에 선행한 예비타진, 사전양해 등은 주로 외교통로 및 주소駐蘇 미 군사사절단을 통하여 행하여졌다.

지금 공간된 미국 측 기록에 의하면 미국은 이 회담을 위하여 정치, 군사 양면에 관한 종종의 상황판단서, 계획서 등을 작성하였는데 한반도에 대하여는 테헤란에서 제시된 신탁안을 포함한 조선 전후요령이 국무성에 의하여 연구되었으니 그 요지는 다음과 같다. 곧 미, 영, 중, 소의 합의할 사항으로서 ㉠ 조선 군사점령에 참가할 나라의 문제, ㉡ 과도적 국제신탁관리에 참여할 나라의 문제. 국무성 판단으로는 조선문제는 국제성을 띠고 있는 까닭에 군사점령과 군사정부에는 연합군 각국이 대표되어야 될 것이로되, 단 대표국은 조선 장래에 이해가 깊은 미, 영, 중, 소(참전 경우)로 구성되어야 되며 기타 국의 참가는 미국의 비중을 약화하지 않을 정도로 그 비중이 미미하여야 된다는 것이었고, 그리고 국제신탁은 국제연합 하이거나 혹은 그와는 별도로 하되 역시 미, 영, 중, 소는 신탁관리국에 포함되어야 된다는 것이었다.[53] 다음 기록 일부를 역재譯載한다.

조선관계 연합국 간 협의사항
〈문제〉
어느 나라가 (1) 조선 군사점령에, 그리고 (2) 만일에 국제관리가 가능하다고 결정되는 경우에는 조선 과도국제관리 혹은 신탁에 참가해야 될 것이냐.
〈토의점〉
1. 조선독립 수립에 관련된 공동행동은 다음 이유로서 중요하고 또 필요하다.
 (1) 중, 소는 조선에 연접되어 있고 조선문제에 전통적 이해를 보유해 왔다.
 (2) 미, 영, 중은 카이로 선언에서 적당한 시기에 조선은 자유독립이 될 것이라고 공약하였다.
 (3) 단일국에 의한 조선 군사점령은 중대한 정치적 반발을 일으킬 가능성이 있다.
연합군의 육·해·공 작전에 관한 문제는 순純군사적 성질로 인정되므로 본 국무성의 직접 관지關知할 바가 아니나, 그러나 어느 한 나라에 의한 조선 내외 군사작전과 그 후에 계속되는 군사점령은 심대한 정치적 결과를 초래할 수 있다. 중국은 고려컨대 조선 군사정부를 소련이 단독으로 책임지는 경우 만주, 화북에 소련 영향권의 육성을 초래할 것을 두려워할 것이며, 마찬가지로 소련은 종전 후 중국이 조선 군사정부에 배타적으로(단독으로—필자) 책임지는 조치가 취하여진다면 분개할 것이다. 이런고로 아등我等의 견지로는 조선에 군사작전이 완결되는 대로 실제 가능한 한 조선의 점령군 및 군사정부에 연합국 대표가 있어야 되며, 동시에 이러한 군사정부는 온 조선을 분획되지 않는 단일체로 취급하는 중앙집권적 행정원칙에 입각하여 구성되어야 마땅하다.……미국 참여가 지닌 중요한 요소는 제국주의적 계획을 보유하고 있지 않은 미국에 대한 조선인의 신망이라는 점이다. 따라서 미국은 점령과 군사정부에 있어 지도적 역할을 차지하는 것이 당연하다. 전후 조선문제에 대한 연구는 목하 미 국무성 및 영, 중의 외무부가 진행 중에 있으며, 그것은 전후 조선의 각종의 정치적, 경제적 양상에 관한 질의표 안案에 (공동으로) 의거하고 있다.……
조선 군사점령에 어느 나라가 참가하느냐의 문제는 시급을 요하는 중요문제며 동시에 신중한 고려를 요하는 문제이니 그 이유는 ① 영국 측 요청에 의하여 조선 군사점령 문제는 현재 진행 중인 미, 영, 중 외무부 연구문제 중에 포함되어 있지 않으며, ② 대일전에의 소련 참가는 조선 내의 소련군 출현을 초래할 것인데 이것은 점령군 구성 결정에 중요 요인이 될 것이며, ③ 조선에 있어서의 소련의 전통적인 이해는 설령 태평양전에

소련이 참가하지 않더라도 조선 군사점령에의 참여를 희구할 가능성이 있는 때문이다. (이하 생략)⁵⁴

이렇듯이 국무성 연구는 여러 가지 사태를 고려한 것이었는데 그러나 그 중 어떤 이유로 영국 외무성이 조선 군사점령 문제를 당시 연구과제에서 제외토록 요청한 것인지 불분명하며, 또 그 후 미, 영, 중 3국의 협의가 어떻게 되었는지도 기록된 바가 공간되지 않았을 뿐 아니라, 얄타 회담의 기록으로 본다면 미 수뇌부는 대소회담에서 주로 대일작전에 관련된 당면의 군사문제에 중점을 두고 정치적 고려에 있어서는 오직 신탁에 참가하는 나라 문제에만 겨우 주의를 집중시킨 감을 준다.

얄타 3거두회담이 2월 4일 크리미아 반도에서 시작되기 수일 전 미, 영 수뇌부는 말타에서 사전협의를 가졌다. 2월 1일 개최된 미·영 외상회의 기록을 참고하면 동서의 현안문제를 개관 중에 소련의 테헤란 압박, 대對터키 해협 요구 문제와 더불어 극동에 관련된 소련의 부동항 문제가 나왔는데 이에 대하여 이든Eden 외상은, 평評을 가하는 겸, 소련이 대일전에 참여한다면 그것은 대일전을 미, 영만으로 종결시키지 않으려는 자국의 이해의 고려에서 결정할 것인즉 미, 영 측은 소련 참전에 대한 대가로서 고가高價의 영토요구에 굴할 필요는 없다는 견해를 개진하였다.⁵⁵ 그러나 같은 날 처칠Churchill 수상에게 전한 외무회의 보고서를 참작하면 극동 소련 참전 관계문제는 전적으로 포함되어 있지 않아서 이 문제에 대하여 영국은 거의 국외자임을 명백히 드러냈다.⁵⁶ 한편 같은 1일 개최된 미·영 합동참모회의에서 미국 측은 태평양 전쟁을 언급하여 규슈 침공을 1945년 9월 중, 그리고 도쿄 평야 진격을 45년 12월 중으로 밝히고 그 이상의 정확한 진격 일자는 결국 독일전선 종국에 달린 것을 영국 측에게 전하였다.[57]

얄타 회담은 예상되던 바와 같이 규슈 전선과 그 전후처리 및 세계기구 문제를 먼저 다루었는데 다만 2월 6일에는 거두회담에 앞선 삼국 군사회의에서 미국 측은 대일전 관계 일부를 설명하고 미·소 군사협력 문제를 어느 정도 토의하려 하였으나 소련 측 수석대표 안토노프Antonov 장군의 반대로 진전을 보지 못하였는데 그 이유는 우선 국가수뇌 회담의 검토 후에 논의하자는 것이었다.[58] 본시 미 대통령은 통합참모본부의 건의에 따라 2개 질문서를 스탈린에게 전달하고 그 회답을 회담 계속 중에 기대한다고 한 일이 있는데 그 질문은,

(1) 소·일전 발발 시 소련은 태평양 경유 동시베리아 보급선의 개통 유지를 필수적으로 보는지 아닌지.

(2) 미 공군이 콤소몰스크-니콜라에프스크Komsomolsk-Nikolaevsk 지방 혹은 더 적당한 지방을 기지화하는 것을, 소련 작전에 위험 없이 계속 작전·보급이 가능한 경우, 소련은 허가할 것을 보장할 것인지.[59]

이상과 같았는데 미국 측은 이 질문 및 이 질문에 관련된 제 문제를 직접 소련군 대표로부터 청취할 수 있다고 생각하였던 모양이다. 그리하여 6일 군사회의의 결과에 실망하지 않고 8일 오후 3시에 개최된 미·소 참모장회의에서 레이히Leahy 제독은 주소 미군사

절단장 딘 소장이 마련한 질문 및 통합참모부에서 작성한 질문 등을 제기하였는데 그 내용은 대체로 이미 상술한 바 있는 북태평양 작전에 관한 것, 특히 미 대통령이 제기한 양개兩個 질문서에 관련되는 것이어서 소련 측도 이미 숙지하고 있던 바이려니와 단 새롭다고 할 것은 모스크바에 대일전을 위한 공동작전회의를 상치常置하자는 것이 있다.⁶⁰ 이에 대하여 안토노프 장군은 극동문제에 관한 공약, 회답, 결정을 자기가 할 권한이 부여되어 있지 않다는 점을 명백히 하고 다만 사견의 형식으로 몇 가지 문제에 응답하였던 까닭에 기본문제는 역시 거두회담에 기대할 수밖에 없게 되었다.⁶¹

그러던 차 마침 극동문제에 관한 미·소 거두회담은 동 8일 오후 3시 반부터 개최되기에 이르렀는데 조선문제 및 조선문제에 깊이 관련된 회담기록은 다음과 같다. 기록에 의하면 회담 벽두 루즈벨트 대통령은 필리핀 마닐라가 함락되었으므로 공군기지는 오가사와라 제도諸島 및 대만 주변도서에 전진할 것이며 만부득이한 경우를 제하면 일본도서 상륙은 피하여 공습으로 승리를 거둘 수 있는 동시에 미군 인명피해도 감소시킬 수 있다고 한 데 대하여, 스탈린은 콤소몰스크-니콜라에프스크 지방의 미 공군기지 설정에 반대 의사는 없으나 캄차카 기지설정은 그곳에 일본 영사관이 있어 사태 누설의 위험이 있은즉 당분간 지연하는 것이 가할 것이라고 말하였다.⁶² 알래스카-시베리아 보급로 개통의 필요는 양자가 무난히 합의하였으며, 그 다음 동남유럽의 공군기지 문제 및 폭격피해에 대하여 잠깐 논의하고 첨가하여 전후 미선美船의 소련 방매放賣를 협의한 다음 다시 화제는 대일전으로 돌아갔다.⁶³

〈극동-소련요망〉(기록인의 표제―필자)

극동에 관련된 군사문제 약간을 토의한 다음 스탈린 원수는 소련 대일참전의 정치적 조건을 토의 희망한다고 말하였다. 원수는 이 문제는 이미 해리만 대사와 회담한 일이 있다고 말하였다. (미) 대통령은 그 회담보고는 접수하였다고 고하고 전쟁 후 남사할린과 쿠릴열도가 소련에 귀속되는 데는 아무런 곤란이 없는 것으로 느꼈다고 말하였다. 대통령은 말하기를 소련을 위한 극동 부동항에 관하여 스탈린 원수는 우리가 이 점을 테헤란에서 논의한 것을 회상하라고 하고, 이어서 말하기를 당시 자기 미 대통령이 소련이 사용할 부동항으로서 남만주철도 종단에 있는 관동반도의 다롄이 가능하지 않겠느냐고 시사한 것을 들었다. 대통령은 말하기를 자기는 아직 이 문제를 장제스 원수와 의논할 기회를 갖지 않았는 고로 중국 정부의 의사를 말할 수는 없다고 하고, 계속해서 항구의 사용 획득을 위하여 소련 측으로는 양개 방법 곧 ① 중국으로부터의 직접적 조차, ② 모종某種 국제위원회하의 다롄의 자유항화라고 말하였다. 대통령의 희망으로는 영국이 홍콩 주권을 중국에 반환하고 그리고 홍콩은 국제자유항이 되는 것이라고 말하고 그러나 처칠 씨는 이러한 제의에 맹렬히 반대할 것이라는 것을 알고 있다고 말하였다. 스탈린 원수는 말하기를 여기 또 다른 문제가 있으며 그것은 만주철도의 소련 사용에 관련된다고 하고, 제정 러시아는 만주리滿洲里로부터 하얼빈Harbin, 하얼빈으로부터 다롄, 뤼순旅順까지, 그리고 동시에 하얼빈에서 동쪽으로 니콜스크-우스리스크Nikolsk-Ussurisk로, 그곳에서 하바로프스크Khabarovsk 그리고 포항浦港(블라디보스토크)에 연결되는 철도

노선을 사용하였다고 말하였다. 대통령은 다시 자기는 장제스와 이 문제로 말을 나눈 일은 없으나 이 문제를 실현시키는 데 역시 두 방법 곧 ① 직접 소련 조업 하의 조차, ② 중, 소로 구성된 위원회 하에 두는 방법이 있다고 말하였다. 스탈린 원수는 이러한 조건이 충족되지 않는다면 자기나 몰로토프가 소련 인민에게 소련 대일참전 이유를 설명하기가 곤란할 것은 명백할 일이라고 말하였다.……

〈신탁통치〉(기록인의 표제―필자)
대통령은 스탈린 원수와 신탁통치(문제)를 논의할 것을 원한다고 말하고 조선에 대하여 소, 미, 중 각 일인으로 구성 대표되는 신탁을 생각하고 있다고 고하였다. 대통령은 미국인이 이 문제로 경험한 유일한 예는 필리핀에서인데 그곳에서 필리핀인은 자치 준비에 약 50년이 걸렸다고 말하고 조선의 경우에는 그 기간이 20년 내지 30년이면 될 것이라고 느낀다고 말하였다. 스탈린 원수는 그(준비) 기간이 짧을수록 좋다고 말하고 조선에 외국군대가 주둔할 것인지 여부를 문의하였다. 대통령은 그렇지 않을 것이라고 대답하고 스탈린은 이에 찬의를 표하였다. 다음 대통령은 조선에 관한 미묘한 문제가 하나 있다고 말하고, 개인적으로는 조선 신탁에 영국 참가를 초청할 것은 없다고 느끼나 그러면 영국은 이것을 불쾌히 여길 것이라고 말하였다. 필시 영국은 감정을 상할 것이라고 스탈린은 대답하고, 실제로 영국 수상은 '우리를 가만두지 않을 것'이라고 말하였다. 그의 의견으로는 영국도 초치되어야 될 것이라고 느낀다는 것이었다.……**64**

이상과 같은 정상회담의 합의에 따라 미·소 참모장회의는 다시 2월 6일 오후 3시 반 개최되었는데 전과는 달리 이 날 안토노프 장군은 사견이 아닌 공식의 형식으로 전일前日의 질문에 대하여 회답을 하였는데 간접으로나마 한반도에 영향을 미칠 몇 가지에는 ① 원래 소련군의 극동증강은 1945년 초에 시작할 예정이었으나 독일 전선의 지연으로 자연 극동 보강도 지연되리라는 점, ② 모스크바에 있어서 미·소 공동작전 문제는 강력히 추진할 것에 동의한다는 점 등이 있었다.⁶⁵ 이렇듯이 얄타 회담의 대일전 관계는 2월 8일 거두회담으로 정치적 합의가 이루어지고 합의사항은 장제스의 합의를 얻는다는 양해 아래 해리만 대사와 몰로토프 외상의 손으로 문서화되었으며(1945년 2월 10일), 그 다음날 미국 대통령, 영국 수상, 스탈린 원수에 의하여 서명되었고, 한편 군사협의는 2월 8, 9 양일에 진전을 보였으나 정치면에서보다는 성과가 큰 편은 아니었으되 긴밀한 협조가 새로이 다짐되었다. 그러나 군사협정의 체결은 없었다고 전한다.⁶⁶ 여기서 한 가지 주목할 바는 이러한 얄타 회담 결과에 대한 맥아더 장군의 반응인데, 그것을 보면

> 소련에 대하여, 정치적으로는 소련은 뤼순을 부동항으로 요구할 것이라고 맥아더 장군은 지적하였습니다. 소련은 대大군사국이므로 이러한 항구를 거절하는 것은 실제적이 아니라고 생각하는 까닭에 소련은 그 대신 일본 격멸에 피의 대가를 같이 치러야 가可하다고 맥아더 장군은 생각하고 있습니다. 군사적 견지로는 미군이 일본에 들어가기 전에 소련을 대일 참전토록 우리는 모든 노력을 경주하여야 됩니다. 그렇지 않으면 미군이 일본군 사단의

중압을 인수하여 손상을 입음에 반하여 러시아는 적당한 시기에 큰 저항 없는 지역에 진입하는 것입니다. 자기 생각으로 지금 바로 대통령은 러시아에 압력을 가하기 시작하여야 된다고 맥아더 장군은 진술하였습니다.

관동군 및 재중在中 일본군의 대병력이 일본 본토방위차 이동될 가능성을 맥아더 장군은 걱정하고 있었다. 맥아더 장군은 소련군이 사전에 만주전투를 공약하지 않는 한 미군은 일본 본토에 침공하여서는 안 된다고 강조하였으며, 이것이 근본적인 것이며 이 일은 스탈린이 대통령에게 시사한 바 독일 패망 후 3개월이 경유하지 않고도 이루어져야 된다고 말하였다.……맥아더 장군은 소련의 목적을 알고 있다. 곧 소련은 만주 전역, 조선 그리고 아마 화북 일부를 원할 것이다. 이 영토의 점거는 불가피하였다. 그러나 미국의 마땅히 주장할 바는, 소련은 독일 패망 후 가장 가능한 빠른 일자에 만주에 침공함으로써 대가를 치러야 된다. ⓐ 맥아더 장군은, 미 해군이 즐기는 작전은 아직도 해공海空 기지로써 일본 본토를 포위하여 마침내 봉쇄하고 항복하도록 공폭空爆을 가하는 것이라고 알고 있다. 이것은 결코 효과적이 못될 것이라고 장군은 말하였다. "이에 대하여 나는 그것은 통합참모본부의 의견으로서 카이로 회담 시 (1943년 11. 12일)에 합의되었던 바라고 장군에게 고하였다." ⓑ 장군은 도쿄 평야야말로 일본 진공進攻의 적당한 장소임에 동의하고 또 계절상 제한에도 완전히 정통하고 있었다. 장군이 믿는 바로는 규슈이든 홋카이도이든 간에 일본 상륙을 (소련 참전보다) 먼저 하는 것은 잘못이다. 소련의 활동 및 이에 따라 얻는 바 전략적 경략을 연결하여 본다면 일본 도서의 어느 다른 먼 부분에 먼저 상륙하여 병력을 짤리느니보다는 오히려 적기에 처음부터 일본 심장부에 상륙하여 적군을 분열케 하는 것이 훨씬 이점이 많은 것이라고 장군은 느꼈다고 한다.[67]

9. 얄타 협정의 재고려

얄타 회담의 미·소 거두 합의로 말미암아 군사협력의 대진전이 그 후 예상되었으나, 그러나 현실은 이와 달라서 별로 괄목할 만한 결과를 가져오지 못하였다고 미국 측은 말한다. 공동작전안에 따라 모스크바에는 로버츠Roberts 장군 하에 특별 작전참모단이 주재하였으나 성과 있는 회의를 갖지 못하였는가 하면, 캄차카 또는 아무르Amur 강 연변 지역의 시찰단도 소련 입국이 허용되지 못하였는데, 한편 유럽에 있어서 동유럽 해방지역의 정부구성 문제, 특히 폴란드 문제, 재在이탈리아 독일군 항복 문제 등 대독일전 종말기에 즈음하여 미, 영과 소련의 의견 차이가 격심해져 갔다. 태평양 전국에 있어서도 종국적인 대공세를 앞두고 4월 3일 이후 미 참모본부는 현지 지휘기구를 개조하여 맥아더 장군을 태평양지구 미 육군 총사령관에, 니미츠Nimitz 제독을 태평양지역 해군 총사령관에 각각 임명하였다.[68]

  1945년 4월 12일 마셜 장군은 맥아더 장군에게 타전하여 수일 내에 있을 서태평양의 기본전략 문제 토의에 참고되는 의견을 요청하였는데, 타전내용과 요청사항은 수일 내 본관은 서태평양 기본전략 문제를 여타의 참모장과 토의할 필요가 있을 듯, 본 문제에는 선의의 의견차가 있음. 일파一派의 견해는 주主작전을 위한 12월 1일 및 3월 1일의 목표일자에 가능한 것보다 더 이상의 준비가 요하는 것으로 보고 있음. 따라 공·해 봉쇄 및 공폭전은 저우산舟山 작전 또 혹은 산둥山東 또는 조선 또는 쓰시마津島 해협지대의 도서의 진주進駐작전 등을 포함하여야 한다고 함. 본 계획의 요점은 일본 본토상륙에 부수하는 다대한 인명손실, 일본 공군 격파 진전의 필요, 아시아 대륙으로부터 이동하는 증강병력의 이입移入 절단, 일본 본토상륙의 실현이 필요 없는 항복 초래의 가능성 등을 포함함. 일본 성역聖域에의 상륙에 대한 일인日人의 반응이 요점임. 그리고 현재 아군이 가하고 있는 압박에 간단間斷이 없도록 근시일에 일본 본토작전 준비를 완료할 가능성이 있느냐의 문제가 있음. 타파他派의 견해는 병력이 필리핀 섬으로부터 배치되고 상륙 공군기지가 오키나와에 설치되는 대로 즉시 일본 본토에의 직공直攻이 가능한 것으로 믿고 있음. 이 파의 견해로는 금년 말까지는 침공이 허용될 정도로 일본 공·해군력은 충분히 약화될 것으로 사유됨. 우리 해군작전, 그리고 오키나와로부터의 공군작전 그리고 일본의 육·해 운수력運輸力의 제한된 능력을 가산한다면 일본의 물질적 증강은 저지될 것임. 소련 참전은 12월 일본 본토상륙의 전제일 것임. B-29 및 항모로부터의 가격加擊은 대大지역을 황폐화할 것이며 더욱 일본 본토를 약화시킬 것임. 본토 상륙작전에 따른 인명피해의 고율高率 문제에 대하여 필리핀 및 오키나와를 포함한 경험은 미군이 육전 또는 육·해·공전의 어느 편의 작전에도 적절한 전소 지원무기 및 인력을 전투지역에 채용 가능하다면 일본군은 과대한 미군의 손실 없이 패한 전례를 보여주고 있음.……[69]

대략 이상과 같은 양분된 참모부 견해에 대한 현지 사령관의 견해를 청취하려는 데 있었다. 이에 대하여 맥아더 장군은 4월 20일 회답을 타전하였는데 그 내용은 맥아더 장군의 대전략을 3개로 나누어 축조逐條 검토한 끝에 결론지은 것으로 그 건의안은 요컨대 "규슈를 공격하여 본토에의 결정적 침공을 엄호하는 공군력을 설치하라"는 것으로 마셜 장군이 밝힌 참모부 견해 중 후자를 지지하는 것이었으며, 작전 개시는 일기日氣 관계로 11월이 가능하다는 의견까지 첨부하였다. 또한 니미츠 해군사령관의 견해도 통합참모부에 전달되었는데, 이 역시 결론은 규슈 선공先攻 후에 본토 직공이 최선이라는 것으로 규슈 침공 일자로서는 11월 1일을 건의하였다.[70] 이리하여 점차 참모부의 의견은 규슈 작전으로 기울어졌는데 동시에 시베리아 기지 설정 및 쿠릴열도 경유 보급선 개통 같은 것은 전보다 중요성을 상실하게 되고 따라서 소련 참전도 다른 각도에서 취급하게 되었다.

4월 16일 딘 소장은 모스크바로부터 협의차 워싱턴에 돌아왔는데 여기서 미·소 협력 문제가 이미 미국에게 결정적 중요성을 갖는 게 아닌 것이라는 견해를 알았으며 또 한편 주 모스크바 미 참모단도 거의 같은 견해에 도달하고 있었다.[71] 따라서 딘 장군은 시베리아 기지 설치문제는 취소하고 보급선 문제는 소련 측의 제의를 기다리자는 건의를 제시하였으며 이에 따라 4월 24일 기지문제는 취소되고 보급선 문제는 보류하도록 참모본부는 결정지었다.[72]

같은 4월 24일 미 통합참모부는 새로운 태평양 총작전안을 검토하였는데 그 작전목적은 "최속最速한 시일 내의 일본의 무조건 항복"에 있었고, 기본구상은 일본 본토침공과 그에 앞선 규슈 공격에 있었으며, 전쟁 목적은 ① 카이로 선언에 지정한 영토의 회복, ② 일본이 재차 세계평화 및 안전을 위협 않기를 확보할 제 조건의 창설, ③ 일본 내 타국 권리와 일본 국제의무를 존중할 정부의 종국적인 출현 등에 두었다.

작전안은 또한 본 작전(규슈 및 도쿄 평야 작전)에[73] 소요되는 병력을 36개 사단, 총인원 1백 50여만으로 계산하였으며, 또 1945년 겨울부터 실시될 본토작전의 실현 가능성에 비추어 "다른 부대적인 지점을 선점하여 봉쇄를 강화하고 폭격을 증가하기 위하여 시간, 노력, 물자를 소비할 필요가 없는 것 같다"고 단정하여 동시베리아 혹은 한반도에 부수작전을 할 가능성을 일소하고 말았다. 단 본 작전안에는 이른바 규슈, 본토 직공작전에 대립한 대포위작전의 예정표를 들어 직공작전과 대조하였는데 그것에 의하면 만일 대포위작전을 취하는 경우 저우산, 닝보寧波 작전은 대독전 종결 후 4, 5개월, 쿠릴 열도는 1945년 10월 15일까지, 제주·쓰시마도 작전은 조선 작전 후 2개월로 되어 있어서 작전 종료는 1946년 가을로 추정되었으며, 한편 직공작전은 1946년 6월로 종결시기를 잠정하고 있었다.[74]

한 가지 흥미 있는 부분은 소련 참전 관계인데 본 작전문서에는 다음과 같은 평가가 있었다.

(16) 소련 대일참전은 과연 미군의 조기 아시아 대륙작전에 긴히

요청되느냐를 또한 고려해야 한다.

(a) 미군의 아시아 대륙, 일본 혼슈本州 간 일본군 이동의 추정 차단능력으로 인하여 소련의 조기 대일참전 및 이에 따른 관동군 봉쇄는 더 이상 (일본)침공 가능여부에 필요치 않다.

(b) 주목할 바는 카이로 선언이 만주의 중국 복귀규정을 포함하고 있으나 소련은 현재 본 선언 원칙에 참여하지 않고 있다. 소련 참전의 경우 소련병력은 아마도 최초의 만주 진입군이 될 것으로 이는 최소한 명목상의 미군병력이라도 중국에 도입한다는 문제를 제기하게 할 것이다.

이와 같은 작전안은 결국 5월 10일 통합참모부의 공식 승인하는 바가 되어 이후 작전의 기본이 되었으며, 또 5월 25일에는 1945년 11월 1일을 목표일자로 결정한 사실을 맥아더 장군, 니미츠 제독, 아놀드Arnold(전략폭격 담당) 장군에게 각각 통지하였다.[75]

이렇듯이 대일對日 종국전의 군사작전 원칙이 결정되어 가고 있는 동안, 한편 소련 참전과 관련된 정치문제도 또한 새로 검토되고 있었다. 곧 5월 12일자 대對 육·해군성 서류에서 국무성 장관서리 그류Grew 씨는 소련 참전의 정치적 결과 및 얄타 협정과의 관계에 대하여 군 당국의 견해를 요청하였는데 그 문의사항 중의 조선관계는 다음과 같다.

본 국무성 견해에 의하면 얄타 협정의 미국 측 소관을 실행에 옮김에 앞서 극동에 관하여 다음과 같은 공약과 해명을 소련 정부로부터 득함이 정치적으로 요망된다.

(제1항 생략)

(2) 만주의 중국반환 및 조선 장래 지위에 관한 카이로 선언에 대하여 소련 정부는 명백히 찬성할 것.

(3) 일본의 최후굴복 전 혹은 후 조선이 해방되는대로 즉각 미, 영, 중, 소의 신탁통치 하에 둔다는 것에 소련 정부는 명확한 동의를 표할 것.

(제4항 생략)[76]

이에 대하여 육군장관 스팀슨Stimson은 5월 21일 군의 견해를 요약하여 질의에 대신하였는데 그곳에는 미군의 중대한 견해가 표명되어 있었으니 그 중 조선의 직접, 간접 관계되는 사항은 아래와 같았다.

(1) 본 육군성은, 소련 대일참전은 소련 자체의 군사, 정치 기반에 의하여 결정할 것이며 미국 측의 정치적 행위에 별로 구애되지 않는 것으로 사려한다.……소련 참전은 거의 틀림없이 물력物力이라는 점에서 대일전을 단기화하고 미군 인명손실을 저감低減하는 심대한 군사효과를 가져올 것이다.……

(2) 극동사항에 관하여 얄타에서 소련에게 양여된 것은 대체로 전쟁을 하지 아니하는 한 미군 활동과 관련 없이 소련의 군사력으로 획득할 수 있는 범위 내의 사항이다. 본 육군당국은 소련이 미군의 점령이 가능하기 전에 일본인(관동군—필자)을 패멸하고 사할린, 만주, 조선 및 화북을 점령하는 것은 군사적으로 가능하다고 믿는다. (쿠릴 열도 관계 생략) 더욱이 소련은 원한다면 미군

노력으로 일본 군사력이 실제로 완전히 파괴되었을 때를 기다려 소련 측의 대상물을 그 시점에 점거 가능한데, 그렇게 된다면 소련은 조기에 참전할 때보다 비교적 염가로 대상을 획득하는 것이 될 것이다. 이상으로써 판단컨대 미국 측은 병력을 사용치 않는 한 극동에 관하여 소련에 압력을 가할 군사적 수단이 있다고 하더라도 별 것이 못되는 것으로 보인다. 군사적 견지에서는 극동에 관하여 소련 측과 완전한 이해와 협약을 갖는 것이 희구된다. 만일 얄타 협정의 재고려가 이러한 완전 이해 및 협약에 도움이 된다고 믿어진다면 육군성은 이에 찬성한다. 그러나 현재로서는 재토의하여 보아도 좋은 결과가 나오지 않으리라고 믿고 있다.[77]

10. 소련 참전조건에 대한 미국 측의 갈등

1945년 5월 8일 대독전이 종결됨에 따라 전후처리 및 폴란드 정치분규 같은 소련 점령지역 문제에 관하여 미, 영은 소련과 시급한 합의가 요청되고, 한편 소련 대일참전 문제도 있어서 미, 영 측은 다시 거두회담을 소련에 요청하여 마침내 대체적인 합의를 5월 중순 말에 보아 우선 제반 토의사항에 대한 소련의 태도를 타진 겸 피차의 오해를 풀기 위하여 홉킨스H. Hopkins 특사가 트루먼H. S. Truman 대통령의 뜻을 받들어 모스크바에 파견되어 해리만 대사와 함께 스탈린과 회견하게 되었다(1945년 5월 19일부터 동년 6월 6일). 이 홉킨스 사절은 사실상 후에 오는 베를린의 포츠담 거두회담의 의제결정 및 사전 의견교환과 동시에 폴란드 문제 등으로 소원하여진 미, 소 관계를 사전 조절하려는 데 목적이 있었거니와 회견내용에는 소련 대일참전 관계에 대한 중대한 언급이 있었다. 곧 제3회 홉킨스·스탈린 회견인 5월 28일에 있어서 스탈린은

> 대체로 소련군은 1945년 8월 8일까지는 충분히 준비되어 (극동에) 배치될 것이나 정확한 작전일자는 소련 요구(참전조건—필자)에 관한 얄타 협정의 실시 여하에 의존할 것이라고 말하였다. 스탈린은 소련인민 눈에 태평양전쟁 참가가 정당히 보이기 위하여는 이런 협정이 이룩될 필요가 있은즉 중국이 차등 요구에 동의만 한다면 8월에는 작전 개시할 용의가 있다고 말하였다.[78]

는 것이다. 이에 대하여 홉킨스는 얄타 협정은 고 루즈벨트 대통령의 참가 하에 된 것이며, 물론 현 트루먼 대통령도 소련 발언을 기다려 중국 측과 접촉하려 한다고 고하자, 스탈린은 당시 중국과의 의논을 보류한 것은 소련군이 극동 이동 중이었던 까닭이며, 이 문제는 쑹쯔원宋子文이 불원不遠 모스크바에 내방할 것이니 그때 소련이 직접 중국 측에 제의할 수도 있다고 시사하였다.[79] 그리하여 결국 소련 참전에 따른 대중對中 요구는 쑹쯔원이 샌프란시스코 국제연합 회의 직후 내소來蘇 시에 소련이 직접 제의키로 합의하고 그 시기를 대략 7월로 보았다. 또 회견 중에는 중국문제에 관련하여 스탈린은 "극동문제 특히 군의 작전구역 및 일본 점령구역 문제를 포함한 일본문제에 관하여 진지한 회담이 필요할 것"이라고 말하여 일본점령, 작전관할 등 중요문제에 관심을 표명한 기록이 있으

며 또 천황제 폐지가 현명할 것이라는 의견도 개진되고, 다음 조선 신탁문제에 대하여는 재차 다음과 같이 확인되었다.

홉킨스는 말하기를 극동관계로는 한 개 문제가 남았는데 곧 조선사태이다. 얄타에서는 이 문제에 관하여 비공식 토의가 있었기에 미국 정부는 예의 검토한 결과 결국 소·미·중·영국으로 구성되는 조선 신탁통치를 실시하는 것이 요망된다는 결론에 도달하였다고 말하였다. 신탁통치 기간은 미정이나 혹은 25년이 될 수도 있고 그 이하일 수 있겠으나 확실히 5년 혹은 10년은 될 것이다. 이에 스탈린은 4개국 조선 신탁통치가 요망되는 점을 전적으로 찬성한다고 말하였다.[80]

이러한 홉킨스 특사의 노력으로 말미암아 포츠담 회담이 7월 15일경으로 확정되자 미국 측은 이 회담준비에 들어갔는데 조선문제는 7월 4일자 〈조선 과도정부 및 가능한 소련태도〉, 그리고 〈전후 조선정부〉의 각 요령서 및 상황판단서에 그 정치적 측면이 요약되었다. 그 개요는 얄타 때와 대동大同한데 단 소련이 참전 아니 하는 경우라도 소련의 극동 위치에 감鑑하여 과도관리 정부의 일원으로 참가시키는 것이 가하다는 의견, 그리고 과도정부에 있어서 소련 측이 주도권을 장악하려 하는 경우 차라리 국제연합 신탁에 조선을 지정하는 것이 좋다는 정도의 차가 있었고, 또 그때까지 미, 영, 중국의 공동연구의 결론이 나온 바 없다는 보고가 있었다.[81]

한편 미 통합참모부는 다가오는 거두회담에 대비할 겸 작전 총안의 재검토를 실시하였다. 곧 6월 14일자로 레이히 제독은 대통령

38선 획정 신고

의 명에 의하여 참모장회의를 동월 18일에 소집하였는데 준비 요 망사항 중에는 미군 인명피해를 최대한 저감시키라는 것이 있었으 며, 또 동 14일 통합참모부는 돌연한 일본항복에 대비하도록 태평 양지구 각 사령관에게 지시한 일이 있었다.[82] 18일 대통령 임석 하 에 개최된 군 수뇌회담에 있어서 토의 중 조선의 장래 운명에 관계 되는 중요문제가 누차 취급되었는데 그 관계부분은 다음과 같다. 먼저 마셜 장군이 낭독한 미 통합참모부 기록에는 다음과 같은 상 황판단이 있었다.

우리 해·공군력은 이미 조선 이남의 일선日船 이동을 격멸시켰으 며 다음 수개월에 완전 종식은 아니라도 극소로 절단하여야 된 다. 그렇게 되면 조선 이남의 일본군 이송 봉쇄를 위한 기타지 점 령은 필요하지 않다(다음은 11월 1일을 규슈 침공개시일로 정한 이유 의 설명—생략). 조선 공격에 관한 현저한 군사적 문제점은 유일 한 침공 적격지점인 동남우東南隅의 부산과 서측으로 올라가 있는 서울이 혹은 해안조건 혹은 지형이 곤란한 데 있다. 견고한 요새 지역인 부산에 도달하려면 아등我等은 방대하고 피습 가능한 침 공군을 중重요새화한 일본 지역을 통과시키지 않으면 아니 된다. 여차한 작전은 규슈 침공보다도 일층 더 곤란하며 고가高價로 보 인다. 서울 역시 곤란하고 고가로운 작전이다. 이 양자의 일 작전 을 착수한 후라도 미군은 규슈 침공보다는 역시 전진 못하고 있 을 것이다. (이에 비하여) 규슈 작전은 교살작전에 필수적이며 오 키나와 다음의 최염最廉의 작전으로 보인다.……

아시아 대륙의 소탕에 대하여 아측 목적은 필히 소련으로 하여금 만주 소재 일본군 그리고 필요하다면 조선 소재(방점 필자) 일본군을 상대하게 하는 데 있으며 또 미 공군력과 얼마간의 보급지원으로 중국을 강력화하여 중국 내를 소탕하게 하는 데 있다.

다음 인명피해에 대한 추산에 있어서

태평양 전투경험을 종횡으로 이용한 결과 육군성은 다음 결론에 도달하였다. 곧 조선 내의 유용한 지점을 획득하는 데 요하는 희생$_{cost}$은 거의 확실히 규슈 작전 시 희생보다 과다할 것이다. (이하 생략)[83]

마셜 장군은 이상을 포함한 참모부 의견을 읽은 다음 현지 육군사령관인 맥아더의 견해를 전하였는데 그 중에는 "만일에 시베리아 공격(소련 공격—필자)이 아군의 목표일자(규슈 침공일자—필자) 훨씬 전에 감행되어 적군과 대전투가 실시된다면 (아군의) 위험과 손실은 격감될 것이라"고 하여 소련 참전을 촉구하자는 의도를 분명히 하였다.[84] 이리하여 마셜 장군은 "자기 개인 견해로는 규슈 작전이 추구할 유일한 코스"라고 결론 맺었으며 킹 제독도 이에 찬의를 표하였다. 이에 대하여 레이히 제독은 인명 손실의 추산에 의문을 제시하고 다시 규슈 침공이 곧 전도全島 확보를 의미하지 않으며 결국 본토공습을 위한 도서점령에 불과하지 않는가를 의심하며, 미 대통령 및 각군 참모장도 이 점 규슈는 요컨대 다른 또 하나의 오키나와에 불과하다고 인정하였다.[85] 그러나 이미 회의의 대세는 통합참모부 의견에 기울어졌으며 육, 해군성 장관도 이것을 지지함에

이르러 다른 반대의견은 표명되지 않았다.[86]

한편 이 중대회의에 있어서 킹 제독은 특히 강조하여 설령 소련 대일참전이 유리하기는 하지만 필수적이 아닌 고로 굳이 미국 측이 초치할 것은 없는 일이며 또 일본 격멸에 다소 손실이 더하더라도 미군 단독으로의 처리는 문제 없으므로 이 사실을 명기하면 포츠담 회담에 있어서의 미 대통령의 입장이 더욱 강화될 것이 아니겠느냐고 하는 의견을 토로하였다.[87]

이렇듯이 이 6월 18일자 미군 수뇌회담은 대일 종국전의 작전양상을 결정지은 중대회의가 되었을 뿐 아니라 그 후 한반도의 군사 위치를 방향 주는 계기가 되었으며 이에 따라 한반도는 소련작전 관할에 소속될 가능성이 확실하게 되었다. 본래 얄타 회담 이래 미군 참모부 내에는 소련 대일참전의 효과를 경시하여 그것을 작전 조건의 필수요소로 간주하지 않는 하나의 경향이 있었거니와 나아가서는 참전 결과가 동아시아에 가져올 영향을 우려하여 소련 참전을 저지하려는 일부 판단도 있었던 모양이다. 이 문제는 후일 한국전쟁 시 소환당한 맥아더의 해임 국회청문회에서 브리지스 Bridges 상원의원이 제기한 바로 유명하거니와,[88] 이러한 판단의 근거가 된 소련군 점령지역의 문제에 대하여는 일부 포츠담 회담 준비용 상황판단서에도 반영되고 있던 느낌이 있으며, 한반도 경우가 특히 그러하였다. 즉 6·18 수뇌회담 직전 또는 직후에 작성된 것으로 인정되는 일자 불명의 한 문서는 〈소련과 대일전쟁과의 관계〉라는 표제로서 참모부 상황판단서로 간주되는데 그 문서는 6·18 수뇌회담 기록에 비하여 월등한 광廣시야에서 문제를 고려하였다. 예컨대

〈작전구역〉

1. 일본도서: 본 정부는 전쟁 수행 및 (이후의) 군사정부를 위하여 중부 태평양 및 일본을 미국 관할에 편입할 것을 정책으로 채택하였다. (…) 이들 이유로 일본 제도는 배타적은 아니라 하더라도 제1차적으로 미 작전지역이어야 될 것이다. 정치적 이유로 인하여 아시아 제국을 포함한 현재 대일전에 적극 참가하고 있는 국가부대는 전투에 함께 참가하는 것이 권고할 만하다. 단 이런 참여는 군사작전 효능을 손상하여서는 안 될 것이다.

2. 만주, 몽고, 화북: 아시아 대륙(조선을 제외한) 소재 일본군에 대한 작전은 공군 지원하 육군작전이 주가 될 것인데 이 형태의 전쟁은 소련군의 정통한 바이며 또 소련군은 잘 대비되어 있다. 더구나 지리상 및 보급상 이유는 중국이 병력을 이 지역에 도입하지 않는 한 상기 지역 소재 대일본군작전은 주로 소련군에 의하여 실시될 것을 가리킨다. 따라서 아시아 대륙의 이 부분은 1차적으로 소련 작전지역으로 사려해야 될 것이다. 단 정치적 이유를 고려하여 대일전 중의 타 연합국 부대가 전투에 참가하는 것은 권고할 만하다.

3. 조선: 조선 내 군사작전은 해안상륙과 시베리아로부터의 육상 침공을 혼용할 수 있을 것이다. 이를 위하여, 또 정치적 이유로 인하여 조선은 아마도 단일 연합지휘권 하의 연합작전구역으로 생각되는 것을 권고하는 것이 가할 듯이 보인다.

〈연합지휘권 하의 혼성부대(특히 일본에 있어서의)〉

1. 일본도서(생략)

2. 만주, 몽고, 화북(생략)

3. 조선: 여러 나라 특히 중, 소, 영, 미는 국경 공유 또는 극동평화 및 안전에 중대 영향을 주는 조선의 전략상 위치라는 이유에서 각기 조선에 이해가 있다. 이들 중 한 나라도 여하한 일국이라도 조선 내에 우세한 지위를 획득하는 것을 보려고 하지 않을 것이다. 더구나 이 중의 삼국 곧 미, 영, 중은 '적당한 시일 내에 조선은 자유독립을 얻는다'는 원칙을 공약하였던 고로 조선의 자유독립 발전을 저해할 조건에 응할 수는 없다. 또한 한인 자체도 1차 피정복, 노예화의 경험을 맛본지라 타국 의도를 극단으로 의심할 것이며, 따라서 아마 조선 내에서 작전하는 여하한 단일국 병력에 대하여도 적대적일지 모른다. 이 모든 이유로 해서 관계국 중 일국만이 일본군 구축을 위하여 조선에 침공하는 것은 정치적으로 부적당하다고 사려된다. 따라서 군사적으로 가능하다면 침공군은 단일 총연합 지휘하에 관계국 차출의 부대로 편성됨이 권고할 만하다.[89]

뿐만 아니라 동 시기에 작성되었다고 추정되는 또 하나의 포츠담 회담 준비용 상황판단서(《소련의 카이로 선언 지지》, 일자 불명)에는 조선의 장래 독립공약을 소련은 필히 동의해야 된다는 구절 아래 잇달아, 그러나 소련은 '우호적인' 정부수립을 기도할 가능성이 있는 것으로 내다보고 제4항 결론에 가서는 다음과 같이 단론斷論하였다.

카이로 선언에의 소련 가맹공약은 극동 및 태평양에 있어서 미·

소가 취할 장래 활동에 대한 상세한 양해로서 필히 보완되지 않으면 아니 될 것이다. 이러한 양해는 만선滿鮮 양 지역 또 아마도 전 중국에 수립하려는 소련의 '우호'정부의 가능한 기도를 방어하는 데 필요한 것으로 보인다.[90]

11. 포츠담 회담과 조선신탁

제2차 대전 중 개최된 거두회담의 마지막을 장식하는 베를린의 포츠담 회담은 1945년 7월 17일로부터 동년 8월 2일에 이른다. 이 회담의 관련된 소련 대일참전 관계, 특히 한반도에 직접, 간접으로 관련되는 문제를 더듬는다.

먼저 7월 17일 오찬에서 교환되었다는 〈트루먼-스탈린 담화기록〉에 의하면, 스탈린은 소련참전은 8월 중간이 될 것이로되 그에 앞서 대중교섭이 완결될 필요가 있다고 말한 후에 그간에 진행되었다던 중·소 교섭경과를 약설略說하고 다시 소련 참전에 화제를 돌려, 스탈린은 자기가 얄타 회담에서 약속한대로 8월 중순에는 대일전에 참가할 것을 되풀이하였다.[91] 물론 그때까지에는 트루먼 대통령은 중·소 교섭 내용을 해리만 대사를 통하여 훤히 알고 있었는데, 해리만 보고 중에는 한반도 관계도 포함되어 있었다. 곧 6월 30일 모스크바에 도착한 쏭쯔원은 그 날로 스탈린과 회담을 가졌는데 해리만 대사로부터 "조선에 관하여 스탈린은 쏭쯔원에게 4대국 신탁통치 수립에 동의한다고 확언하였다. 몰로토프는 이것이 전례 없는 예외조치인즉 상세한 양해가 필요하다고 중간에서 발언하

38선 획정 신고

였다. 스탈린은 말하기를 조선에는 외국인 또는 외국정책은 없어야 된다고 하였다." 그리고 "쏭이 알기로는 소련은 시베리아에서 훈련한 2개 조선인 사단이 있은즉 이 부대는 조선에 남을 것이며 또 조선에는 소련 훈련을 받은 정치적 인물들이 초치될 것이라고 쏭은 믿었다. 이러한 조건 하에서는 비록 4개국 신탁일지라도 소련이 조선사태를 지배할 것을 쏭은 두려워 한다"고 미 대통령은 보고받았던 모양이다.[92] 이러한 가능성에 대하여는 다시 회담 직전일인 7월 16일 육군장관 스팀슨에 의하여 대통령에게 문서로 표명되었다.

〈조선신탁안〉

본관本官은 본 건이 비록 얄타 회담에서 구두로 토의되었으나 공식협정의 제목은 아니었다고 알고 있습니다. 전前 대통령 각하의 견해로는 조선인의 자치 준비가 이루어질 때까지 조선에 국제신탁통치가 있어야 된다는 것으로 본관은 통지받고 있습니다. 본관이 청취한 바로는 소련은 4개국 신탁에 동의하였으되 현재로는 상세하게는 합의된 바 없으며, 스탈린은 외국군의 조선 주둔이 없기를 촉구한다고 본관은 알고 있습니다. 본관의 정보로는 소련은 이미 1, 2개 조선인 사단을 훈련 완료하였으며 이 군사력을 조선에서 사용할 의도라고 본관은 추상推想합니다. 만약 국제신탁이 조선에 설치되지 않는 경우 또 혹은 설치되는 경우라도, 차등 조선인 사단은 다분히 지배력을 발휘하여 독립정부이기보다는 오히려 소련지배 하의 지방정부가 되는 정권수립에 영향을 줄 것입니다. 이것은 바로 극동에 옮겨 놓은 폴란드 문제입니다.

본관은 제안은 신탁통치(안)의 강력 추진에 있습니다. 또한 본관은 신탁기간 중 미 병력 또는 미 해병의 상징적 (소)병력을 최소한 조선에 주둔시킬 것을 제안합니다.[93]

뿐만 아니라 소련 측은 제6차 3거두회담 및 제6차 외상회의와 그 이후에 지중해안의 전소 이탈리아 식민지(북아프리카)에 대한 신탁통치에 발언권을 요구하고 나오면서 조선 신탁문제를 그 교섭계기로 삼으려는 것 같이 보여 미국 측의 의아심을 일층 자극하였다.[94]

한편 미, 소의 군사회담은 거두회담, 외상회담 등이 7, 8차 진행된 후인 24일 오후 2시 반 개최되어 중대한 정보, 견해교환과 토의가 있었는데 한반도 관계도 불소不少하였다. 우선 소련 수석대표 안토노프 장군은 소련 참전이 8월 후반이 될 것이라고 하되, 단 정확한 일자는 대중교섭 완결에 달렸다고 하여 스탈린의 표명을 재확인하였다. 그리고 소련의 목적을 들어 관동군의 격파와 요동반도의 점령이라고 천명하고 다음 대륙 소재 일본군 병력에 대한 소련 정보를 개진하였다. 이에 응하여 미국 측은 일본 본토 및 기타 태평양 도서지역의 일본군 병력에 대한 정보를 피력하였다. 그리하여 쌍방은 다음 일본군의 대륙·본토 간의 병력전용 능력, 중국전선과 만주와의 일본 병력전용 가능성, 그리고 기타 작전관계를 토의하였는데 이즈음 기록에는 소련 측의 한반도 공격문제가 잠깐 나타나거니와 그것은 자못 중대한 결과를 내포하는 것이었다. 즉 소련 대표 안토노프 장군은 쿠릴열도 작전협력 문제, 알래스카-시베리아 통로 문제를 논하다가 돌연 말문을 돌려 "한반도에 공격을 가하게 될 소련병력에 호응하여 대對조선 해안작전을 감행할 수는 없느냐"의

여부를 물었다. 이에 대하여

> 대조선작전에 대하여 마셜 장군은 이러한 육·해·공 작전은 아직 계획된 일이 없으며 특히 가까운 장래에는 없을 것이라고 말하였다. 미군의 남조선 일본 공군 파괴가 완료할 때 일본 본토 일부의 미군지배가 실현될 때까지는 대조선 해·육·공 작전은 미군 선운船運을 일본의 해·공·특공대 공격에 노정시키게 될 것이다. 이러한 작전의 연출에는 방대한 수의 강습強襲선박이 요청되는데 이 수의 선박은 3개 규슈 상륙에 소요될 것이며 이 외의 조선상륙용 강습선박은 따로 없다. 소규모의 수·육·공 상륙은 상하이 남방 중국 해안에는 실시 가능하며 웨드마이어Wedemeyer 장군에게 큰 도움이 될 것이다. 마셜 장군은 소련작전에 대한 조선의 중요성은 깨닫는 바이나, 그러나 조선 공격의 가능성은 규슈 상륙 후에 결정되어야 할 바라고 말하였다. 장군 생각으로는 조선은 규슈에 설치될 비행장에서부터 (공군력으로) 지배될 수 있을 것이다.[95]

라고 대답하였다.

여기에 다시 기억할 바는 이 회담 중 하루는 마셜 장군이 작전부장 헐Hull 중장을 초치하여 미군의 조선 진입계획을 준비하라고 명령하였던 일이다.[96] 뿐만 아니라 이미 7월 16일에 미국은 원자탄 시험에 성공하였으며, 16일에는 상세한 보고를 가지고 포츠담으로 비래飛來한 스팀슨 장관과 더불어 트루먼 대통령은 국무장관, 레이히 제독, 마셜 장군, 킹 제독, 아놀드 장군을 소집하여 원자탄 실험

성공이 가져올 새로운 사태를 군사면에서 검토하였다.⁹⁷ 그러지 않아도 미국 측은 조기 일본항복 가능성을 계산에 넣고 있는 터이었다.⁹⁸ 이 까닭에 24일 군사회담을 미, 영 수뇌에게 보고한 연합참모부 보고에는 그때까지도 소련 참전은 촉진하여야 된다는 것과 아울러 "돌연한 적(일본) 붕괴 또는 항복 같은 호好정황을 즉각 이용하기 위하여 점령 목적으로 일본 본토에 진입케 하는 작전의 준비를 명령하였다"고 하였다.⁹⁹ 그런데 마셜이 헐 중장에게 명령하였다는 애플만Appleman의 저술에는 그 준비가 전투상륙을 위한 준비인지 상기한 종전 직후의 점령차 진입준비인지 알 길이 없거니와, 마셜의 대對안토노프 답변, 그리고 그 전후를 통하여 조선 상륙작전안이 통합참모회의에서 논의된 기록이 발표되지 않는 것을 보면 헐 중장의 준비가 상륙전투를 위한 것이라고만도 단정할 수 없게 된다.¹⁰⁰

한편 24일 군사회담에 있어서 미국 측 참모수뇌는 소련 참모 측에게 5개 항목의 서면질의를 수교하였는데 제1항은 시베리아 기상반 설치에 관한 문제이거니와 제2, 3항은 해·공 작전에 있어서의 미, 소 관할 문제였다. 곧,

제2문, 미 해군 해상력은 오호츠크와 일본해에서 무제한 작전한다. 미 잠수함은 오호츠크와 일본해 면의, 다음 점을 연결하는 선의 동남 해면에서 무제한 작전한다. 즉 조선해안 38도선, 다음 북위 40도 동경 135도로, 또 다음 북위 45도 45분 동경 140도로, 그리고 다음 북위 45도 45분선 평행. 이 경계는 상황에 따라 후일 변경할 수 있다. 이 경계 서북의 미 잠수함 작전과 이 경계 동남의 소련작전은 조절에 의한다. 소련 참모본부는 그 나머지의

해군조정에 관하여 제의가 있는지 여부.

제3문은 공군 경계로서 로팟트카Lopatka 곶으로부터 서쪽 북위 51도 10분 동경 147도 지점, 다음 북위 45도 45분, 동경 144도 20분 지점, 다음 북위 45도 45분, 동경 139도 30분 지점, 다음 북위 41도 20분 동경 133도 20분 지점, 다음 서쪽으로 조선의 청진, 다음 북향하여 조선국경의 철로, 다음 서쪽으로 철로를 따라 옌지延吉, 창춘長春, 다음 강을 따라 랴오양遼陽, 카이루開魯, 츠펑赤峰, 다음 철로를 따라 둬룬多倫, 포창, 장자커우張家口, 다퉁大同, 평전豐鎭, 지닝集寧으로부터 구이쑤이歸綏, 다음 서북향하여 외몽고에 이르는 연결선의 동남지역을 무제한 작전구역으로 제외하였다. 제4문은 즉시로 미·소 작전협력을 위한 조정, 연락기구를 설치하자는 제안이었으며, 제5문은 긴급대피 시 상호 차용할 미, 소의 항만, 비행장 지정문제였다.[101]

이상 서술한 바와 같이 24일 군사회담에 있어서 한반도는 지상작전상 소련군 관할 하에 놓이게 되며 또 해·공군의 작전구역에 대한 미군 제의가 소련 측에 수교되었거니와, 이 24일에는 또한 3거두회담이 개최되었고, 이 회담 종료 후 사담의 형식으로 트루먼 대통령은 스탈린에게 원자탄의 위력을 시사하였는 데 대하여 스탈린은 별로 큰 관심을 표명한 것 같지 않은 기록도 있어서 흥미를 끈다.[102] 24일의 군사회의에 이어 7월 26일 오후 3시부터는 미, 소만의 군사회담이 개최되었는데 기록을 참고하면 회담은 미국 측 질의요청에 대한 소련 측 답변을 주로 하는 것이었다. 먼저 소련의 안토노프 장군은 24일 미국 측 질의에 답하였는데 지금 우리가 관심을 가지고 있는 제2, 제3문에 대한 소련 측의 반대제의는 다음과 같았다.

안토노프 장군은 다음 제2문에 대한 회답을 다음과 같이 낭독하였다. 일본해에 미, 소 해·공 작전의 구역을 설정한다(방점 필자). 구역의 경계는 조선 해안의 무수단舞水端[103]으로부터 북위 40도 동경 135도점, 다음 북위 45도 45분 동경 140도, 다음 북위 45도 45분을 평행하여 (남사할린 남단의) 곤도곶近藤岬 (홋카이도 북단의) 소야宗谷곶을 연락하는 선, 이상의 연결선에 연沿할 것이다. 소련 해·공군은 이 선 북방에서 작전, 미 해·공군은 이 선 남방에서 작전할 것이며, 이 선은 해상, 잠수함, 비행의 제한선이 될 것이다. 장래 정황에 따라서 이 경계선은 변경될 수 있다(협조사항 중 오호츠크 해 및 베링 해의 구역문제는 생략). 마셜 장군은 일본해의 해·공 분계선을 수락한다고 말하였다. ······ 안토노프 장군은 다음 제3문의 회답을 다음과 같이 낭독하였다. 조선, 만주의 미·소 공군 작전구역의 경계선은 다음과 같다. 곧 무수단, 창춘, 랴오양, 카이루, 츠펑, 베이징, 다퉁 그리고 다음 내몽고의 남경南境에 연한다. 미 공군은 이상 열거한 지점을 포함한 계선界線 남방에서, 소련 공군은 그 북방에서 작전한다. 장래 정황에 따라 이 선은 변경될 수 있으며 그 계선 북방의 미 공군작전과 그 선 남방의 소련 공군작전은 필히 조정을 거쳐야 한다.[104]

이상에서 발견할 수 있는 바와 같이 한반도 주변의 미, 소 해·공 작전구역의 제의를 비교하여 보면 일본해에 있어서의 미 해군의 무제한작전 제의는 여지없이 감축되어 함경북도의 대부분, 연해주 근변 일대에서의 미 해군작전은 금지되었으며, 이 일대의 해군작전은 대체로 미국 측이 제의한 공군, 잠수함 작전선에 근접하되, 단 미국 측의 잠수함 작전보다 한반도 동해안에 있어서는 북위 38도선에서 40도 49분선으로 올려놓았다. 한편 한·만 지대의 공군작전에 있어서는 미국 측 제의인 청진, 옌지, 창춘 선을 소련 측은 무수단, 창춘 선을 바꾸어 사실상 함경북도의 대부분과 동만주 일대는 소련 공군 관할에 들어가게 되고, 내몽고 외곽에 있어서는 미국 측의 츠펑, 둬룬, 장자커우, 다퉁 선을 소련은 츠펑, 베이징, 다퉁 선으로 변경함으로써 이 방면의 경계선은 남쪽으로 처지게 되었다.[105]

이리하여 이러한 문제를 둘러싸고 미·소 공군대표 간에 약간의 논란이 있으나 결국 소련안으로 낙착되었는데 이 결과는 마치 일면으로 동만東滿, 함북咸北에 대한 소련의 전통적인 전략관념을 확인하는 인상을 주면서 또 타면에 있어서는 미국 측의 일본해상 무제한 작전과 잠수함 작전의 38선 시점始點 제의를 감안할 때 한반도 진입계획을 수립하는 경우에 큰 암시를 주는 인상을 받는다.[106] 또 하나 주목할 바는 이 회담에서 상기 작전구역 문제에 대하여 조정이 필요한 사항은 미·소 현지 사령관에게 일임하고 각 사령부에는 피차 연락관을 두어 수시로 또 급속히 문제를 해결하자고 합의한 것인데 이로서 미·소 양군의 조정사항은 워싱턴, 모스크바와 더불어 현지에서도 해결할 수 있는 길을 터놓았다는 점이다.[107] 다음으로 이 회담에서 미국 측은 정식으로 소련 측에 규슈 작전 개시일자를 밝혔는데 그것은 11월 1일이 아니고 원래의 예정을 앞당겨 10월 하순경이라고 되어 있었다.[108]

다음 7월 28일 오전 3거두회담에 있어서 스탈린은 새로 일본 측이 평화 알선을 소련에 의뢰한 사실을 명백히 하고 거부할 뜻을 전하였는데 이로써 더욱 전국戰局이 종말에 들어선 것을 느끼게 하였으며[109] 한편 조선 신탁문제는 3거두회담이나 외상회의에서 따로 자세히 논의된 기록이 없는데, 그것은 아마도 조선 신탁문제를 이탈리아 식민지 신탁에 소련이 개입하려는 구실로 사용하는 인상을 주었던 까닭에 미국 측이 새삼 거론하지 않았던 것 같다. 회담 후 작성된(8월 7일 워싱턴) 회담의 미국 측 서기국의 토의문제 요령에 보면 "조선, 조선신탁통치 문제는 소련에 의하여 제기되었으나 토의되지 않았다"고 되어 있다.[110] 그리고 이 역사적 회담이 끝난 후에 육군장관 스팀슨이 트루먼 대통령에 전한 종합적인 견해에는 미·소 간의 근본적인 정체政體 차이에서 유래하는 대소對蘇 불신 또는 경계심이 노골하여 미 고위층의 대소 인상의 일단이 표명되어 있었다.[111]

12. 일본의 항복과 38선 분단

포츠담 회담으로 인하여 미, 소 군사당국 간에 중요한 양해가 성립은 되었으나 그것은 안토노프 장군의 말한 바 "5개 질의 하에 마련된 모든 조치는 소련의 대일참전 후에 실시될 바"[112]이었으며, 소·중 교섭은 포츠담 회담 후 다시 모스크바에서 진행되었으나 8월 8일 소련참전까지 결말이 나지 않았었다.

한편 태평양 미 현지사령관들은 포츠담 회담의 추세에 대한 연락을 부단히 받고 있었으며 더욱이 일본 조기항복 가능성에 대하여도 통고받고 있었다.[113] 7월 21일 통합참모본부는 맥아더 장군 및 니미츠 제독에게 소련참전이 8월 15일이 될 가능성이 있다는 것을 통고하며, 동시에 일본 조기항복이 때에 따라 소련참전 전에 실현될지도 모르니 이에 대비할 태세의 필요가 날로 증가한다고 경고하고 다시 7월 25일 참모본부는 맥아더에게 지시하여 근일 중 항복 후 일본 점령, 통제, 취급에 관한 결정이 있을 것이니 의견을 자세히 보고하라고 하였으며, 그 다음날인 26일에는 태평양사령관들에게 "일본정부 항복 시 취할 절차계획의 조정이 현재 다급한 필요사事"라고 통지하였다.[114] 그러나 소련 측으로 보면 얄타 회담 때 약속하였던 8월 8일 참전을 충실히 이행한 결과가 되었다.[115] 9일에는 이미 소련군은 만주작전을 개시하여 4개 지역에서 관동군 및 만주군을 압박하였는데 스탈린은 (제1차) 목표를 창춘과 하얼빈에 두었다고 전한다. 그러는 가운데 8월 11일 미국은 맥아더를 주일본 최고사령관으로 임명할 것을 연합국에 통고하여 14일에는 소, 중, 영의 승낙을 얻어 연합군 최고사령관이 되었다.

일본의 항복은 8월 12일 수락되었다는 소문도 있었으나 결국 14일 무조건 항복에 일본은 굴하였는데 이즈음 한·만 지역의 소련 점령이 초래할 위험에 관한 경고가 연달아 트루먼 대통령에게 들어왔다고 한다. 곧《트루먼 대통령 회상록》에 의하면, 배상문제 협의 차 모스크바에 가 있던 폴리Pauly 대사로부터 내도한 서한에는 다음과 같은 구절이 있었다.

배상 및 기타 문제(기타 문제라고 중언重言하겠습니다)의 논의를 통하여 소생이 도달한 결론은, 아군은 가능한 한 한, 만 공업지대를 남단으로부터 시작하여 북방으로 진군하면서 많이 그리고 속히 점령하여야 된다고 믿게 합니다. 소생이 우고愚考하는 바로는 이 모든 일은 조직적 적대행위가 종식된 이후에는 미군의 인명피해 없이 실시될 것이며 또 점령은 배상, 영토권, 기타 양여에 대한 만족한 협정이 도달될 때까지 계속되어야 할 것입니다.[116]

또한 거의 같은 논조의 해리만 대사의 전보도 내도한 것으로 되어 있다.

포츠담 체류 중 마셜 장군 및 킹 제독은 본관에게 말하기를, 만일 일본 항복이 소련군 점령 전에 이루어진다면 조선과 다롄에 있어서의 (미군) 상륙이 제의되었다고 합니다. 현금 스탈린이 쑹쯔원에게 그의 요구를 증가시키는 행위로 보아 이러한 상륙이 적어도 관동반도 및 조선에 일본군 항복접수를 위하여 실시될 것을 본관은 건의합니다. 본관은 미국이 과연 여하한 대소 의무감에서 어떠한 소련 군사작전 구역이라도 존중해야 하는지 이해 못합니다.[117]

이 해리만 대사의 전문 초록은 단적으로 한, 만이 소련 작전구역으로 인정되어 왔던 사실과, 동시에 포츠담 회담 시에 조선 상륙계획이 적어도 고려되었다는 사실을 증명하고도 남음이 있는데, 특히 상륙계획에 있어서는 통합참모본부의 항복 후 진주계획 준비 지시 및 헐 중장 조선 진입계획과 관련이 있는 듯하며, 더욱이 이 전문

38선 획정 신고

소전所傳의 마셜, 니미츠 담談이 일본 항복을 전제하고 있는 것으로 보아 헐 계획의 전제조건을 암시하는 느낌이 없지 않다. 이에 연관하여 우리가 상기할 바는 트루먼 대통령의《회상록》의 1절인데 이것에 의하면 38선은 일반명령 제1호가 기초될 때까지 논의된 일이 없었다는 데 골자가 있다. 곧

나에게 보낸 스탈린의 통지나 맥아더에게 보낸 안토노프의 통지거나 또 소련 사람으로부터 온 기타의 통신도 모두 조선 점령분획선에 대하여 아무런 논평 질의도 하지 아니하였다. 후년에 그렇게도 비운을 가져 온 38선은 쌍방 어느 편에 의해서도 토의되거나 흥정거리가 된 일이 없다. 일반명령 제1호가 결재차 나에게 제출되었을 때 그것은 북위 38도선 이남의 항복은 아군에 의하여, 그리고 이북은 소련군에 의해서 접수되도록 규정하고 있었다. 내가 듣기에는 번즈Byrnes 장관(국무장관)이 실제 가능한 대로 북방으로 올라가 미군이 항복을 접수할 것을 제의하였다고 한다. 그러나 군 당국은 거리, 인원 부족의 극복할 수 없는 장해에 직면하고 있었다. 38선조차도 만일 소련인이 동의하지 않기로 결정한다면 어느 미군이 도달하는 데도 과하게 멀었다. 만일에 반대가 있을 경우 오로지 아군을 어느 정도 북방으로 진입시킬 수 있는가를 생각한다면 그 선은 한반도의 훨씬 남쪽에서 그어졌을 것이다. 38도선을 그음으로 말미암아 아군은 조선의 옛 수도인 서울에서 항복을 받을 기회를 확보하게 되었다. 물론 당시로는 일본 항복 접수의 적의適宜한 책임분담을 마련하는 것 외는 별 생각이 없었다. 조선문제에 관한 앞의 모든 논의는, 조선의 독립 달성

전에 신탁통치 단계를 경과하여야 된다는 데 소련이 합의한 것을 보여주었다. 또 대조선 조치에 대하여 중국으로부터 반대가 있을 가능성이 있었다. 왜냐하면 조선은 1894년 청일전쟁 전에 중국 통제 하에 있었던 까닭이며 또 여러 번 중국은 다시 그 권리를 요구하는 약간의 경향을 보였다. 그러나 아무런 반대도 제시되지 않았다.[118]

여기서 필자가 흥미를 느끼는 것은 트루먼 대통령의 서술은 주로 38선 자체의 대소 통고를 중심으로 하고 있다는 점이다. 38선 자체의 대소 통고에 대하여 트루먼 대통령이 스탈린이나 안토노프 편의 논평 질의를 못 들었다는 사실은 조금도 반도분단선이 그 당시에 구상된 것이라는 증좌로 되지는 않는다.

첫째 38선도 소련의 반대가 있는 경우에는 북방으로 처진 선이라고 하는데, 왜 그러면 일단 소련군에게 일임하였던 반도에 있어서 항복접수만은 분획선을 그려야 된다고 생각하였느냐 하는 문제에는 논급하고 있지 않다. 이 문제가 곧 앞에서 누술履述한 바와 같은 소련 점령지역의 분규를 예상한 것은 의심의 여지가 없다. 또 38선조차도 소련의 반대가 있을 경우에 멀다는 말은 역으로 반대만 없다면 왜 하필 38선이냐 하는 문제도 나온다. 일방적으로 획정하는 것이라면, 또 반대가 없을 수 있는 한 40도선, 아니 전 반도를 미군의 항복접수지역으로 통고할 수도 있었지 않았느냐 하는 반론도 있을 수 있다. 반대가 제시되는 경우 38선도 어차피 후퇴하여야 할 것이었다면 말이다. 더구나 흥미로운 것은 한반도의 수도인 서울을 미군 측에 포함하는 것을 트루먼 대통령이 특기하고 있는 일

38선 획정 신고

인데, 바로 이 점은 헐 중장의 미군 반도진행 계획도 위로는 서울 주변 관할권의 장악을 고려에 넣고 있었던 것으로 알려져 있다는 사실이다. 이것은 우연한 일치로서는 너무나 정략적 성격을 띠고 있다.

이렇게 볼 때에 38선 자체의 모체라고 할 수 있는 반도분단선은 포츠담 회담 중에 마련된 '헐 계획'과 밀접히 관련되어 있는 것 같다. 그리고 이 헐 중장의 미군 반도진입 계획은 한편 급속한 일본 항복에 대비하기 위한 미 참모본부의 항복 후 진주계획 지시와도 관련되어 있는 것 같다.

여기서 우리가 기억할 것은 일본해(동해)에 있어서의 해상, 잠항, 공군작전 관할을 미, 소가 토의하였을 때 잠항에 있어서의 미국 측의 기점起點은 동해안 38선 지점이었는데 그것이 소련 측의 대안으로 잠항뿐이 아니라 공중·해상작전이 모두 40도 49분선으로 제한되게 되었다. 곧 잠항에 있어서는 미안美案보다도 북진하여 작전관할이 넓어졌으나 반면에 공중·해상작전에 있어서는, 특히 해상작전에 있어서는 대폭으로 관할지역이 축소되게 되었다. 그러나 해·공 더불어 반도의 3분의 2 되는 지역에 대응하는 작전관할권을 갖게 되었으며 따라 반도작전에 영향력을 가지고 있었을 뿐 아니라 일본·대륙 간의 일본군 이동의 절단을 담당하는 셈이었다.[119] 소련 측에서 24일 군사회담 시 미국 측의 반도 상륙작전 계획의 유무를 물은 이유의 하나는 이러한 작전상의 관련에 기인하는 것으로 보인다. 따라서 이런 점에서 볼 때 38선 부근의 반도 분단선을 획정하여 항복 후 미군이 진주한다는 것은 작전상으로도 요구하였을 만한지 모른다.

요컨대 헐 계획선은 표면상 전투를 목적한 신 구획선안案일 수도 있고 또 항복 후의 진주한계선일 수도 있으나, 요컨대 그 진의가 동유럽 사태에 감鑑하여 소련 점령지역의 경제적 정치적 결과를 회피하고 새로 신탁통치에의 합의가 이룩될 때까지의 잠정조치로 구상된 것은 의심의 여지가 없다. 뿐만 아니라 헐 선이 전투 목적의 신 관할구역선이라고 가정하더라도 그것은 26일의 미·소 군사합의에 의하여 당연히 현지사령관 간의 결정에 속할 기술문제로 고려될 수 있거나 모스크바 미·소 협의(미군사절단과 소련참모부) 사항으로 간주될 수 있다. 그렇다면 그러한 연락사항으로 내보內報되었을 수도 있다.

다음 제2의 경우, 곧 항복 후의 진주안일 때는 전체 항복접수 절차가 문제된다. 앞에서 이미 논급하였거니와 미·영 연합참모부는 7월 24일 미·영 원수에게, 일본 초기항복에 대비하는 준비계획 작성을 지시하였다고 보고하였으며, 또 그 다음날인 25일에는 미 통합참모본부는 맥아더에게 근일 중 일본항복 후 점령 기타문제가 토의되니 곧 사령관의 견해를 제시하라고 지시하고, 26일에는 항복 후 제諸절차에 관한 계획의 조정이 시급함을 양 태평양사령관에게 고하고 그 회답은 그 다음날 27일 참모본부에 접수된 것으로 알려진다.[120] 따라서 포츠담 회담 종료 전에 이미 미 참모본부는 항복접수 절차를 토의 결정하였거나, 토의 개시하였거나 또 혹은 토의 준비가 완료되었다고 추측된다. 그런데 현재 이 항복접수 절차를 포함한 종전 후의 군사대책은 그 기록이 공개되어 있지 않다. 그러나 그 중에는 그 하나로서 한반도 진주안도 포함되어 있었을 것이며 그것이 27일 이후가 아닐 것만은 거의 확실하다. 그리고 이러한 군

38선 획정 신고

사적 조치는 그 기본정책이 결정되면 그 대요大要는 대개 소련 군사당국에게 연락될 가능성이 있었던 것은 과거의 예가 그랬던 것으로 쉽게 짐작할 수 있다.

이 점에 관해서 주의할 것은 군사당국에서 작성한 일반명령 제1호안이 국무장관에게 전달되는 8월 11일은 바로 미국의 대일 항복 권고가 일본에 발송되고[121] 항복은 거의 1, 2일의 문제라고 생각되는 때이로되 항복접수 절차가 토의되었으리라고 생각되는 포츠담 회담 중보다는 상당히 시일이 경과된 후였으며 또 설령 포츠담 기간 중에 항복접수안이 소련 군사당국에 내보되지 않았다 하더라도 소·일 전쟁상태가 발생한 9일 후에는 군사연락회의에 따라 내보되었을 가능성도 있다. 여하튼 간에 반도분할선이 고려된 것이 포츠담 회담 중이라는 것과 그것이 미 참모부안이었다는 것은 의심이 없으되, 단 미·소 합의선이냐에 대하여는 아직도 판단할 근거가 박약하다. 또 한 가지 첨부할 것은 명령 제1호에 대한 스탈린 회신(8월 16일)이 소련군의 항복접수지역에 쿠릴 열도와 홋카이도 북반부의 포함을 요구한 사실인데, 그 중에 쿠릴 열도에 관하여는 미국 측 기안인 명령 제1호가 고의로 쿠릴 열도는 불분명하게 한 것 같은 것을 소련 측에서 지적한 것이며[122] 다음 홋카이도 문제는 일견 소련의 대일점령 참가의 적극적 표현 같기도 하였다.[123] 그런데 쿠릴 열도에 대하여는 미국 측에서 이미 각오한 바대로 응낙하였으나 홋카이도 문제는 단호히 거절하여 스탈린을 격분케 하였는데,[124] 그럼에도 불구하고 스탈린이 38선 문제를 대항조처로 채택하지 않은 것은 의미심장하다.

13. 결어

소련의 대일참전을 둘러싸고 미국의 대조선정책의 기본관점은 앞서 이미 수차 인용한 바와 같이 조선은 그 국제정치상의 성격이 국제적이며 일본은 패망으로 인하여 영향력을 상실한다 하더라도 그 대신 소, 중의 '전통적 이해'가 작용할 것이므로 단일세력에 의한 조선 군사점령은 중대한 정치적 역효과를 가져올 것이라는 데 있었다. 따라서 국무성의 '국제'신탁안에 의한 미, 영, 중, 소 4개국의 관리안도 이러한 정신에 입각하는 것이며, 전쟁 중 발언권이 강하였던 미 육군장관의 건의도 이러한 의미에서 국제신탁을 지지한 것으로 이해된다. 뿐만 아니라 포츠담 회담 중 준비된 상황판단서가 조선전선을 연합국이 공동으로 참여하는, 현실적으로는 미, 소가 공동 참여하는 연합작전 구역으로 지정할 것을 제의한 것도 또한 이러한 관점에서 오는 것으로 인정된다. 말하자면 한반도는 관계세력의 이해가 교차하는 지역, 그런 의미에서 일종의 완충지역화할 곳으로 간주되었던 모양이다. 따라서 전후의 국제신탁이 미국 측 구상대로 실시된다면 가장 중요한 문제는 신탁관리국에 어느 나라가 참여하느냐 하는 문제, 그리고 그에 앞선 군사정부에 어떻게 관계 각국이 대표되느냐에 있었을 것이다. 얄타 회담 단계에 있어서 루즈벨트 대통령이 조선문제에 대하여 이 점에 교섭을 집중한 것은 위의 견지에서 보아 극히 당연한 일이었다. 그러나 그 당시도 군사정부 수립에 선행하는 군사점령에 어떤 국가가 참여하느냐가 반도 장래에 중대한 의의를 지니고 있는 점은 충분히 인식되어 있었던 것인데 영국 측의 이유 불명의 제의로 공식과제에서는 누락되었을 뿐이었다.

　얄타 회담에서 포츠담 회담에 이르는 4개월여 간에 미·소 관계는 중대한 변화가 발생하였다. ①은 루즈벨트 대통령의 사거死去에 따른 친러시아 분위기의 무산이요, ②는 폴란드 기타문제를 둘러싼 소련 점령지역 처리 분규였다. 이즈음 미 군부 측에서도 소련 참전에 따른 한, 만, 화북 지역의 적화가 우려되었을 뿐 아니라 미 최고 수뇌에서도 이 문제에 대한 인식을 깊게 하고 있었던 것 같다. 그러므로 포츠담 회담기간 중 미국은 조선에 대하여는 가능한 조치, 항복접수구역 설정을 포함하는 가능한 조치로서 소련 단일세력의 점령에 따른 적화 위험을 저지하려고 하였다고 생각된다. 그런데 이 경우에 있어서도 미국 측은 한반도에 대한 점령권의 주장은 몽상도 아니 하였던 것 같다. 곧 국제이해가 충돌하는 한반도에서 과도한 요구를 제시하는 것은 그대로 국제분규의 불씨가 된다고 고려하였을 것이며, 또 소, 중은 이 문제에 관심이 다대하리라고 믿고 있었던 것은 트루먼 대통령의 솔직한 표현으로도 이미 우리가 느낀 바이다.

　그러나 이러한 대한對韓정책은 미국의 대일본 본토정책과는 크게 대조를 이룬다. 포츠담 회담 때의 한 준비서류에 의하면 "우리(미국) 정부는 전쟁 수행목적과 군사정부를 위하여 중태평양지역 및 일본은 미국 관할 하에 귀속하는 것을 정책으로 채택하여 왔다." 그러므로 일본은 1차적으로 미군 작전구역이 되어야 한다는 것이며 전후처리에 있어서도 이 지역에 있어서는 미국의 영향력을 손상시켜서는 안 된다는 것이었다. 이러한 대일 기본태도는 전쟁 중에 표시된 일본 점령정책에도 이미 명백한 바로서 설혹 명분상으로는 소수의 타국 군대를 참가시킨다 하더라도 그것은 명목이요 사실상 미군의 독점 점령을 의도하였고 또 점령정책 결정에 있어서도 소련 등의 개입을 실질적으로 용허하지 않았다. 이러한 실태는 누차 소련이 일본 점령관리에 대한 소련 참가희망을 노골적으로 표명하였는데도 불구하고 사실상 묵살된 점이나, 또한 홋카이도 북반의 일본군 항복접수를 소련이 요구하였다가 거절된 일이 모두 호례好例라 할 수 있다. 말하자면 일본의 확보를 중심정책으로 하고 한반도는 그 외곽의 완충역할 내지는 엄호역할을 결과하는 것이 되었다.

이 사태는 흡사 러일전쟁에 있어서 러시아 측 일부에서 한반도의 39도선 이남의 우선권을 일본에게 허용하는 안을 제시한 것이나 혹은 1896년 야마가타山縣·로마노프Romanov 회담에서 제의된 한반도 38선 분할안 등을 역으로 가는 감이 있다. 하기는 태평양 작전에 있어서도 전쟁의 최종단계까지 조선작전은 작은 문제로 취급된 감이 있으며 이 점에 있어서는 대한제국 시대의 미국의 한국 경시 전통과도 일맥상통하는 바 있는 인상이다. 이러한 인상은 6·25사변이 발발하던 1950년 정월, 미 국무장관의 유명한 발언, 곧 "미국의 극동방어 주변선은 알류샨 열도로부터 일본 그리고 다음 오키나와에 이른다"는 발언으로 한반도의 위치가 어디에 있느냐가 문제된 사실로 더욱 선명하였었다.

그러나 6·25사변 후 미국은 한반도에서 적극적이었으며, 38선 획정 당시의 정신인 반도의 단일세력화 반대 혹은 적화 반대의 태도를 견지하였다. 그러면서도 대일 종국전에서 그렇게도 인명피해에 세심하여 조선 상륙작전을 감행하지 못하던 미군이 한국사변으로 13만 이상의 사상자를 내게 된 것은 일종 풍자적이 아닐 수 없다. 그리하여 현재 미국의 대한 관계는 역사상 유례가 없는 밀접한 것이다.

그러나 그럼에도 불구하고 그 기본양상은 분단선 획정의 정책적 연원이 된다고 인정되는 한반도에 대한 정치적 판단과 다른 바가 없는 것으로 보인다. 따라서 그렇다면 한국통일에 있어서의 한국의 국제정치적 성격은 미국의 대한정책상 고정되어 있다고도 생각할 수 있다. 아마 이 점은 제정 러시아 이래의 소련의 외교적 타협의 한계선일지도 모른다. 또 한편 일본의 위치가 대미관계에서 일차적인 관심사인 데 반하여 한반도의 남부가 그 외곽의 엄호지역으로 규정되는 경향이 아직도 있다면 아마도 38선으로 상징되는 종전 후의 분단선 그리고 사변 후의 휴전선은 포츠담 회담 이래의 정치적 효용을 그대로 발휘하고 있다고 하는 사람들이 있을 것이다.

《아세아학보》 1집, 1965년

《첨기》添記

1. 1965년 필자가 〈38선 획정 신고新攷〉를 발표한 이후에 새로 알려진 자료는 한반도 내 일본군의 항복을 접수하기 위한 '38선'이라는 구체적 분획선이 미국 측에서 어떻게 결정되었나 하는 점에 관해서이다.

포츠담 회담 중에 미, 소의 한반도 작전분획선에 관하여 미국 측에서는 가더너 제독이 관련되었다는 것은 이미 렉키의 저술에 시사되었다(R. Leckie, *Conflict: History of The Korean War 1950~53*, Putnam, 1962, pp. 31~32). 다음, 항복 접수구획선으로 38선을 발안한 것은 미군의 찰스 본스틸 대령(후에 주한 UN군사령관)과 딘 러스크 대령(후에 국무장관)의 양인이었다는 것이 저널리스틱하게 보도되었다(《동아일보》 1970년 8월 15일). 그 뒤에 오래 대망되던 미국 전사처戰史處의 《미 육군 한국전사》 제3편 《정책과 방향》이 슈나벨 씨에 의하여 공간되어서 이 문제에 대한 신빙할 만한 기록을 얻게 되었다(J. F. Schnabel, *Policy and Direction: The First Year*, Office of the Chief of Military History Department of the Army, 1972). '38선' 문제에 관계된 슈나벨 씨의 서술은 개략하면 대강 이렇게 된다.

미, 소는 얄타 회담에서 한반도의 신탁통치에 합의하였으며, 포츠담 회담 중에는 만주 일본 관동군의 항복접수 구획선을 의논하다가 그 끝에 미, 소는 한반도 내의 미·소 작전과 이에 따른 작전 구획을 논한 일이 있다. 가더너 부副제독의 이름은 이 단계에서 나오는 것 같다. 그리고 1945년 7월 25일 미 통합참모총장 마셜 장군은 포츠담 회담 중인 트루먼 대통령에게 한반도에 대한 처리지

침을 청훈請訓하였으며 한편 맥아더 장군은 포츠담 회담 직전에 이미 한반도 점령의 훈령을 받고 있었다. 미군 측은 당시 반도 내의 부산, 군산, 서울, 청진 등에 상륙을 구상하였으나, 소련군이 청진을 선제先制하고 만주, 화북에 진입할 것이 예상되므로 이에 대항하여 반도 어느 곳이든 조속히 미군이 점거할 생각이었다. 요컨대 소련의 극동참전 결정에 따라 만주, 동해, 일본, 한반도에 대한 작전구획이(내 〈新攷〉에 자세하듯이) 논의되었으되, '38선'이라는 특정한 분단선은 상기 작전구획선으로 나온 것은 아니다. 38선은 예상 외로 일본의 항복이 빨리 실현됨에 따라 미군은 황급히 일본 항복군을 접수할 미·소 간의 구획을 결정하지 않으면 아니 되는 조급한 환경에서 당시 작전국 정책과장이던 본스틸 대령이 소련군의 한반도 점령과 항복군의 단독접수를 막기 위해 가능한 북쪽으로 올려서 획정한 것이 '38선 분획안'이었다. 이 안은 상부에 올라가는 도중에 가드너 제독이 대표하는 해군 측에서는 39도선으로 수정할 것을 시사하였으나, 육군 측은 38선을 타당한 것으로 보고 상신하여 대통령의 결재를 받았다. 38선 구획안이 소련에 통고되어 그 회답을 기다리는 중에 소련군은 이미 한반도에서 수일 간 작전 중이었다. 따라서 소련이 38선 획정을 거부하는 경우 미군은 부산 진주를 구상하고 있었다는 것이다. 소련 측의 회답은 1945년 8월 16일 도착하였으나 38선 획정에 대하여는 언급 없이 다른 몇 개 문제만에 이의를 표시함으로써 '38선'은 받아들여진 것으로 인정되었다.
2. '38선 획정'에 관하여 그나마 미국 측 문서에서 직접 간접 언급이 있는 것에 반하여 소련 측의 공간된 외교문서에는 이에 대한 기록이 빠져 있다. 1969년 모스크바에서 《테헤란·얄타·포츠담》이라

는 외교문서집이 공간되었으나, 그것은 전문이 아니라 발췌된 것으로 동북아 관계는 극히 적으며, 더구나 38선 관계는 전무全無가 되어서 섭섭하다.

3. 결국 '38선 획정' 문제는 〈신고〉에서 지적했듯이 두 면이 있다.

하나는 하필이면 38선이 왜 분단선으로 획정되었으며, 어느 계기에서 이 특정한 선이 채택되었느냐 하는 문제인데, 이 점은 상기한 슈나벨 씨의 기록으로 대체로 명백해졌다고 할 수 있다.

둘째는 38도선이든 39도선이든 간에 한반도에 분단선을 획정하게 된 근원, 곧 대전 후 한반도의 단일세력의 진입을 막기 위한 신탁통치 구상이나, 대전 중 단일세력에 의한 점거를 불허하려는 작전구역 획정 논의, 그리고 끝으로 일본 항복 후 항복접수를 일국에 맡길 수 없어서 구획선을 설정하여 미, 소가 동등하게 항복을 받자는 발상 등등 속에 끼어 있고 숨어 있는 반도의 국제정치적 위치의 문제이다. 38선을 획정함으로써 일본 항복군의 접수는 남북에서 순조로이 끝났으며, 또 그래서 획정의 당면 목표는 이루어졌으나 그러나 38선은 그 뿌리가 본시는 대전 중 신탁통치론 또 미·소 작전구획 논의에서 보듯이 반도를 둘러싼 강국정치의 흥정에 있었던 고로 항복군을 나누어 받는다는 기술적 문제에 그칠 수 없었다.

주

약어

Cairo & Teheran – *Foreign Relations of the U.S.: The Conferences at Cairo and Teheran 1943*(1961).

Yalta – *Foreign Relations of the U.S.: The Conferences at Malta and Yalta 1945*(1955).

Potsdam – *Foreign Relations of the U.S.: The Conference of Berlin, The Potsdam Conference 1945*, 2 vols.(1960).

Entry – The Department of Defense, U.S.A., *The Soviet Union into the War against Japan: Military Plans. 1941~1945*(1955, 등사본)

Correspondence – *Correspondance Secrete de Staline avec Roosevelt, Churchil, Truman et Attlee, 1941~1945*, 2 Tomes, 1959(소련 공문서의 프랑스 역본)[*Perepiska Predsedatelya Sovieta Ministrov SSSRs Presidentami SSHA: Premier-Ministrami Belikobritanu vo Vpremia Belikoi Otechestvennoi Voinyi. 1941~1945gg*, 1957].

1 「'38선' 획정의 시비」, 『조선일보』 1955년 1월 26일자;「속 38선 획정의 시비」, 『서울신문』 1955년 2월 17, 18일.

2 약어로 표시한 기본자료 곧 카이로, 얄타, 포츠담의 각 회담기록, 미 국방성의 소련 대일참전 관계기록, 소련 측의 연합국 수뇌 문통집(文通集) 등은 모두 1955년 3월 이후의 간행물이며, 트루먼 미 대통령의 중요한 『회상록』도 역시 그후의 출판이었다.

3 한반도의 운명적인 38선 혹은 분획선에 관하여 소련 측의 해명은 지금까지 발표된 일이 없거니와 또 이 문제에 관계되는 중요기록인 카이로, 얄타, 포츠담의 소련 측 기록은 역시 미공개일 뿐 아니라 소련 참모본부 대일작전 관계에 대하여도 알 길이 현재로는 적연(寂然)하다. 이에 비하여 미국 측은 상당수의 기록을 공개하고 있다. 그러나 거두회담의 기록 그 자체가 불충분할 뿐 아니라 기록이 거의 남아있지 않은 상당수의 거두회담도 있어서 때로는 사실의 주변만을 맴도는 감도 없지 않거니와 더욱이 기록 중에는 회담기록 간행에서 전적으로 누락되어 있거나, 또 혹은 일본 항복접수 관계에 있어서와 같이

당초에 전연 미발표에 속하는 것도 있는 형편이다. 소련의 제2차 대전사가 얼마 전 완결되었으나 이번에는 참고하지 못하였다.

4 1955년 2월까지 발표된, 따라서 필자의 1955년 1, 2월 발표의 비고(卑稿)에서도 언급하였던 McCune, Grey, Greene을 그만 두고도 그 후 H. Feis, *Churchill-Roosevelt-Stalin*(Princeton University Press, 1957); L. Morton, "Soviet Intervention in the War with Japan," *Foreign Affairs*, vol. 40, no. 4, July, 1962; H. Boston, "Korea under the American and Soviet Occupation," *The Far East 1942~1946: Survey of International Affairs 1939~1946*(Oxford University Press, 1955) 등을 비롯하여 국내에 있어서는 조효원 박사, 조순승 박사, 박준규 교수, 노계현 씨, 원용필 씨, 부완혁 씨 등의 연구에서 직접 간접으로 취급되었다.

5 U.S. 81st Congress: B Division of Korea at the 38th parallel, *Background Information on Korea*, House Report No. 2495, 1950; Occupation of Korea. p. 2; Committee on Foreign Relations, U.S. Congress Senate, *The United States and the Korean Problem: Documents 1943~1953*(Ams Pr., 1953), pp. 2~3.

6 한반도 부분에 해당하는 명령 제1호의 항목은 여차(如此)하다. *Correspondence*, p. 271. 제1의 제1항 B "만주, 조선 북위 38도선 이북 및 사할린의 전체 육·해·공·보조군의 일본군 총사령관은 소련 극동군 사령관에게 항복한다." 제1항은 "대본영, 각군 사령관 및 일본 본토, 인접 소도(小島), 조선 38도선 이남 필리핀 소재의 (일본) 육·해·공 보조군은 미군 태평양 총사령관에게 항복한다." 이하 모든 일자의 표시는 기록에 표시된 대로이다.

7 H. S. Truman, *Memoirs*, vol. I: Years of Decisions(Doubleday, 1955), pp. 521~522.

8 *Background Information on Korea*, H. Rep., pp. 2~3.

9 Roy E. Appleman, *South to the Naktong North to the Yalu: United States Army in the Korean War*(Office of the Chief of Military History Department of the Army, 1961), pp. 2~3.

10 *Entry*, pp. 2~5.

11 *Entry*, pp. 6~8.

12 *Entry*, pp. 10~23; *Correspondence*, vol. I, pp. 60~61, 62~63.

13 *Correspondence*, vol. I, p. 64.

14   *Entry*, pp. 13~14; *Correspondence*, vol. I, pp. 66~67, 118, 121.
15   *Entry*, pp. 15~16; *Correspondence*, vol. I, pp. 121~122, 124.
16   *Entry*, pp. 17~18; *Correspondence*, vol. I, pp. 126~128.
17   *Entry*, pp. 18~19.
18   *Entry*, pp. 19~20.
19   *Entry*, p. 20.
20   *Entry*, p. 22.
21   *Entry*, p. 22.
22   *Cairo & Teheran*, pp. 245~247, 257~258.
23   *Cairo & Teheran*, p. 257.
24   *Cairo & Teheran*, p. 257.
25   *Cairo & Teheran*, p. 325.
26   *Cairo & Teheran*, p. 334. 후에도 다시 볼 수 있거니와 미국 측은 중국의 조선독립 지지를 단순한 입장으로 보지 않고 한, 만에 대한 중국의 역사적 지위의 회복을 중국은 내심 바라는 것으로 간주하는 면이 있었다.
27   *Cairo & Teheran*, p. 376. 또 H. Feis, *The China Tangle: the American effort in China from Pearl Harbor to the Marshall Mission*(Princeton University Press, 1953), p. 113.
28   *Cairo & Teheran*, p. 389.
29   *Cairo & Teheran*, p. 449. 이 카이로 선언의 본문 중 한반도 관계는 주지되듯이 "The aforesaid three great powers, mindful of the enslavement of the people of Korea, are determined that *in due course* Korea shall become free and independent."(필자의 이탤릭체) 이상과 같았는데, 그 초고에는 이 탤릭체 부분이 "at the proper moment after the downfall of Japan…"으로 되어 있었으며, 또 제1초고의 이 부분은 "at the earliest possible moment after the downfall of Japan, …"으로 되어 있어서 흥미롭다. *Cairo & Teheran*, pp. 401~403.
30   *Cairo & Teheran*, pp. 427~428.
31   *Cairo & Teheran*, p. 485; E. R. Stettinius Jr., *Roosevelt and Russians*, 1946, p. 238.
32   *Cairo & Teheran*, pp. 489, 499~500; *Entry*, p. 24.

33 *Entry*, pp. 24~25. 루즈벨트 대통령의 미군 질의서는 29일 회담 시에 전달되고 이에 관련하여 미·소 공동작전의 필요성이 강조되었으며, 스탈린도 이 문제에 대한 연구를 확약하였다고 하는데, 현재 발표된 테헤란 회담 기록에서는 그 기록을 볼 수 없다. 29일에는 오후 2시 45분부터의 미·소 거두회담, 4시부터는 미·영·소의 거두회담 그리고 밤에는 3거두가 참석하는 만찬이 있었으나 어느 기록에도 이 문제는 기록되지 않고 있는데 회담 성격으로 보아 미·소 양 거두회담에서 논의되었을 것이 거의 의심 없다. 이 점으로도 회담기록의 조작 아니면 편집의 요령을 느낄 수 있다. 이 점에 관하여 홉킨스의 기록에는 상세히 루즈벨트 대통령이 전한 통합참모본부의 대일전 관계문서 내용이 표시되어 있다. R. E. Sherwood, *Roosevelt and Hopkins: An Intimate History*(Harper, 1948), pp. 784~785. 스탈린 약속의 하회(下回)에 대하여는 J. R. Deane, *The Strange Alliance*(Viking Press, 1947), pp. 226~227 참조.

34 *Cairo & Teheran*, pp. 566~567.

35 *Cairo & Teheran*, p. 765.

36 *Cairo & Teheran*, pp. 766, 771, 772~773, 779~780; *Entry*, pp. 25~27.

37 *Cairo & Teheran*, pp. 868~869; R. E. Sherwood, *Roosevelt and Hopkins*(1948), pp. 791~792. 일반적으로는 소련 측은 얄타 회담 전인 1944년 12월 중순에야 비로소 대일참전의 정치적 조건을 확정하여 제시한 것으로 되어 있다. *Yalta*, pp. 378~379. 그러나 여기서 보면 이미 테헤란 회담에서 그 조건의 대체는 암시된 것을 루즈벨트 대통령의 보고로 짐작할 수 있다.

38 *Entry*, pp. 28~29.

39 *Entry*, pp. 30~31.

40 *Entry*, p. 29.

41 *Entry*, pp. 32~33; J. R. Deane, *The Strange Alliance*(1947), pp. 269~235.

42 *Entry*, pp. 34~35.

43 *Entry*, pp. 34~35.

44 *Correspondence*, vol.II, pp. 63~64.

45 *Entry*, p. 36; *Yalta*, p. 362.

46 *Yalta*, pp. 364~374. 특히 pp. 369~374; *Entry*, pp. 36~37.

47 R. Deane, *The Strange Alliance*(1947), pp. 259~260; *Yalta*, pp. 378~379, 566~567.

48 *Entry*, pp. 38~41. 그런데 이 미 통합참모본부가 참고한 11월 23일자 작전안은 기실 종래부터의 안인 소련 대일참전 조건의 계속이 아니었다. 곧 10월 영·소 모스크바 회담 때의 약속에 따라 미·소 작전참모회의를 기대하고 미국 측은 로버츠 준장(F. N. Roberts)을 단장으로 하는 작전참모단을 모스크바에 파견하였으나 협의사항이 하등의 진전이 없음에 실망하여 미군 내에는 소련 참전의 효용을 의문한 일파가 형성되어 참전 찬성파와의 격렬한 논쟁이 있었던 것으로 알려진다. 그러나 결국 대세는 소련 참전파 측에게 유리하여 소련 참전이 적절한 시기에만 실현된다면 대일본 본토작전에 유리하도록 결론되었다. 그런데 소련 참전 찬성론의 전략적 근거는 일본 본토 상륙작전에 있었으며 또 이 본토 상륙작전의 정치적 근거는 중태평양 및 일본 본토가 전후처리에 있어서도 미국의 영향 하에 있어야 된다고 고려된 인상을 받는다. 한편 소위 포위작전파(본토 주변을 포위 점령하여 해·공군의 공격으로 항복시킬 수 있다)의 중추가 레이히 제독, 킹 제독 같은 해군 계통인 것도 흥미 있다. *Yalta*, pp. 389~395; W. D. Leahy. *I Was There*(McGraw-Hill, 1950), pp. 312~316; King and Whitehill, *Fleet Admiral King*(W. W. Norton, 1952), pp. 591~592; L. Morton, "National Policy and Military Strategy," *The Virginia Quarterly Review*, vol.36, no.1, Winter, 1960, p. 11; L. Morton, "Soviet Intervention in the War with Japan," 1962, pp. 656~657; *Entry*, p. 52 참조.

49 *Entry*, pp. 40~41.

50 *Entry*, p. 41.

51 *Yalta*, pp. 394~395.

52 *Yalta*, pp. 382~400; *Entry*, pp. 42~44. *Entry*에 의하면 24일 대통령 재가를 맡은 참모부 안은 기실 18일 통합참모부에서 승인된 안이었음을 알 수 있다. 1945년 중의 북태평양에서의 수륙작전은 요원하다는 사정은 그 후 소련 측에 전달되었다. *Entry*, p. 765.

53 *Yalta*, pp. 358~361. 얄타 회담뿐만이 아니라 포츠담 회담에 있어서도 소련 대일참전 관계에 대한 국방성 발언은, 전쟁 중인 탓도 있어서인지 매우 약한 것이었다. 더구나 소련 참전관계 작전회의에 전후처리를 다룰 국방성 대표의 참석이 없었던 것은 후일 한반도 사태에 중대한 영향을 준 것 같다. 왜냐하면 여기 인용하는 국무성 상황판단서에 보듯이 국무성은 정치적 결과와 작전 관계에 대하여 비교적 명석한 인식을 갖고 있었던 것 같다. L. Morton, "Soviet

Intervention in the War with Japan," 1962, p. 662.

54 *Yalta*, pp. 358~360.

55 *Yalta*, p. 501.

56 *Yalta*, pp. 508~509.

57 *Yalta*, pp. 518~519. 한편 1월 22일자 미 통합참모본부의 대일작전 현황 요지에 의하면 이오지마(硫黃島) 점령작전을 1945년 2월 19일, 오키나와 및 그곳으로부터의 오키나와 작전을 45년 4월 1일부터 8월, 규슈-혼슈 작전을 1945~46년간의 겨울로 보았다. *Entry*, p. 45.

58 *Yalta*, pp. 650~651.

59 *Yalta*, pp. 593~594, 763~764.

60 *Yalta*, pp. 757~758.

61 *Yalta*, pp. 758~759. 사견이라고는 하지만 안토노프의 대답은 기실 그 후의 공식회담의 내용과 일치하는 것이었다.

62 *Yalta*, pp. 766~767. 여기서 주목할 것은 루즈벨트 대통령이 통합참모부의 안과는 달리 소위 일본 본토 포위파 견해의 인상을 주는 미국 측 입장을 스탈린에게 개진한 점이다.

63 *Yalta*, pp. 767~768.

64 *Yalta*, pp. 768~770; R. E. Sherwood, *Roosevelt and Hopkins*(1948), pp. 867~868.

65 *Yalta*, pp. 835~841; *Entry*, pp. 47~49.

66 *Entry*, pp. 46~47, 49~50. 여기서 합의된 내용은 기실 이미 테헤란 회담에서 대충 합의된 것은 앞서 들었다. F. Dunn, *Peace-Making and the Settlement with Japan*(Princeton University Press, 1963), p. 31 참조.

67 *Entry*, pp. 51~52. 그런데 맥아더 자신의 회고담에 의하면 1944년 말에 서부터 얄타 회담에 이르는 중요시기에 자기의 소련 대일참전 문제에 대한 의견은 요청된 일이 없으며 또 1941년에는 소련 참전에 찬성하였으나 1945년에는 소련 참전을 반대하였다고 그 입장을 명백히 하였다. 그런데도 불구하고 얄타 회담 후로부터 포츠담 회담에 이르는 동안 맥아더의 대소련 참전 견해가 여러 번 마셜 장군에 의하여 인용되는 것을 보면 아마 맥아더는 자기의 견해가 공식으로 요청되었다고 생각하지 않았거나, 혹은 소련 참전 결정이라는 전제 아래에서만 그의 의견이 요구된 것으로 알았던 것 같다. Douglas

MacArthur, *Reminiscences*(McGraw-Hill, 1964), pp. 261~262 참조. W. Millis 편, *The Forrestal Diaries*(Viking Press, 1951), p. 31.

68 *Entry*, pp. 52~53.
69 *Entry*, pp. 54~55.
70 *Entry*, pp. 55~60.
71 *Entry*, pp. 60~61. 이러한 소련 대일참전에 대한 미군 측 평가의 변화는 ① 4월 친소적인 루즈벨트의 사거, ② 유럽 전선 종료의 임박에 따른 태평양 미 병력 조기증강의 가능성, ③ 마리아나 기지로부터의 미 B-29 폭격기의 위력과 필리핀 공군기지화, 오키나와 상륙에 따른 오키나와 공군기지화, 일본 해군 주력의 사실상의 소멸 등으로 인한 대일본 본토 및 대륙연락선 공폭의 강화가 연해주의 미 공군기지 설치의 필요를 무용화한 사실 등에서 그 이유를 찾아볼 수 있다. 이러한 전략적 및 국가 정치환경의 변화에 따라서 군 수뇌 중에서는 또 다시 대소 양보를 하여 가면서 소련 대일참전을 요청할 것은 없다는 견해가 대두되었는데(W. D. Leahy, *I Was There*(1950), p. 351; L. Morton, "Soviet Intervention in the War with Japan," 1962, p. 658) 나중에는 후술하는 4월 24일 참모부 안에 보듯이 군 내의 지배적 견해가 되었다.
72 *Entry*, p. 61.
73 규슈 침공작전 암호는 "Olympic," 도쿄 평야 침공작전 암호는 "Coronet."
74 *Entry*, pp. 61~66.
75 *Entry*, pp. 67~68.
76 *Entry*, pp. 68~70.
77 *Entry*, pp. 70~71.
78 *Potsdam* I, p. 42.
79 *Potsdam* I, p. 42.
80 *Potsdam* I, pp. 43~44, 47; *Entry*, pp. 72~74.
81 *Potsdam* I, pp. 311~335.
82 *Entry*, p. 76.
83 *Entry*, pp. 77~79; *Potsdam* I, pp. 904~905, 924, 930.
84 *Entry*, p. 80; *Potsdam* I, p. 906. 이 맥아더 견해는 전술한 바와 같이 『맥아더 회상록』과 상충된다. 주 67 참조.
85 *Entry*, pp. 80~82; *Potsdam* I, pp. 906~908.

86   *Entry*, pp. 83~84; *Potsdam* I, pp. 908~909.
87   *Entry*, p. 85; *Potsdam* I, p. 910.
88   맥아더 해임문제 청문회의 기록에 의하면, 군 참모부 내에서는 소련 대일 참전이 초래할 허다한 위험에 대하여 충분한 평가가 있었으며, 더욱이 4월 18일자의 대통령·군 수뇌 연석회의 직전인 4월 12일에는 이 문제에 관한 중요한 정보보고가 있었던 것이 밝혀졌다. 지금 그 보고서의 골자를 발췌하면 다음과 같다.

(1) 소련의 대아시아 참전은 세계를 진동하는 중요한 정치사건이 될 것이다. 현 전쟁단계에 있어서 그 군사적 의의는 비교적 중요하지 않을 것이다.

(2) 여러 군사통에 의하면 미, 영은 타국의 내원(來援) 없이도 일본의 무조건 항복을 강요하거나 혹은 도서 및 일본 본토를 점거할 군사력을 보유하고 있다.

(3) 소련의 아시아 전쟁 참가는 예기되는 바이나 그러나 소련 측의 편의한 시기 혹은 다분히 가열한 전투단계가 종료되었을 때에 참전할 것이다.

(4) 소련 대아시아 참전이 늦을 경우 참전은 적의 저항을 별로 단축하지 않을 것이며 미군 인명피해 축소에도 큰 효과가 없을 것이다.

(5) 외교적 활동을 취하거나 아니 취하든 간에, 또 여하한 양보를 현재 혹은 근간에 실시하든 간에 이러한 일은 소련의 대아시아 참전을 촉진하거나 또는 지연시키지 못할 것으로 믿어진다.

(6) 미군이 일본을 분쇄할 만큼 강력한 이상 소련이 좌우간 취하기로 십분 결정한 행위를 촉구 또는 방지하기 위하여 미국이 정치적 경제적 양보를 소련에게 허락하는 것은 부당하다.

(7) 소련의 아시아전 참가는 현 유럽 내 엘베 강 동편 및 아드리아해 연안에서 미국 지위가 십분 효과적으로 파괴되듯이 아시아에 있어서의 미국 지위에 파괴를 가져올 것이다. (동유럽의 소련 점령지역 문제—필자).

(8) 소련이 아시아 전쟁에 참여하는 경우 중국은 확실히 독립을 잃고 아시아의 폴란드가 될 것이며, 조선은 아시아의 루마니아 그리고 만주국은 소련의 불가리아가 될 것이다. (이하의 (9), (10), (11), (12)는 생략)

건의: "맥아더의 즉각적인 워싱턴 소환이 실시되어야 한다. 미 대통령은 맥아더와 직접 면대하여 소련 대아시아 참전의 중요사항 전부

를 더불어 고찰하여야 될 것이며 기타의 모든 정치·군 관계 인물은 차(此) 회담에서 제외되어야 된다." Committee on Armed Services, U.S. Congress Senate, *Military Situation in the Far East: Hearings before the Committee on Armed Services and the Committee on Foreign Relations*, U.S. Senate 82nd Congress 1st Session MacArthur Hearing(U.S. Government Printing Office, 1951), vol. 4, pp. 2916~2917. 이 정보보고서는 『맥아더 회상록』의 입장을 방증하는 것이며 동시에 행정부 및 군내의 미묘한 분위기를 암시한다. 주 67 참조. 또 *Hearings on the Institute of Pacific Affairs*, pt. 7A 부록 pp. 11~13, 결론 요약.

89　*Potsdam* I, pp. 924~925.
90　*Potsdam* I, p. 927. '우호적'이란 곧 친소련적이란 의미.
91　*Potsdam* II, pp. 45, 1584~1686. 이 기록은 부정확한 기억으로 1950년 재편한 것이다.
92　H. S. Truman, *Memoirs*, vol. I(1955), pp. 315~317.
93　*Potsdam* II, p. 631.
94　*Potsdam* II, pp. 253, 260, 281~282. 특히 p. 260 각주 51.
95　*Potsdam* II, pp. 345~348.
96　주 9 참조. 이에 관련하여 암시적인 표현은 맥큔의 38선론이다. 그에 의하면 "포츠담의 결정에 따라 소련군은 38선 이북의 일본 항복을, 미군은 이남 항복을 접수하도록 결정되었다." G. M. McCune, *Korea Today*(Harvard University Press, 1950), p. 44.
97　H. S. Truman, *Memoirs*, vol. I(1955), p. 415.
98　H. S. Truman, *Memoirs*, vol. I(1955), p. 416. 당시 일본이 소련에게 강화 알선을 의뢰하고 있어, 스탈린을 통하여도 저간의 사정이 파악되고 있었다. 또 일본 항복 가능성에 대하여는 *Entry*, pp. 87~89.
99　*Potsdam* II, pp. 1463, 1469; *Entry*, pp. 90~91, 특히 p. 91.
100　하기는 포츠담 회담에 합의된 군사협정은 1951년 맥아더 해임 청문회 때까지도 미발표로 알려졌으며, 현재도 포츠담 회담기록에 전부가 기록되었다고 생각되지 않는다. *MacArthur Hearing*, vol. I, pp. 565~566.
101　*Potsdam* II, pp. 1327~1328; *Entry*, pp. 92~94.
102　*Potsdam* II, pp. 279~379; J. F. Byrnes, *All in One Lifetime*(Harper and

Brothers, 1958), p. 300; J. F. Byrnes, *Speaking Frankly*(Harper and Brothers, 1947), p. 263; W. D. Leahy, *I Was There*(1950), p. 429.

103 Cape Boltina. 함경북도 길주 부근의 무수단, 일명 무시곶(茂時串), 명천비(明川鼻), 북위 40도 49분 56초 동경 129도 46분 53초.

104 *Potsdam* II, pp. 410~415; *Entry*, pp. 95~99.

105 참조: 영국 측 질의 2, 3에 첨부된 딘 소장의 논평. 이에 의하면 해군의 일본해 작전과 미군의 구역은 미국 측의 필요일 뿐 아니라 소련과 충돌이 없을 것으로 예상되었다. *Potsdam* II, p. 414.

106 이상 5개 질의에 관한 합의사항은 소련의 참전과 동시에 유효한 것으로 되어 있다. *Entry*, p. 100; *Potsdam* II, p. 414.

107 *Potsdam* II, p. 415.

108 원문 정보 누락.

109 *Potsdam* II, pp. 419~460.

110 *Potsdam* II, p. 606.

111 *Potsdam* II, pp. 1155~1157. 특히 p. 1155의 각주 1. 이러한 대소 불신에 관련하여 포츠담 회담도 도중부터 소련 참전 불필요의 의견이 여러 고위층에 의하여 강력히 표명된다. 트루먼도 이 문제로 여러 번 망설인 것으로 기록된다. *Potsdam* II, p. 134의 각주 3; W. Millis 편, *The Forrestal Diaries*(1951), pp. 55, 78; J. F. Byrnes, *Speaking Frankly*(1947), pp. 205~208 참조.

112 *Entry*, p. 106.

113 *Potsdam* II, p. 1474.

114 H. S. Truman, *Memoirs*, vol. I(1955), pp. 423~426.

115 L. Morton, "Soviet Intervention in the War with Japan," 1962, p. 662.

116 H. S. Truman, *Memoirs*, vol. I(1955), p. 433.

117 H. S. Truman, *Memoirs*, vol. I(1955), p. 434.

118 H. S. Truman, *Memoirs*, vol. I(1955), pp. 444~445.

119 *Potsdam* II, p. 347.

120 *Potsdam* II, pp. 410, 1330~1331; *Entry*, pp. 106~107.

121 H. S. Truman, *Memoirs*, vol. I(1955), pp. 427~433.

122 쿠릴 열도는 본래 소련에 양보할 것을 미국 측은 각오하고 있었다. 따라서 명령 제1호에 명기하지 않은 것은 고의라고 생각된다. *Potsdam* II, pp.

1322~1323; *Correspondence* II, p. 275.

123 소련의 대일점령 참가 및 일본점령의 연합국 분할관리(독일·오스트리아 같은)에 대한 관심은 누차 표명된 일이 있었다. *Potsdam* I, p. 43; *Entry*, p. 74; H. S. Truman, *Memoirs*, vol. I(1955), p. 442.

124 *Correspondence*, pp. 277~278; H. S. Truman, *Memoirs*, vol. I(1955),

두 개의 중국과
한국의 장래
(1947)

1. 두 개의 중국

두 개의 중국이란 표현은 반드시 새롭지 않다. 의외천만으로 옌안延安 정부가 중국 내의 일대 세력임에 대경大驚한 일군의 군인, 논객, 외국 기자는 이미 수년 전부터 중국을 한 나라라기보다 두 나라라고 하는 것이 옳다고 역설하여 온다. 1944년도 옌안 주재 미국 고급장교 D. 배레트David D. Barrett 대령이 그러하고 중국통 E. 스노우Edgar Snow와《뉴욕타임스》의 B. 매트킨슨, 그리고 뚜렷이 내세운 일은 없으되 두 개의 중국의 조정으로 인하여 실각한 스틸웰Joseph Stilwell 장군, 이 외에도《적색중국의 도전》을 지은 G. 스테인이 있다. 또 있을 성싶으나 지금 생각나지 않는다. 그러나 우리가 가리켜 '두 개의 중국'이라고 지적하는 사태는 반드시 남과 같지는 않다. 항일구국의 유력한 세력이며 동시에 충칭 정부에 엄연히 대립하여 변지邊地에 반거盤踞하는 옌안 정권이 결코 넘나볼 수 없는 중국 북방의 웅雄임을 강조하는데 남의 의도가 있다면, 우리는 그와 달리 '두 개의 중국'은 8년에 걸친 오랜 동안 중일전쟁을 통하여 비로소

두 개의 중국과 한국의 장래

확립, 첨예화한 것이고 전승의 날 이후로는 국제적 군략軍略의 요청을 띠운 전투를 통하여 피차 세력권의 형성을 본 사실을 논하고자 할 따름이다.

만약에 국민, 공산 '양당'의 알력 불화의 연유를 논구하자면 역사가 짧지 않다. 아마도 사적 탐토探討는 일찍이 장제스蔣介石의 정묘년(1927) 쿠데타로부터 홍군의 이른바 장행진長行進(대장정)을 부득이하게 된 것으로서 시작하여야 할 것이로되, 국공사략國共史略은 기실 국민정부에 대립하는 옌안 '정권'의 성립을 해설하는 불가결의 자료라고는 할 수 없다. 오히려 옌안 정권 수립의 획기적 계기를 우리는 시안西安 사건에 찾는 것이다.

시안 사건의 외모만을 들자면 대단히 간단하다. 루이진瑞金 공격에 홍군은 완전 전멸, 주더朱德 장군을 포함한 공산당 간부는 총 멸살이라는 난징 정부의 선전에도 불구하고, 홍군과 공산당 간부는 기나긴 3,500리의 장행진을 강행하여 드디어 북역北域 황토지대에 도달하자 이에 놀란 난징 정부는 때마침 만주사변 후 장제스 휘하에 편입된 장쉐량張學良 군대로 하여금 시안을 근거로 하여 옌안 토멸의 방략을 세웠다. 그러나 맹촉猛促이 있음에도 불구하고 도무지 옌안 공격의 기색이 없음에 분격한 장제스 주석은 1936년 10월 다시 비행기로 장쉐량군을 독촉하고자 한 것을 누가 알았으랴. 도리어 장쉐량에게 감금을 당하게 되었다. 그 때에 현지에 달려가서 쌍방을 조정한 인물 중에는 쑹宋 부인, 쑹쯔원宋子文, 장 주석 고문 W. H. 도날드 그리고 그 당시 옌안의 저우언라이周恩來 장군이 있었다. 어느덧 장 주석은 감금에서 석방되었고 명색상 장쉐량 장군은 약간의 형벌을 입었으나 미구에 불구대천지원수 같던 국공 사이에 항일구국 전선의 성립을 보았다. 때는 실로 1937년 초두이고 이 해 7월에는 이른바 노구교 사건이 발단이 되어 중일전쟁이 발발한 것이다.

경과의 대략이 이러한 시안 사건의 내막은 오늘에 이르러서는 신비로운 점이 조금도 없다. 옌안에 도착한 중공 수뇌부는 종래의 반反난징 정부적 태도를 일척一擲하고 만주사변을 위시로 중국 침략의 일로를 맹진하는 생의 제국주의적 의도를 무엇보다 분쇄 파격할 것을 극론極論하고 왜적을 격퇴함에는 중국 전체가 일치단결하여 거국적인 항일 체제를 편성하는 것이 급선무라고 역설하였다. 일본은 일방 만주, 화북에 걸치는 자국 권익에 대한 홍군의 위협을 감지하자 부질없는 선전적인, 때로는 협박적인 논설로 난징 정부에게 적화를 가리키어 마침내는 배일언동 엄금령 발포와 대 옌안 공격의 소득이 있었다. 그 지금 옌안 세력을 포위한 장쉐량군은 공산군에 비교하면 그 장비로나 그 수효로나 현저히 우세하였으므로 만일 예정대로 옌안 공격이 진척되었다고 가정한다면 오늘날 두 개의 중국문제는 혹은 존재하지 않았을지도 모르겠다. 공교롭게도 만주의 근거지로부터 왜군에게 무참히도 축출당한 장쉐량군에게는 옌안 측의 항일구국론은 유달리 매력이 있었다. 기연騎然하게 중토中土를 삼켜 들어오는 왜적과는 일전을 사라며 항일구국을 절규하는 듯한 옌안 세력의 타도를 강촉强促하는 난징 정부에 대한 장쉐량 휘하 장교의 울분이 드디어 장 주석 봉욕逢辱의 일 장면을 꾸며냈다. 당시 저우언라이는 옌안의 중공 대표로 시안에 급래하여 장제스 석방의 중대한 역할을 담당하였다. 1945년 2월 25일에도 또한 당시 조정자의 한 사람인 W. H. 도날드는 AP 기자 인터뷰에서

"최근 국공합작의 주요인물인 저우언라이는 1936년 시안 감금사건 당시에 장 주석이 무사히 석방되도록 하게 한 인물 중의 한 사람이라"고 언명하였다. 어쨌든 이 사건 직후에 성립된 항일구국전선은 위기일발에서 즉 군사적 공격이라는 호구虎口에서 옌안을 구원하였다. 금일의 옌안 정부를 세운 자는 장쉐량이라 하여도 과언이 아닐 것이다. 1937년부터는 자그마한 분쟁과 피차의 의혹이 없지 않아 있었으나, 1941년 중앙군의 신사군新四軍 공격에 이르기까지 대략 4년간은 옌안 정권의 실력 배양기라 하겠다. 항일구국 전선 성립에 관한 국공 양편의 타협 조건은 아직 미상未詳이나 그 후 충칭, 옌안의 각 대변자의 연명을 종합하면, 첫째 산시陝西·간쑤甘繡·닝샤寧夏 변강지구(즉 옌안 지구)와 진찰기晉察冀 공산지구를 난징 측은 인정한다. 둘째, 국공 양군의 통솔권은 장제스 사령부에서 장악한다. 팔로군이 개편되어 제18집단군으로 된 까닭이다. 셋째, 중공군의 보급은 장제스 정부가 부담하되 공산군 정규병 10개 사단(약 10만)을 인정하고 그 밖의 병력, 유격대 및 민병(적위대)은 인정하지 않는다. 넷째, 장쑤江蘇·저장浙江·안후이安徽 지대에 중공 측 군력으로 신사군을 편성한다. 이름은 아마 기왕의 주더·마오쩌둥毛澤東 제4군에서 인因할 것이다.

　이상과 같다. 확실히 표면상으로는 육력협심戮力協心, 대동단결의 호好시대가 온 것 같다. 그렇다고 해서 만일의 사태를 고려한 만반의 준비가 각자에게 없을 리 없다. 충칭 정부는 먼저 옌안 세력의 근원지인 산시, 간쑤, 닝샤 변강지구를 철통같이 포위하고 말았다. 난창 폭동, 광둥廣東 코뮌 이래 매년 중공 배후에 소련을 발견해 온 장제스 측은 중일전쟁 이래 옌안 지구의 황하 넘어 동북편을 왜군

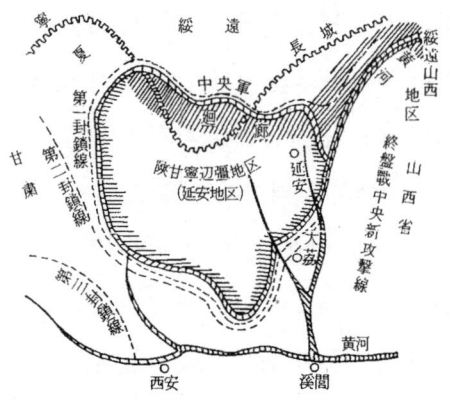

[지도 1] 陝·甘·寧 연안지구와 중앙군의 포위선

의 포위를 입어 소련에 통하는 합로도 없는지라 소련에서 시안에 연락하고 시안에서 산시, 간쑤, 닝샤의 옌안 지구선을 봉쇄하는 선만 그으면 옌안 세력은 부득이 일본군에게 대드는 수밖에 별무호책別無好策이요, 그로 인하여 중공군 측은 허베이·산시 전선에서 어부지리를 취하리라 하는 것이 중앙참모부의 배짱이 아닌지 모르겠다([지도 1] 참조). 그런 듯 아닌 듯 중공군은 완강한 포위선을 치고, 그후 더군다나 국제공산당 본부가 모스크바에서 해산된 1943년 이래는 중앙군 정예 중에도 최강인 후중난胡宗南의 군력이 담당하게 되었다. 강江·회淮 양안 지대에서 주로 작전하는 신사군 주력에는 당시 그 부근에 중앙군의 세력이 따라다녔다. 그 중앙군 세력이 과연 무엇을 의미하느냐 하는 데 관하여는 당시 신사군 군장 예팅葉挺 장군은 1941년 1월에 불가불 오득悟得하게 되었으리라.

한편 옌안 측은 우선 군력 소멸은 절대로 하지 않고 도리어 대규모로 유격대와 적위대의 수효를 증가하여 게릴라전의 철저한 성과를 기필期必하였다. 중앙군의 철벽같은 포위 아래에서는 사실상 옌안 세력의 확대로는 왜군 점거지 밖에는 없는 형편인지라 주력을 적 점거지 내의 소비에트 지구의 설정, 적군의 후방 교란에 경주하였다. 그러므로 중공의 허난 해방지구의 설치 예와 같이 왜군이 중공군을 공격 축출하면 중앙군은 일시에 전토戰土와 전력을 상실하나, 반면에 충공군은 신작전지대 또는 신세력 부식扶植의 호지구好地區를 일거에 획득하는 우스꽝스러운 결과를 초래한다. 이러한 세력 소장消長의 역力관계가 국공 양편의 새로운 마찰의 온상이 되었다.

조금 전에 일자日字를 들었거니와 1941년 1월 17일 양쯔揚子강 남안에서 중앙군과 신사군 사이에 전투가 돌발하여 즉시 신사군은 진압되어 전원 무장해제를 당하고 군장 예팅 장군은 체포되었는데, 전투의 원인인 즉, 남강 안에서 북안北岸 이동의 군령에 반하여 신사군은 중앙군 지역에 돌연 습격을 가한 탓이라 하는 충칭 정부의 공식발표가 있었다. 신사군은 세인 주지周知의 중공 계통이며 예팅 장군은 일찍이 난창 폭동의 주모자 광동 코뮌의 주요인물인 실로 쟁쟁한 공산 측 간부였다. 곧 잇달아 옌안 측은 사건의 시말을 이렇게 발표하였다. 요약하면 남안에서 북안으로 이동명령을 접한 신사군은 도중 강력한 적군의 존재로 말미암아 부근 중앙군 진지를 우회하여 목적지에 도달할 예정으로 중앙 현지 장군의 양해 하에 비전투원, 부녀자를 포함한 전원이 소약所約에 의한 진로를 취하자 돌연 우세한 중앙군에게 포위되어 집중사격을 받았다는 것이다. 이로 인하여 전원의 반수 이상이 사살되었는데, 비전투원, 부녀자를 제외한 당시의 신사군 병력은 1개 사단 약 1만 명이었다. 이 사건 후로는 중공군에 대한 보급은 정식으로 단절되고 그리고 옌안 지구 봉쇄선은 2중, 3중화되어 이후 중앙군은 옌안 지구내의 대려大荔를 점령하여 남하 탈출구를 봉쇄하고 말았다. 왜적을 목전에 둔지라 비록 대규모의 전투는 있을 수 없으나 소규모 전투는 처처에 산견되어 중공군은 또다시 중앙군에게 대립하는 군사력으로 재출발하였다. 옌안 측은 이러한 사정 아래 산시山西-쑤이위안綏遠 항전 지구라는 대외 교통로를 강화하여 옌안 세력의 철저한 침투를 공산지구 설치에 구하고 일선에 동원되었던 구 팔로군의 일부를 옌안 지구에 복귀하게 하여 오로지 방위체제의 전력을 다하였다. 일보 또 일보 적군 점령지구 내에 침투하는 중공군의 당시 상황은 왜군의 용병 예例를 들어 이를 대관할 수 있다. 1944년 현재 화북에서는 일본군 약 14개 사단 중 그 8할 강强으로 대 팔로군 작전에 충당하고 그 나머지가 대 중공군 전투에 참가, 화중에서는 16개 사단 중 5할 강이 대 신사군 전투에, 그 나머지로 대 중앙군 작전에 충당하였다. 1944년 5월 미국의 권유로 비로소 국공 재조정이 개막될 때까지 1943년 중국에서 소련 세력이 저락低落함에 따라 험악하여진 충칭 정부와의 대립을 통하여 옌안 세력은 가장 획기적인 전투와 활동을 하였다고 볼 것이다.

 1944년 초두부터 미국 해군부대의 중국 연해작전이 고려됨을 따라 완강한 중국군의 대일 반격이 필요하게 되었다. 이 해 5월부터 시작하여 계속 수 개월에 걸친 나머지 중국-버마 연합군 총사령관 스틸웰 중장의 경질로 종막을 맺는 국공 협상은 내용인즉 미국 작전상 필요에서 발생된 타율적인 것이었다. 동년 헬레 소장을 중간역으로 하는 고 루즈벨트 미 대통령과 장제스 주석 사이의 왕래는 아직 그 전모를 췌마揣摩하기 지난至難하나 당시 배레트 대령의 옌안 주재라든가 1941년 이래 엄금해 오던 기자, 외교관의 옌안 심방을 충칭 정부가 허가한 일은 마땅히 일맥의 관련을 암시하는 줄 믿는다. 그렇다고 해서 일시라도 국공의 알력이 단정된 것은 결코 아니다. 바로 새 타협이 개시된 1944년 봄에 이른 바 일본군의 허난 작전이 전개되어 중앙군은 광대한 전토와 거량의 군사력을 상실하였으되 때마침 작전지에서 바로 한 모퉁이 췌관膵管까지를 통할하던 중앙군 정예 후중난군은 미동도 아니하였다. 우선 옌안 포위, 제2가 항일전쟁이라는 G. 스테인의 인상은 간단히 무근거라고 접어두기에는 너무도 심각하다. 그렇다고 해서 그와 더불어 '두 개의 중국의 대립'이 종전 전에 벌써 결정적이라고 할 만한 충분하고 필요한 근거를 발견하는 것도 또한 곤란하다. 강력한 옌안, 한 개의 중국을 상대로 할 만한 또 한 개의 중국의 확립은 종전 후에 비로소 이룩되었다 할 것이다. 옌안 정권이 제 아무리 18개의 소비에트 구역을 설정하고 아무리 게릴라 지역을 확대하여 9천만 이상의 지구 인민을 45년도에 선전한다손 치더라도 왜군 점령지역 내에서는 항시 불안정하고 항시 동요되었다. 1억 5천만의 인구와 묘연한 광토를 위험 없이 향유하는 충칭 정부에 비교하면, 가령 하나는 국제상 공인된 바요 하나는 비공인이라는 점은 고사하더라도 빈약하기가 한량이 없는지라, 속배俗輩는 두 개의 중국이란 관념에 일찍이 놀랐던 것 같은 인상이다. 1945년 8월 15일 일장기가 땅에 떨어지자 중국, 만주에 광대한 군사 정치상의 일대 허공 지구가 발생하였다. 일본 점거지에 공산 지구, 게릴라 지구가 산재한 옌안 세력에게는 천여千餘의 호기회라, 서슴없이 우월한 조건으로 대부분의 허공지를 점거하였으되 동시에 중앙군의 대규모 공격에 의해 탈취전이 올 것도 사세事勢고연固然한 순서라 보였다. 과연 8월 15일 후 충칭 정부에 대립하는 진실로 강력한 한 개의 정권이 중국 내에 그 거체를 나타나게 되었으니 남은 것은 오직 전쟁 또 전쟁뿐이었다.

중앙군의 군사력은 종전 전에 이미 345개 사師, 즉 3백 수십만으로 공표되었으나 현재(1946년 11월)에 이르러는 3백 50만을 돌파하리라고 보인다. 물론 풍부한 예비병과 전승 후에 편입한 전 괴뢰정권의 병정 70만 중의 3할은 가산하는 것이 온당할 것이다. 명심할 것은 중앙군의 다른 군에 비한 탁월한 장비다. 또한 적으나마 홍군 세력과 미식 훈련의 비행사, 1개 여단의 파라슈트 부대, 그리고 후장에 논술하듯이 미국 수송부대의 협력이 있다. 옌안 측의 현(1946년 11월) 군사력을 개괄적으로나마 명시하기는 매우 어렵다. 종전 전에 옌안을 심방하여 참모부에서 펑더화이彭德懷 장군에게 재료를 받았다는 G. 스테인의 계산을 근거로 하면 1945년 초두에는 정규병 약 91만 유격대, 적위대는 도합하여 근 2백 20만을 산算한다고 한다. 중앙군 측에서는 중공 정규병 50만을 칠뿐이나 이는 과소한 감이 있다. 여러 점을 종합하면 종전 시에 정규병 80여만, 그 외 병력(민병유격대)에 이르러는 전술한 숫자를 믿는 수밖에 도리가 없다. 그 외에, 일시는 100만을 과시하던 구 관동군은 1944년 초두에 평시사단 약 10개 약 30만, 1개 군단 15만, 도합 45만을 헤아릴 것이나 산하 군단 15만이 남방으로 빠지고 전시 병단을 급편성하여 남한에 적어도 3개 병단이 이동되었을 터인즉 항복 시 만주 내에는 불과 10만 내외의 일본병력이 있었을 것이며 2분의 1은 적군에게 4분의 1은 중공 측에 첨가 혹은 포로가 되었을 터이고 그 나머지는 도주 분산하였을 것이다. 만주국 군은 그 중 민족적 특색이 농후한 홍안군興安軍(몽고군)을 제외하면 도합 11관구 및 중앙 친위대의 총수 10여만 중 4분의 3 강强이 중공 측에 가담한 것이 거의 확실하다.

국군 내의 한국인 장교는 8·15 직후 그 태반이 한국에 돌아왔으며 일부는 화북을 통하여 귀국하였다. 중국의 괴뢰정부군은 약 70만을 헤아리나 실제 군사 임무에 참가한 수효는 그 반수를 들기 곤란할 것이로되, 어쨌든 중공 측은 그 9할이 자가自家 편에 첨부되었다고 선전한다. 중국의 일본 파견군 총수는 일본군이 부대제를 취한 후 특히 이 방면은 추산하기 매우 어려우나 대체로 보아 북지 파견군은 30만을 초과 아니할 것이며 남지 파견군은 20만을 넘지 못할 것이다. 이상을 총괄하면 중공군은 정규병 대략 1백만, 유격대, 민병(의용군, 적위대, 만주민주연합군)은 도합 2백 50만 가량을 계산함이 지당하겠다.

국공 쌍방의 공방 근거지에 대하여는 현 작전지구에 관한 소상한 정보를 제3자가 기대하기는 지난한 형편이다. 그렇다고 췌지揣知의 단서가 전무한 것도 아니다. 우선 중공군이 종전 후 일시는 중국, 만주의 허공 지대를 대부분 선점하였으나, 후일 중앙군의 대규모 공격에 현저히 위축된 극한도, 혹은 반격의 근거지가 종전까지의 이른바 중공의 38개 항전지구 그리고 만주에 신설된 해방 지구일 것은 상상이 용이하다. 중공군의 작전지역과 국공의 현 작전형편이 중공군의 이러한 근거지를 토구討究할진대는 쉽사리 판명될 것이다. 중공군의 공산 지구, 구 게릴라 지구를 화북, 화중, 화남과 만주별로 분류하여 기술한다.

(1) 화북: 장제스 정부도 공인한 바 산시, 간쑤, 닝샤, 옌안 지구가 있다. 금일까지의 중공의 근거지요 전술한 바와 같이 종전부터 중앙군에게 봉쇄되고 있다. 1945년에는 중앙군의 옌안공격의 설이

빈번하였으나 산시, 닝샤 회랑지대를 제압하지 못할 북상 공격은 작전적으로는 군사적 타격을 중공에 가할 수 없다.

황하 상류 지대를 점령하는 산시-쑤이위안 지구: 이 지구는 종전일까지 오랫동안 중공의 대외 출입문이었다. 그러므로 이 문을 제압 못한 옌안 공격작전은 군사적 성과를 기대하기 곤란하다. 그런 듯 아닌 듯 옌안 공격의 기운이 중앙군에 돌자 중공 기관지는 산시 성경省境 방면과 산시-닝샤 성경 지방 간의 회랑 수립이 성공하였다고 암암리에 중앙군을 조소하였다. 또한 이 후인喉咽지대에 대한 대규모 작전의 기색만으로도 외몽고군의 비상동원을 초래한 사실은 아직 세인의 기억에 생생한 바이다.

산시-차하얼察哈爾-허베이河北 지구[진찰기晋察冀지도]: 충칭 정부가 공인하였던 지구요, 오랜 역사와 2천만 이상의 인구를 포용하는 중공의 규범지구이며 팔로군의 근거지였다. 만주, 허베이를 연락하는 철도를 비록 중앙군이 현재 장악하였으나 기왕의 일본군 때와 같이 상시 차단될 가능성이 많은 것도 이 지구의 탓이다.

허베이-러허熱河-랴오닝遼寧 지구: 이 지구는 비교적 새로워 대략 45년 초두에 설치됐을 것이다. 이 지구의 분만分娩 고생苦生이 즉 관동군의 러허 작전이다. 비로소 처음으로 중공 한인부대와 간도 한인 특설부대가 비극적인 투쟁을 혹은 상면 밀통한 곳이다.

산둥山東 연해 지구: 종전 후 중앙부와 대결케 되는 중공군 산둥 근거지. 더욱이 이곳은 미, 소의 작전면과 호응하여 국공이 상투相鬪하는 국제적 작전지대이다.

산시-허베이-허난河南지구, 허베이-허난지구: 이 양 지역은 더불어 1940년 일본군 허난작전의 선물이다. 중공 허난 해방지구는 여기 있다. 1946년 현재로는 중앙군의 협격을 입어 성경 산악지대로 위축한 듯하다.

(2) 화중: 개관컨대 화중 중공지구는 주로 화이허淮河-양쯔강 양안과 동지나해에 전개된다. 홍군 발생의 지地, 석일昔日의 중앙 근거지도 이 속에 있는 유서 깊은 중앙지구이다. 개별적으로는 상하이 중심으로 상하 연해면을 포섭하는 장쑤성 북-남-중부 지구. 저장성 동부 지구-화이베이淮北-화이난淮南 지구, 안후이安徽 중앙 지구, 허베이-후난-안후이 지구. 화중 총인구 약 7천만 명 중의 반수는 이 중공 지구에 있다.

(3) 화남: 화남에는 항일전쟁 중 옌안 세력과 고립하여 소규모 교란 전투를 계속한 파르티잔 부대가 처처에 있었다 한다. 또한 장구한 역사를 가진 광둥, 주강 지구 하이난도의 중앙지구도 있으나 화남은 중앙군 세력이 압도적이라 이렇다 할 군사적 의의를 갖지 못할 것이다.

(4) 만주: 만주에는 일부 러허-랴오닝 지구 같은 구세력도 있으나 대체로는 종전 후의 신세력이다. 스테인이 44년 추절에 옌안 군사수뇌부로부터 청취한 소식에 의거하면 그즈음 벌써 남만南滿에 공산지구가 있듯이 보이나 그 때로서는 과대한 표현이라 하겠다. 구 퉁화通化성 지린吉林, 안둥, 펑톈奉天의 성경을 중심하는 구 남만 지구. 산장三江, 둥안東安, 무딴牧丹성에 있는 동만東滿 지구. 이 지구 옌안정권의 자무쓰佳木斯 천도설이 있었던 근거이다. 그리고 하얼빈哈爾濱-치치하얼齊齊哈爾-하이라얼海拉爾산에 걸치는 북만北滿 지구. 대관하건대 만주 중공세력의 근거지는 바로 구 관동군 대소 작전지구에 대략 부합하는 듯이 보인다. 특히 구 야마시타山下 군단의 본거지요 대

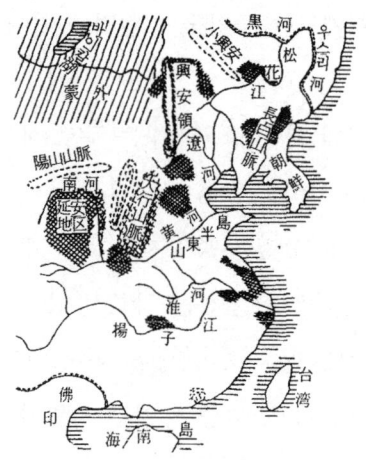

[지도 2] 중국 만주 중앙세력

소 작전지역이었던 목단강을 중심으로 하여 북방 자무쓰에 뻗치는 선은 중공군에게는 최강의 작전선이라 할 것이니 만일 중공군의 공격이 여기에 미칠 경우에는 중앙군은 적군의 경고를 필시 받았을 것이다. 현재(1946년 현재) 우리가 미심未審한 바, 구관동군 대소 공격기지인 동녕 부근 및 여기에 부설된 군사철도가 금일 어느 손에 있는가 하는 것이다([지도 2] 참조).

이상에 논술한 바 중공 지구의 연변에 대체로 국공작전 면이 있어 대세를 여기서 결정한다고 보는 것이 타당하다. 특히 주의를 환기하는 사실은 중앙군의 대 중공작전이 대개 구 일본군 작전의 역逆을 가는 것과 같은 점이다. 중공 작전이 여전히 게릴라 지구의 설정, 오지-산악 성경省境 작전으로 주작전을 삼음에 반하여 중앙군은 철로 점거 작전, 도시 탈취 대규모 정면작전을 취하는 듯 보였다.

2. 미·소의 작전지구: 한국, 만주, 중국

국공國共 쌍방은 전술한 바와 같이 항일전쟁 중에도 왜적을 안전에 두고 노상 싸워 왔거니와 종전 후는 세인이 주지하는 바 중국, 만주에 걸치는 광범위 전투를 계속하였다. 그렇다고 하여서 정치적 타협, 교섭의 노력이 양자에게 없었던 것은 결코 아닌 것도 만인이 견문하는 바다. 종전 후 최초의 대교섭은 역시 1945년 9월에 실현된 장제스-마오쩌둥 회담이라 하겠다. 당시 조고계操觚界에서는 '의견 완전일치, 국내통일, 연립정부 수립은 재이在邇'라 하고 환호하였고 국민정부 왕스제王世杰 외무부 장관은 멀리 영경英京에서 국공회담의 근본타협 방침이 이미 성립하였다고 언명하였다. 1946년 2월 1일에 최종 타협에 도달하였다는 전국정치협동회담을 신문 보도에 의빙依憑컨대는 전무후무의 대성공이었다고 한다. 그 탓인지 일부에서는 2월 내 마오쩌둥의 난징 이주설이 헐어지고 3월 내에는 마오쩌둥-저우언라이 등 중공간부도 참여하는 중국 헌정정부가 성립될 것이라고 세론이 훤연喧然하였다. 금상첨화로 산둥 국공투쟁은 마셜 대장의 직접 알선으로 무사해결되었다고 국민은 희색만면이었으나 이렇듯 호사好事가 천지인 터에 1946년 2월 2일 베이징 내전來電은 펑톈奉天 남방전선에서 국공 양군이 일대격전중이고 또 2월 27일 충칭발 UP는 만주주민 연합군은 펑톈 서남 70리 지점에서 중앙군과 충돌이라는 절망적 잡음을 전하였다. 그래서 신문은 2월 하순에는 국공군사협정 성립, 장치중張治仲-저우언라이-마셜 각기 조인이라 대서특기하고 그 후에는 11월 중공 측 대표 저우언라이의 정식 난징 철귀撤歸에 이르기까지 오랜 타협 또는 타협의 연속이 있었다. 그러나 국공 쌍방의 군사적 충돌 혹은 공방전은 잠시도 쉬일 새 없었고 베이징 정전본부는 긴 탄식으로 교섭의 실패를 인정하였다. 일언一言으로 폐지廢之하면 국공문제는 정치적인 타협 면과 작전적인 충돌 면 사이에서 발전하였고 1946년까지는 작전 면이 타협 면을 완전히 압도하는 듯하였다. 그러나 이도 역시 부족한 견해라 하겠다. 왜냐하면 국공투쟁의 내용을 소상히 검토할진대는 그 가운데에서 단순히 중국적이 아닌 제 3요소가 현현하는 까닭이다. 곧 미, 소 양 대국의 개입이다.

항일전쟁 그리고 금차 세계대전을 통하여 재정적, 군사적인 막대한 원조를 장제스 정부가 미국에게 입고 있는 사실은 양편 당사자 측에서 이미 공언하는 바이거니와 미국은 종시 중국에 있어서 한 개의 주권 곧 장제스 주석이 통솔하는 국민정권만을 공인하여 왔다. 카이로 또 포츠담 양 회담에 장 주석이 중국대표로 참석한 일이나 1945년 12월 15일 미 대통령의 대중정책에 관한 성명 그리고 1946년 12월 9일의 재확인 등등이 모두 이를 증명하고도 남음이 있다. 그런데 위의 '재정적, 군사적 원조'가 종전 후까지 이르게 되자 중국 내외에 커다란 문제를 야기하였다.

"항적降敵 무기 선탈전先奪戰에 미국은 장제스를, 그리고 홍군 도전에 미 군수軍輸부대로 중앙군 수송을 결정"—이미 일본의 항복의사 표시가 알려진 1945년 8월 8일 뉴욕의 《헤럴드 트리뷴》지의 기사표제이다. 만주, 화북, 화중의 항적 무기 및 고거지 선탈전에 미군이 적극적으로 중앙군을 원조한 사실은 그 후보後報로 일층 명료하게 되었다. 1945년 11월 4일 중앙군 참모총장 허잉친何應欽 장군의 방송에 의하면 미군은 "최근 텐진, 상하이, 칭다오에 상륙, 주목적은 일본 무장해제 등 외에 특히 중앙군 수송과 국민정부 원조"
에 있었다. 약 1개월 후 12월 2일발 충칭 소식에는 3일《대공보》大共
報에 만주 방면 총사령관 뚜뤼밍杜聿明 장군의 잉커우營口 상륙, 텐진
간 철도의 중, 미군 합력 유지, 제3중앙군의 주황도 상륙과 동도東島
미국 병력과 교대 등의 기사가 게재되었다 한다. 뚜뤼밍 장군의 잉
커우 상륙은 대체로 중앙군 작전 주력이 만주에 도착한 것으로, 12
월 초순에 중앙군측은 대중공 공격체제를 대략 정비하였다고 해석
할 것이거니와 이 작전면의 완결에는 미군의 수송력이 직접 가담
한 것을 명확히 알 수 있다. 만주, 화북전역 그리고 화중의 일부분
을 우선 점거한 중국 공산군으로서는 중앙군에게 직접 간접 재정,
군정 양면으로 원조하는 미국을 대체로 중앙군 세력 혹은 중앙 작
전 면에 포함하여 고려할 것은 당연한 추세이다. 뒤집어 말하면 중
앙군 작전 면에 미국 자신의 극동 작전 면을 적출하게 되는 것은
추리의 당연한 결론이라 하겠다. 1945년 12월 중앙군 공격체제 성
립 후도 미국의 국민정부에 대한 재정, 군사원조가 그칠 길 없는 것
은 그 후에 명백하여졌다. 1945년 12월 2일 워싱턴 발 UP는 외교
소식통의 담談이라 하여 "미국 국무성은 장제스 정부에 대한 대규
모 경제, 군사원조를 중지할 터. 단, 미국의 중국 철퇴撤退는 미정"이
라 하고 동년 12월 13일 뉴욕 발 UP는《네이션》지가 "미국 대통
령은 1945년 12월 15일 대중성명이 실시될 때까지 재중 미군을 즉
시 철퇴하고 국민정부에 대한 재정, 군사원조를 일체 중지하는 성
명이 요청된다" 하니 미국관계는 명약관화라 아니 하겠느냐? 그런
듯 아닌 듯 1945년 12월 중앙군의 공격체제의 수립은 이미 됐으나,
소련군의 만주 주둔이 계속할 때까지는 국민정부의 대 옌안 화협

제의가 부절不絶하더니 1946년 춘절에 소련군이 만주에서 철퇴하자 아연 타협교섭은 난행하고 중앙군의 중공 공격은 치열하게 되었다.

그와 반대로 중앙군을 따라서 그의 작전 면에 직접 간접 가담하는 미국은 중공 뒤의 소련을 불가불 생각하게 된다. 종전 후 중공군이 화중, 화북, 만주에서 중앙군보다 빠르게 허공지대를 점거한 것은 종전의 사정과 편의도 있거나와 만주에 있어서는 소련군의 호의 또는 불간섭을 기회로 하여 자가 세력의 확장을 기도한 것도 역시 사실이었다. 원래 소련 대 국민정부의 관계는 그리 우호적 역사를 가지고 있지 않다. 난징정부 탄생 이래 중국공산당의 공산지구 인정, 각색各色의 폭동, 선동 뒤에는 매번 적색 코민테른을 보고, 광둥코뮌 이후는 일시 국교단절을 본 사이라는 점은 제쳐놓고라도, 항일전쟁 이래 어느 기간에는 소련의 재정, 군사후원까지 입은 일도 있으나 독소전이 발발하여 모스크바, 레닌그라드가 위태롭자 국민정부는 신장新疆의 성스자이盛世才를 강추强追하여 돌연 신강의 소련세력을 구축한 일이 있다. 소련의 발언권이 강하여진 전후 어느 때 무슨 압력이 소련에서 올런지 국민정부는 결코 좋은 기분일 리가 없었다. 애당초 카이로 선언에 의하여 중국에 반환되기로 결정된 만주에 관하여 장제스 주석도 모르게 여러 조항의 비밀협정이 미·소간에 있다는 것조차 수상쩍은 일이었다. 아니나 다를까 1945년 11월경에 "소련, 중국 양해 완전성립, 12월까지에 소련군 만주 철퇴"라던 것이 1946년 2월에도 여전히 소련군은 만주에 주둔 중이었다. 일반행정사무 인계차로 입만入滿한 국민정부 관리도 중공군의 만주점거에 따라 신변이 위태롭자 이만離滿하고 말았고, 한편 소련군 철퇴시는 전만全滿 비행장은 중공 장중掌中에 귀歸하리라는 소식, 또 그리고 중공군은 강력한 군사근거지를 만주 각지에 설치하고 공산지구 조성과 유격대 의용군 편성에 여념이 없다는 소식이 연달아 들려왔다. 중앙군의 공격체제는 이미 12월 중순에 준비되었으나 소련군이 만주 주둔 중에는 대규모 공격을 가할 아무런 도리가 없었다. 소련정부는 1946년 2월 하순 무슨 심사인지 소련군 만주철퇴 지연은 기실 국민정부의 청원에 의한 점이 있다고 성명을 하였으나 그 수일 전 국민정부 외교부 정보국장 펑펑산 澎鳳山은 "중국은 1945년 8월 협정한 중소조약에 구속될 뿐이요 얄타협정에 관하여는 중국은 참가치 않은지라 인정한 일이 없다"는 노발 끝에, "소련군의 만주 철퇴에 관하여는 아는 바가 없다"고 잡아뗐다. 시비곡직을 지금 알 길은 없으되 어쨌든 약 반년간의 여유를 가지고 중공군은 안심하고 소요의 준비를 만주에서 달성한 것은 의심할 여지가 없다. 이 점에 관한 미국 측의 견해는 1946년 12월 중순 미 하원에서 공표된 폴리의 배상문제 보고서라 하겠다. 보고서는 분명히 "소련이 만주지구에서 한 식량품 및 기계류의 반출, 몰수와 그로 야기된 파괴상태는 소련의 장기적인 전략상 이유에 있다", 또 "우리는 소련군이 만주의 중공군을 원조하였다는 직접적 징조는 볼 수 없었던 반면, 소련군은 중공군을 제지하려는 아무런 조치도 취하지 아니하였으며 소군이 포획한 막대한 양의 일본 군수품은 소련 협력 하에 혹은 협력 없이 중공군 수중에 들어간 것은 명백하다"고 단정하였다. 이러한 분위기에서 12월 15일 《신민보》의 "확보確報는 아니나 국적불명의 비행기가 방금 다롄大連 동북 보란점에서 중앙군과 접전 중인 중공군을 옹호", "한국 국경방면에 있는 중공군은 모국 공군의 원조를 받고 있다고 한다" 류의 보도가 그 진부는 고사하고 세인의 관심을 자극하였다. 그렇다고 하면 또역시 중앙군이 중공 작전 면에 소련의 극동 작전 면을 간취하는 것도 결코 무리가 아닐 것이다. 미국 역시 중공작전이 소련작전과 이해가 부합함을 중대시할 것이다. 세론은 국공타협의 실패는 국민정부 내 극우파의 소치라 하는데, 도리어 국공교섭 결렬의 책임은 중공 측에 있다고 미 대통령은 1945년 12월 중순에 명언하였다. 그러므로 세인은 극동평화의 관건이 국공타협 아닌 '미·소협력'에 있다고 한다(1946년도 미국 극동문제 전국협의회의 설명). 또 그러므로 일찍이 1946년 6월 뉴욕《헤럴드 트리뷴》지에 미국 군부평론가 W. 리호는 "종전 후 미국이 충칭의 군사력 강화에 가담한다면 결국 내란을 조성한다. 이것은 결국 충칭-소련 간의 분쟁을, 다시 말하면 소련·미국 간의 분쟁을 야기할 것이다"고 단론하였다. 저우언라이는 누차 중공은 소련과 관계 없다고 변명하였으나 구차히 변명하는 게 의심스러웠고 지방 중국 대중은 미국의 대국민정부 원조 중지를 요구하는 데모를 연속적으로 하고 있었다. 확실히 소련과 미국 사이는 평화를 유지하고 있으되 피차 두 개의 중국을 통하여 잠재적으로 작전 면이 접촉하고 있는 사실을 부인하기에 양국은 대단 곤란할 것이었다.

　한국은 현실에 있어 남북 양개兩個로 분할되어 있다. 단순히 정치적 분할이기보다는 군사적으로 점거되어 있다. 남북은 더불어 주둔군 사령관의 명령 하에 있으며 잠행적이라고는 하나 군정이 실시되고 있다. 원래 군인이 정치면을 담당하려고 휘하 수만의 장병을 거느리고 일국에 임하는 예는 상상 밖인지라 여러 가지 파생적 문제에 현혹되지 않고 냉정히 판단컨대는 주둔군 사령관의 최대 임무는 역시 군사 면에 있다고 할 수밖에 없다. 애초에 38선이 어느 밀약으로 혹은 협정으로 발생한 것인지 똑똑히 알 길이 없으나 적어도 연합군 대일작전 중의 것은 얄타비밀협정 발생설 등의 유표로 보아도 대개들 짐작할 수 있다. 즉 순전히 작전적 처리라고 보겠다. 무릇 일 년 전에 비교적 강력한 삼상三相결정을 보았음에도 불구하고 오늘날 이 시각까지 주둔군의 철퇴, 38선 철폐의 실현을 못 보는 이유는 상식적으로 생각하여 아직 38선의 군사적 의의가, 미·소군 주둔의 임무가 완결되지 않았다고 추측하는 것이 온건한 것이다. 그렇다면 한국은 과연 작전지구라 아니할 수 있으랴. 한국은 정치 면에서보다 완전히 작전 면에서 고려되는 형편이다. 또 그러면 미, 소가 간접으로 작전 면을 전개하는 화북, 화중, 만주와 한국은 결국 모여서 한 개의 광범위한 극동의 미·소 작전지역을 형성하는 것이 아니랴. 이 광대한 작전지역내에 발생하는 범백凡百의 정치, 경제, 사회현상은 마치 자장 속에 든 쇳덩어리와 같이 강력한 작전면의 영향을 입어 본래의 상을 왜곡하는 것이 아니랴?

미, 영을 한 개의 군사력으로 치고 대전 후 미, 소가 동양에서 접촉하는 면을 개관하면 이란에서 소련 중앙아시아, 천산북로를 지나 중국, 만주, 한국 그리고 연해주 일본 사이를 선긋고 캄차카부근을 통하여 알류산열도, 베링해협에 이르는 장대한 군사적 접경이 존재한다. 그 중에서도 이란을 제외한 다른 접경이 접선이고 또한 안정된 접선임에 불구하고 중국-만주-한국은 '접경' 아닌 광대하고 불안정한 작전지역을 이루고 있다. 원래 일개 작전지역 내에 더불어 존재하는 때의 특색은 상호 영향이라고 할 수 있는 신속히 변화하는 작전면의 유기적 성격이다. 군사적 균형이 원래 불안정한 까닭에 작전 면이 발생한다. 군사 면이 전반적으로 고정되고 균형을 얻으면 남는 것은 정치적 접면이 있을 따름이나, 아직 작전 면이 착잡한 '두 개의 중국'을 가진 이 작전지역은 군사적 균형과 동떨어진 불안정지역이라 할 수밖에 없다. 한국은 이러한 불안한 지역에 인접하여 있다. 한국의 38선은 만일 두 개의 중국을 상정치 않는다면 그 의의를 태반 상실할 것이다. 38선은 현하 한국의 복잡기괴한 내외문제의 상징이라 하겠다. 그러므로 동일한 작전지역에 처하는 한국의 문제는 곧 두 개의 나라의 문제이고, 두 개의 중국문제의 해결은 곧 한국문제의 해결에 관계될 것이다.

3. 작전지역 내의 고정면과 변화면

38선은 극동 미·소 대작전 지역내에 있어서도 가장 특징이 깊다. 첫째 중국, 만주가 간접적인 것에 대하여 접촉이 직접적이고 접선은 고정되어 있다. 38선은 진실로 작전 면을 고정시키려는 타협선이라고도 하겠다. 둘째 중국, 만주의 국공투쟁에 대한 미·소적 관련을 작전적으로 결정하는 곳이라고 보겠다. 38선이 정적이고 고정적이라 하여도 그러나 그것이 군사적 대립임에는 조금도 틀림이 없다. 작년 하절에 일시 호사가들은 한국 주둔 미·소군의 군사력을 비교검토한 결과 하지 중장의 군사력이 치스차코프 장군 휘하의 군사력에 비하여 과소하다고 그 균형의 불안을 단정하였다. 미국 내에서 극동파견군 증가설이 분분하던 것이 바로 그때의 일이다. 확실히 군사적 대치이다. 실제 아무런 군사적 충돌은 없다. 그러나 군사력의 대립임에는 추호도 변함이 없다. 이 군사력의 대치라는 점이 가장 강렬하게 표현되는 것이 곧 남북한의 정치 면이라 하겠다. 어떠한 정치 면이고 그 작전적 색채를 절대로 거부할 수 없다. 직접 군사력의 접촉은 결코 없으되 한층 험험險險한 교섭반발이 없으리라 누가 하리오. 좌우익이 반드시 미, 소를 가리키지 아니한다고 하나 그 작전지구 내에서는 필연적으로 좌, 우익은 곧 미, 소 어느 편이냐 하는 표식標識과 아주 가깝다. 아무리 공평한 정견이라도 배후에는 반드시 미국 아니면 소련이 있으리라 한다. 주의, 주장이 있어도 주의, 주장의 소상한 내용은 알 바가 아니라 먼저 미국 편이냐 따지며, 또 그것으로 충분하다고 여긴다. 북한이 어느 곳에서나 민요民擾나 민란이 발생하면 그것은 곧 반동분자 아니면 극우분자의 선동이라고 딱지를 붙이어, 마치 게릴라전시視한다. 민중 속의 고유한 원인 같은 것은 차제에 중대할 것이 조금도 없다. 또한 직접 작전 면의 실패가 아닌 군사 면의 실패가 있다면 그 책임의 소임도 물을 바가 아니다. 백사百事가 이 작전적 굴레를 벗을 수 없고 언론 역시 이 테두리를 벗어날 수 없다. 현재 이러한 사정에서는 8·15 이후의 모든 한국정부운동이라 부르는 류는 기실 자가소기自家所期에 불구하고 정치적 활동이라기보다 양대국 주둔군 참모부의 통인通引장이 노릇이라는 비난을 장래 막을 길이 없지 않겠느냐?

미·소 한국주둔군의 대 중국, 대 만주 작전의 의의는 실로 절대絕大하다. 되집어 말하면 한국의 군사지리적 위치는 실로 두드러진다. 한국 서반부 연해면은 중국 연해면에 대하여 상호 봉쇄적 관계를 이루고 있다. 일본은 중일전쟁 초기에 중국연해를 한국, 일본으로부터 완전 봉쇄하고 말았던 일이 있으나 그러나 봉쇄는 일방적이 아니고, 중국연해로부터 한국 서해부를 간단히 역봉쇄할 수도 있다. 북한의 서해연변이 소련군 관하에 있고 뤼순항이 얄타밀약에 의하여 소련 측의 군항으로 사용되는 한 미국으로는 적어도 중국연해가 친미세력이나 미국세력에 의하여 유지하지 못할 경우에는 군략상 대단히 재미스럽지 못한 입장에 설 것이요 국민정부 역시 지극히 불안할 것이다. 만약에 중국연해에 미국 혹은 친미적 세력을 완전히 부식扶植하는데 성공한다면, 첫째로 한국은 용이스럽게 중국 연해 및 일본 방면에서 포위 점거할 수 있을 것이요 따라서 가사 만주의 소련세력을 가정하더라도 가전상假戰上 당당히 균등한 기회를 획득할 것이다. 그런 듯 아닌 듯 미국의 국민정부 원조의 안목은 무엇보다 연해면의 중공 소탕, 대륙 중심 연결의 철로 확보에 있듯이 보인다. 중앙군의 대만주 중공군 공격 및 옌안 공격을 자심滋甚하게 되자 중공군의 산둥연변 작전, 장쑤江蘇 작전이 연달아 있는 것을 보아도 저간의 미묘한 관계를 간취할 수 있겠다.

　북한이 만주에 주는 작전적 의의는 첫째로 만주 포위의 방지 즉 만주, 소련세력의 안정, 둘째로 중국연해, 일본에 있는 미세력에 대한 견제일 것이다. 구 관동군 및 조선군의 대소공격 작전기지인 북한 국경지대, 동녕선 목단강-자무쓰선 그리고 하얼빈-치치하얼-하이라얼이 적성국의 장중에 있다면 소련이 절대로 군사적 균형감을 보유 못하는 것도 사정이 그럴듯하다. 동청철도, 남만주철도에 대한 우선권 또는 뤼순 군항이랬자 이 조건에서는 아무런 군사적 기능을 발휘할 수 없고 나아가서는 바이칼호 부근의 군사기지와 하바로프스크-우수리의 공격기지가 유사시에 차단될 위험을 느낄 것이다. 우선 만주의 안정감을 요구한다. 이렇듯 한국은 미, 소의 미묘한 군사적 관계를 내포하면서 그러나 여전히 작전 면에서 고정되어 있다. 이 광대한 작전지역 내의 주도권을 쥐고 변동하고 초침으로 시시각각 그 변동을 표시하며 군사균형의 결정권을 가진 지구는 역시 두 개 중국의 전투지구라 하겠다.

두 개 중국의 전투지인 화중, 화북, 만주 일대는 중공군의 게릴라작전 지대와 의무군, 민병의 후방 교란작전이 현저하여 전선을 뚜렷이 구분하기 적이 곤란하다. 공격, 방수, 대치의 각 선이 착잡할 대로 착잡하고 전지戰地의 점거가 대단히 불안하여 군사이동이 쉴 새 없고 작전의 면이 각각으로 변화한다. 이러한 대소 각종의 전투가 전개됨에 따라 국공의 군사적 입장이, 혹은 미, 소의 군사적 관계가 나날이 변동하여 가고 그로 인하여 한국까지를 포함하는 대작전지역의 작전적 면목을 일층 더 중대화하여 가고 있는 셈이다. 현재까지의 국공전투를 개관컨대 중앙군은 연해선과 육상교통선(특히 철도선)의 확보를 기하며 도시점령, 대규모 정면공격을 취함에 반하여 중공측은 오지 유도전, 교통선의 측면습격, 보급선 차단 그리고 군정공진에 의한 전투지역 부근의 소비에트 건설, 광범위 게릴라전를 택한다. 일방은 우수한 장비와 풍부한 보급을 기조로 하고 타방에는 정치의 위력과 자급자판의 장점이 있다. 중앙군의 길고도 처진 보급선과 막대한 보급 등을 유지하는 데는 장기에 걸친 연속동원과 미국의 재정, 군사 양방면의 원조가 절대로 필요하다. 현 중앙군의 대규모작전은 첫째 미국 원조를 전제로 하는 것이었다. 미국이 만일 원조를 중지하면 중앙군은 즉시 만주, 화북에서 비상한 곤경에 빠질 것이요 중공 측의 군, 정 양 방면의 반격으로 인하여 공방의 위치가 전도될 것을 구안지사具眼之士의 이미 간파하는 바이다. 이러한 사태는 역시 미국의 원하지 않는 것이다. 미국으로는 매우 발 빼기 힘든 처지라 하겠다. 여기 관점을 고쳐 고(考)를 요하는 것은 그러나 과연 두 개의 중국이 피차 자유로이 작전할 수 있는가 하는 점이다. 국공 양측이 미, 소의 강경한 발언을 고려치 않고 자유로이 작전 수행할 수 있는 지역은 한정되어 있지 않을까. 전술한 바 있듯이, 만일에 미국의 기심한 관심을 입고 있는 연해 방면이 중공 측의 세력으로 점거되어 대만, 필리핀 그리고 한국, 일본이 위태로운 지위에 추락된다든지 반대로 동만, 북만의 소련이 주시하는 작전상 요지가 중앙군의 군사기지로 일변하여 적군의 공격 근거지 하바로프스크-우수리선이 측면으로 위험하고 치타-이르쿠츠크선이 차단될 위협을 받으면, 두 개의 중국은 그 전선에서 다른 복장의 군복을 보지 않는다고 누가 단언하리오. 고쳐 생각하면 두 개의 중국은 이러한 소련의 작전선을 배경으로 하여 그 한계 내에서 전투를 전개한다고 보겠다. 그러나 두 개 중국보다도 이 점에 신경이 날카로운 것은 '대작전지역'의 주인인 미, 소 양국이라 하겠다. 이 까닭에 극동방면 미·소 정치교섭과 타협의 역할이 세인의 인기를 이끈다. 두 개 중국의 전투가 혹시라도 이 화약고에 불을 놓기 전에 미, 소는 극동에서 그 어느 일치점에 도달하려고 한다. 위기일발에 이르러 위험한 공갈적 타협이 적당한 금일이 아닌 것은 양 대국이 피차 숙지하는 바이다. 오히려 이 점을 교묘하게 이용하며 양 대국의 악수가 있을 때까지 군사적 점거와 정치적 점거를 확대하여 유리한 조건을 획득하려고 노력하는 것은 두 개의 중국이라 보겠다.

장 주석은 중공의 군사력을 5개월이면 분쇄한다고 호언하고, 저우언라이는 6개월 내에 중앙군은 대타격을 입으리라고 위협하였으나, 이러한 과장한 공갈은 기실 누구에게보다도 미, 소에 의미심장하다. 국공 양편의 수뇌부의 거동은 마치 근근 대규모 작전이 쌍방에서 동시에 수행되는 듯한 감을 주나 대규모 전투가 있다면 그것은 만주와 산둥, 장쑤에 걸치는 연해지대가 제일이다. 옌안공방전 같은 것은 군사적이라기보다 오히려 정치적 공방전이라 하겠다. 산시, 허난, 안후이, 허베이, 후난 등의 대륙작전은 착종한 소규모 쟁투의 전개라 보겠으나 만주연해지대에서는 공방과 더불어 전력을 다할 것은 양편의 국제관계로 보아도 가지可知라 하겠다. 미, 소는 극동에 있어 일대위기에 당면하였다. 그렇기는 하나 세계적으로 잠정적이나마 타협을 보려는 기색이 농후한 금일 아세아의 일부에서만 미, 소의 교전을 생각하는 것은 상식적이 아니다. 다만 지금까지의 경과는 정치적 타협이 작전적 타협에 너무 앞선 양으로 보일 뿐이다.

4. 한국의 장래

1945년 12월 28일 모스크바에서 개최를 본 삼국외상회담에서 '한국'의 재출발을 의미하는 수다數多의 결정이 있었다. 결정에 이르기까지의 경위를 싸고도는 여러 가지 잡음을 제거하면 삼국 외상은 완전히 일치점에 도달하였다고 보는 수밖에 없다. 물론 미심쩍은 일은 한두 가지가 아니다. 그 중에서도 항시 한국문제를 절규하고 또한 군사, 지리, 역사 여러 점으로 가장 밀접한 관계에 있는 중국이 참석 못한 일, 둘째 공동위원회의 조직에 있어 한국주둔 미·소 사령관으로 대표를 삼는 점, 셋째 해석이 분분한 신탁문제가 기록된 제3조의 표현 등이다. 그러나 이러한 미심쩍은 일을 여기서 상론할 심사는 없다. 적어도 한국이 중국, 만주도 포함하는 미·소 대작전지역에 존재하고 현재 한국의 작전적 관계는 누구보다도 주둔 양 사령관이 숙지하리라는 것을 고려하면 제1, 제2의 문제는 어느 정도 해명되리라 믿는다. 오히려 우리가 여기서 독자의 주의를 환기하려고 하는 점은 정치적인 완전 일치가 1년 전에 모스크바에서 성립되었음에도 불구하고 작전면 담당으로써 최대 임무로 삼는 양 장군이 대표가 되는 공동위원회에서는 미, 소는 아무런 진보도 보이지 못한 것이다. 정치적 타협은 질주한다. 그러나 작전 면의 타협은 만보漫步한다. 중국문제에 있어서 국, 공의 정치적 타협이 앞서고 미, 소의 정치적 타협력이 국제회담석상에서 달성되었다 할 경우에도 사태는 아무런 실천을 못 보인 것이 과거 1년이다. 또 신타협 또 회의, 어느 회의 장단에 춤을 출는지 갈피를 잡을 수 없다.

국내의 사정이라고 조금도 다른 바가 없다. 유속배流俗輩는 느닷없이 과거 1개월 반년의 업적을 들어 한국은 정치에 싫증이 났다고 한다. 8·15 이후의 모든 정치운동이 도무지 무력한 것에 놀라버리고 말았다. 자기 힘으로 일본이 격파된 것도 아니고, 한국의 의사로서 38선을 획정한 것도 아닌 현상에서 아마도 가장 필요한 대외적 활동이 기대될 시기에 이른바 정치가는 당당한 듯한 강령과 애국적으로 보이는 열정으로 '국내투쟁'에 영일寧日이 없었다. 정치가의 지성이 모두가 거짓일 리 없고 강령이 모두가 가식일 리 없으되 정치적 활동이 있을 기반이 없었지 않았느냐, 즉 '한국'의 위치가 세계 양대 강국의 적대적인 작전상 대치점인 데는 한국의 모든 현상은 '작전'이라는 일색으로 덮어지고 만다. 금차 대전의 프랑스는 콤비뉴의 굴욕을 입은 후부터 종전까지 '프랑스'의 정치를 상실하였었다. 즉 '한국'의 위치가 세계 양대 강국의 절대적인 작전상 대치점인데는 한국의 모든 현상은 '작전'이라는 일색으로, 소, 독의 숙명의 전지戰地 폴란드에서 화포와 산탄散彈 아래 국인國人이 정치운동의 성공을 기하였다면 또한 약간 실소를 금할 수 없으리라. 사태는 반드시 꼭 같은 것은 아니다. 그러나 같은 데도 많다. 정확히 말하자면 '정치'는 있다. 작전국가의 출장정치는 절대로 없을 리 없다. 섣불리 '정치'라는 위대한 충동에 사생을 내걸고 나선 애국자는 필경에는 이러한 대국의 정치출장소의 고원顧員이 되고 말았다. 작전면이 안정하여야 군사력이 피차 균형을 취할 때 비로소 정치 면이 등단하리라고는 말한 바 있다. 먼저 이 작전지역의 철폐를 절규할 것이다. 일대 작전지역의 불안요소인 중국문제의 해결을 고창할 것이다.

'한국의 장래'라 하면 매력은 있으되 예지할 아무 도리도 없다. 정치이념의 추향趨向과 국제정세의 대세를 모른다 할지라도 매우 추상적인 것을 막을 수 없다. 장래를 더욱이 미국 민주주의와 소련 공산주의라는 현대정치상의 두 개의 이념에서 찾는 것은 적지 아니 비현실적이다. 과연 '민주주의'라는 간판이, 또 '공산주의'라는 휘장이 현실의 미국, 소련에 어떻게 대응하는지 자세히 반성하여 보면, 이에 관하여 한국인은 극소의 지식밖에는 가진 바 없다. 그 극소의 지식이나마 대부분은 선전적이고 비방적이다. 또한 그러한 주의가 주의 내용 그대로 그 주의의 주인공을 한국에 모시는 것인지 의문이 한량없다. 오히려 벌써 현실은 주인과 그가 부리는 주의는 별개의 것인가 하는 혐의를 준다. 일시 탕탕蕩蕩한 일본의 천황주의가 횡행함에 그 실지實地와 주의主義가 대단히 상위相違함을 한국민족은 깊이 관찰할 기회를 가졌다. 주의 주장이 하상 무엇인고 그 실지를! 정치이념이 하상 무엇인고 그 정책을! 이러한 입장에서는 이념으로 장래를 추상하는 것은 때로는 어마어마하게 비현실적인 경우도 있다.

그러나 '한국의 장래'가 어느 때부터 시작되느냐하는 점에 관하여는 이상 각 장의 논술한 바 근거로서 일개의 정확한 대답을 제시할 수 있다고 우리는 생각한다. '한국의 장래'는 단순히 오늘서부터 시작하는 것도 아니요, 단순히 내일에 있는 것도 아니다. 중국-만주-한국의 미·소 극동작전지역이 적어도 군사적 균형지역으로 변화하는 때이다. 두 개 중국의 문제가 미, 소에서 타협을 보는 때이다. 이러한 때가 중국 내의 전투 추이로 보아 또한 국제적인 타협 분위기로 보아 근근近近 오리라고 우리는 주장한다. 그 때에 비로소 한국은 정치를 필요하게 될 것이며, 종래의 이른바 정계는 일변하게 될 것이다. 그러므로 오늘날 한국의 최대 문제는 즉 중국의 최대 문제이요, 두 개 중국의 존재는 곧 두 개 한국의 존재이다. 현하 한국, 중국의 제 문제는 예컨대 단 한 개의 문제라고 우리는 말하고 싶다. (1946년 11월)

《신천지》 1947년 2월호

6·25 사변을 에워싼 외교
(1951)

1. 서설

존 포스터 덜레스는 사변 얼마 전인 6월 7일 한국을 내방하였다. 그는 4월 19일 일장의 인사연설을 국회에서 행하였는데 인사 중에 '한국은 이 국제적 위기에 있어서 절대로 고립되지는 않을 것이라'는 뜻의 언사가 있어서 커다란 감명을 내외에 주었다. 이에 앞서 5월에는 대통령의 5, 6월 위기설이 발표되었고 또 신성모 국방부장관은 이북 군 병력이 38선으로 이동하고 있는 사실을 지적하였는데 이런 형편에 있어서 한국외교의 최대 관심사는 경제원조보다도 차라리 미국 대한국 군사정책의 추세와 그 한계인 듯싶다. 당시의 군사수뇌부는 이북군에 비하여 적지 아니 손색이 있는 국군의 중장비와 무기의 부족을 누차 군사고문단에게 호소하였던 것이나 별 무성과였던 모양이며, 전투훈련에 있어서도 역내 폭도소탕과 방비제일주의라는 고문단 방침에 적이 불만이었던 것이 반드시 무리가 아니며, 이 공기는 곧 이북 그리고 모스크바에 반영되었을 것이다. 한편 1947년 이래 워싱턴은 중국 사태에 대하여 소극적 정책을 취하였거니와 중공 집권에 따라 한국에 대한 미국 당로자當路者의 심히 연약한 의견이 누차 지상에 공표되었고, 1950년 1월에 이르러 마침내 애치슨 장관의 미국방위선론, 곧 알류산으로부터 일본을 거쳐 오키나와와 필리핀을 연결하는 한 토막 줄에 미국 극동방어선을 보는 견해가 표명되었다. 이러한 워싱턴 측의 견해가 밧줄 위를 걷는 듯한 한국민에게 있어서는 군사원조정책의 귀추를 암시하는 듯하여 상하를 진동케 하였으며, 이 역시 모조리 이북 및 모스크바에 반영되었을 것은 의심 없는 일이다. 좌우사정이 이만한 때에 덜레스가 비교적 명백한 어구로써 자기의 소신을 표명한 것은 그의 지위로 보아 대단히 용기를 북돋는 일이었다. 그러나 당시 문제는 조금도 호전하지 않은 채로 6·25로 시일은 흘러갔다. 여전히 미국은 군사적 공동방위의 공약을 피하였고 여전히 국방력은 약하고 불안은 국내를 덮었다.

본래 미·소 간의 알력은 두 가지로 생각되었다. 하나는 공산주의와 자본주의는 공존불능의 관계에 있다는 것으로, 필연적으로 미·소의 적대와 투쟁을 결론하는 것이다. 하나는 세력균형이라는 관점에서 피차의 세력권이 균등화될 때까지는 국제평화가 없다는 사상인데, 양설이 더불어 분규의 가능성은 세력권 사이의 접선지대에 많다는 점에서는 일치되었다. 아마도 소련의 장기계획으로는 접선지대의 배후 혹은 미국 자체 내에 사회혁명 혹은 사회경제 불안이 조성되어 국가 간의 교전이라는 양식 이외의 방식으로 소기의 목적을 기도할는지 모르겠으나 저간의 국제동향으로는 역시 분규는 접선지대를 타서 야기될 듯하였다. 따라서 제2차 대전 후에 발생된 미·소 간의 분규는 주로 패전국 지역을 포함한 접선지대의 처리 문제였는데, 그 양식에서 보자면 제1은 패전국 혹은 이전 적 점령지역이라는 정치적 진공지역에 대한 각축전이요, 제2는 접선지대 세력권의 확대전이요, 제3의 상대 세력권 내의 삼투에 대하여는 소련 지휘하의 저명한 공산당 활동이 있어 이탈리아, 프랑스 같은 곳에서는 무시 못할 성과를 거두고 있으며, 소련의 구미 이간책 그리고 미국의 대 유고 정책이 역시 이 부류의 것이었다. 제1의 양식은 베를린, 비엔나 같은 정치적 고도孤島를 남긴 채로 일단락을 지은 듯하고 근년에는 제2양식의 암투와 분규가 국제문제의 주류인 듯 보이었으나, 기실 자세히 살펴보면 제1, 제2의 두 양식은 상호간에 밀접한 관련이 있어서 하나를 따로 꼬집어 말하기 곤란한 바가 있다. 왜냐, 대개 접선지대, 진공지역이라 함은 현 국제관계의 양 중축인 미, 소와 그 블럭의 입장에서 지칭한 데 불과한 것이며 접선지역 또는 구 진공지역은 그 지역대로의 사회적, 경제적 통일성과 역사적, 정치적 단일성을 보유하고 있는 것이다. 따라서 그 통일성, 그 단일성이 국제형편에 의하여 절단, 파괴될 때에는 그 지역의 정치동향은 자연히 통일의 방향으로 키를 돌릴 것이다. 그런데 절단된 지역의 이러한 정치동향은 자동적으로 각 절단지역이 귀속하는 국제세력 간에 세력 비중의 변화를 야기한 것이며 국제세력간의 분규로 변모할 것이다. 또 한편 국제적인 주동세력간의 각축은 기필코 절단된 지역의 모순을 격화, 확대, 폭발시키고 말 것이다. 자율 즉 타율, 타율 즉 자율의 정치적 특수성과, 한 번 분규가 발생하면 곧 내외가 서로 반영하고 또 서로 직통하는 것이 바로 이러한 지역의 특징이었다. 종전 이래 미·소의 대립은 접선지대 전역을 통하여 치열한 바가 있었거니와 그 중에도 독일, 오스트리아 및 한국 근린에서 집중적으로 표현된 바 있었다. 그런데 독일, 오스트리아 및 한국은 모두 다 고유의 통일과 역사적 단일성이 무참히 절단된 곳이었다.

6·25 직전의 세계는 당시 소련 블럭이 연출하는 몇 가지 신경전에 자못 불안하였고 또 황홀하였다. 그 주되는 것을 약기하면 첫째, 5월 28일 성령 강림제를 기한 동독 공산주의청년단共青의 서베를린 시위가 전하여져서 유럽 일대는 모종의 징조가 아닌가 경계하였는데 그 배경으로 위성국 주재 소련 외교관의 본국 소환과 주일 멜레비얀꼬 대장의 본국 소환 그리고 또 각국 공산당수뇌의 모스크바행 출발이 있었다. 그 뿐만 아니라 오스트리아 소련 점령지역에는 적군이 증파되고 해당지역의 산업시설이 어디론가 반이搬移되어 더욱 인심을 자극하였다. 둘째로, 동양에 있어서는 중공의 대버마 침략, 프랑스령 인도차이나의 호치민 정권 원조, 대만 침입설 등이 빈번하여 동아시아 판국에 중대한 위구危懼를 가져 오고 있었다. 이 밖에도 1950년에 들어서서부터 일층 더 과격화한 각국 공산당의 활동이 그와는 또 모순된 소련의 이른바 평화운동과 아울러 단순한 선동이 아닌 모종 계획의 암막이 아닌가 의심을 사고 있었다. 이에 대하여 미국의 세계적 방어력은 민주주의국가의 독특한 사정으로 다만 계획에 그친 감이 불무不無하였고 영국 노동당은 좌파의 영향으로 유화주의적 색채를 다분히 띠었으며 정변으로 유명한 프랑스는 역시 정국이 불안정하여 유럽방어 실현에 적지 않은 문제를 던지고 있었다.

2. 6월 27일 안보이사회

6·25 사변의 발발은 가장 예민하게 국제기구에 반영되었다. 25일 새벽 4시 침략이 개시된 후 불과 33시간 만에 유엔 안전보장이사회가 개최되었는데, 사건토의의 공식 소스로서는 유엔 한국위원단의 보고와 미국 국무성이 접수한 주한 미 대사의 지급보고가 있었다. 이 안보이사회 회의의 특색으로는 피침해국인 한국 대표가 초청된 것이 그 하나요, 그간 중국 대표문제로 인하여 유엔참석을 보이콧한 소련의 불참석이 그 둘이었다. 25일 오후 2시(미국시간)에 개최를 본 안보이사회는 정전과 이북군의 38선 철퇴를 규정하고 한국위원단으로 하여금 이를 감시케 하고 건의케 하는 등등의 미국 제안-영국 수정안을 9 대 0, 보류 1로 가결하였는데 보류는 유고였다. 유고는 그 석상에서 이북정권을 참석, 발언하게 하자는 동의를 따로 내놓았으나 6 대 3, 보류 1로써 폐기되었다. 보류는 노르웨이였고 유고안의 찬성은 인도, 이집트로서 이후 각국 태도를 점치는 좋은 예가 되었다.

  25일 안보이사회 결의는 그 후 침략의 진전과 이북정권의 무반응으로 말미암아 결국 도로徒勞라는 것이 판명되었다. 양일 한국위원단은 정전호소 방송, 조인 신청 등의 갖은 화평 노력을 다하는 한편 그 결과와 현지 사태의 추이를 소상히 안보이사회에 보고하였다. 사태는 이미 절박하여 한국의 방어는 최대 위기에 달한 듯하였다. 이에 안보이사회는 다시 그칠 줄 모르는 침략에 대처하고자 27일(미국시간) 개최되었다.

  27일 안보이사회를 전후하여 밖에서는 미묘한 외교 동향이 보였다, 한국정부로서는 이 불의의 침략에 대한 미국정부의 태도를 극히 중대시하고 이승만 대통령의 직접훈령으로 장면 대사는 국무장관 및 미 대통령을 왕방(往訪)하였다. 27일 안보이사회 개회 직전에 미국 대표 그로스와 소련 대표 말리크가 상면한 사실이 있어 여러 가지 억측이 떠올게 되었다. 열전(熱戰)으로 금방 신경질이 된 세론은 벌써 제3차 대전을 운위하고 각국 군소정부는 미, 소 양국의 태도를 주목하고 있었다.

한편 이북정권은 침략의 책임을 한국에 전가하여 정당방위권의 발동을 주장하고 있었는데, 당시 소련의 태도로 말하자면 방관적 침묵을 외장하고 속으로는 실력에 의한 '기정사실'이 수립되는 것을 기다리는 듯하였다. 연래 극동에 대한 미국정책이 불안정한 감이 있었던 것은 주지의 일이며, 특히 미방위선에 관한 1월 애치슨 장관의 성명은 아직도 세인의 두뇌에서 사라지지 않고 있었다. 아마 중국에서와 같은 사태가 발생하면 미국은 한국을 포기하지나 않을까, 이러한 의심에서 사변이 발발하자 그 진영의 차이를 막론하고 세계 각국은 미국 태도의 결정을 보기 전에 각자의 태도를 명백히 하고 싶어 하지 아니하였다.

6월 27일 유엔 미국 대표는 한 장의 미국 대통령 성명서를 안보이사회에서 발표하였다. 그 속에서 대통령은 미 정부는 해·공군으로써 한국을 원조할 것과, 다른 공산주의의 침략을 막기 위하여 만주에 제7함대를 파견할 것과, 또 필리핀 방위 강화와 프랑스령 인도차이나 원조의 의사를 명백히 하였다. 이 성명은 그 의의가 자못 중대하였다. 이로써 27일 안보이사회에 있어서의 미국의 태도는 결정되었으나 나아가서는 금차 사변에 대한 미국의 견해를 엿볼 수 있었다. 곧 미국은 사변을 세계적 공산주의 침략의 한 지엽으로 간주하였으며, 공산주의의 전술이 이제야 국내교란으로부터 무력침략으로 환치된 것을 지적하였으며, 극동 일대에 침략의 위험이 닥쳐 온 것을 분명히 하였고, 또 끝으로 미국으로서는 이러한 무력침략을 방지하기 위하여는 단호한 태도를 취할 것을 표명하였다. 동시에 미 정부는 두 가지의 외교방책을 채택하였다. 27일 미국은 대소통첩에서 소련의 영향력을 이용하여 침략군의 38선 철퇴 등을 실현시키도록 권유하였다. 그 통첩의 목적은, 첫째로 소련이 침략이 있을 때에 불참한 것을 책責한 다음 사변에 대한 소련의 진의와 평화의 가능성을 한편으로 타진하면서, 둘째로 침략에 대한 근본책임의 존재를 밝히는 데 있는 듯하였다. 이러한 외교통로에 의한 개별적 조처에 대하여 같은 27일 안보이사회에서 미 대표는 무력공격을 배제하는 데 필요한 원조를 한국에 줄 것을 유엔 가입국에 권고하는 제안을 하여 7 대 1(후에 8 대 1), 반대 1(유고), 불참 2(인도, 이집트, 후에 인도는 찬성)로 가결을 보았다. 이것은 미국이 국제기구 하의 집단적 조치에 노력하는 것을 의미하였다.

3. 유엔군

6월 27일 소련은 모스크바 방송의 형식으로 25일 안보이사회 결의는 무효라고 선언하였다. 그 이유로는 2대 상임국(소련, 베이징 정권)이 결석하였다는 것으로, 헌장에 의하면 5대 상임국의 합의가 없으면 결의는 효력을 발생할 수 없다는 데 있었다. 27일 안보이사회 결의가 있자 사무총장은 각 가맹국에 결의내용을 통고하고 대한원조를 의뢰하였는데, 이에 대하여 소련은 상서上敍한 바와 같은 이유로 27일 안보이사회 결의를 유효로 볼 수 없다고 통지하였다. 또 한편 소련정부는 27일자 미국통첩의 회답으로서 29일 주소駐蘇 미 대사에게 일장 성명서를 수교하였는데 그 내용을 보면, 첫째 침략은 한국이 한 것이며 따라서 한국과 그 배후 조종국에 책임이 있으며, 둘째 한국 사태는 내란에 불과하며 외국의 원조는 간섭이 된다는 것과, 셋째 소련이 안보이사회에 불참한 것은 오로지 정식대표인 베이징 정권 대표의 가입을 미국이 방해하여 가입치 못하게 하여 따라서 중국 베이징대표 없는 안보이사회 결정은 불법인 까닭이라고 하였다. 이로써 소련의 태도는 명백히 되었으며 이어서 소련의 각 위성국도 보조를 같이 할 것이 판명되었다.

다음 달 7월 4일 미국 정부는 한반도 해안봉쇄에 관하여 세계 각국과 소련정부에 통고한 바 있었는데 이에 관하여 소련은 7월 16일자로 27일 안보이사회 결의는 무효하므로 해안봉쇄는 침략행위를 구성하는 것이요 이로 인한 결과에 대한 모든 책임은 미국에 있다고 응수하였다. 여기에 이르러 미국 대 소련의 관계가 국제정의 발양의 찰나에 있어 장차 어떠하리라 하는 것이 용이하게 짐작될 수 있게 되었다.

6월 30일 안보이사회에서는 27일 결의에 응하여 신청된 각국의 대한원조 내용이 검토되었는데 이 회의의 몇 가지의 특징으로서는 이런 것이 있었다. 영국, 뉴질랜드, 호주는 각국이 일본 주변의 보유 해군력을 미해군 지휘 하에 일임시킨다고 발언하였는데, 이 점은 유엔군 창성創成의 과정으로 중요한 의의가 있는 것이었다. 둘째로는 에콰도르 대표의 언명으로, 범미이사회의 결의로서 유엔결의의 절대준수를 표명한 것인데 이 점은 미대륙의 단결을 표시하는 것으로 주목을 끌었다. 셋째는 가맹 절대다수 국가의 결의찬성(33개국 찬성)으로서 소련진영의 고립을 여실히 말하는 것이었다.

같은 30일 미국 대통령은 대한 지상군 파견과 반도해안 전역 봉쇄를 명령하였다. 이 조치에 대하여 세상에서는 설이 구구하였는데, 하나는 소련개입의 위험을 무릅쓴 결의의 표명이라고 보고, 둘은 국무성이 소련불개입을 그 외교문서 기타로 보아 단정한 것이라 하고, 셋은 3차 대전의 위험이 절박하다고 단언하였다. 일방 전선에 있어서는 미군과 원군으로 온 호주기와 영국, 호주, 뉴질랜드 각 해군력 사이의 연락, 작전통일, 표식 등등의 구체적 문제가 발생하였고 또 대외적 견지로 보아 유엔의 획기적인 집단적 경찰행위를 단일한 형태로 통일할 필요가 점고漸高하여 갔었다.

그러는 동안 7월 4일 외무차관 성명의 형식으로 소련은 크게는 사변에 대한 소련의 태도를 천명하고 적게는 27일 자 미 대통령 성명에 반박을 가하여 왔다. 전반적 태도로서 소련은 사변을 국내문제로 간주하여 불간섭을 견지하는 태도를 표명하였는데, 이 점은 일부 군소국가에 외교조정의 희망을 주었으며 동시에 소련은 군소국가에 영향을 주려는 것이었다. 대미국 성명에 대한 반박으로는 미국의 한국에서의 철퇴를 안보이사회에 요청하고, 대만 조처는 중국영토 침범이라고 힐난하고, 또 필리핀, 프랑스령 인도차이나 조치는 국내간섭이요 전쟁도발이라고 규탄하였다. 이에 대하여 5일 애치슨 국무장관은 기자단과의 회담에서 그로미코 성명은 사실을 왜곡하는 것임을 단적으로 지적하였으며, 동일 애틀리 영수상은 하원에서 미국 지지의 태도를 분명히 하였다.

　이러한 외교적 도전과 착잡한 국제동향을 무릅쓰고 안보이사회의 7월 7일 회의에서는 프랑스, 영국의 공동제안으로 유엔군사령부 설치와 유엔기 사용에 관한 안건이 마침내 7 대 0, 보류 3(이집트, 인도, 유고슬라비아)으로 가결되었다. 이 결의로써 군사 기타의 원조는 미국이 관할하는 통합사령부에 일임되며, 통합사령관의 임명권을 미국에 부여하며, 통합사령부에 참군한 각 국기와 아울러 유엔기 사용을 허용하며, 또 미국으로 하여금 사령부의 보고서를 안보이사회에 제출케 하였다. 그러나 이 의의로 본다면 프랑스 대표의 말과 같이 '고귀한 집단적 양심의 표현'이라고 할 만한 것으로서 역사상 처음으로 국제정의를 앙양하기 위한 국제군의 형성이었으며 아마 국제평화추진의 획기적 조치로서 청사에 빛날 것이었다. 동 7일 공동안이 가결되자 사무총장은 명예의 유엔기를 미국 대표 오스틴에게 수교하였다. 트루먼 미국대통령은 곧 맥아더 장군을 유엔통합사령부 사령관으로 임명하고 유엔기 사용의 권한을 부여하였다. 7월 14일 동경사령부본부에서 미 육군 참모장 콜린스 장군을 통하여 유엔기는 맥아더 장군에게 전달되었다. 7월 14일 이승만 대통령은 한국 육, 해, 공 3군을 맥아더 장군 지휘 하에 일임하는 공식서한을 발송하였는데 이에 대하여 맥아더 장군은 곧 이를 응낙하였다. 따라서 침략군과 싸우는 모든 전투력은 유엔총사령부에 귀일케 되어 마침내 유엔군이 실현되었다.

4. 런던-뉴델리-모스크바

1950년 6월 30일 두 가지의 화평조정 노력이 있었다. 하나는 안보이사국 중 비상임국가대표의 회담으로 인도, 이집트, 유고의 주동으로 미·소 양국을 설복할 수 있는 조정책을 비공식으로 검토하는 것이었다. 이 회의는 그러나 그 후 진전으로 보아 직접적인 성과가 있는 것 같지 않았다. 또 하나는 켈리 주 소련 영국 대표가 소련외무성을 방문하여 평화적 해결에 대한 소련의 협력을 요청한 것이었다.

영국 대표의 소련 외무성 방문에 대하여는 의심 없이 영국이 화평 조정의 용의가 있는 것을 표시한 것으로 영국의 복잡한 입장을 그 화평 노력과 더불어 인정할 수 있는 것인데, 7월 6일에 이르러 그로미코 차관은 영대사를 외무성에 초청하여 세론에 약간의 희망을 주었다. 7월 11일 켈리 대사는 또 다시 그로미코 차관과 회담하였는데, 그 후에 공표된 바로 비추어 보면 회담은 조정의 기본조건에 있는 듯 하였으며, 그 내용으로 영국은 중공의 유엔 가입문제가 있은 후에 문제를 유엔기구 내에서 토의 해결하자는 것으로, 일반은 이 태도는 미국과의 긴밀한 협의 하에 이루어졌다고 믿었다. 이에 대하여 소련은 베이징정권이 참석한 안보이사회에서 모든 토의가 진행될 것을 주장하여 양보하지 않았을 것으로 추측되었다. 7월 15일에 이르러 영국대변인은 중공의 유엔 가입에 관한 영국의 노력은 중지된다고 발표하였는데, 이로써 미국의 대영국 반응이 명백하여졌으며 따라서 영·소 교섭도 무성과라는 것이 거의 확실시되었으며, 7월 10일 영국의 화평안에 대한 그로미코의 구두회답으로 이것이 확인되었다.

　인도 정부는 11일 외교통로를 통하여 미국, 영국, 소련 3국에 중개알선의 뜻을 통지하였다. 동시에 네루의 친서가 스탈린과 애치슨 장관에게 전달되었다. 당시 외교계는 인도의 중개 통지가 영·소, 특히 영국과 밀접히 관련되어 있다는 관측을 내리고 있었다. 7월 15일에 네루는 스탈린의 회답을 뉴델리에서 접수하고 소련정부는 피아 각서의 내용을 18일 공표하였다. 그 각서로서 인도수상은 중공의 유엔가입을 조건으로 한국사변을 안보이사회 혹은 안보이사회 밖에서 해결할 것을 제의한 것인데, 스탈린은 즉시 중공을 포함한 5대국 참석하의 안보이사회에서 문제가 토론되는 것을 찬성하며 '조선인민의 대표'로부터 사태를 청취하는 것이 필요하겠다고 첨부하였다.

　미국은 17일 인도 수상에게 회답을 발송하였는데 그 중에서 미국으로서는 중공의 유엔가입 문제가 사변 토의의 대가로서 거래될 수는 없다는 점을 명백히 하였다. 그 후에도 인도는 영·소 간에 왕래하여 주선에 힘쓴 흔적이 보이나 결국 화평절충은 실패에 돌아가고 말았다. 다만 이 교섭으로 인하여 사태의 배후에는 중공문제가 있다는 것만이 밝혀졌으며 또한 외교교섭에는 전세가 긴밀히 연결되어 있다는 것이 밝혀졌던 것이다.

5. 소련의 안보이사회 복귀

유엔 안보이사회 규정에 의하면 의장은 매월 알파벳 순서로 교대하게 되어 있는데 1950년 8월은 마침 소련이 의장이 되는 날이었다. 소련은 동년 1월 13일 이래 중국대표 문제로 안전보장이사회에 불참하고 있었던 차로 7월 27일 돌연 사무총장에게 8월에 의장을 출석시켜 집행하겠다는 통고를 보내 왔었다. 그리고 말리크 대표는 8월 1일 안보이사회를 소집하였다. 이달로부터 8월 31에 이르는 한 달 동안 마침내 안보이사회 교살의 소련 노력이 계속되는 것이었다.

8월 1일 말리크 대표는 의장으로서 두 개 의안으로 된 임시의정을 제출하였는데 첫째 의안은 중공대표의 승인이요, 둘째 의안은 한국문제의 평화적 해결이라는 것이었다.

제안이 되자마자 의장의 제의는 곧 미, 영, 프랑스 각 대표에 의하여 반대를 당했다. 각국은 의장이 안보이사회 규정에 위반하였다는 사실을 지적하였던 것이다. 그러나 소련 대표는 의장 직권을 이용하여 의정 진행 순서를 자기 식으로 고지하며 국부國府(자유중국—대만)대표를 추방하여야 된다고 주장하여 표결을 요구하였으며 그 결과는 8 대 3(찬성은 소련, 인도, 유고)으로 패배하고 말았다. 다음에는 의정순서 채택 문제에 들어가 미 오스틴 대표는 전월에 자기가 제안한 '한국에 대한 침략 비난'이 의제 제1번으로 오를 것이며 또 그것만이 토의에 필요한 것이라고 언급한 데 대하여 말리크 의장은 자기의 2개 제안과 합하여 3안을 의정 속에 넣을 것이며 토의의 형식으로는 3안을 동시에 할 것인가 또는 자기 의안을 먼저 하고 그 후에 미국안을 할 것인가 하고 자기설을 강변하였다. 소련 대표의 의사진행에 대한 가부(소련안 선토의, 미국안 후토의)에 7 대 2, 보류 2로서 다시 소련은 패배하였다. 다음으로 의안 채택에 들어가 미국 대표 제안은 8 대 1, 보류 2로서 가결되었으며 중공대표 승인 안건은 5 대 5, 보류 1(이집트)로서 부결되고 한국문제 평화해결안이라는 것도 7 대 3, 보류 1(유고)로서 역시 부결되었다. 이 의사진행에 관한 분규가 자그마치 4일간의 결과였다.

8월 4일 말리크 의장은 소련의 새로운 결의안이라는 것을 제출하여 또 새로운 분규를 조성하였다. 그 결의안의 내용은 하나는 '중공과 조선 대표'를 초청하여 청취하자는 것과 또 하나는 한국정전을 재래齎來하고 외국군을 철퇴시키자는 것이었다. 이에 대하여 중국, 이집트, 미국, 영국 등 각 대표는 6월 25일 결의로서 한국 대표 초청을 의장에게 요구하였으며 특히 미국대표는 '조선 대표'라는 애매한 표현에 공격을 가하였다. 8월 8일 다시 안보이사회는 소집되었으나 추호의 진전도 보이지 않을 뿐더러 소련은 이른바 이북 박헌영의 항의 전문을 낭독하고 '조선 대표' 초청을 주장하고 '한국문제의 평화해결안'을 토의하자고 고집하며 이미 결정된 한국 대표 초청을 태만히 하여 회의를 혼란에 빠지게 하였다. 그리하여 마침내 각 위원들의 비공식 의견교환을 위하여 2일간 휴회가 미국 대표의 동의로 가결되었다. 8월 11일 다시 안보이사회가 개최되자 소련 의장은 조선대표 초청이라는 소련 제안을 검토하고 그 후에 한국 초청을 검토하고 그 결과에 의하여 소련의 2개 제안을 검토하고 그 다음에 미국 제안을 검토하자는 자못 일방적인 사회를 행하여 곧 그 자리에서 미, 영 대표에 의하여 그 의사순서 반대의 공격을 받았다. 회의는 날을 바꾸어 14일에 속행되었으나 문제는 아직도 의사진행 방법에 걸쳐 있었으며 소련의 강변과 선동적 독설만이 장내를 휩쓸었다. 인도 대표 라우 경은 이날 비상임국 중에서 소위원회를 조직하여 제반 제의와 결의에 대하여 연구하고 그 결과를 건의하자는 동의를 하였으나 역시 결과를 못 본채로 산회하고 말았다. 안보이사회는 8월 17일 다시 재개되었으나 여전히 논쟁에 시종하게 되었으며 21일 비공식회담을 거쳐 8월 22일 속개되었다. 그러나 역시 진척이 없었으며 25일 안보이사회도 똑같은 형편으로 성과가 없는 데는 변함이 없었다. 다만 말리크 대표는 미, 영 대표에 대한 3개조 회답이라는 명목으로 한 달 동안 유엔 방해의 총결산을 지었는데 그 내용인 즉 철두철미한 영·미 공격이었다. 9월 1일에 이르러 의장석은 순에 의하여 영국 글래드윈 경이 차지하게 되어 다시 안보이사회는 정상적인 의사진행을 밟게 되었다.

6. 대만

1950년 6월 27일 미국 대통령 성명으로 대만에 제7함대가 파견되자 대만문제를 싸고 미국의 대 국부(자유중국) 혹은 대 중공정책이 변화하는 것은 아닌가 하고 세론이 훤연喧然하였다. 때를 놓치지 않고 7월 1일 중국(대만)정부는 유엔결의에 따라 응원군을 한국에 파견할 것을 미국에 신청하여 왔으나 미국정부는 주미 대만대사에게 파병 중지를 요청하는 각서를 수교하였다. 그 각서의 내용으로 말하자면 미국의 대 대만조치에 대하여 중공 등은 침략 운운하고 있는 이 때 중국(대만)정부의 파병은 현명하지 않을 것이라는 것과 근근 맥아더 장군이 대만에 대표를 보낼 것이므로 그와 의논하는 것을 기대한다는 것이었다. 이 각서로써 미국으로서는 공산주의 침략이 세계적 규모인 것임을 인정을 하나 그러나 될 수 있는 대로 사변의 국지화를 노력한다는 태도를 명백히 하였다.

사변 발생 이래 중공의 동향을 소련외교 속에 숨기어 그 이북과의 관계를 포착하기 곤란한 바 있었다. 그간 소련으로는 스톡홀름 서명운동 전개로써 평화공세를 지도하며 외교적으로도 제3차 대전 발발을 불원한다는 암시를 세계에 주는 한편 베를린을 비롯하여 유고 국경에 위성국 군력을 집결하고 각국 공산당의 적극 소요를 조장하는 등 평화와 전투 양 방면의 신경전으로 세론을 교란하려고 하였다. 이러한 공산주의국가의 연합전술에 있어서 과연 중공이 담당한 바가 무엇인가 하는 것을 추측하는 것은 한국사변의 장래를 점치는 데 있어서 당시 초급의 문제였다.

중공정권은 6월 30일, 27일의 트루먼의 성명을 평하여 한국, 필리핀, 프랑스, 인도차이나에 대한 미국의 조치는 부당한 간섭이라고 힐난한 일이 있으며, 정보는 남방의 중공군이 대규모로 북방으로 이동을 하고 있다고 누차 전하였으나 당시 확인된 것은 아니었다. 세론은 분분하여 논자에 따라서는 중공은 사변을 이용하여 프랑스령 인도차이나, 버마 등에 진출할 것이라 하였으며 중공의 티베트 원정도 전하여지고 한편 중공-북한 혹은 중공-소련 밀약설도 전파되었다. 그런데 만약에 중공군이 당시 사변에 개입하거나 또 다른 침략을 감행한다면 미국으로는 실제적으로 여러가지 곤란한 문제에 부딪칠 것이 추측되었다. 하나는 제3차 대전의 위험성인데 당시 미국의 군비나 동원은 그런 사태에 준비가 되어 있지 않았었다. 둘째로는 그 경우 극동에 병력을 집중케 된다면 서구 측의 유럽중심주의와 상충하여 외교적 곤란을 초래할 것이요 또 종래의 유럽 주작전지 사상과도 서로 모순될 것같이 보였다. 따라서 미국은 영국, 프랑스 등 각국의 태도를 참작하여 불확대주의를 견지하였으며 중공의 유엔 가입 문제를 비롯하여 대만문제에 있어서도 자못 미묘하고도 견고한 태도를 유지하였다.

6월 27일 제7함대가 출동한 이래 미국은 중공의 침공을 감시하며 동시에 중국(대만)군의 본토작전을 엄중히 금지하였다. 트루먼 대통령은 6월 27일 직후에 대만조치를 설명하여 신사태 하에서는 정책의 변동이 불가피하다는 담화를 발표하였으나 7월 19일 발표된 특별교서에서는 대만조치는 어디까지나 안전보장의 초보적 조치에 불과한 것이며 영토적 야심은 물론이요 어떠한 권익도 고려한 일이 없다는 것을 언명하였다. 그 전체의 어조는 사변 전의 대만정책에 대한 재확인의 인상을 주었다. 이러한 미묘한 동향에 대하여 대만정부로서는 지대한 관심을 표명하고 있던 중 마침 "대만 방위는 팽호도를 포함한다"는 7월 24일 미 성명을 계기로 하여 7월 25일 대만 대사의 대미 진의타진이 있었다. 또한 7월 28일에 미국의 대만정책이 별무변동인 것을 중공에 통달하도록 인도 정부의 노고를 국무성에서 청한 일이 있어 미국의 대외적 부심이 얼마나 인가를 짐작하게 하였다.

7월 31일 도쿄총사령부 발표로 맥아더 장군의 대만 방문이 공표되었다. 대만에서 장제스 주석과 회담한 맥아더 장군은 8월 1일 저녁에는 이미 도쿄에 귀임하였던 것이었다. 맥아더 장군은 타이페이에서 성명을 발표한 바가 있었는데 그 내용은 대만군 한국파병 신청을 거절한 것과 동시에 대만 방문의 주목적이 중공에 대한 대만의 잠재적 방어력을 검토하는 데 있었던 것을 명백히 하였다. 맥아더사령부에서 적당한 대표가 대만에 파견되리라는 것은 국무성 각서로서 이미 세상에 주지되고 있었으나 맥아더 장군 자신이 대만을 방문하는 노券를 택하였다는 사실은 상당한 충격을 일반에게 주었으며 서구제국은 일제히 의아의 뜻을 표시하였다. 대만 방문의 진의를 각국이 국무성에 문의하게 되어 마침내 미국으로서도 어느 조치가 없지 않을 수 없게 되었다.

대개 열국이 의아한 것이 이런 점이라고 추측되었다. 미국은 사변 국지화와 대만 중립화를 여국與國에게 확인하고 오던 터인데 맥아더 장군의 대만 방문은 혹시 중립화 정책에 변동을 초래하는 것이 아닐까, 따라서 맥아더 장군 자신의 대만 방문은 모종의 중대한 정치적 공약을 미국이 단독으로 결정하여 전달 혹은 교섭시키는 것이 아닐까, 또 따라서 일본문제를 포함하여 미국의 대 극동정책 전반이 적극화하며 그로 인하여 세계정책의 중점이 움직일 위험은 없는가 또는 중공에 회유적인 통고를 하면서 여국餘國과 상의 없이 2중정책을 감행하는 것이 아닐까.

8월 2일 애치슨 국무장관은 기자회견에서 대만문제에 언급하였는데 그 중에서 그는 미국은 역시 6월 27일 대통령성명을 견지한다는 뜻을 표명하였다. 이에 8월 6일 대통령 개인특사 해리만William A. Harriman이 도쿄에 도착하여 맥아더 장군과 회담하였는데 그 결과로서 맥아더 장군은 자기의 대만 방문은 사전에 본국정부 등과 연락을 완료한 것이며 또 회담은 대통령의 지령에 의한 군사적 문제에 국한하였다는 성명을 발표하였다. 이에 대하여 국무성은 맥아더 장군의 대만 방문을 사전에 지실知悉하였다고 공표하여 면목을 세우고 한편 대만 방문의 정치적 의의에 관한 각국 질의에 회답하였다.

해리만 특사는 8월 9일 대통령에게 보고한 후 맥아더 장군의 대만 방문은 순전히 군사적, 전략적 문제 토의로서 정치적 문제와는 무관계하다고 명언하고 8월 11일에 이르러 미국 대통령은 맥아더 장군의 행동에 자기로는 만족하고 있다고 발표하여 이 미묘한 민주주의 국가의 문제에 결말을 내리었다.

이른바 맥아더 장군의 대만 방문 문제는 한편으로는 대만 중립화에 따르는 심각한 국제정치의 편모片貌와 대만, 중공, 일본 문제의 일환성一環性과 또 미국 대 극동정책의 서구 연결을 단적으로 명시하여주며 아울러 다른 한편으로 현지군사령관과 국무성과의 관할, 따라서 통솔문제라는 야릇한 사실과 혹시는 대 극동정책에 국내 분열이 없지나 않은가 하는 의혹을 일으키게 하였다.

7. 38선과 중공군

사변을 중심으로 한 국제동향은 1950년 9월에서 12월까지에 있어서 보자면 간단히 38선과 중공군에 집중되었다 하여도 과언이 아니었다.

사변이 발생한 지 두 달을 넘어 9월에 들어서자 유엔군의 증강과 사령부의 태도로 보아 근근 반격이 있지 않을까 하는 예측이 돌았을 뿐 아니라 화평교섭의 실질적 근거로서 전세戰勢를 중요시하는 워싱턴에서 9월 유엔총회라는 국제회의와 전세를 결부시키리라는 것은 예민한 논객의 일치하는 견해였다.

8월 30일 애치슨 국무장관은 중공군과 38선 돌파문제에 관하여 극히 주목할 만한 견해를 공표하였는데, 이 견해는 트루먼 대통령의 8월 31일 기자회담 그리고 9월 1일 노변회담에서 명확한 지지를 받았다. 그 내용은 첫째로 미국이 사변이 끝나는 대로 대만에서 제7함대를 철수시킬 것이며, 대만문제는 대일강화의 한계 내에서 서로 같이 해결할 것이며, 다른 군대가 사변에 개입하지 아니하는 한 전면전쟁은 없을 것을 명언하고, 둘째로 미중관계에 언급하여 중공개입을 경고하였다. 또 38선에 관하여 그 돌파 여부는 국제연합에 달렸다고 그 후에 언명한 바 있었다. 이 성명은 솔직하게 승전의 자신을 표명하며 동시에 종전기의 국제적 위험에 대하여 외교적 포석을 할 것으로 보였다.

9월 15일 유엔군이 인천에 상륙한 이래 9월 28일 서울 탈환에 이르는 동안 사변을 위요圍繞한 국제외교전은 세 가지 점에 집중되었다. 유엔군이 전세를 만회하자 이 시기를 이용하여 화평정전 교섭을 재개하자는 것이 그 하나로서 인도 등 군소국이 움직였으나 소련 측의 변하지 않는 고집으로 표면화하지 못하였으며, 이런 약소국가의 노력은 12월에 이르러 13개국 결의안, 12개국 결의안, 3인위 등으로 다시 나타났던 것이다. 뿐만 아니라 이러한 국제적 분위기를 받아 미, 소 각 정부도 타협의 초보적 타진을 한듯하였으나 역시 표면화된 것은 아무 것도 없었다.

그 다음으로는 유엔군의 서울 탈환을 전후하여 38선 문제가 세인의 주목을 이끌었는데 그 동안 미국으로서는 공동보조의 원칙 아래 서구열국과 긴밀히 연락 협의하였던 모양이었다. 9월 27일에 이르러 미국 대변인은 38선 돌파문제에 관하여 언명한 바가 있어 대체로 합의 타협된 한계와 견해를 표시하는 듯이 보였다. 그 내용인즉 38선 돌파는 미국 견해에 의하면 6월 27일 안보결의에 의하여 이미 유엔군 사령관에게 그 권한이 부여되어 있다는 것이었다. 그러나 실지 돌파에 이르러서는 여타 서구 간에는 상당한 위구危懼가 있었던 모양으로 한국군을 제외한 유엔군의 38선 돌파는 10월 4일 정치안전위원회를 거쳐 10월 7일 총회에서 가결된 한국통일부흥단 설치를 포함한 8개국 결의안이라는 수속절차가 필요하였다. 본래 6·25에 침략이 감행되자 38선은 자동적으로 소멸되었다고 이승만 대통령은 7월 17일 성명하여 한국 견해를 명백히 한 일이 있었다. 그러나 38선 돌파의 현실문제에 이르자 각국은 그 군사적, 정치적 영향을 국제정치의 전국全局에서 검토하기를 희망하였으며 그 직접적 이유로는 소련, 중공 개입의 시기가 이 단계에 있지 않을까, 또는 38선 돌파로서 한국사변이 극동사변 혹은 세계전쟁으로 확대하지 않을까 하는 위구였다. 미국 자신이 가장 솔직히 이런 위구를 표명한 듯이 보였다.

 6·25 사변 후 7월, 8월, 9월을 통하여 중공군의 북방 혹은 한·만 국경 이동설은 끊임없었으나 이북군의 전세가 유리한 동안에는 중공 개입이 절무絶無할 것은 일반 관측이 일치하는 바이었다. 차라리 그 동안의 관심은 중공의 티베트 침입설을 비롯하여 호치민 정권과의 밀약에 의한 프랑스령 인도차이나 공격설, 버마 침입설 또는 미국이 적극 사전조치한 바와 같은 대만 침입설이 횡행하여 사변을 기회삼아 다른 극동지역에 분규를 조성할까 우려하였던 것이었다. 그러나 한편 북한 원조의 중소밀약설이 8월부터 세론을 자극하여 유엔군이 우세하게 되어 38선을 돌파하게 되는 때는 중공이 개입하지 않을까 하는 견해가 광범위하게 유포되었다. 10월 초에 8

개국 결의안이 유엔에서 통과되자 중공은 통절히 이를 힐난하였는데 때가 마침 중공이 인도를 통하여 화평제안을 제시 중이던 차라 더욱 뚜렷한 인상을 내외에 주었다.

9월에 들어서자 소련기 격추사건이 발생하여 긴장된 세론을 다시금 놀라게 하였으나 이 문제는 국지적 문제로 처결을 본 일이 있었다. 9월 말에 이르러 중공은 미국기가 만주지역을 폭격하였다고 누차 안보이사회에 제청하였는데 이 제소는 기왕에 미국의 대만 철퇴를 제소할 때와는 달라서 단순한 선전으로만 간주하기 어려운 감이 있었다.

이러한 미묘한 정황에 임하여 미국정부는 여러 가지 형식으로 중국본토의 존중을 선언하고 중공개입을 경고하였는데 그 대표적인 11월 16일 트루먼 대통령 담화를 중공은 아무도 신용하지 않는다고 통격하였다. 일이 여기에 이르러 중공개입이 어느 정도에 이르느냐가 세인의 주목을 이끌었다.

이에 앞서 11월 6일자 유엔통합사령부 특별보고에는 '새로운 적군' 곧 중공이 유엔군에 광범위한 도전을 하고 있는 사실이 안보이사회에 공식으로 지적되었다. 이에 앞서 중공군이 이북군 속에 끼어 있는 사실은 10월부터 열국의 관심을 끌었다. 그러나 유엔군사령부는 이 군력을 당시 정확히 파악하지 못하였던 듯이 11월 26일 유엔군은 총공격으로 옮기었던 것이었다. 11월 28일 맥아더 장군은 의용군 아닌 대규모의 중공 정규병이 전선에 배치되어 있으며 막대한 증원병이 국경 부근에 대기하고 있는 상태로 지금이야말로 유엔군은 "새로운 전쟁에 직면하게 되었다"고 언명하고 이러한 사태는 이미 전선사령관의 권한을 넘는 것으로 유엔이나 외교기관에 의하여 취급되어야 될 것이라는 소신을 명백히 하였다. 중공침략은 그 후 12월 7일 한국통일부흥위원회 보고에 확인되었고 그 침략의 상황은 통합사령부 제9차, 제10차보고서에 소상하였다. 한편 전선에 있어서는 유엔군 총퇴각이 막심한 곤액困厄 중에서 실시될 뿐 아니라 전선은 동서로 절단되어 전선 수습이 지난한 인상을 주었고 동북전선에 있어서는 한미병을 중심으로 한 유엔군이 중공군의 함정에 빠져 그 탈출 여부가 극히 중대시되었다.

중공군 투입에 의하여 전세가 일변함에 따라 온 세계여론은 비등하였으며 특히 미국에 있어서는 국민은 극도로 흥분하게 되었다. 이러한 분위기에서 11월 30일 트루먼 대통령은 정례기자회견에서 저 유명한 "원자탄 사용 고려중"이라는 중대한 선언을 하였다. 중공군의 침략은 구경究竟 한국사변을 일거에 변모케 하였던 것이 된다.

8. 미국과 서구와 아시아 · 아랍국가

6 · 25 사변이 발발하자 미국은 이를 세계적인 공산주의 침략으로 간주하였던 것은 상술한 바 있거니와 따라서 미국의 대 사변조치는 단순히 극동의 일각 혹은 극동만에 국한한 것이 될 수 없으며 전 세계적 시야를 가진 것으로 미국의 대외정책 전반이라는 입장에서 개별적인 대책이 조절되었던 것은 의심할 여지가 없었다. 그러므로 미국의 대한정책은 밀접히 서구 방위와 연관하여 고려되었고 또한 근중동문제와 다른 아시아지역이 항상 국무성에서는 연결

되어 있었다.

　제2차 대전 이후에 있어서의 소련·미국과의 갈등에 비추어 미·소는 서로 방위태세의 완비를 노력하고 있었는데 미국으로 보자면 그 국가체제로 말미암아 구체적 방위조치에 있어서 사뭇 떨어지는 감이 불소不少하였다. 그런데 연래의 외교정책을 가지고 미루어보자면 미국은 그 동안 몇 개의 구상을 가지고 공산주의 침략에 응대하였던 모양이다.

　그 하나는 범미협정의 강화로서 아메리카대륙의 안전이며, 그 둘은 마셜계획에서 시작하여 1949년 가을에 맺은 북대서양조약에 이른 유럽방위태세이며, 그 셋은 이른바 미개발 지역의 원조라는 제4계획이었다. 아메리카 대륙의 안전보장으로 말하자면 이에 대한 결속은 전미 상호원조조약에 구체화한 바로 이 대륙의 독특한 위치와 아울러 미국의 비할 데 없는 강점이었다. 북대서양조약으로 말하자면 대서양의 안전보장과 긴밀히 관련되는 조치로서 이 지역적 집단방위구상의 군사적 요소는 유럽 지상병력과 영국 전략공군 및 중소함정에 가하여 미국 장거리폭격기와 무기보급이라는 데 있었는데, 이 군사 구상은 6·25 사변의 경험으로 비추어 미군 4개 사단의 유럽 파견이라는 중대 수정을 입게 되었다. 그러나 유럽집단방위구상은 그 실현에 있어서 유럽 각국 간의 경제적, 군사적 조정과 각국 부담과 대미관계라는 문제 그리고 또한 서독재무장을 비롯한 그리스, 터키, 스페인의 동맹가입 문제 등 착잡한 문제가 있어서 비록 1950년 5월 제4회 이사회 이래 영국, 프랑스, 미국 3상회담의 빈번한 개최와 누차의 이사회가 또 그리고 거두회담이 있어 상당한 진전을 보였고 또 보이고 있으나 그 결과는 아직도 건설 초기

단계를 완전히 벗어나지 못하였던 것이다. 또 미개발지역 원조안으로 말하자면 미국의 자유통상의 경제적 원칙과 '공산주의는 빈곤에서 배태한다'는 이념적 원칙으로서 방대한 동남아, 중근동, 아프리카의 지역과 인구와 자원을 저울질하여 구상한 일대계획이 있으나 실질적으로는 1950년도에는 예산상으로 국내의 찬동을 얻지 못하게 되어 그 구체적 성과는 현실의 문제가 아니라 장래에 달렸다고 할 수밖에 없었다.

다음으로 세력균형과 군사적 화합의 명증明證으로서 상호원조조약이라는 면에서 미국, 소련을 보면 대체에 있어서 소련의 세력은 동유럽 위성국 일대에 군사조약망으로 뭉쳐 있고, 한 줄기는 동양에 이르는 중공, 북한, 호치민 정권에 직간접으로 뭉쳐 있었다. 이에 대하여 구미 측은 동유럽망에 대하여 북대서양조약이라는 서유럽망을 치고 동유럽망의 밑 편으로는 그리스, 터키와 아랍동맹이 배치되고 있는데 전체로 보면 동유럽망을 서남으로 호선弧線을 그리며 막는 형세였다. 그런데 여기서 주의할 만할 일은 아랍동맹과 구미와의 상호관계는 다만 그 역사적, 경제적 관계 외는 '영향력'에 있었던 것이다. 또 한편 공산주의 측의 극동망에 대하여 최근까지는 개별적 국가에 대한 소액의 무기원조계획 외는 볼 만한 것이 없었다. 일찍이 이승만 대통령, 장제스 주석은 북대서양방위의 본을 딴 태평양 방위안을 제의한 일이 있었으나 미국으로서는 이를 거부하고 극동지역에 있어서 공동방위의 공약을 맺을 것을 주저하고 왔던 터이었다. 따라서 이상 서술한 바를 요약하면 6·25 사변 당시 조약망의 분포로 보아 미국의 대외정책은 유럽에 치중하였으며 순서로도 유럽방위가 우선이 되고 그 다음이 동지중해, 근중동이 제2긴급지대이고 그 후에 극동이 고려되는 듯 보이었다. 따라서 미·소 관계는 극동에 있어서 균형이 깨지는 듯하였고 중국내란 이래 사변에 이르기까지 극동에 있어서의 공산주의의 만연은 이 대외정책의 공극空隙에서 일어나는 듯하였다.

뿐만 아니라 침략권 밖에 있는 듯한 동남아 일대와 근동은 이른바 '영연방' 권내로서 미국의 정책은 이 양 지역에 있어서는 직접적이 아니요 영국을 통한, 혹은 영국의 경제유지와 역사적 관계를 긍정하여 그 역사적 근동정책, 아시아정책을 응원한다는 형편이었다. 그런데 까다로운 것은 이 양 지역은 모두 다 신흥 민족국가 혹은 민족사상이 점고하는 지역으로서 역사적으로나 정치적으로나 대영제국에 반발하고 있었으며 미·소 갈등에서 중립화하려고 노력하고 있었던 것이다.

이러한 정세 아래 미국 국무성은 그 소련 대책에 있어서 첫째 유럽결속, 둘째 태평양 및 동남아, 셋째 근중동 문제를 고려하여 왔었는데, 한국사변이 발발하자 어떻게 하며 종전의 외교원칙은 견지하면서 극동 일각의 침략을 배제하느냐가 까다로운 문제로 되었던 것 같았다. 뿐만 아니라 대한국 정책에는 부단히 서유럽 측의 발언이 개입되었는데 이는 유럽 결속이라는 면에서 또 만약에 미·소전을 가상하면 유럽이 결전지라는 면에서 무시할 수 없는 것이었다. 또한 특히 영국은 국가 유지상 근동과 인도 근린의 사태에 대하여 중대한 관심을 표시하고 있는데 이 점으로 보아도 아시아·아랍국가의 대한 견해는 영국으로서는 미묘한 이해를 가지고 접하는 것이며 미국으로서는 영국의 태도와 근동, 인도 근린국의 의사를 장차의 대소관계로 보아 범연히 볼 수 없었다.

중공군이 11월 말 대규모공격을 유엔군에 가하여 전세가 하루 사이에 일변하자 트루먼 대통령은 원자탄 사용을 고려중이라는 성명을 발표하였다. 그러나 프랑스, 영국 수뇌부는 곧 미국에 조회하는 동시에 회의를 개최하여 결속을 굳게 한 후, 공동의 뜻을 대표하여 애틀리 영국 수상은 12월 4일 워싱턴에 도착하였다. 트루먼-애틀리 회담의 결과로서 반드시 양인(兩人)이 완전 의견일치를 보인 것 같지는 않았으나 그러나 미국의 대외정책에 변동이 없으며 미국이 극동사태에 단독조치를 취하지 않는다는 확약이 있을 것이라는 것만은 아무도 의심치 않았다.

9. 1951년 2월 1일

1950년 11월 6일 유엔군 통합사령부는 중공군의 출현을 특별보고의 형식으로 확인하였다. 11월 8일 미국 대표는 안보이사회 소집을 요청하고 특별보고를 '고려'할 것을 요구하였다. 동일 안보이사회는 특별보고 토의에 중공대표를 초청할 것을 결정하였다. 중공으로서는 10월 29일 결의에 의한 공동대표 초청을 수락하였으나 '특별보고'를 토의키 위한 중공대표 초청은 이를 거절하여 그 국제 체면을 세우려 하였다. 10일 안보이사회에 6개국 공동안(쿠바, 에콰도르, 영국, 미국, 프랑스, 노르웨이)이 제의되었는데 그 주 내용을 보면 사변 확대와 국제 위험 만연을 방지하자는 것이 그 하나요, 그를 위하여 각국에 최고(催告)하여 이북군 원조를 자제하게 하자는 것이 그 둘이요, 만일에 이북군 내에 타국 군대가 있으면 그를 철수하게 하자는 것이 그 셋이요, 중공 개입이 중대한 위험을 재래齎來한다고 주의를 환기한 것이 그 넷이요, 한·만 국경의 양국 권익을 유엔은 확보한다는 것이 그 다섯이었다. 한·만 국경에 유엔군이 접근한 것 때문에 중공이 개입하였다는 중공정권으로부터의 뉴스는 그간 완충지대 설치설을 유포케 하였으나 결국 정전조치로서는 도로徒勞였고 다만 그 정신만이 이 6개국 간에 채택되었던 것이었다.

11월 25일 우슈첸伍修權 중공 대표는 대만문제 토의를 위한 안보이사회 초청을 받아 안보이사회에 출석하였다. 27일 안보이사회는 2개 문제를 단일의제로서 의정 속에 채택하였는데, 한 문제는 다름 아니라 대만침략에 관한 비난이요, 또 하나는 한국침략에 관한 비난으로 서로 상충되는 것이었다. 11월 30일에 이르러 표결에 붙인 결과 미군 대만철퇴안(소련안)은 9대1로 부결이 되고 소련제출 중공안으로서의 외군의 한국, 대만 철퇴안도 역시 9대1로 부결되었으며 지난 10일에 제출된 6개국안은 표수는 9대 1이었으나 소련의 거부권 행사로 마침내 기각되고 말았다.

12월 4일 총회에서 전기 6개국안의 제안국은 중공의 한국 개입을 중차급한 문제로 상정할 것을 요구하였으며, 5일 전체위원회는 동 안을 총회 의정에 삽입할 것을 건의하였다. 6일 총회는 동안同案 상정을 승인하고 즉시 제1위원회에 회부하였으며, 7일 동 정치안전위원회는 중공개입 우선 토의를 가결하고 한국대표 참석을 채택하였다. 동일 전기 6개국은 11월 30일 소련에 거부된 결의안과 같은 안을 동위원회에 제출하였다. 이로서 중공개입 규탄의 기세는 유엔 내에 막을 수 없게 되어 소련 블럭과 중립그룹을 한편으로 하여 극히 미묘한 관계를 자아내었다.

이에 앞서 10월 7일 총회는 애치슨 장관 원안인 평화안이 상정되고 정치안전위에서 18일 절대다수로서 통과하고 11월 17일 총회에서 역시 압도적 다수로서 가결된 일이 있었다. 이 안의 주 내용은 침략이 있음에도 불구하고 안보이사회가 기능을 발휘하지 못하는 경우를 상정하여 임시총회 소집을 규정하고 또 평화감시위와 그리고 집단대책위와 국련군(국제연합군)의 설치 등을 제안한 것으로 미국 유엔외교의 일보전진이라고 볼 수 있으며 중공 기타 문제를 위한 사전조치라고 볼 수 있었다. 가령, 평화안에 의한 집단책으로서의 제재결의가 장래 법적 구속력을 가지지는 않는다 하더라도 그러나 만약에 대다수국이 개별적으로 그 권고에 따른다면 그 효과는 집단조치에 못지않을 것이었다. 따라서 정치안전위에 제출한 6개국안은 중공에 대한 이러한 안보이사회의 대용 기능을 가진 유엔 태도의 장래를 점치는 것으로 성대한 관심을 끌었다.

12월 12일 아시아·아랍 13개국(아프가니스탄, 버마, 이집트, 인도, 인도네시아, 이란, 레바논, 파키스탄, 필리핀, 사우디아라비아, 시리아, 예멘)은 총회 의장을 포함한 3인위원회를 조직하여 만족할 만한 정전안을 결정하여 총회에 건의하라는 공동결의안을 제의하였다. 이 양안의 묘미는 정전과 다른 극동문제를 따로따로 취급함으로써 형식상 미국 체면을 세우며 극동문제를 연결하여 토의하려는 소련, 중공을 만족시키려는 데 있었다. 동일 정치안전위는 3인위 설치안을 우선 토의할 것을 결정하였으며 그 이튿날 13일 제1위에서 51대 5, 보류 1로서 13개국안을 가결, 14일 총회에서도 동안同案은 역시 가결되어 3인정전위가 채택되었다. 뿐만 아니라 엔테잠 의장은 즉일로 캐나다의 피어슨과 인도의 라우 경을 위원으로 지명하였다.

12월 15일 3인위는 우슈첸 대표에게 결의문 사본을 송부하는 한편, 통합사령부와 정전 조건에 관하여 상담한 바 있었고, 16일 동 위원회는 우 대표와 중공 외상에게 각각 통지하여 적당한 장소에서 협의할 것을 요청하였다. 동시에 재베이징 스웨덴대사관을 통하여 우 대표의 체미기간을 연장하여 3인위와 상의하게 해 달라고 의뢰하였다. 18일 3인위는 제1차 중간보고서를 정치안전위에 제출하고 정치안전위는 그 다음 보고가 있을 때까지 휴회하기로 되었다. 그러나 3인위는 만반의 노력이 있음에도 불구하고 베이징은 별다른 반응을 보이지 아니하였다. 19일에 이르러서 12개국안 제안국의 양해와 권고로 3인위는 저우언라이 외상에게 또 다시 메시지를 통달하였는데, 그 내용은 아세아 아랍제국의 희망과 의도를 명백히 한 바로 일단 정전에 동의가 된다면 지체없이 극동의 기타 문제(곧 대만 문제 등)가 평화적으로 교섭될 것이며 그 교섭위원단에는 베이징정권도 포함될 이라는 것이었다. 이 날 오 대표는 미국을 떠나 귀국의 길에 올랐다.

12월 23일 중공 저우언라이 외상은 엔테잠 의장에게 전보로 3인위 설치는 비합법적이며 따라서 베이징 정부는 3인위와 접촉할 수 없으며 동시에 정전 조건으로는 여전히 유엔군의 철퇴(내란으로 인정하라는 말)와 중공의 유엔가입을 정치안전위는 3인위 보고를 검토하기 위하여 소집되었다. 석상席上 미대표는 중공군 38선 돌파라는 군사적 정세의 변동에 처하여 잠시 휴회할 것을 발언하였으며 영 대표는 3인위로 하여금 장래 교섭의 원칙을 보충 보고하게 하기 위하여 48시간 휴회를 동의하였다. 이에 응하여 3인위는 1월 11일 보충보고의 형식으로 정전과 한국통일과 대만문제 등 해결에 관한 5

원칙을 정치안전위에 제출하였는데, 그 기본취지는 결국 휴전과 동시에 중공을 포함한 유엔극동위를 설치하여 제반 문제를 해결하자는 것이었다. 정치안전위는 이 보충보고를 접하자 5원칙을 제안으로서 일괄하여 표결하자는 의장 의사 처리방식을 50 대 7, 보류 1로서 가결하고 그 안건을 표결에 붙인 결과 45 대 5, 보류 8로서 통과시키었으며 즉시 5원칙을 정전교섭의 조건으로서 수락할 것인가를 베이징 정부에 문의하였다. 이 5원칙이 가결되자 여러 가지 면에서 세론이 비등하였는데, 미국과 중국에 있어서는 미국정부가 영국 등의 압력으로 유화정책을 쓴 것이라 하여 반대의 소리가 높았고 특히 미국 의회는 치열한 반대 기세를 올렸으며, 한편 영국과 그 연방 그리고 인도와 그 외의 아시아·아랍 국가는 교섭 장래를 낙관시하여 미국여론과 호대조를 이루였다.

 정월 17일 중공은 이에 정식으로 회답을 하였는데 그 내용을 보면 먼저 정전 그리고 나중 극동교섭이라는 것은 거절한다는 것을 명백히 하고 그 대안으로 우선 중공을 포함한 극동 7개국회의를 개최하게 하고 그 후 될 수 있는 대로 조속한 시일에 정전을 실시하자는 것이었다. 이에 미국은 단독으로 1월 20일 중공침략 규정안을 제의하였는데, 그 내용은 곧 중공의 한국침략을 확인하며, 즉시 전투중지 및 철수할 것을 권고하며, 제재위 설치를 규정하며, 의장을 포함한 제3인위로 하여금 평화적 해결방안을 추진케 하자는 것이었다. 22일 인도 대표는 주중공 인도대사로부터 새로운 소식을 접하였다 하며 새로운 자료를 검토하기 위하여 48시간 휴회할 것을 토의하여 27 대 23, 보류 6으로서 채택되었다. 24일 12개국안을 제출한 나라들 역시 공동으로 전 12일안의 수정안을 제출하였는데 내용은 7개국회의를 개최하여 중공의 설명과 해결책의 실마리를 찾자는 것이었으나 이 제안은 유엔의 위엄을 낮추는 유화안이라는 비난의 소리가 내외에 높았다. 그리하여 12개국은 다시 재수정안을 29일 제출하였는데, 그 요지는 7개국회의를 개최하면 우선 정전에 합의를 보고 그 후에야 다른 문제를 취급한다는 것이었다. 이 날 인도 대표는 만일에 '중공침략자 규정안'이 채택되면 다시는 평화교섭이 없으리라는 최고당국의 정보를 접수하였다고 발표하여 참석국을 위협하는 듯하였다. 30일 라우 경은 다시 베이징 최고층의 정보라고 하여 12개국 재수정안은 평화적 해결의 적절한 조건이며 베이징 정권은 이 조건이면 교섭에 협력할 것이라고 발언하여 의미심장한 암시를 주려고 노력하였다. 이 날 소련 대표는 전년 12월 9일에 제안한 외군 한국철퇴 등 안을 고집하지 않는다고 발언하여 회내會內제국 회유의 태도를 표시하였으며 6개국안 제안국(전년 12월 7일)도 그 제안을 철회하였다. 그 다음에 표결에 들어가 12개국안은 2안을 개별적으로 표결에 붙여 각각 18 대 27, 보류 14, 14 대 32, 보류 14, 17 대 28, 보류 13으로 모두 부결이 되었고 '중공침략자 규정안'은 44 대 7, 보류 8로서 가결이 되었었는데 이 안은 1개 수정이 붙어 신3인위가 활동에 실패할 때까지 집단제재위는 발동하지 아니한다는 것이었다.

　이리하여 12월에서 정월에 걸친 격렬한 외교전은 미국의 승리로 끝이 나게 되어 회장에서 미국 대표는 영국 대표를 끼어 안고 기뻐한 극적 장면이 있었는데, 이 침략자 규정안은 총회에서 예상대로 2월 1일 44대, 보류 9로서 가결, 효력이 발생하게 되었다.

　수 삭朔을 걸친 유엔 외교전에 있어서 인도 대표의 활동은 여러 가지로 주목을 끌었는데 인도 대표의 모든 역할은 베이징 주재 파니카르 대사의 친공적 정보에 의거하는 것이요 결과로서는 중공이 이러한 파니카르 대사라는 동료를 의지하여 국제교란을 기도한 것이 되었다. 또한 한편 미국으로서는 침략자 규정안에 성공을 하였으나 집단실력 발휘라는 점에 있어서는 수정에 보듯이 상당한 양보를 하지 않으면 안 되었던 것이었다.

10. 다시 38선

2월 1일 중공침략자 규정안이 총회서 통과될 즈음 전선에 있어서도 중대한 변화가 생기고 있었다. 이에 앞서 11월 말 중공 대공세가 있은 후 유엔군은 일시 암흑의 철수작전을 거듭하였으며 정월 초순에는 미군의 한국 철수설이 유포되어 천하를 진통케 하였다. 이미 1월 초에 부득이한 경우에는 철수를 고려할 지시가 동경총사령부에 도착하였으며 중대한 전국戰局과 이에 따르는 영향을 고려하여 미국 내에는 비밀리에 대기령이 있었다 한다. 그러나 1월 하순에 이르러서는 리지웨이 장군의 공격적 방어작전이 주효하여 전선은 바야흐로 안정되고 유엔군은 조심스럽게 다시 북상하기 시작하였다.

한편 '침략자 규정안'에는 중대한 문구 수정이 있었음에도 불구하고 서구 일대에는 혹시나 서구 정부는 한국전선에 대하여 미국에 중대한 양해를 한 것이나 아닌가 하였으며, 이 점은 특히 영국 노동당의 좌파와 우파와의 당내 알력을 위요하여 영국정부 위신에 큰 영향을 주었다. 이와는 반대로 미국 내의 일반여론과 국회 내의 특히 공화당세력은 '침략자 규정' 수정안을 미국이 서구 세력 하에 유화정책을 여전히 계속하는 것이라고 하여 정부에 다대한 불만을 품을 뿐 아니라 서구의 독선적 태도를 공격하는 여론이 점고하여 정부로서 곤경에 처하게 되었다. 이런 분위기에서 볼 때에 2월 2일과 2월 12일에 표명된 영국정부의 38선 재돌파에 관한 견해는 곧 다시 38선을 돌파하느냐 아니하느냐는 사전협의 결정이 되어야 한다는 것인데 대외적인 것보다도 차라리 국내적 효과를 목적한 듯 하였고 2월 13일 캐나다 수상의 동류의 언명도 역시 미묘한 정치적 의도가 있는 것 같았다. 마찬가지로 38선 돌파 여부는 순전히 군사적 문제로서 현지사령부의 권한에 속한다는 2월 15일 트루먼 대통령의 언명도 또한 국내적 효과를 기대한 듯 하였으며 같은 내용의 3월 15일 언명도 역시 국내여론을 존중한 것으로 보였다.

38선을 위요한 미묘한 정치적 문제는 주전선이 38선 부근에 이른 3월 말~4월에 이르러 다시 활발하게 되었는데 그 성격은 자못 복잡한 것이 있었다. 먼저 서구세력을 중심으로 한 실질적 정전론이 세론을 풍미하였는데 워싱턴 당국도 대체로 이 의논에 가까운 견해를 가졌던 것 같이 보였다. 실질적 정전론이란 대략 이러한 내용을 가진 것이었다. 첫째로 한국사변은 절대로 국지화한다. 둘째로 당시 유엔군의 세력과 방침으로는 전 반도의 점령은 군사적으로 곤란한 것과 동시에 중공군 실력 역시 유엔군을 몰아낼 수 없다는 현실을 인정함으로써 유엔군은 38선 부근에서 진격을 중지한다. 그리고 셋째로 그 지대에 반영구적 방위진지를 설치한다. 그러면 자연히 전선에는 실질적 정전에 가까운 적막이 올 것이다. 이러한 실질적 정전사태를 휴전교섭의 출발로 이용하자는 것이었다. 이러한 실질적 정전론은 4월 2일, 4월 12일에 영국 외상의 하원연설로써 외적으로 표명되었으며 또 신 3인위의 중공 접촉 노력으로 추측되었고 3월 트루먼 대통령 중대 언명설에 천하는 그를 예기豫期하고 있었다. 그러자 3월 24일 맥아더 장군은 정전 현지 교섭을 요구한 이른 바 '정전최후통첩'을 적측에 통고하여 기대되었던 트루먼 대통령의 정전 요구 성명을 발표의 여지가 없게 하고 말았다. 이에 이르러 영국을 비롯한 유엔국의 미美 여국與國은 미국 정부의 통솔을 의심하게 되고 각국대로의 미묘한 국내문제를 자아내었다. 4월 16일 이북정권은 유엔에 타전하여 이른바 미군 등 철퇴를 포함한 선전적, 상투적 화평안을 제출하였는데 이로써 실질적 정전론이 일단 폐색되었다는 인상을 깊이 하였다.

11. 맥아더 장군 해임

4월 11일 트루먼 대통령은 맥아더 장군을 유엔군 총사령관, 극동미군사령관 등을 포함하는 4개 직책으로부터 해임하였다. 그 직접 원인은 T. W. 마틴 하원의원(공화당)이 4월 5일 하원에서 맥아더 장군의 사신을 공표한데 연유하는데, 그 내용은 대만의 중국군으로 하여금 중국본토에 제2전선을 펴게 하고 전반적 극동작전을 하여야 비로소 유럽방위 문제도 득을 보는 것이라고 하는 것이었다. 이 서한은 종래 국무성이 견지하던 국지적 정책과는 사뭇 대척적이요 또한 수한인收翰人이 정부 반대당 의원이었던 까닭으로 국내외에 전무후무한 동요를 일으켰다. 당황한 미국 정부는 4월 7일 대 대만 정책에는 변동이 없다는 성명을 발표하여, 우선 여국의 의혹을 풀려 하였으나 영국과 프랑스 내 대미 불신감은 마침내 영 내각 등에 위기를 조성케 하고 기타 유엔 내 여국도 대체로 맥아더 장군 문제의 원인을 미 정책의 애매성으로 돌리는 경향이 있었다. 한편 미 3군통합참모부에 있어서는 맥아더 장군 문제를 군 통솔의 중대문제로 간주하는 견해가 유력하였으며 국무성으로서는 대외정책 실시에 지대한 지장으로 단정하였다. 뿐만 아니라 밖으로는 여국與國의 일치한 징계 요구설이 분분하였으며 국내로는 맥아더 원수 견해를 정쟁 도구로서 정부정책 공격에 자資하는 듯하여 마침내 대통령은 해임을 결정하고 정부의 위신을 세우려 하였다. 해임에 따라서 소위 '맥아더 장군 청문위'가 미국 의회에 설치되어 대 한국사변 군사 작전을 비롯한 미국 대외정책의 가진 모습이 민주주의적으로 세계에 공개된 것은 이미 주지의 일이 되었다.

　벌써 맥아더 장군 대만 방문 때부터 밖으로 퍼져 나온 현지 군사령부와 국무성의 사변 처리에 관한 견해차는 본래 유럽에서와 달리 극동에 있어서 미 국무성은 종래 소극주의를 유지하여 왔고 따라서 소련-중공-호치민정권의 집단적 정치군사 세력이 등장함에도 불구하고 태평양지역의 뚜렷한 집단적 균형조치가 결무缺無하였던 까닭이었다. 이러한 불균형 상태에서 공산주의 침략의 도전을 받게 된 미국은 일방 종래의 세계정책을 변환함이 없이 어떻게 하면 태평양지역에 강력한 방파제를 구축하느냐가 극동에 있어서의 항구적 평화가 초래되는 관건으로 고려하였다. 이러한 정치, 군사상의 '사후조치'에는 상당한 시일이 필요하였고 그 동안 한국사태를 극동 전반의 연관성에서 확대하는 것은 설사 완전한 해결이 된다 하더라도 아직 시기가 아니라고 국무성에서 판단하였고 그 판단에 입각한 작전을 군에 요구한 성싶다. 4월 18일 애치슨 장관은 그 담화에서 사변은 유럽, 아시아 양 대륙의 종합적 견지에서 고려되어야 된다고 주장하고 미국 극동정책의 근간으로서 태평양지역 집단보장 조치와 민주세력에의 군사경제 원조와 6·25 사변 국지화를 공언하였는데, 동 18일 대통령성명으로서 뉴질랜드, 호주, 미국 간에 군사원조조약이 토의되고 있는 사실이 밝히어졌다. 이러한 미국의 '뒤떨어진' 태평양 안전보장의 면모는 대일강화조약 문제에 명료한 것 같았다. 6·25 직전에 덜레스가 일본방문을 한 것도 이러한 원대한 계획 아래 대일강화를 하루바삐 노력한 미국의 태도가 엿보이거니와 사변 후에 있어서는 대일문제가 초미의 긴급사로 인정되어 단독강화도 불사한다는 정신 아래 극동의 열국 및 유럽 제국과 교섭을 거듭하고 왔던 것이다. 그러므로 1951년 2월 덜레스가 태평양 제국을 역방歷訪하여 조정에 힘쓰고 4, 5월에 서구세력과 강화내용을 타협하고 있을 때 그 진전 여하는 비단 민주세력 국가뿐만 아니라 공산세력 국가도 극히 중대시하였다. 견지에 따라서는 이러한 미국의 정치적 노력과 사변의 추이는 긴밀한 연락이 있다고도 보이었다. 이러한 풍조를 간취하는 중국정부와 필리핀정부는 51년 2, 3월 누차 미국 지도하의 태평양조약을 북대서양동맹에 본을 따서 결성할 것을 다시 주장하였으나 그러나 국제정책상의 시기적 고려에서인지 미국의 무시하는 바가 되었다. 그러나 어떠한 형식으로든지 태평양 집단안전보장조치가 미국에 의하여 추진될 것은 거의 의심의 여지가 없었으며 그 초기적 구현이 대일강화 체결시라는 것은 식자의 일치하는 바이었다. 한국사변은 결국 이 태평양조치를 미국이 완결할 때까지는 명확한 해답을 내지 못하지나 않나 하는 관측도 이에 따라 생기었던 것이다.

한편 세계적 위기에 처하여 미국의 서구방위계획은 여러 가지 곡절을 통하여 진보를 보아 드디어 서독의 유럽군 편입에 따르는 서독 재무장 문제에 다다랐으며 이때를 당하여 소련을 포함한 4상 대표회의가 3월 5일부터 개막하였는데 그 후에 진전으로 보아 소련의 유럽방위 방해공작인 것이 명백히 되었다. 그러는 동안에 이란에 있어서는 라즈마나 수상 암살 사건을 계기로 하여 이란의 석유문제가 아랍 연맹국의 민족주의운동과 아울러 미·영 對근동 정책에 일대 암영을 던지었으며 진전 여하에 따라서는 아랍연맹지역의 미·소 균형관계를 깨뜨리고 그로 인하여 직접 유럽에 위기를 초래하지 않을까 우려되었다. 그런데 유럽문제에 대한 미국의 단호한 태도는 2월 14일 애치슨 장관 담화로 유고 침략이 발생하면 미국은 한국 침략과 동일시한다고 표명한 것으로 나타났으며 그간의 퍼킨스 국무차관보의 유고 방문으로 경고가 단순한 경고가 아님을 분명히 하였다.

12. 정전회담

1951년 3월에 '실질적 정전설'이 트루먼 대통령의 성명으로 구체화하려다가 맥아더 장군의 '정전최후통첩'으로 인하여 잠시 무산하였다는 것은 전술한 바가 있다. 소위 맥아더 장군 청취의 진전에 따라 공화당 일파의 정부 공격이 대체로 보아 실패로 돌아가자 다시 38선 부근에 완충지대를 설치하는 기술적 정전설이 유포되기 시작하였다.

이 풍설의 소스는 대체로 미·소 외교접촉의 기밀을 통지받고 있는 영국 고급 외교계와 또 3인위를 중심으로 중공 측에 접촉을 기도하고 온 일부 유엔가맹국에서 제공된 듯 싶었는데 5월 초·중순에 걸쳐 미, 소 간의 초보적 타진이 왕래하지 않았나 하는 인상을 세계에 주었다. 벌써 일부에서는 유엔에서 38선 부근 20리, 완충지대 제안이 제출되리라고 억측하고 정전타협의 장소로서 유엔기구가 활용될 것으로 예상하고 있었는데, 6월 15일 통신으로 리 유엔 사무총장이 그 후 화평 가능성을 촉진하기 위하여 총회 휴회를 각국과 협의하였다는 설이 돌아 유엔 내에서 정전이 토의될 가능성이 그 후 희박해지고 말았다.

이에 앞서 미국 국방장관 마셜은 돌연 6월 8일 한국전선을 방문하고 리지웨이 사령관과도 협의한 바 있었는데, 세론이 이 사실을 주목하여 정전 현지회담의 조속한 실현 가능성을 믿게 되었다. 그간 소련 측으로서는 소련 화평안 미국 제시설이 유포되는 5월 하순 (28일) 말리크 대표를 통하여 이를 부인한 일이 있었는데, 6월 23일에 이르러 역시 말리크 유엔주재 소련 대표는 15분간의 방송 끝에 현지 정전회담을 실시한 후에 철퇴 등에 관한 휴전을 토의하는 형식으로 화평 해결을 토의될 수 있다고 믿는다는 언명을 하였다.

6월 24일 미 국무성은 주 소련 대사에게 미 외무성을 방문하게 하여 소상한 설명을 청취하도록 훈령하였으며 6월 25일 트루먼 대통령은 소련이 성실로 대하면 화평에 노력할 것을 공언하였다. 6월

26일 리지웨이 유엔군 총사령관은 이대통령을 방문협의하였으며 27일 영 당국은 38선 휴전의 가능성을 고조하였다. 드디어 30일에 이르러 유엔군 총사령관은 적군사령관에게 현지 정전회담을 요청하게 되었다(본 호 중 일자와 시간은 사건 보도지의 일자를 따른 것으로, 따라서 전편을 통하여 통일이 없는 것을 명기하여 둔다).

《정치와 정치사상》, 일조각, 1958년

제2부

1940, 50년대 세계정치와 한국외교

미국의 결의와
평화의 상실
(1948)

1

지난 3월부터 전쟁이 박두했다는 불길한 풍설이 온 세계를 휩쓸었다가 4월 말에 비로소 스러지기 시작했다. 미국, 소련의 베를린 분규가 있었고 이탈리아 총선거가 유럽 형세를 좌우하였든지라 누구나 전쟁을 단순한 풍설로 듣지 않았고 올 것이 오나보다 하고 긴장하였다. 베를린 사태가 미진한 채로 완화되고 이탈리아 선거에 공산당이 패배한 뒤 이 긴장이 약간 풀어지자 일부에서는 이 전쟁설의 진원지가 의외로 워싱턴이었다고 관찰하였다. 그리고 이번 전쟁설은 미국의 대외정책이 종래와 결정적으로 다른 새로운 코스에 들어간 명확한 증거로서 지적할만한 일이라고 하였다.

대저 금년초 마샬 장관이 60억대 유럽부흥안을 국회에 제출한 이래 미국 관변에는 두 가지의 대외정책이 서로 대립하고 있는 것이 표면화하기 시작하였다. 거년去年까지는 대체로 한 개의 정책이 지배적이었던 것이 사실이다. 대규모의 경제후원과 민주주의와 국제연합 기구로 능히 소련의 적색공격을 방어할 수 있다는 견해가 이 정책의 근거인데 주로 미국 국무성의 의견이었다고 볼 수 있고 비록 그리스 원조 같은 이색한 형식은 있으되 대전 후부터 마샬안에 이르기까지의 일관한 정책이었다. 이 정책, 이 견해에 반대하여 오다가 마침내 금년초부터 종래의 국무성 측을 누르기 시작한 것은 주로 육해공군과 같은 군부측의 의견이었다. 단순한 경제후원은 그것을 보호할만한 군사적 후원이 없으면 위태롭고 비효과적이라고 한다. 이 의견은 국회내 공화당 의원이 마샬안을 공격하는데 채택하였다. 또 미국이 미국의 정책을 강력히 보장할 군사력을 갖지 못하면 민주주의만으로는 도저히 이 위기의 시대를 극복 못한다고 말한다. 이 의견은 임시징병안, 전국군사훈련안과 군사예산증가안에서 금년 들어 대통령의 찬동을 얻었고 한편 공군확장안은 대통령의 전국군사훈련안 등을 반대하는 국회 공화당파에게 채택 이용을 입게 되었다. 또 소련은 장차 4~5년간에 미국의 군사력을 완전히 압도할 군사력을 얻게 될 것이오. 그 때에는 현재 미국이 갖고 있는 원자탄의 위력은 상실될 것이라는 의견이다. 이것은 이미 금년 2월 대통령에게 제출된 미국 국방위원회보고서에 명시되어 있는 바로 종래 군인들이 열렬히 주장하여 오는 것이다.

이 두 가지 의견 중의 국무부 측이 거년까지 우세이었다가 금년에 들어서 점차로 후자와 타협을 하지 않으면 아니 되게 된 이유를 소상히 알 길이 지금 있을 리 없으되 추측컨대 다음의 몇 가지를 들 수가 있다. 첫째, 60억 마샬안이 연초에 국회에 제출되자 공화당 측에서는 마샬안의 효과를 믿을 수 없다는 것과 비용이 많이 드는 것과 감독기관을 설치할 것으로써 공격으로 나왔다. 이때 이 공격을 응수한 사람에 마샬 장관 말고는 마샬안의 유럽 지배인이라고 세평이 있는 주영 미 대사가 있었던 것은 그 후의 유럽 사태로 보아 극히 주목할 만하다. 하여튼 이 공격을 국무성에서는 두 가지의 타협으로 막아낸 듯이 보였다. 하나는 이른바 서구연맹이라는 베빈 Ernest Bevin 안에 군사적 성격을 가미하는 것이오 또 하나는 초지初志를 어겨서 대중국 원조에 군사적 항목을 첨가한 것이다. 둘째로 팔레스타인 문제, 이탈리아 총선거, 국공군 문제가 초미의 군략적 성격을 띠우고 등장한 까닭에 군사령부의 발언을 무시할 수 없게 된 것이다. 셋째로 미국 국내의 위급한 경제적 위기를 탈출하는 데 완만한 국무성안으로는 불안한 것과 또 마침 금년이 선거년이라 이 경제적 극복의 초비상형이 성공만 하면 효과가 절대하다는 것. 넷째는 지금까지의 트루먼 대통령은 금년 대통령 선거전에 보통 방법으로는 희망이 없는지라 국제정세에 의하여 국내인기를 만회하는 고 루스벨트 대통령의 고지高志를 채택한 것이다.

미국의 대외정책이 이렇듯 변모한 것은 대통령의 임시징병안과 전국군사훈련안에 강력히 표현되었으나 그러나 실로 구체적이요, 세계정세에 반영된 그 결과는 팔레스타인문제, 구 일본점령정책의 포기, 이탈리아 총선거전 그리고 유럽 5개국의 방어동맹에서 볼 수 있는 것이다. 다시 말하자면 종래의 행정정책에서 명확한 군략정책으로 들어간 증거가 이상의 경우인 것이다. 여기에는 약간의 전략상의 설명이 필요할 것이다.

2

3월 중순경부터 전쟁돌발설이 유포된 이래 소식통에서는 미국, 소련의 현재 보유 병력의 비교와 그의 작전이 일대 문제거리가 되었다. 이러한 분위기에서 미 국방장관 포레스탈은 소련의 현재 병력은 약 175개 사단이 될 것이라고 의미심장한 계산을 발표하였다. 또 영미 계통의 군사통들은 현재 유럽의 소련병력을 200만 명으로 추산하고 전쟁시에 유럽 공격작전의 제1선 병력을 17개 사단으로 계산하여 이에 대하여 현 서유럽의 영미급 기타 병력을 700만 이하로 보아 만약에 소련이 선수로 나오는 경우에는 1주일 이내에 도버 해협에 선발대가 도달할 것이라고 결론지었다. 그런데 유럽에 전쟁이 돌발된 때에 소련작전에 대하여 방해작전과 이후 반공작전에 있어서 일대 서유럽 측의 두통은 공군력이고 따라서 또 석유의 문제인 것이다. 미국이 서유럽 군사력유지에 필요한 석유를 독점해서 공급하기 곤란한 것과 수송관계를 고려하여 서유럽 작전 행동권 내에 석유 근거지를 갖는 것은 이후 작전에 중대한 영향을 일으킬 것이오, 이 중요한 유전으로는 페르시아 만변灣邊과 이라크를 빼놓을 수 도저히 없는 터이오, 또 이 유전의 수송관은 장장 아랍 지대를 통과하여 팔레스타인 지역에 다다르고 있다. 그렇다면 유전지구와 수송관 지대에 주인인 아랍인과 이슬람교를 가령 이 지역의 작전적 중요성을 제외하더라도 홀대할 수는 없는 것이다. 이미 팔레스타인에 분할안이 있을 때부터 미국은 영국을 시키어 공공연히 아랍인에게 무기를 공급하였다고 비난을 받았으며, 이 때문에 뉴욕 브롱크스 지구의 예비선거전에서 오랜 전통이 뒤집히어 월리스의 제3당에게 민주당이 패배까지를 당하였다. 또 그뿐 아니라 외교적 손해를 각오하면서 분할안을 철폐하고 국제연맹 탁치안을 제출하여 세계를 놀라게 하였다.

    이미 이러한 조처는 외교적이라기보다 군사적이요, 석유와 전략지를 확보하려는 작전적 조처라 할 만하다. 그 다음에 유사시에 서유럽의 병력과 또 서유럽의 혼성병력의 약성을 강화하는 적극적 조처는 5개국 군사동맹이다. 본래 거년 11월 영국의 대외정책이 일변한 이래 영국을 제외한 서유럽 여러 국가는 베빈안인 서유럽 연맹에 찬동을 할 것은 그것은 오로지 미국의 경제원조를 기대하는 까닭인지라 그 미국의 경제원조를 받기 위하여 영국·프랑스 군사동맹에 합류하게 되고 말았다.

그러나 미국은 이것으로도 만족할 리 없다. 현 5개국 방어동맹이 주로 독일에 대한 조문으로 성립하고 있는 한 미국은 아직 성공하였다고 할 수 없는 것이다. 5개국 군사동맹에 이탈리아가 참가하고 군사동맹의 성격이 일단 광범위해지고 현재 논의되고 있듯이 미국이 참가하고 공동사령부가 설치됨으로 하여 서유럽의 병력이 강화되고 혼성병력의 약점이 제외될 때에 비로소 미국의 작성외교는 만족할 것이다. 그렇다면 서유럽 연맹에서 시작하여 5개국 군사동맹에 이른 서유럽의 사태는 군사적 비중이 높은 것이 아니고 무엇이랴.

스페인은 국제연합 개시 이래 거년까지 줄곧 천하의 지목을 받아 적지 아니 욕을 본 나라이며 구 파시즘의 직계로서 만인이 힐난하는 것이 금년에 들어와서는 미국은 이 나라에 대하여 특별한 대우를 시작하여 세계를 경악시켰다. 그런데 전쟁이 일어나면 비록 서구의 병세를 강화한 경우에 있어서도, 그것이 초기 소련작전을 지연시켜 작전적 여유를 가져 오게는 하겠으나 그러나 영불해협까지 소련병세가 도달하는 것은 막을 도리가 없는 것이다. 그리고 또 전번 대전과 달라 나중에 프랑스에 상륙하여 반공으로 들어가는 것은 이번에는 가능성이 대단히 희박하고 유일한 유럽상륙 반공전은 스페인, 포르투갈에서만 가능하다고 군사통은 보는 것이다. 이렇다면 미국의 대스페인 정책의 이유도 분명하다 하겠다.

이탈리아 총선거전의 군사적 의미는 아마 되풀이할 여지가 없을 것이다.《타임스》지는 이탈리아 선거에 공산당이 이기는 것은 중유럽, 근동을 군사적으로 상실할 것과 같아서 그 재획득에는 수년과 다대한 물자와 인명이 필요하다고 관찰하였다. 팔레스타인보다도 무엇보다도 중요한 이 접전에 이기려고 전쟁설이 유포된 것은 추측하기 그리 곤란한 것이 없다.

일방 눈을 돌려 극동사태를 보건대 거년 말부터 국공군 전투에 국민당군의 패색이 농후해졌다. 중국이 중공군 장중掌中에 들어가면 그 결과는 어떠할까. 역시《타임스》지는 그 결과 프랑스령 인도차이나, 시암, 버마, 말레이시아 반도 인도가 소련 군사력 권내에 들어갈 것이라고 한다. 현재 극동에 있어서의 소련병력을 추산한 사람은 아직 없다. 그러나 고유병력과 중공군을 합치면 남조선 미국주둔군이나 주일 미국주둔군의 수효와는 엄청난 거리가 있을 것은 저이 의심이 없다. 미국 극동병력은 따라서 비록 얼마간의 병력증가가 있다 하더라도 천상 지리적 원조를 기대하지 않을 수 없고 그러므로 바다로서 사방을 둘러싸고 공업적 보충시설과 모든 군사적 근거지를 갖춘 일본의 전략적 위치를 중요시하게 될 것이다. 그런데 이러한 군략적인 견해는 자연 기왕의 미국무성의 방침이든 행정적이고 외교적 방침과는 상치되는 바가 크고 또 크다. 기왕에는 무엇보다 먼저 전前 적국에 대한 연합국 공동의 전후조처라는 노선에 합하여 일본점령정책도 결정되든 것이 이번에는 군략적인 우호민족 혹은 우호국으로 상대하게 되니 이것은 180도의 전환이라고 아니할 수 없다. 그러지 않아도 연합국 중에는 미국 일본점령정책의 군략적 성격을 경고하였던 것인데 이 비난을 무릅쓰고 나오든 군대 측의 주장이 금년에 결정적으로 승리하게 된 것이다. 이에 따라 조선에 대한 정책도 군략적 성격이 중요하게 되었다고 볼 것이다. 거월去月에 발생한 재일본 동포에 대한 점령사령부의 탄압은 이 미국의 군략적 전향에서 나온 희생이라고 볼 가능성이 여기 있다. 까닭은 조선은 비록 남조선의 병력을 증가한다 할지라도 유럽의 벨기에나 프랑스보다도 몇 10배나 약한 군략적 퇴거지라고 상정되는 탓이다. 중국은 그러나 조선과 달리 단순한 퇴거지도 아니라 오히려 가장 유력한 반공개시지라고 볼 수 있다. 국무성의 유럽제일주의에 반대하여 대중국 원조를 종래 주장해오던 공화당파에 못 이겨 대중국 원조를 경제적 국면에 한하여 국회에 제안한 국무성안이 군사원조비를 포함할 것을 조건으로 국회에서 통과한 것이 이 군략성軍略性의 일부를 명시한다. 중국정부 내의 부패성을 지적하던 웨드마이어 장군까지가 양원에 증인으로 나가 우선 지급한 군사원조가 필요하다고 증언한 것과 또 일부 국회의원이 고 루즈벨트 대통령 당시의 대중국 정책을 국무성이 여태껏 계승하여 실시한다고 힐난한 것은 더불어 이 문제에 대한 좋은 해설이 될 것이다. 기왕의 친일세력이 집권하는 시암이나 버마가 다 영미민주주의 외에 군략을 고려하지 않으면 이해가 불완전해진다. 인도의 사태는 더군다나 기괴하다. 모든 힌두교의 극우분자의 활동을 숙지하고 또 은연히 그 두목이 되어 있다는 파텔 내상을 간디의 피살 후에도 여전히 네루 수상은 가만두고 아무 조처를 못하는 것이 우리가 알기 어려운 사정이며 또 거년 국제연합 총회 이래 미국 측을 대변하여 조선 문제에 적극 활동한 인도대표의 의의에 관하여도 심각한 연구가 있어야 될 법하다.

이렇듯 전쟁을 가상하고 또 소련의 북극작전이 2, 3년 내로는 실현이 못되고 미국의 원자탄도 현 비행기의 성능으로는 접근한 항공 근거지와 다량생산을 필요로 하는 한 미국의 군략적 대외정책의 발동은 그 세계적 영향이 거대할 것이다.

3

그런데 여기 한 가지 기막힌 문제가 있다. 미국, 소련이 제대로 승부를 가리는 것은 가능하거니와 그 결투가 대양 상에서 하는 것이 아니라 민족국가가 있는 땅 위에서 온갖 파괴를 다하면서 한다는 것이다. 그중에도 처참한 전지戰地는 유럽은 프랑스, 벨기에, 네덜란드, 룩셈부르크, 독일, 오스트리아, 이탈리아, 그리스, 터키 등일 것이오, 극동에서는 중국 그리고 조선이 으뜸 될 것이다. 전쟁터에 사는 민족은 어느 편이 이기고 지든 간에 고마울 것이 하나도 없다. 철저한 파괴가 여지없이 생활을 엎어놓는 판에 이념, 주의는 어디에서든 공격, 퇴각이 몇 번 되풀이 하면 내, 남이 다 어디 있으랴. 한결같이 사망밖에 없을 것이다. 전쟁 후에 승국, 패국보다도 전장지의 주민이 가장 가엾은 것은 여러 번 우리는 듣고 보았다. 그러한 운명을 사람 되고 좋아할 리 없고 민족 되고 바랄 리 없다.

대전후 각국에 좌우익이 있어서 항상 요란한 중에도 유럽에서는 전쟁지, 후보지가 대립이 심하였고 극동에서는 중국, 조선이 남다르게 투쟁이 심각하였다. 그런데 주목할 만한 일은 일단 소련 세력권에 들어간 지역은 다시는 좌우익 분규가 표면으로는 없어지고,

밖에 내어놓고 훤연한 것은 영미민주주의 권내만이라는 점이다. 그런데 자세한 사정을 알 수 없는 소련 세력권 내 지역은 잠깐 두고 미국권내 민족국가에는 좌우익과 다른 한 세력이 똑같이 존재하고 있었다. 질서가 정연한 이론도 없고 남을 설복할만한 웅변도 없으되 감정으로 동감되고 직감으로 양해되는 일당들이 있었고 현재도 있다. 이 파는 성격상 국제정세의 타협점에서 자기를 보장하려 한다. 세인은 이르되 흔히 중간파라고 부른다. 영국정부가 기왕에 그랬고, 프랑스 현 내각의 주동력이 그렇고, 벨기에가 그렇고, 이탈리아가 그랬었다. 중국에서는 소위 국민당 내의 진보파라는 것이 그것이오. 조선에도 있는 것은 다 아는 바이다. 중간파가 세계적으로 공통되는 바는 그의 이론은 물론 아니다.

또 정책의 균일성이 있는 것도 절대로 아니다. 공동되는 유일한 성격은 자기 나라 자기국토를 전쟁터 만들지 말자는 결심이요 노력이다. 그러나 또한 이러한 자유의사의 표시가 미국세력의 묵인을 받아서 비로소 의미를 가졌던지라 간접으로 세계 미국권내의 중간파의 성향을 보아 미국정책을 짐작도 할 수 있을 것이다. 이미 영국과 프랑스에서 그간 적당한 예를 보듯이 영국의 노동당 내각과 프랑스의 내각들을 버티게 해준 것은 미국이었고 미국의 경제원조 아니면 벌써 명맥이 끊어질 것이었다. 영국은 특히 거년 소련식량과 물자에 신세를 진 일이 있다. 한참 영국-소련이 접근한 듯하고 정계에서는 영국이 장차 미국, 소련의 알선역을 하리라고 추측한 것도 이때이다.

그러나 역시 미국원조의 유무는 치명적이었다. 그런 고로 미국의 경제적 지배를 불가부득 받으면서 극우도 아니요, 극좌도 아닌 중간주의를 취한다는 것은 곧 당시의 미국의 국무성정책이 미국식 민주주의와 국제연합 기구와 경제원조로서 한편으로 소련세력의 확대를 방어하고, 다른 한편으로 유럽 기지를 확보하여 국제평화를 현 비례에서 유지할 수 있다고 생각한 까닭이다. 미국정책이 이 노선에서 움직이는 동안은 서구에서는 중간파 정치인 혹은 정부가 정권을 잡았고 또 최대의 관심사는 국내 경제문제의 해결을 위하여 얼마나 더 미국의 원조를 조르는가 하는 것이었다. 조선서도 합작노선에 그 전형적인 예를 볼 수 있고, 일본에서는 가타야마片山哲 내각에서 예를 볼 수 있고, 중국서는 장제스 정부 내의 극우적 부패 분자를 지적하면서 대중원조를 오랫동안 끊은 미국 국무성의 태도가 무엇보다 웅변이었다.

그러던 것이 모든 사태의 배후이었든 미국 정책이 변환함에 따라 사태는 중간주의에게 대단히 곤란하게 되었다. 마샬안의 국회통과가 난항시되자 영 외상 베빈은 베빈안이라는 서유럽연맹을 주장하였다. 이때에 주요 국가의 태도는 주로 경제부흥이라는 관점에서만 연맹을 환영할려고 하였다. 베빈 외상이 하원에서 서유럽연맹을 제의하자 프랑스 정부대변인은 "영국은 다못 경제적 정치적 우호관계를 제안할 것뿐이라"고 연막을 피고《르몽드》도 단지 경제적 문제만이 주요하다는 사설을 실을 만큼 프랑스인의 심경은 대체로 경제 이외에 넘치는 것을 즐기지 아니하였다. 이탈리아의 중간파 롬바르도나 그리고 실로네 같은 사람도 베빈안을 단순한 서유럽부흥안으로서 찬동하려고 하였다. 그러던 것이 동유럽 사태의 변화와 4월 이탈리아 선거를 앞둔 전쟁설은 단순한 경제적 부흥을 의미하는 연맹으로는 이미 미국의 군략 정책의 만족을 못사게 되었다.

서유럽연맹보다 더 구체적이고 또 신뢰많던 것을 미국은 베빈에게 기대하였고, 때마침 슈망 내각은 미국원조가 오지 않으면 2주일을 지지 못할 형편이었다. 슈망 내각이 쓰러지면 드골 내각인 것은 프랑스 국민은 잘 알고 있었고, 애슐리 내각이 쓰러지면 처칠 내각인 것은 영국인은 다 짐작하였다. 벨기에의 스파크 역시 미국원조를 떠나고 이웃을 잃고서는 아니 될 것은 잘 알고 있었다.

그리하여 5개국 경제 및 공동방어동맹이 체결되었거니와 이로서 중간주의 각 정부는 전과 달리 친미 색채 외에 전에 없던 전쟁주의적 색채를 불가부득 띠게 되었다. 정병精兵을 남에게 넘기든지 그렇지 않으면 미국 군사정책의 요구하는대로 하든지, 이것은 전쟁터 됨을 거부하여 오던 중간주의의 딜레마가 아닐 수 없고 바꾸어 보면 또 유럽 중간파의 몰락이라고 하지 않을 수 없다. 아직도 서유럽의 중간주의 정부가 유지하는 이유는 첫째로 국민의 염전厭戰사상이 극우를 환영 아니한다는 미국의 관측과, 둘째는 금년 소련 춘기농작이 불량한 것과 금년 소련 예산안이 국내 중심인 것으로 보아 소련측의 도전이 갑자기는 없으리라는 예상과, 셋째는 혹시 이러한 미국의 강경책이 전쟁을 방지하지 않을까 하는 희망 등일 것이다. 그러나 이미 그것은 기왕의 중간주의와는 틀린 것이라 아니할 수 없다. 한편 중국에 있어서는 대중원조가 결정된 것으로 정부내의 극우파가 계속하여 지배적 지위를 그대로 유지할 것으로 보이며, 부패분자의 처벌은 표면상 있을지 모르나 현 미국의 정책과 중간극우파와는 그 전과 같이 상거相距가 있을 리 없을 것이며, 중간파의 전일과 같은 역사적 활동은 당분간 기대하기 곤란할 것이다. 모든 불리한 조건을 무릅쓰고 또 가장 미국정책이 직접적이고 장래가 험난한대로 다못 민족애와 국토애에 호소하여 유럽에서 몰락한 노선을 지키려고 하는 것은 오로지 조선뿐이다. 아무도 남의 싸움터가 되기를 바라는 사람은 없건만 하지 말라고 하는 데는 용기가 필요하다. 세계정세를 보건대는 절망하기에 꼭 알맞다마는 진실한 절망은 좌우정세보다도 자기 속에 있는 것이다.

《신천지》 1948년 4/5월호 합병호

전쟁으로 가는 길
(1948)

1

소련은 어찌하여 미국과 타협을 하지 아니하느냐. 그 이유를 이렇게 설명할 수 있다.

소련은 무엇보다 먼저 전략적으로 미국의 공격을 받고 있다. 경제적 공격, 정치적 타격, 외교적 실패는 그래도 참을 수 있고 타협의 여지가 있으나 군사적 비중이 불리하게 변화하는 데는 마치 비수가 심장을 겨누듯이 견딜 수 없는 일이다. 바로 미국은 붉은 곰의 심장에다가 날카로운 비수를 겨누었던 것이다.

2

미국은 선전국이다. 항공기의 성능과 신발달에도 광고가 먼저 선다. 그리하여 근래 음향보다 더 빠른 비행기가 실용화된다고 하고, 불일간에 항공반경이 4천 마일이나 되는 B36이 사용될 것이며, 신형 기생식寄生式 분사전투기 XP85가 B36에 붙어 나를 것이고, 항속거리 6천 마일의 B50이 얼마 아니되어 대량으로 생산된다고 한다. 이 외에도 폭격기 B35, B45와 신형 수송기 C119가 제작 중이요, 지난달 뉴욕시 아이들와일드 국제비행장에는 B36의 거대한 자태가 대중 앞에 나타났다고 신문은 특기하였다. 그러나 전문가의 의견은 제작중이라는 의미는 실험기 전이라는 것이요, B36은 아직이 실험기에 있으며 현재 전쟁에 곧 성능을 발휘하는 것은 의연히 B29라고 보고 있다. 그런데 B29는 항속거리 4천 5백 마일, 따라서 2천 마일 거리에 존재하는 대상을 유유히 폭격하고 출발점에 돌아올 수 있는 것이다. 그러므로 2천 마일 이상 되는 지점의 대상의 폭격은 호위 전투기를 고려에 넣지 않는다면, 일본 가미카제식 결사대나 비행사 없는 무전조종 외에는 가능성이 극히 희박한 것이므로, 적어도 현 단계의 작전은 폭격대상에서 2천 마일 내외되는 지점에 공격 기지를 갖는다는 것이 결정적인 것이다.

또 한편 소련으로 말하자면, 비록 이 나라의 비밀주의로 인하여 신형 폭격기의 성능을 짐작하기 대단히 곤란은 하나, 그러나 B29에 흡사한 여객기 TU70이 나르는 점으로 보아서 B29에 지지 않는 장거리 폭격기가 존재한다는 것은 군사통의 정론이다. 그렇다면 소련 역시 성격이 이러한 항행기의 성능에 의뢰할 것은 자명한 일이다.

3

그런데 1941년 4월에 조인된 미국-덴마크 군사방호협정에 의하여 그린란드는 미국의 기지라고 볼 수 있고, 아이슬란드 역시 만일의 경우에는 미군이 사용하리라는 세평이 있는데, 이 그린란드와 아이슬란드에서 소련의 중심부는 2천 5백 마일 내에 있으니까, B29로는 최대한도의 폭격거리 내에 있다고 할 수 있다. 또 서유럽연맹은 이미 군사동맹에 의하여 운명 결합을 하였고, 서유럽연맹의 의의가 미국권 내에 든다는 것은 주지되어 있는 바이니, 미국은 이 지역을 공격작전상의 요지要地로 간주할 수 있는데 여기서 소련의 심장은 1천 마일 내지 1천 5백 마일 내의 지점이다. 이란도 미국 군사사절단의 압력 하에 있는데, 이란에서 1천 마일 내에 소련의 중앙부와 서부공업지가 있고, 2천 마일 내에 넓혀져 있는 것이다.

이번에는 관점을 돌리어, 일본이라는 미군기지에서 캄차카 군사근거지와 극동 소련중심지는 1천 마일 이내에 존재하고 앙카로이도 공업지대와 중앙아시아 보급지는 1천 5백 마일 내외에 전개된다. 또 동부에 신설된 소련의 신공업지대는 인도에서 1천 마일 내외이다.

4

그리고 보자면 미국은 동서남북에서 소련을 포위하였을 뿐더러 평균화하여 보자면 소련의 심장부와 이들 적성기지와의 거리는 2천 마일 이내가 되어 문제없이 B29의 폭격권에 드는 것이다. 그런데 소련 측은 어떠하냐 하면, 소련이 직접 폭격 가능한 미국 국토는 잘하여야 알래스카 기지이며 이 이외에는 단 한 개도 없는 것이다. 그러므로 미국 측으로 보자면 전쟁이 돌발하자 곧 소련의 심장부에 어느 정도 타격을 줄 수 있는데, 반대로 소련 측으로는 고작하여야 인접한 적성기지를 분쇄점령하는 것이지 미국의 중심부는 멀고 또 멀다고 할 수 밖에 없다. 이것은 군사 비중상 소련이 참기 어려운 상태이다. 군사균형이 올바르지 않은 불공평한 상태이다. 그러므로 소련은 분노하였다. 정치고 경제고 외교고 전부가 미국의 기만

적 의도에서 나온 것이다. 이러한 군사적 악조건에서 소련은 무슨 미국의 제의에도 '노'라고 응할 수밖에 없다. 이것이 소련의 심중일 것이다. 저 유명한 그로미코 소련 유엔 대표가 거부권행사에 세계적 기록을 꺾은 것은 바로 이러한 심각한 분위기를 반영하는 것이라고 할 만하다.

5

그러면 소련은 이렇듯 미국이 거미줄을 치는 동안에 정신 놓고 가만히 있었느냐. 절대로 그러하지는 아니하다. 직접적이라고 할 수는 없어도 중국의 국공전은 이러한 각도에서 해석되어야 하겠고 또 미국이 이른바 파업공세라는 소련의 독특한 전술과 그 결과는 결단코 계산에서 빼놓을 수 없는 것이다. 그러나 무엇보다 가장 직접적, 모범적인 공방전은 동서유럽의 각축전에서 연출되었던 것이다.

본래 제2차 대전 후에 발생한 미소 암투의 중심은 처음부터 지금까지 유럽에 있었다. 그 증거로는 미국의 대외원조액이 유럽에 제일 많이 할당되었다는 사실과 동유럽에 대한 소련정책이 가장 변화가 많았다는 사실을 들 수 있다. 이 사실을 언제인가 《뉴스위크》의 정치평론가가 설명하여 말하는 중에 특히 "유럽은 같은 양의 원조를 소비하는 경우에는 동양보다는 공업지로서의 보급지로 단기간 내에 재흥될 수 있다"는 점을 들었는데, 아마 그것도 일리가 있다고 할 만하다. 이 외에 나는 역사적 관계와 또 서전緒戰에서 초初 승부하는 지상전이 이 지역에서 전개된다고 생각도 하나, 요컨대 유럽에 있어서의 미소관계가 전 세계에 걸치는 양 대국 싸움에 바로미터라는 점에는 틀림이 없다.

그런데 대포를 사용하지 않는 냉정冷靜전쟁에 있어서 이 유럽 제패전의 클라이맥스는 역시 지난 5월의 이탈리아 총선거라 할 수 있다. 왜 그러냐. 미국이 그리스와 터키에 군사적이라 할 만한 원조를 실시하자 소련은 헝가리와 체코의 정변을 일으키어 지중해의 열쇠라는 이탈리아에 압력을 가하였다. 그리스와 터키와 근동이 미국의 대소 공격기지(다시 말하자면 적극적인 방어기지)로서 건재하려면 이탈리아라는 문이 열려 있어야 된다. 만일에 이탈리아가 공산당 손아귀에 빠지는 날이면, 소련 포위선의 서고형선西弧形線의 중간부가 절단되는 것은 고사하고 일보 나아가서는 그리스와 터키와 근동은 역봉쇄당하고 서유럽은 전략지로는 마비되고 말 위험이 있었다. 이런 까닭에 소련은 지난 연말부터 금년 초에 걸치어 정치적 교란과 이탈리아 관변關邊의 전략적 압력을 가함으로써 일대반격으로 나왔던 것이다. 그러므로 이탈리아 총선거는 미국의 대소 포위선이 완성하느냐 붕괴하느냐하는 일대위기였던 것이다. 결과는 소련이 의외로 양보하는 듯한 태도를 취하였다. 왜 그랬느냐. 혹은 미국의 전쟁을 불사하는 결연한 태도에 겁을 먹었느냐. 미국의 도전에 응하기에는 전쟁준비가 덜 되었느냐. 이것은 세계적인 의문이라고 할 수 있었다. 자세한 이유를 지금 알 길 없으되, 결국 소련의 반격은 실패하였고, 마침내 동서남북에서 조여드는 올가미에 붉은 곰은 걸리고 말았다.

6

일본은 지난번 미국전쟁이 일어나기 전에 프랑스령 같은 전략지에 군사적 조처를 하는 방편으로 또는 공격 시기를 선택하는 구실로 서 소위 일미회담을 진행한 일이 있었다. 꼭 이렇다는 것은 너무 심하나, 그러나 이와 유사한 작전 외교를 지난 연초 이래 미국, 소련은 해 왔다. 마치 외교의 본 목적인 현 정세와는 판이하게 공격과 선전을 주목적으로 삼는 듯한 위기외교가 오래 계속하였다. 이 좋은 예로 미국을 들자면, 일찍이 내가 다른 논평에서 끄집어 놓듯이, 제창 결의하고 마샬안을 제의하고 유럽 중간원조안을 의회에 제출하되 진행 중인 국제회담이 마치 계획적으로 결렬되는 듯한 인상을 던지고 국회에는 이러한 직간접적 반군사적 조처를 이 결렬을 계기로 통과시켰던 것이다. 이 우심尤甚한 예가 지난해 10월에 4상회담을 진행시키면서 다른 한편 일부 의원의 반대를 무릅쓰고 트루먼 대통령이 임시회의를 동 기간 중에 개최하여 회담의 결렬과 프랑스 파업을 빙자하여 유럽 중간원조안을 손쉽게 통과시킨 것이다. 이탈리아 총선거 전에서는 더군다나 태도가 노골하여 언론기관을 동원시켜 전쟁설까지 유포시키었다. 이러고 보면 이 사태는 정치전도 경제전도 외교전도 아닌 기지전이요, 수년 후라는 여유를 둔 모략전謀略戰이 아니라 금명일에 대비하는 군사적 포석전이라고 할 수 있다.

7

그러면 왜 포석전에 성공한 미국이 전쟁으로 아니 나오느냐. 왜 베를린 사태 같은 소련의 도전에 응하지 아니하였느냐. 어느 사람은 이유로서 다음에 몇 가지가 중요한 것이라고 한다.

첫째는 전쟁 준비가 부족하다는 것이다. 이 설명의 가장 대표적 증거로서 연초에 미국 국방위원회에서 5년 후라야 미국 국방력을 완성한다는 대통령 보고서를 드는데, 이것은 설명으로는 박약하다. 왜 그러냐하면 전쟁준비 부족이라는 점에서는 소련 역시 같은 상태라는 이론異論이 있는 까닭이다.

둘째로는 미국 국내 여론이 아직 성숙되지 않았다는 의견인데, 그 증거로는 금년도 양대 정당 대통령 후보들이 정견발표 순회에서 판에 박은 듯이 평화의 재래齋來를 고창하였다는 것을 들 수 있는데, 이것 역시 박약한 설명이다. 왜 그러냐. 국회에서 임시 징병안Military Selective Service Act이 통과되고 공산당이라는 것만으로 체포되고, 근자의 벤트리 사건 같은 애매한 스파이 사건으로 루즈벨트 시대의 고관들이 호출되고, 그 결과를 공표함으로써 공연히 대중을 아지[선동]하는 세계에서 무슨 평화주의냐 하는 이론이 있는 까닭이다.

셋째로는 금년이 바로 미국의 대통령 선거년이라 평화에 아직도 연연한 중간파의 한 표라도 획득하려는 정당의 태도를 드는 의견이 있는데, 그렇다면 민주당의 후보인 트루먼의 정부는 왜 연내로 또는 지금도 호전적인 태도를 취하며, 공화당 대외문제의 권위이며 현 상원 외교위원회의 의장인 A. 반덴버그가 왜 도전적인 마샬안의 절대 지지자인가를 해명하기 곤란할 것이다.

넷째로는 중간적 정부로서 피전避戰적 색채가 농후한 소위 서유럽국가들이 과연 대소전에 힘을 합칠 것인가하는 의문인데, 이미 내가 따로 논평하듯이 서유럽이 중간색을 상실하고 서유럽연맹이 원래의 경제적 성격을 일척一擲하고 군사동맹화하며 일보를 더하여서 미국과 서유럽동맹 간의 군사동맹과 공동 참모부설치안이 제창

되는 오늘날 이것은 너무나 낙관적인 의문이라 아니할 수 없다.

이 이외에도 대소각색의 이유는 많으나 지금 간결을 위주하여 내가 생각하는 가장 지배적 원인이요 또 동시에 가장 근본적 이유를 한 마디로 요약하자면 오늘날 전쟁이 일어나면 곧 장기전화할 것이요 현 군사조건에서는 장기전은 미소 양편 어느 나라에게도 승부 없는 국력소모전을 의미할 뿐이요 결국 최후의 승부는 특수 무기와 항공 발달에 의한 결전단계에 이르러야 된다는 전쟁사상의 변화인 것이다.

8

미국이 지금 자진하여 전쟁에 돌입할 경우에 장기전을 피할 수 없다는 가장 중요한 이유는 이하와 같을 것이다.

첫째로는 지상작전의 범위와 동원규모와의 정상적인 비례가 성립하지 못하고 있다는 것이다. 곧 전쟁이 나서 현 군사조건에 의하여 결전에 이르려면 지상작전에 의거하는 수밖에 없는데, 소련을 적어도 동서에서 협격할 만한 규모동원은 현 미국이나 여국與國의 동원체제로는 한 개의 공상이라는 것이다. 더욱이 미국의 보급선의 장대長大가 공격력을 감퇴시키는 점과 공격력이 방수력防守力의 배 이상으로 되는 것이 정상적이라는 점을 고려하면 문제는 명백하게 된다.

둘째로는 항공전에 의한 결전은 지금 바라기 어려운 점이다. 이 문제는 스스로 항공력과 신무기라는 양개로 나누어 고려될 것인데, 양자 더불어 미국인 자신이 해답을 내리고 있다. 코시바라는 미국 군사평론가는 군수뇌부의 의견이라 하여 원자탄과 세균탄의 사용은 현재로는 난망이라고 하였다는데 그 이유로서 이 무기의 준비에는 아직도 더 거대한 시설과 시일이 필요하다는 점과 항공거리 성능이 미급한 점, 그리고 이 정도에서 사용하면 보복을 면할 수 없다는 점을 거시擧示하였다 한다. 항공기의 발달이 아직도 결전에 이를 만하지 못한다는 것은 이미 위에서도 암시한 바 있었다. 가령 B29가 2천 마일 외의 폭격력은 충분하다 하더라도 이 많은 장거리 전투기의 보호가 없는 이상 적지를 통과하여 다수기가 목적지에 도착하는 것은 기대하기 곤란하다. 그러므로 P25같이 B26 내에 실리어 수시로 출몰하여 임무를 다하는 전투기의 출현과 B36 같은 초장거리 폭격기가 실용화되기까지는 소수원자탄의 투하로써는 결정적 의의를 못 갖는다. 또한 단순한 군사시설 폭격이 결정적이 아닌 예는 제공권을 빼앗긴 종전기終戰期의 독일, 일본에서 우리가 배운 바요, 이미 풀러 장군은 독일 장군의 경험담을 들어서 자세히 이 문제를 구명하였다 한다(《제2차 대전론》).

셋째로 이상의 두 가지 이유를 일층 강화하는 뜻은 전쟁이 돌발하면 설사 어느 정도의 피해를 미국 측 기지에서 비래飛來하는 항공세력에 의하여 받는다 하더라도 비교적 단시일 내에 서구일대와 근동 그리고 남한을 소련이 점령할 것이요 이 결전지역에 미군 측이 반격하려는 전前 대전의 예로 보아 수년 이상이 걸리리라는 것이다.

이상으로 보아도 장기전은 전쟁이 금일 돌발하게 되는 경우에 자연히 귀결하는 결론이요 따라서 부득이 전쟁계획에 있어서 다른 전쟁사상에서 작전하여야 할 것인데, 그것이 곧 결전사상의 도입이요 즉시전쟁에 대한 미국의 회피인 것이다.

9

그러나 장기전을 회피하여 결전의 시기까지 평화주의자 연然하게 기다린다는 것은 포석전의 성공을 가정하고 하는 말이다. 현대의 결전사상이 항공기의 성능과 밀접한 관계가 있는 이상 미국의 대소 포위 같은 기지적인 포석은 첫째로는 결전의 시기가 왔을 때에 비교적 근거리에서 다각적으로 결정적 파괴를 적국에 대하여 일시에 할 수 있다는 점과 둘째로는 국가 방호상 공격기지가 곧 방호면이 된다는 점으로서 절대로 유리한 것이요, 절대로 확실한 전략같이 보일 것이다. 이 포석전이 유럽에서 절단되어 근동과 유럽이 오히려 소련의 팽창기지화한다면 사세事勢는 포석에 있어서 동등의 의미 이상이요, 미국으로서는 차라리 장기전으로 들어가더라도 즉시 전쟁을 감행하여 소련의 군사시설을 선폭격하고 인하여 결전 준비의 시기를 지연시키려는 태도로 나올 것이다. 이것이 이탈리아 선거전을 중심으로 하는 전쟁설의 진真이유라고 나는 믿는다. 그러므로 미국은 이 포석진이 깨지지 아니하는 한 전쟁을 회피하려고 할 것인데 최근의 예가 베를린 사태이다.

금번 소련의 베를린 조처는 이탈리아 총선거전보다도 방법에 있어서는 직접적 도전이라고 할 수 있었다. 설사 근인近因이 미국과 서유럽 측의 서독 조처에 있었다 하지마는 이렇게 노골적인 도전은 전례가 많지 않다. 그런데 이번에 미국은 이탈리아 때와는 달리 회피적으로 나왔다 할 수 있다. 그 이유로는 비록 스미스 미대사가 모스크바 교섭의 주역인 듯하나 서유럽 측의 복안은 영국에서 영국 측의 수뇌와 유럽의 '미국 총지배인'인 더글러스 대사와의 합석에서 결정된 듯한 점과 서유럽 3대표가 모스크바로 향하였을 때에 워싱턴은 침묵을 지킨 데 대하여 베빈 영외상이 하원에서 중대한 발언을 한 것을 들 수 있다. 다시 말하면 전쟁 회피로 유명한 중간파의 영 정부안이 골자가 된 듯 한 외모가 바로 이 문제에 대하여 미 태도를 무마하는 첩경이 되는 것임이 틀림없다. 아니나 다를까 영미 언론계의 논조는 일치하며 타협은 가능하다고 필진을 펴고 있고 또 만일에 소련이 타협을 거부하면 그것을 소련을 세계에 고소하는 신자료의 첨가라고 평하는 논객도 있었다. 여기에 미국 현 외교정책의 비밀이 있는 듯하다.

10

그런데 포석전에 성공한 오늘날 졸렬한 장기전의 발발을 회피하는 것이 미정책의 안목이라면, 따라서 전쟁이 만일 근간 일어난다면 그것은 반드시 소련의 선수로 시작될 수밖에 없을 것이다.

소련은 이미 포석전에서 불리한 전과를 거두었다. 이미 재미스럽지 못한 위치에서 전쟁을 고려하지 아니할 수 없게 되었다. 만일에 자기 상대의 중심부를 동거리 기지에서 서로 노리어 보고 있다면 남은 문제는 다만 결전의 준비를 분주히 할 따름이건만 현상은 고약하게도 어느 식의 전쟁이든 간에 전쟁이 발발하는 때에는 적의 중심커녕 근접해 있는 적의 포위선부터 분쇄하여 작전지리상의 균형을 도모하는 것이 선결문제가 되고 말았다. 그러므로 소련은 이 문제에 대하여 조속히 두 가지의 해결 중에 하나를 얻지 않으면 불안을 면할 수 없을 것이다. 두 가지의 해결 방식이라는 것은 곧 미국의 양보를 얻어 평화적으로 해결하는 것이요, 또 하나는 무력에 호소하여 강력적으로 상대와의 군사관계를 조정하는 것이다. 전자의 최저의 타협점은 대일-대독 강화회의가 미소 간에 성립하여 포위선이 양 부분에서 완화되는 데 있을 것이요 전쟁의 발발은 소련이 타협을 단념하고 일년 중 가장 선공에 유리한 시기를 선택할 때에 있을 것이다.

그러므로 적어도 근근近近 전쟁이 난다면 그 시기는 자연히 소련이 결정하는 결과가 될 것이요, 따라서 전투는 전략지 점거의 균형이라는 점에서 전개되어 나갈 것이다.

11

이번의 유엔총회와 모든 회담은 전쟁방지의 최후의 노력이라는 점과 둘째로는 선전전과 언론공격에 이용하면서 전쟁시기까지의 방법으로 이용하는 이 두 점이 중대 관심사가 아닐 수 없다. 이미 들은 바와 같이 타협이 가능하다면 적어도 거물회의에서는 대독, 대일 강화문제까지가 우호적으로 논의되어야 하고 총회에서는 원자관리안이 협의조로 토의되어야 될 것이다. 이러한 문제가 협의적 태도로 토론된다는 것은 적어도 결전시대까지는 평화의 수년이 있다는 것이요, 토의가 없든지 혹은 협의적 태도가 아니라는 것은 전쟁이 얼마 아니하여 도래한다는 예조豫兆인 것이다.

또 협의적 토론 중에도 만약에 프랑스 연립정부가 유지 못하고 일편 극우화하면서 일편 공산당 지도의 무장파업이 국내에 발생하여 수습하기 곤란할 때에는 전쟁은 일각의 여유도 두지 않고 닥쳐올 것이다.

유엔총회도 파리요, 동요하는 프랑스의 중심지도 파리요, 다른 회담의 개최지도 파리로 하자고 영국은 제창하였다 한다. 파리! 파리! 이 파리의 몇 달간의 결과가 금후의 역사를 변모케 하는지 누가 아느냐.

《신천지》 1948년 9월호

미소위기의 의의와
군사론
(1949)

1

작년 《신천지》 9월호에 내가 일문一文을 초草하였더니 《신천지》 연미호年尾號에 박기준 씨가 〈평화로 가는 길〉이라는 제목으로 내 글에 '논평'을 가하였다.

본래 국제정세란 판단 논구하기에 만만하지 않은데 더군다나 근자의 시사는 착종복잡하여 자연히 보는 사람에 따라 소견이 구구하다. 그런지라 소견을 비교하고 이론을 검토하는 것이 진상을 파악하는 데 도움이 아니될 리 없다. 이런 뜻으로 남이 내 글을 비평한 것을 반가이 여긴다.

2

그런데 〈평화로 가는 길〉을 읽어보니 군데군데 나와는 소견이 다른 곳이 보여서 '논평'을 쓰게 된 취지의 일단도 짐작할 만하였으나 뜻밖에 심상치 않은 무고誣告가 전편에 산재하여 또한 '논평'자의 심사를 이해하기 곤란하였다. 그러므로 피차 소견의 다른 점을 논급하기 전에 우선 내가 무고라고 생각하게 된 조목의 2, 3을 들어서 유감의 뜻을 표하겠다.

3

〈전쟁으로 가는 길〉이라는 논설에서 나는 현 미국의 군용 항공기를 몇 가지 들었다. 그리고 비록 제2차 대전 후에 신형 군용기가 미국에서 실용되듯이 선전되는 경향이 있으나 그러나 현재로서는 실용기에 이르지 못하였으므로 장거리 폭격기로 말하자면 의연히 B29라고 논정論定하였다. "B36은 현재 이 실험기에 있으며 현재 전쟁에 곧 성능을 발휘하는 것은 의연히 B29라고 보고 있다. 그런데 B29는(《신천지》에는 B39로 오식이 되어 있다) 항속거리 4천 5백 마일 따라서 2천 마일 거리에 존재하는 대상을 유유히 폭격하고 출발 전에 돌아올 수 있다." 이것이 내 글의 한토막이다. 글 중에는 공교롭게 B39(29의 오식)라는 오식이 있기는 하였으나 B36, B35, B45, B50이라는 신예기의 이름은 몰라도 B39라는 신예기는 아직 전세傳世된 바 없는 것을 다른 사람 아닌 '논평'자는 알 만한 일이다. 더군다나 항속거리를 명시하여 놓았으니 오해를 비평가에게 살 위험은 없는 듯하였다. "미국은 선전국이다"라고 필자는 말한다. 이것은 지당한 말이다. 그리하여 미국이 선전하는 신예무기, 주로 장거리 폭격기를 일일이 열거하였다. 그리하여 그것이 미국의 전력상 우위를 명시하는 것처럼 논술한다(방점 필자). 필자는 미국을 '선전국'이라고 언명하면서 '선전된' 신예기의 성능을 가지고서 미소의 병기를 논하고 있다. 이것은 '논평'자 박기준 씨의 말이다.

　내 생각에는 아마 '논평'자는 B29가 제2차 대전에서 그 성능이 충분히 세상에 소개된 것을 모르는지 그렇지 않으면 B39라는 신예기가 있어서 항속거리 4천 5백마일인 줄 알았던 모양이다.

4

논평자는 내가 소련 군용기에 대하여 미국의 예와 같은 상세한 설명이 없는 것을 퍽이나 인상깊이 여겼던 모양이다. 그런지 아닌지 "소련에 대해서는 그것이 '비밀주의'요 '군사통의 정론'이라는 이외에 이렇다는 신빙할 만한 증거가 없는 모양"이라고 박기준 씨는 말하였다. '신빙할 만한 증거'란 내 그 의미를 잘 모르겠거니와 아마도 박기준 씨는 요새는 흔한 미국의 《항공연감》이나 하다못해 《대영백과사전》 부록연감 1948년도 항공기 조목 같은 것도 검색하지 아니한 듯하다. 더구나 코시버 씨와 전 미국항공사령관 스파츠Spaatz 장군 같은 논평가나 군사 관계자가 작년 잡지상에 자기의 소견을 발표하는 데 B29에 못지 아니하는 장거리 폭격기가 소련에 존재하는 것을 당연시한 것은 기억될 만하였다. 남의 군용기 조목을 '논평'하는 사람은 응당 넓이 검색하고 신중히 참고하여야 될 것이다. 그러하니 이것 저것 다 모르는 사람에게야 소련 여객기 TU70이란 무슨 의미인지 상상이나 되리오. "또 일방 소련으로 말하자면 비록 이 나라의 비밀주의로 인하여 신형 폭격기의 성능을 짐작하기 대단히 곤란하나 그러나 B29기에 흡사한 여객기 TU70이 나는 점으로 보아서 B29에 지지 않는 장거리 폭격기가 존재한다는 것은 군사통의 정론이다." 이 글은 소련기에 관하여 '논평'을 받게 된 내 글이다.

5

그러나 상술한 바 두 개의 문제는 또 차라리 대목도 짧고 대체로 어구가 무고의 원인이어서 내 논설의 대지大늘를 어길 것이 못되나 〈평화로 가는 길〉의 제 5단 이하는 내 논지조차도 곡필조작하는 한심한 '논평'이다. 그 중에도 특히 심한 것을 한둘 들어 보자면, "제3차 대전을 상정하면서 미소의 전력을 '신예 장거리 폭격기'를 가지고 비교계량한다는 것은 위험천만한 일이다." 필자는 미소의 전력을 '항공기의 성능'과 미국 측의 대소 '작전기지'의 두 관점에서 검토한다. 그러나 이 두 가지 요소는 미소의 전력을 좌우하는 결정적 힘이 될 수 없다는 것은 이미 설명하였다(이것은 '논평'자의 '예리한 논평'이다). "둘째로는 항공전에 의한 결전은 지금 바라기 어려운 점이다. 이 문제는 스스로 항공력과 신무기라는 양개로 나누어 고려될 것인데 양자 더불어 미국인 자신이 해답을 내리고 있다." 그런데 이 글은 박기준 씨 아닌 내 글인 것이다. 과연 '평론'자는 소상히 내 글을 읽었을까?

미국·소련 전쟁의 결정적 요소는 오히려 이것들(항공기의 성능과 작전기지)을 포함한 종합적 전력에서 나오는 것이다. 이 종합적 전력 중에도 미국이 필요한 것은 소련을 굴복시킬 만한 지상부대라는 것이다. 이것은 '논평'자가 총력전의 견지 중 특히 지상전의 중요성을 지적하는 논지의 일투一套이다.

"미국이 지금 자진하여 전쟁에 돌입한 경우에 장기전을 피할 수 없다는 가장 중요한 이유는 이하와 같을 것이다. 첫째로는 지상작전의 범위와 동원규모와의 정상적인 비례가 성립하지 못하고 있다는 것이다. 곧 전쟁이 나서 현 군사조건에 의하여 결전에 이르려면 지상작전에 의거하는 수밖에 없는데 소련을 적어도 동서에서 협격할 만한 규모동원은 현 미국이나 여국與國의 동원체제로는 한 개의 공상이라는 것이다." 이것이 〈전쟁으로 가는 길〉 중에 쓰여 있는 내 글 중의 한 구절인데 나는 혹시나 '논평'자가 알아듣기에는 어려웠나 두려워한다.

6

'논평'자는 가끔 선후를 가리지 아니하고 무례한 어구로서 저돌猪突한다. 소련의 전력상 불리를 지적하고서 "소련은 어찌하여 미국과 '타협'하지 아니하느냐?" 할 때에 그것은 '타협'이 아니라 소련의 '굴복'을 의미하는 것이다. 그런데도 불구하고 "근근 전쟁이 난다면 그 시기는 소련이 결정하는 결과가 될 것이오"라고 필자는 고백하였다. 이 두 가지 추론은 연관성도 없고 이론적 일관성도 없다. 굴복을 예상케 하는 소련이 전쟁을 결정하는 주동이 된다는 것은 명백한 인식 부족이다. 이것은 '논평'자의 득의의 필법인지 모르겠다.

"소련은 어찌하여 미국과 타협하지 아니하느냐" 하는 말은 〈전쟁으로 가는 길〉 벽두에 나오는 글이다. 따라서 '전략상 불리를 지적하고서' 말할 순서도 아니다. 또 "근근 전쟁이 난다면 그 시기는 자연히 소련이 결정하는 결과가 될 것"이라는 내 글은 〈전쟁으로 가는 길〉의 거의 말미 가까이 있는 말이다. 그러므로 두 개의 문구가 직접 연관이 있을 리도 없거니와 설사 논지상의 연관이 있다손 치더라도 두 문구 간에는 무려 130여 행(자수로 환산하여 대략 6천 수백 10여 자)의 설명이 있었던 것이다. 더구나 전쟁의 발생을 가정하고 소련이 선수하리라는 견해는 〈전쟁으로 가는 길〉의 제8, 9, 10단의 사상을 근거로 하는 것이다. 그리고 이 점에 관한 내 논지의 근원은 전쟁 사상사적 입장에서 현대의 전쟁관은 장기전 사상에서 결전 사상으로 옮겨 가고 있다는 곳에 있었다.

"오늘날 전쟁이 일어나면 곧 장기전화할 것이오 현 군사조건에서는 장기전은 미국, 소련 양편 어느 나라에도 승부 없는 국력 소모전을 의미할 뿐이오 결국 최후의 승부는 특수무기와 항공발달에 의한 결전 단계에 이르러야 된다는 전쟁사상의 변화인 것이다." "만일에 각기 상대의 중심부를 동거리 기지에서 서로 노려보고 있다면 남는 문제는 다못 결전의 준비를 분주히 할 따름이었다는 현상을 고약하게도 어느 식의 전쟁이든 간에 전쟁이 발발하는 때에는 (소련은) 적의 중심은커녕 근접해 있는 적의 포위선부터 분쇄하여 작전 지리상의 균형을 도모하는 것이 선결문제가 되고 말았다." 이것이 다 내 글이다. 아마 '논평'자는 전쟁 사상상의 장기전 사상이나 결전 사상이란 듣지도 못한 신지식이라 채 '논평'을 가할 염의念意도 못 일으켰는지 모르겠다.

7

제아무리 〈전쟁으로 가는 길〉이 '독자층에 적지않은 반향을 주어서' 《신천지》 편집인이 "쇄도하는 찬부 양론에 당황하였다" 하더라도 남의 글을 논평하는 사람은 응당 차근차근히 읽고 차근차근히 이해하고 논지의 주종을 따라서 시비를 가리고 자기의 견해를 피력할 것이지 같이 '당황'하여 무고의 길을 걸은 것은 아니다.

그러나 나는 이 이상 무고를 가리어 시비를 밝히려 하고자 아니한다. 대저 전일에 쓴 논설의 행구行句를 오며가며 '논평'자의 곡필을 따지는 일은 따분도 하거니와 또한 쑥스러운 일이다. 당초에 이 때문이라면 발명도 아닌데 구태여 이런 글을 쓸 것도 아니었다.

그런데 박기준 씨의 '논평'에는 문두에도 일언하였거니와 군데군데 나와는 다른 소견이 피력되어서 따라서 이것이 '논평'의 기조나 아닌가 생각이 되었다. 그 중의 중심되는 몇 가지는 나로 보아서 긍정도 힘들려니와 또한 그 긍정키 어려운 소이所以를 들으면 자연히 문제가 되었던 내 논설의 보충으로도 능히 삼을 수 있는 제목이었다. 그러므로 박기준 씨의 견해를 몇 가지 가리어서 문제로 하겠다. 다만 순서는 '논평'의 문항을 따르지 아니하고 문제의 성질을 좇아서 정하였다.

8

박기준 씨의 〈평화로 가는 길〉에는 분량으로는 군사적 견해가 대부분이기는 하나 논지의 저류에는 일종의 외교사상이 흐르고 있는 듯하다.

"'굴복시킬 만한 힘'도 없고 '전쟁의 결의'를 재촉할 만한 승리의 확신도 없는 이상 군사적 측면이 현재의 미소관계를 규정할 수는 없는 것이다. 우리는 여기에 또 하나의 측면을 형성하던 미국, 소련 사이의 외교를 들지 않을 수 없다"(115쪽). 박기준 씨에 의하면 군사적 측면이 미국-소련 관계를 '규정'하지 못하니까 외교적으로 피차의 관계를 규정하는 수밖에 없다는 것이다. 그런데 '군사적 측면'이란 무엇인가 하면 '굴복시킬 만한 힘'과 '승리의 확신'이 운위되느니만치 군사행위 곧 전쟁을 의미하는 듯하다. 그리고 보면 씨의 '외교'란 전쟁이 아닌 상태의 평화적 노력을 총칭하는 말이 될 것이다. 그러므로 줄이고 또 바꾸어 말하면 미국·소련 관계는 전쟁이 아니면 평화인데 전쟁을 못할 것이니 평화적 노력(외교)으로 나가는 수밖에 없다는 것이 씨의 논법이다. 일견 가장 상식적인 것 같아서 박기준 씨는 이 논법을 보류없이 내내 주장하였다. "미국, 소련이 전쟁에 의한 해결로 나아가지 않으리라는 보증은 미국이나 소련이 '힘으로써' 일방을 굴복시킬 수 없는 한 믿어도 좋을 것이다. 현재의 이 두 나라로서 의지할 수 있는 유일의 해결책은 '외교의 힘'밖에 없다"(115쪽)하는 것이 그 예증이다.

9

사실상 현재 미국, 소련이 무력을 발동하고 있지 않는 것은 명명백백하다. 그러므로 미국, 소련 간에 외교적 통로가 엄존하고 또 제3국의 알선과 국제기구에 의한 칭칭稱稱의 평화적 노력이 있을 수 있는 것은 부인할 여지가 없다. 미국, 소련이 각각 대사를 상대국에 주재시키어 외교적 직접통로를 유지하고 있는 것은 물론이오. 지난 번 유엔총회 시에는 아르헨티나 대표가 주동이 되어 베를린 문제와 같은 제1급 분규에 제3국단團이 알선역bon office을 사고 나온 일도 세상이 넓게 알고 있다. 뿐만 아니라 유엔이라는 국제기구가 당초에 미국, 소련 논전의 장소가 되고 또 일방 평화적 해결의 방편도 되려고 하고 있는 것은 재언할 필요도 없다. 그런고로 무력전이 발발하지 아니하는 한(가령 외교관계가 단절되는 경우에 있어서까지도) 때로는 평화적 노력이 계속된다는 것은 긍정할 만하다. 그런데 문제가 여기에 그치면 천하는 태평이다. 기실 문제는 여기서 시작하였던 것이다.

10

원래 외교가 정상적이요 본궤도에서 구를 때를 소위 '국제적 협조' 시대라고 한다. 그리하여 설사 국가 간의 분규가 외교적 통로에 의하여 미결되어 외교적 긴장상태가 당사국 간에 발생된다 하더라도 그래도 평화해결의 방법은 상존하여 제3국의 알선도 있을 수 있고 국제기구나 국제재판의 권위를 빌릴 수도 있다. M. 하비히트 Max Habicht 교수의 연구에 소상하듯이 제1차 대전 후 10여 년간의 대소 각종의 국제분규 중 국제기구의 권위로써 해결된 것은 보장되고 있었다(《국제분규의 평화해결에서 본 전후조약론》, 1931). 이러한 국제협조 시대의 특징 중 그 으뜸되는 몇 가지를 들자면, 첫째로 군비축소요 군비의 감소요 국제적 군비축소론의 실천이다. 둘째로 일국적이요 배타적이 아닌 국제적 여론의 형성이다. 셋째로 국제회의의 결의나 조약협정 국제판결에 대하여 열국은 신의가 있고 준수하고 신용하는 것이다. 또 이런 시대에는 군사론을 잡지에서는 거부할 것이요 아마 〈전쟁으로 가는 길〉 같은 논설도 '독자층에 적지않은 반향'은 일으키지 못하였을 것이다.

이와 반대로 외교관계는 항상 긴장하고 있고 제3국의 알선은 대체로 실패요 국제기구의 권위는 땅에 떨어져서 보잘 것 없는 때가 소위 '외교위기'의 때요, '국제위기'의 시기요, '국제적 무정부 시대'인 것이다. 이런 시대의 특징은 아까와는 통틀려서 모와트 교수 말마따나 첫째로 열국은 군비확장에 분망하고 평시 병력은 날로 증가되며 따라서 군비는 예산상의 일대항목이 된다. 또 국제여론은 간데 없고 일국적이며 배타적인 여론이 횡행하고 국제신의는 볼 바가 없으며 조약협정은 준수되지 않기가 쉽다(《국제평화와 세계질서》 제3장). 일본의 만주침략 이전의 국제연맹과 국제관계 그리고 1935년 전후의 국제위기를 회상하면 좋은 예건例件이 되는 셈이다.

11

그러면 미국, 소련을 중심으로 하는 국제정세는 현재 과연 국제협조냐 그렇지 않으면 국제적 무정부상태냐 하는 게 문제인데, 이 점에 관하여는 하도 사태가 명백하여 불필장황할 것이다. 박기준 씨도 〈평화로 가는 길〉 한 구석에다 "미국, 소련이 군사적 견해에서 외교하고 외교적 견해에서 군사하고 있는 것은 사실이라"고 고백하였다. "군사적 견해에서 외교"한다는 것은 벌써 심상치 않은 말이다. 마비상태인 것은 일찍이 번즈 씨가 《미소외교론》*Speaking Frankly*에서 누차 말한 바고 또 오늘(1월 14일) 신문에서 전 미국 국무차관 로벳 씨가 언급한 바가 있었다. 제3국의 알선이 실패의 연속이었던 일례는 이미 내 들었다. 유엔이 무력하다고 하는 견해는 재작년 이래 유엔 참가국 사이에서 나오는 설이고 리 총장은 이것을 이유삼아 미국, 소련에 호소하기까지 하였다.

미국, 소련의 군비는 예산년도마다 증가하여 《프라우다》는 미국 예산안 중의 군사비를 검토 힐난하는 것을 연사年事로 삼게 되었다. 미국은 종래 소련이 신의가 없고 국제공약을 준수 아니한다고 공격하는 것이 상례이며 미소의 여론은 각각 적대적인 것이 주류가 되고 말았다. 미소는 평화적 언사를 한쪽으로는 휘두르면서 다른 편으로는 군략적 점거에 분망하였다. 미국이 아이슬란드를 계속 점거하는 것이나 소련이 노르웨이에 극해 중의 요지인 스피츠베르겐 섬의 기지화를 요청한 것은 모두 다 좋은 예건이라 하겠다.

12

대저 대국이 평시 병원을 증가하고 군비는 예산액의 반이나 3분의 1을 차지한다는 것이다. 또 국제신의나 외교관례를 무시하고 '군사적 견해'에서 조처한다는 것은 모두가 만일의 사태에 대비하는 것이 아닐 수 없다. 가령 박기준 씨의 말과 같이 미소의 현재의 군력으로는 쌍방이 다 승리의 희망이 없다손 치더라도 급속히 이 상태를 벗어나서 우세한 지위를 차지하려는 노력이 날로 심할 것은 말할 것도 없다. 도무지 '군사적 견해'에서 외교한다는 것은 이런 군사적 우위가 주목적이었다는 의미이다. 작년 연초에 미국 국방위원회가 대통령에게 보고하여 전쟁에 미국이 이기려면 얼마의 준비가 필요한가를 따진 것은 다 이러한 입장이 아닐 수 없고 포레스탈 장관의 반대에도 불구하고 미국 항공부에서 방대한 비용을 국회에 청구하여 거년에 획득한 것도 이 표현이라 하겠다.

그러면 '만일의 경우'란 대체 무엇이냐. 전쟁이다. 미소는 더불어 전쟁을 가상하고 선후를 따지게 되었던 것이다. 당초에 국제적 무정부상태란 평화적 해결에 대한 가망이 저하된 상태요 무대 위에 '전쟁'이 나타나서 '평화' 옆에 나란히 서게 된 것을 가리키는 것이다. '나란히 섰다'는 말은 평화의 희망이 퇴장을 하였다는 것은 물론 아니다. 그런 것이 아니라 평화만이 있었던 무대 위에 전쟁이 같은 가능성을 가지고 나타났단 말이다.

하기는 전시동원까지는 하다가 다시 평화상태로 돌아간 뮌헨회의 전후의 전례도 있다. 또 외교단절까지 이르렀다가 국교를 회복하는 상당한 예건이 국제공법학서에는 적혀 있다.

나는 절대로 전쟁이 온다 아니 온다하고 말하는 예언자는 물론 아니오 또 그러기를 가장 싫어하고 배격하는 사람이다. 같은 가능성으로 존재하고 그 상태가 계속할수록 전쟁의 위험이 증가한다는 엄연한 사실에 눈을 감을 수는 없다. 전쟁이 온 것도 아니오 또 꼭 온다고 신이 아닌 이상 단언할 바도 아니다. 그러나 또한 평화 역시 꼭 유지된다고 할 수 없는 형편인 것을 잊어서는 아니 된다. 그러므로 근래의 군사평론이 성행하는 것도 이 탓이요 미국의 장성이 전쟁의 위험을 공언하고 로벳Lovett 전 국무차관은 "소련 정치국은 공산주의 목적을 수행하기 위하여 전쟁을 포함하는 어떤 행동도 취하게 될 것이라"고 소련을 힐난하게 되었다. 또 그런고로 몰로토프 외상이나 비신스키 씨는 미국이 전쟁도발자라고 욕을 하고 소련의 기관지는 소련은 미국의 군사적 포위를 받고 있다고 따지었다.

〈전쟁으로 가는 길〉이라는 내 논설은 그러므로 이 국제적 무정부 상태를 전제로 하고 평화 외의 또 하나의 가능성인 전쟁을 검토하였던 것이다. 따라서 박기준 씨의 외교론은 그 근저가 문제 이전에 있는 것이요, "군사적 측면이······미국·소련 관계를 규정할 수 없으니"까 "미국, 소련 사이의 외교"를 드는 것이 아니라 외교관계가 위기에 처한 고로 '군사적 측면'을 검토하게 되는 것이다. 박기준 씨는 당초에 내 문제의 출발도 이해를 못하였던 것이다.

13

박기준 씨가 나와 다르게 보는 또 하나의 중대한 논거는 내가 "소련은 무엇보다 먼저 군사전략적으로 미국의 공격을 받고 있다"는 데 대하여 "군사전략적 비중이 불리하게 변화했다면 그것은 미국이지 결코 소련은 아니라"고 주장하는 데 있다. 〈평화로 가는 길〉의 제3단 전 32행에 걸치어 이 견해를 박기준 씨는 부연하였는데, 그 견해를 말하자면 그 대체가 첫째로는 소련이 제2차 대전을 '계기'로 방대한 영토의 확장을 보게 되어 지정학적으로 말하자면 소련은 유라시아 대륙의 심부深部 깊이 숨게 되어 그 작전지리적 의의가 일변하였다는 것과, 둘째로는 이러한 심대륙深大陸적 소련 주변의 미국기지라는 것은 산재한 전초지인 까닭에 소련의 통일된 작전공간의 위력에는 비할 수 없다는 점이었다.

그런데 나는 이러한 논조에는 약간 놀라지 않을 수 없었다. "군사전략적 비중이 불리하게 변화했다면……"하고 붓을 일으킬 때 나는 미국, 소련의 상대적 관계를 기대하였던 것이다. 박기준 씨는 소련의 일방적인 지정학적 공간의 확장과 변화의 의의는 이로써 취하여 논하는 바가 있었다. 그리고 '대소포위망'이란 말만을 막연히 들어 논지가 피행避行하였다. 대저 양자를 비교함에는 양자를 다 이끌어 어느 점을 비교하는데 어느 방법으로 하는가를 명시하여야 될 것이다. '방어'에 어느 편이 더 유리하겠느냐 하는 문제인 것을 잊어서는 아니 된다.

소련이 제2차 대전 전후를 통하여 동서로 많은 영토와 이권을 획득하게 된 것은 다 알고 있다. 그런데 그 의의에 관하여 세상에 물론物論이 많은 중에 특히 미국에서는 그 지정학적 의의를 가져다 제정 러시아와 소련의 양 시대를 일관하는 역사성에 연관시키어 심지어는 미국의 적극적 방어선이 멀리 극동과 유럽, 근동에 있게 되는 이유로까지 취급하는 경향이 있었다. 2, 3의 예는 아래와 같다. 전 미국 국무장관 번즈 씨는 퇴관 후에 미소외교록이라고 부를 만한 책을 발간하였는데 근일에는 그 초역도 한국에 나왔다(《미소외교비사》, 을유문화사, 1948). 그 제14장의 후반은 대전 전후의 소독 불가침조약 이래 소련이 합병 점령으로 확대한 국토의 내용을 검토하여 제정시대 이래의 일관성을 추구하고 소련외교정책의 배후를 탐색한 대목이었다. 이와 유사한 견해를 논평가 W. 리프만 씨의 《냉정전쟁》(단행본, 22~23쪽)에 인용된 슈트라우스-휴페Strausz-Hupé 교수의 설에서도 엿볼 수 있다. 차이가 있다면 하나는 정치가의 소견이요 하나는 정치지리학자의 견해일 뿐이다(《냉정전쟁》은 마침 박기준 씨의 역서가 있다 한다). 다음으로 소련의 대 확장을 논구하여 이에 대응되는 미국의 기지론을 전개한 것은 H. W. 바이게르트Weigert 씨이다. 외교평론지 *Foreign Affairs* 1947년 정월호에 게재된 〈미국의 군사기지와 공동안전〉이라는 논문은 소련의 동서에 걸치는 지정학적 팽창을 제어하는데 있어서 미국은 해내, 해외의 군사기지 설치를 중요시하여야 된다는 논지였다.

다시 말하자면 박기준 씨의 소련작전지 이론이란 이렇듯 허다한 논규가 있어서 대체로 세상에 주지된 지식이다. 낸들 소련의 '지정학적 조건'이 그 절대적 의미에 있어서 '유리'하게 된 사실을 무어라 시비하랴.

14

그러면 일방 미국은 구여시 금여시舊如是今如是로 별반 차이와 변화가 없었던가. 박기준 씨도 일본과 독일의 멸망을 말하고 나서 "그 대신 미국의 힘이 직접 적군 세력과 대치하게 되었다"고 하였다. 박기준 씨는 이 점을 추구할 의무가 있었던 것이다.

일찍이 1940년 8월 오그덴스버그 협정Ogdensburg Agreement에 의하여 캐나다가 미국의 우군지역이 된 이래 1941년 4월 7일에는 드랜드 등(카리브해 연변의 요지 트리니다드 등)은 1940년에 이미 미국의 군사기지 사용을 허용하고 영국은 99년 조차를 약속하였다.

현재 군사적으로는 미국은 일본과 구 일본통치의 남양제도를 장악하고 있다. 그린란드, 아이슬란드, 독일·오스트리아 미군 점령지대, 뉴펀들랜드, 오스트레일리아의 마노스항, 구이탈리아령 아프리카의 기지 등에는 미군이 엄존한다. 그리스와 터키는 미국의 군사원조를 받는 나라가 되었다. 이란에는 미국 군사사절단이 주재하고 서유럽 동맹국과는 근근 군사조약을 맺으리라고 하는데, 현재 영국과 프랑스는 군사동맹국이요(1947년 1월 체결) 영미는 지상이 알다시피 특수관계에 있는 나라다. 한편 미국 해군은 영국 해군 대신에 지중해의 안전을 담당하고 있으며 지중해 연변의 아프리카 지대가 미국의 영향을 입는 것은 물론이요, 만일의 경우에 아프리카전역이 미영 측에 의하여 작전기지와 보급기지에 사용될 것은 제2차 대전의 예로 보아서 의심의 여지가 없다. 또 남대서양과 북대서양은 영국과 공동으로 담당하는 바이요, 태평양의 대부분은 미국이 독담獨擔하고 있는 것이다.

15

그러고 보면 미국도 대전을 통하여 방대한 지정학적 변모를 하게 된 것은 재론할 바가 아니다. 그 팽창의 폭정幅程에 있어서는 오히려 소련을 누르고도 나머지가 있는 것이었다. 설사 전체의 규모에 서 보건대 공간적 통일성이 적고 그 영속성의 성질이 잡다하고 구성의 내용이 제일하지 않다손 치더라도 군사적 위력을 갖는 점에서는 여전한 것이다.

만약에 그렇다면 미소 양국의 군사전략적 우열은 어떻게 이 점에 관하여 정할 수 있을까. 본래 인적요소와 국력, 기술 등등의 군사적 요소를 잠깐 든다면 이러한 지정학적 요소로 우열을 결정하는 쉬운 기준은 다른 게 없다. 곧 공격 제어에 어느 편이 더 유리하냐 하는 것뿐이다. 그런데 이 문제는 대답이 극히 간단하다. 왜냐하면 〈전쟁으로 가는 길〉에 소상히 거시擧示하듯이 미국은 현재 주로 항공기로써 소련 중심부에까지 어느 정도이든 타격을 줄 수 있는데 소련은 미국의 '전초지', '포위선' 혹은 국외 작전기지 외에는 타격을 줄 수 없다고 믿어지는 까닭이다.

현재의 군사적 여러 조건으로 보아서 이 타격이 치명적이냐 아니냐는 논외의 일이다. 좌우간 공격에 있어서 미국은 특히 항공력으로 타국의 심장부까지를 공격할 수 있는데 반하여 소련은 현재의 무기로는 그것이 가능치 않다는 것이다. 둘째로 방어라는 입장에서 보더라도 결과는 똑같다. 당초에 공격과 방어란 군사의 양면일 뿐이다. 미국의 장관이나 평론가가 소련의 미국 본토 공격을 들 때에는 반드시 북극해를 드는데 이 북극해는 대전 전후로 보자면 미국이 그린란드나 아이슬란드 같은 그 연변에 진출한 것이지 소련이 진출한 곳이 아니다.

생각하여 보자면 연래 미국에서는 군사평론도 많았고 정객 장성의 전쟁론도 많았으나 처음부터 미국인이 소련본토 공격을 어떻게 하여야 된다는 논조는 수효가 많았으나 소련이 미국본토를 현재 비행기를 이용해서라도 침공한다는 설은 과문인지 들은 일이 없었다. 반대로 소련 정객을 들자면 비신스키 씨는 수차 미국이 전쟁을 도발한다고 하고 극동위원회 대표는 미국은 소련공격의 기지를 일본에 만든다고 분노하고 《프라우다》는 미국은 소련을 군사적으로 포위한다고 질책하였다. 뿐만 아니라 대개 기지론이란 미국이 공격적 지위를 확보한다는 점에서 미국 국민에게는 중대 관심사이었다. 전인前引한 바 바이게르트 씨도 현재 미국이 충분한 방어공격의 군사 기지를 준비 획득하면 자연히 미국의 국제적 우위가 확립되어 세계평화도 오리라는 논조이며, 스파츠 장군도 이러한 국제위기에 있어서는 대소 군사기지가 우선 필요하다고 주장하는 것이 그의 항공 전쟁론의 일대 요소였다. 따라서 미소 어느 편이 '군사적'으로 '지정학적'으로 유리한가 하는 문제는 스스로 명백하다.

　박기준 씨는 처음 외교론에서 나의 논문이 왜 군사론이 되었나 하는 것조차를 이해 못하였다. 이번에는 '논평'의 시작을 그나마 오류로 하고 말았다.

16

박기준 씨는 과감한 사람인 것 같다. 박기준 씨는 단정도 과감하게 한다.

　나는 〈전쟁으로 가는 길〉에서 댓바람 항공기 이야기부터를 시작하였다. 박기준 씨는 이것이 몹시 비위에 거슬린 듯하다. 그런 탓인지 나의 항공기론을 논두에서 밝히듯이 무고誣告를 가지고 약간 손을 대고서는 별안간 "전쟁은 유희가 아니고 병기는 장난감이 아니다. 폭격기가 미국-소련 전쟁의 결정적 무기라고 규정할 수는 없다"고 논하였다. 대체 박기준 씨는 누구의 글을 읽고 "폭격기가 미소전쟁의 결정적 무기라고 규정"하였다 하는지 나는 모르겠다. '항공전에 의한 결전'이 지금 바라기 어렵다는 것이 내 지론의 하나인 것은 이미 말한 바가 있다. 그뿐 아니라 현재 항공기가 운위되는 중요한 이유의 하나가 원자탄 같은 신무기의 출현이라는 것도 〈전쟁으로 가는 길〉 속에 이미 설명하였다. 그야말로 "전쟁은 유희가 아니고 병기는 장난감이 아닌" 이상 일부러 특별히 항공기를 내세우고 기지론을 하고 신무기를 논의하는 데는 그만한 이유가 있었고 그 이유를 말하기 위한 까닭이다. 박기준 씨는 또다시 이해와는 인연 없는 모습을 보여주었다.

무릇 현대의 전쟁이 독일군인의 말마따나 총력전인 것은 장황스레 말할 바도 못된다. 따라서 국력을 구성하는 인적, 물적 자원은 물론이요 제반 사회적, 경제적, 지리적 여러 조건이 논구되고 나중에는 그 총계 위에다 군사적 여러 요건과 형태, 역량, 기술을 가산하여야 될 것으로되 그러나 이것은 저자가 맡아서 할 일이다. 각 방면의 연구는 그만두더라도 클라우제비츠를 읽을 것이요 루덴도르프를 볼 것이요 폰 소니의 현대전론을 뒤져 보는 것이 첩경이다. 짤막한 논설에서 한 두 가지의 문제를 요약하여 명시하려는 것은 내가 할 일은 아니었다.

그런데 특정적인 것만을 나는 들었다. 총칼의 차가 뚜렷하면 총칼의 차만을 들어서 논하는 상례를 나는 따라 썼다. 그렇다면 왜 항공기와 기지론과 신무기론이 중요한 것인가?

17

    항공기가 전쟁의 제1급 군기라는 것은 어린이도 알 것이다. 그런데 항공기의 효용은 잡다해서 공중을 난다는 점도 있고 수송력 혹은 전투력을 드나 으뜸가는 효능의 하나는 거리의 단축이 아닐 수 없다. 곧 기계가 축지법을 하는 셈이다.

    그런고로 비행기의 출현 이후 작전지역의 광협이 작전의 중대 요인이 되었다. 하기는 나폴레옹 전쟁시에도 이미 나폴레옹은 러시아의 광지대廣地帶 작전에 낭패를 보았으나 항공기의 출현 이후는 그 의의가 더욱 중대성을 가하였다. 그런고로 유럽의 협소한 여러 국가는 전쟁이 나자 즉시로 승패가 결정이 되었다. 반대로 독일은 제2차 세계대전의 결과로 보면 소위 지정학적인 심장부를 형성하느라고 애쓴 것같이 되어 보였다. 이런 의미에서 보자면 현재의 소련이나 미국은 항공기의 발달만 빼놓으면 무쌍의 지정학적 강점을 가졌다고 할 만하다. 그런고로 양편 어느 쪽이든 상대방에게 결정적 타격을 가하려면 그 선무先務의 하나가 이 지정학적 항공을 제압하는 데 있을 것이다. 그런데 이 지정학적 공간을 가장 고도로 압축하고 가장 효과적으로 제압하는 무기가 바로 항공군기인 것이다. 그런지라 항속성능이 개량됨에 비례하여 지정학적 공간이 줄어든다. 또 그런지라 B29가 실용되느냐 B36을 미군이 사용하느냐의 문제는 곧 소련의 방어문제에 심대한 영향을 아니 줄 수 없는 것이다.

    그런데 박기준 씨외 말마따나 소련은 표트르 대왕 이래의 육군국이오 미국은 마한 제독 이래의 해군국이다. 또 설사 피차가 자기가 없는 해군 육군을 애써 크게 조성한다 하더라도 현대에 있어서는 그 결과가 승부에 이르는 주도 요인으로까지 대규모화할 가능성은 비교적 희박하다. 그러나 미소 양국의 군담당자는 반드시 상대국을 격파하고 승리할 수 있는 공격력을 연구 아니 할 수 없다. 이 문제가 곧 항공기의 문제인 것이다. 그러므로 세인이 주목하는 것은 소련이 포로 독일인을 사용하여 연구한다는 로켓탄이오, 무인비행기요, TU70인 것이다. 그러므로 만인이 주시하는 것은 미국이 항공부를 독립시키고 국회에서 방대한 항공 예산이 통과되고 항공부 간부가 근자 근래 신진으로 갈라고 해군의 예산도 주로 항모함이요, 해군기라는 것이다.

18

지금 만약에 항속성능이 뉴욕-모스크바 간의 거리인 대략 4,200~4,300마일 따라서 왕복 8천 수백 마일이나 되는 것이 되면 미국, 소련 간의 공방문제는 대단히 다르게 될 것이요 근자의 미국항공기지론도 일변할 것이다. 그런데 현재의 상태는 그렇게 말할 수 없다는 것은 이미 〈전쟁으로 가는 길〉에서 내가 적어놓은 바다. 현재의 장거리 폭격기 중의 실용성 있는 것은 아직도 B29인데 항속반경 2천 수백 마일에 불과하며 게다가 이 장거리 폭격기의 항속성능에 대한 보호전투기가 없다. 때문에 이 폭격기로 만일에 대비하여 그 효능을 충분히 발휘시키려면 항공기지가 폭격대상 근접지에 필요하게 되는 것이다. 이런 까닭에 미국은 대전만 끝나면 곧 철거하겠다던 아이슬란드 미군기지(1941년 7월 7일로 대통령이 국회에 보내는 메세지)를 전후에도 철거하지 않고 견지하여 도민 사이에 분규를 일으켰다. 덴마크 정부는 그린란드에 대한 미군기지 사용권 기한이 이미 경과한 것을 1946년 10월에 통고하였으나 미국은 듣지 않았던 것이다. 또 미국 국회는 1946년 1월에 제출한 차년도 예산안에서 특히 미국 국외 군사기지에 대한 특별예산을 인정하였던 것이다(《외교통신》 1946년 10월호 178쪽). 또 그런 고로 소련의 비신스키 씨는 1947년 10월 8일 미국은 그리스를 군사기지로 삼고 그 독립을 무시하였다고 힐난하였던 것이다.

그런데 이런 견해는 반드시 나만의 것이 아니다. 〈전쟁으로 가는 길〉을 쓴 후 얼마 후에 미국에서 발간된 《세터데이 이브닝 포스트》에는 이 종류의 기지론이 미국인다운 노골성을 가지고 발표되었다(이 글은 《신천지》 연말호에 〈전쟁이 만일 오며는〉이라는 제목으로 번역된 것을 알았다). 스파츠 장군의 전쟁론도 요는 현재에 있어서는 기지가 필요하다는 것이었다.

그러나 여기 한 가지 간과하지 못할 사실이 있었다. 다름 아니라 B29는 보호전투기의 항속성능 문제로 그 충분한 폭격위력을 발휘하기 어려운 것이 하나요, 또 반대로 근접기지를 얻어 이 장해를 약간 제거하는 경우에도 이런 근접기지가 대개는 장시일 유지가 곤란한 지역에 있다는 것이다. 가까우면 얼마 못 가서 소련에게 밀려날 위험이 있고 안전한 기지에선 폭격위력이 저하된다. 이 점은 박기준 씨도 듣고 나도 전번에 언급한 바이다.

그런고로 미국은 근접기지의 강화를 기도하고 기생寄生 전투기의 출현을 최촉催促하고 있다. 또 그런 고로 현대의 항공전의 의의야 중대하지만 풀러 장군의 설을 따라서 항공기를 주도하는 결전은 아직 기대하기 어렵다. 여기가 금일의 전쟁형태를 내가 장기전으로 상정하는 이유 중의 한 대목인 것이다.

19

그러나 이런 상태로 병기의 발달이 정지되어서 내일 내년도 미래가 다못 오늘의 형편대로 있으리라고 생각하는 것은 믿기 어려운 일이다. 또 미국, 소련 양국의 지정학적 의의가 1년, 2년, 3년 시종 변화없이 같으리라고 믿는 것도 위험하다.

벌써 양국의 군사예산이 연년세세 증가되고 평시 병원兵員이 증원되고 국가 간의 파벌이 생기고 군사협정이 성행하고 군사기지를 탐색하고 신병기 제조에 열중하는 것이 모두가 다 시시각각 국력간의 변화를 의미하는 것이요 우열을 유지하여 만일에 처하려는 각오의 일단일 것이다. 로켓탄, 무인비행기, 독가스 같은 병기의 효능은 보통인인 나로서는 짐작도 할 걸 없거나와 B36은 시험기로 나마 이마 대중 앞에 자태를 나타내었고 기생식 전투기가 모기母機에 이접하는 모양도 이미 영화로 되어 한국에 왔다. 그러면 항속거리 8천 마일이라는 공간의 일대압축이 근래간에 없다기도 어렵게 되었다. 또 원자탄이 존재하고 있는 것은 이미 비밀이 아닌데 그 위력과 제조량은 증가된다고 미국은 자랑한다. 한편 몰로토프 외상과 비신스키 씨는 소련에도 원자탄이 있는듯이 암시를 주어 세계의 신문인을 흥분시키었다. 양자가 마치 진실인지는 내 모르나 아무튼 원자탄이 폭격기 위에 실릴 수 있는 것은 의심할 것이 없다. 전쟁의 양식을 장래도 지정학적 광공간에 의거하여 금일의 일투—套로 상정하고 나아가서는 마지노선의 세계적 오인을 다시 거듭하는 것은 현명스럽지 않는 일이다.

20

현재 국제적 분규는 산적하여 있으되 평화적 해결방법에 의하여 잘 처리되지 아니하는 시기에 있다. 또 이에 따라서 전쟁의 가능성이 증가되고 있는 것은 부인하기 어렵다. 분규가 해결되지도 아니하는 새에 신분규가 덮치고 또 덮치어 미소는 어언간 전쟁으로 가는 길에 발을 딛어 놓은 결과가 되었다. '가는 길'은 '전쟁으로' 향하였을 뿐이지 물론 바로 '전쟁'은 현재 없다. 길만 있다고 또한 저절로 가지는 것도 아니다. 가다가 멈출 수도 있고 또 돌아올 수도 있다. 이러다가도 국제관계가 일변하여서 평화협조의 시대가 오지 아니한다고 인간이야 단언할 수 있으리오. 그러나 현재에 있어서는 또한 꼭 평화만이 지속되고 국제협조는 반드시 온다고 한다는 것도 감상적이오 현실적이 아니다. 평화야 뉘 싫어하리요마는 이런 국제위기에 처하여서는 평화 이외의 다른 가능성도 추구하고 논구하는 것이 현시대에 처하는 사람의 일종의 의무이기도 하다.

《신천지》 1949년 2월호

미국 극동정책의 변모
(1949)

1

프랭클린 루즈벨트 대통령 시대에 미국, 소련의 국교가 개통된 이래(1933) 진주만 피변被變까지 이르는 미국 극동정책은 오히려 분명한 것이 있다. 지금 그리스월드A. Whitney Griswold 씨와 비슷 씨의 전저專著와 W. 리프만Lippman 씨의 설(《미국외교정책》 8, 9장)을 참작하여 생각하건데, 전전 미국 극동정책의 대간大幹은 일본의 고립화에 있었다고 볼 수 있다. 대외정책의 관면冠冕이 종래 국토의 안전인 것은 말할 것도 없거니와 태평양 연변에 있어서 미국의 안전을 위협할만한 국가는 일본 이외는 없었던 것이다. 그런데 군사 전략적으로 말하자면 소련과 미국은 서로 일본에 대하여 공통되는 이해가 있었다. 소련은 일본 면전에 미국이 있음으로써 일본 배후에서 안심하였고 또 한편 미국은 일본 배후에 소련을 보고서 위험을 피하게 되었다. 따라서 미국으로 보자면 소련 대 일본의 세력이 백중할수록 태평양의 파도는 잔잔하고 일본에 대한 소련의 역량이 영에 가까울수록 미국의 서해안은 불안하다고 볼 것이다. 후자의 증거로 러시아혁명시의 일본 시베리아 출병과 징병의 경험을 들 수 있고

(프레데릭 슈만,《1917년 이래 미소외교사》4, 5장), 전자의 예로는 노몬한 전투 전후에 일본 대미정책의 완화를 들 수 있다. 그러므로 전전에 있어서 미소관계는 지리상 관계로는 표면상 중대할 것이 없을 듯이 보였으나 기실 표면에 있어서 피차의 공동이해로 말미암아 극동정세의 안정을 결과하고 있었던 것이다.

2

종래 중국에 대한 미국정책의 이른바 '문호개방'이라는 것은 세상이 주지하는 바다. 또 워싱턴회의 이래 '중국 국토존중'이 미국 대중정책의 근간인 것은 말할 것도 없다. 그런데 군사전략적으로 보자면 일본에 대한 의의는 '문호개방'이든 '국토존중'이든 별반 차이가 있는 것이 아니다. 중국이 독립국가로되 일본의 독점적인 세력에 항거하는 국제적 자유시장인 한에는 일본은 북으로 소련이라는 장벽을 보고 서로는 중국이라는 재갈을 물리는 셈이 될 것이다. 일본으로서는 협소한 작전 공간과 외교적 고립에 빠지는 이러한 상태에는 언제나 불만을 표시하였다. 때문에 일본은 지리적 환경도 유리하고 저항력도 비교적 저열한 중국을 먼저 실력으로 좌우하려고 하였다. 결국 미일관계의 악화란 소련과 중국이라는 견제세력과 결부하여 유지되던 극동의 세력균형이 일본의 중국침략으로 말미암아 위태롭게 되었다는 것이다.

또한 관점을 약간 고치어 미국 혹은 같은 노선에 있는 영국, 프랑스 등의 극동권익이라는 점에서 검토하자면, 중국이 구미 선진 자본국가의 좋은 시장인 것은 말할 것도 없거니와 구미 국제자본이 진출하려면 일본 자본의 중국 독점을 배제하는 수밖에 없을 것이다. 특히 영국, 프랑스, 네덜란드 같은 나라로서는 중국은 단순한 국제시장에 그치는 것이 아니라 기존 시장과 식민지인 인도 동쪽, 중국 서쪽의 지역에 대한 방파제로도 되는 것이었다. 그런데 일본에 대한 공동이해라는 점에서 미국은 항상 서구세력 편이었다.

요컨대 전전의 미국 극동정책은 소련과 중국이라는 대일장벽을 기저로 하고 수시로 서구세력과 결탁하여 일본을 고립화함으로써 근본목적을 삼았던 것이고, 소련·일본 관계가 비교적 고정된 데 비하여 무시로 변화하던 중일관계 조정에 전력을 경주하였던 것이다.

3

이번 전쟁에 일본이 패배함으로써 미국은 종래 실시하여오던 극동정책의 중심대상을 잃고 말게 되었다. 그런데 일본에 대신하여 미국 국방의 대상이 되고 극동 권익의 위협자가 된 자가 바로 기왕의 미국의 우군이던 소련인 것은 천하가 숙지하는 바려니와 이 소련에게는 왕시往時의 일본과 근본적으로 상이하는 일점이 있다. 본래 일본은 극동에서 발생하여 극동에 근거를 둔 극동태생의 국가이거니와 소련은 극동에 일부 국토를 가졌다고는 하나 원래 근본은 원동遠東 밖의 세력이다. 그러므로 극동에 있어서의 미소의 각축은 자연히 세력'권'의 문제이며 또 따라서 미국의 극동정책의 의의는 일본제패시대 때와는 다른 점이 있어야 될 것이다.

그런데 만약에 중국이 통일적 세력이었다면 극동에 있어서 전후 중국의 영향은 지대하였을 것이었다. 그래서 전쟁 중에 일부 논자는 극동에 있어서 일본에 대신하는 국가는 중국이라고까지 의론하였다. 오호라 미래는 몰라라. 현재 중국은 극동의 적극적인 주동권을 장악하기에는 통일과 실력이 없는 것은 내 남이 다 아는 바이다. 그렇기는 하나 또한 복잡한, 외세로 사분오열된 극동 각 지역 중에 그 안목이라고 할 만한 주동적 지위는 역시 중국이 보유하고 있는 것은 부인할 수 없다. 의연히 중국의 사태는 극동정세의 대변동을 의미하는 것이요, 중국이 일국 영향권 내에 선다는 것은 곧 극동 전역에 절대絕大한 영향을 협래狹來하게 되는 것이다.

그러므로 미국은 소련에 대하여 극동에 있어서 일본 때와는 대책이 다를 것이다. 극동에 세력의 근원이 있는 일본의 위협을 제거하기 위하여 미국은 소련, 중국으로 더불어 손에 손을 잡고 가상적을 포위하여 고립화하였다. 말하자면 수족을 매놓으면 되었다. 소련은 극동에 몸이 있는 세력이 아닌지라 일본같이 극동에서 고립화할 수도 포위할 수도 없을 것이다. 다못 미국이 취한 길은 극동이 소련의 영향권에 들어가는 것을 막는 것이오, 극동의 잠세潛勢적 주동력을 미국이 파악하거나 적어도 잠세적 주동력이 소련 영향권 밖에 있도록 꾀해야 할 것이다. 전자는 소련에 대한 적극적 방어선, 즉 공격선을 극동에 형성하는 것이오, 후자는 극동 전역을 중립지대화하려는 결과가 될 것이다.

4

대전 이후 미국의 대극동정책은 대체로 불안정한 감이 있었다. 세세한 이유는 허다하겠거니와 그 근본인즉 극동정책 중의 추요樞要인 대중정책이 불철저한 탓이 아닌가 식자는 말하였다.

대저 중국의 국민정부가 믿고 오던 것은 미 국회의 공화당 세력이려니와 제80회 국회 내의 공화당 의원도 대개는 중국원조에 노력은 아끼지 아니하였다. 때문에 거년 공화당 제압하의 제80회 국회에 제출된 민주당 정부의 마샬안은 대중국 경제원조안을 동시에 제출함으로서 대삭감의 위험을 면하였다. 뿐만 아니라 정부의 의사에 반하여 대중 군사원조안까지를 첨가하게 된 것은 당시 신문, 잡지에 자주 등장한다. 연래 공화당은 대중 대규모 원조를 역설하였고 작년 듀이는 입후보시 정견에 대중원조 일 항목을 넣어놓았다.

한편 트루먼 정부는 대 장제스 원조에 냉담하기로 소문이 높았다. 누차의 소규모 원조가 없었던 것은 아니요 열렬한 성원은 끊인 바가 없으나, 마샬 특사의 귀국 이래 정부는 차라리 장제스 정부의 애망을 방관시하는 경향이 있었다. 마침내 구웨이쥔顧維鈞 대사는 과연 미 정부는 대중원조의 의사가 있는가를 국무성에 질문하게 되고 쑹메이링宋美齡 여사는 미국에 수확 없는 여행을 하고 말았다.

그러므로 거년 대통령 선거전에 제일 기대한 것도 국민당 정부요 제일 낙담한 것도 장제스 정부이었다. 세상이 다 이긴다고 하던 공화당이 대통령의 지위와 국회 상하원의 지도권을 빼앗기자 중국 형세는 가속도로 험악화하고 극동정세는 일변하여 가는 듯하였다.

그렇다면 미국의 당로자當路者가 '양당 일치외교'라고 자찬하지마는, 대중원조에 냉담한 정부의 정책과 대중원조에 열렬한 공화당 국회의 간섭으로 결실된 미국의 대중정책이 수미정제首尾整齊된 일관성이 있을 리 없고 따라서 극동정책 전반이 확고한 노선에 오를 수 없을 것이다.

5

거년 11월 트루먼이 미 대통령에 재선되고 국회 상하원이 민주당 장중에 들자 세론은 미국의 대중원조를 비관시하였고 따라서 국공전은 중공군의 승리로 몰아갈 것을 확실시하게 되었다. 종래의 미중관계로 보아 장정권의 몰락은 미국에게 타격이 아닐 수 없고 또 중국에서 미국이 낭패를 본다는 것은 곧 극동에 있어서의 미국 지위를 저하하는 것으로 추측할 만하였다. 중공군이 장강선長江線에 가까워 오자 일본의 맥아더 장군은 일본주둔 미병력의 증강을 요청하였다. 만인은 모두 과연 미국은 극동에 있어서의 미국의 지석支石으로서 일본을 보루화하느냐 아니하느냐 하고 지대한 관심을 집중시키었다.

지난 2월 초순 미국 육군장관 로얄 씨는 태평양기지와 일본, 한국, 알래스카 등지의 미군 상황을 시찰하였는데 6일 도쿄에서 신문기자에게 중대한 발언을 하여 나중에 세론을 훤연하게 하였다. 기자단은 "개전 전에 미군은 일본에서 철퇴할지 모른다"고 장관에게 들었다고 주장하고 장관은 담화가 문제가 되자 철퇴설을 부정하고 말았다. 부정하였으나 영향은 절대하여 마침내 영국 정부는 철퇴설의 진부를 워싱턴에 문의하였고 대통령과 국무장관은 각각 대일정책상에 변경이 예정되어 있지 않은 것을 공언하였다.

그런데 본래 장관의 담화는 육군작전상 미소 개전시의 손익으로 보아서 철퇴를 운위한 것이려니와 '일본철퇴설'이 이렇듯 심리적 영향을 야기한 것은 다름 아니라 장제스 정권의 몰락이 확실시되고 한편 미국 극동정책의 일대변동이 예상되었던 탓이다. 로얄 장관은 비등을 고려하여 전쟁절박설을 반대하고 철퇴설을 부정하였으나 공화당 출신의 일본부흥론자 육군차관 드레이퍼 씨의 사직과 아이젠하워 장군이 연합참모부회의 의장에 신임된 것이 모두 세인에게는 암시적으로 보이었다.

　과연 미국의 극동정책은 일대변동을 하느냐. 과연 상술한바 전후의 극동 신사태에 처하여 주도권을 포기하려는 것인가. 좌우간 사람은 로얄 담화사건에서 미국정부가 견지하는 대중 소극정책의 하한을 보려던 것이었다.

6

일찍이 《이스베스티야》지는 미국예산을 비평하여 가로되 국방비는 평시체제이기보다 차라리 전시체제라고 힐난하였다(1월 17일 모스크바 발 RP). 그러나 미국의 직접군사비가 400억이 넘는 전시체제라는 것은 약간 불공평함을 면하기 어렵다.

　미국사상의 최고예산 연도인 1945년의 국방비 900억에 비하여 46년도에는 430여 억이었으나 1947년에는 복원復員 성적을 반영하여 120여 억, 1948년에는 100여 억, 그리고 1949년도에는 대체로 150억을 예상하고 있다. 그러나 1946년부터 미국의 물가지수는 상승에 상승을 하고 있으므로(1948년 4월 도매가는 1946년 12월 2일에 비하여 30% 상승) 실제액수는 평균 2할 이상의 감소를 보게 될 것이다.

　그런데 미국예산에는 1946년도부터 국제은행, 국제자금국, 수출입은행자금, 영국차관 외국원조 등등의 지출항목이 생기어 그 효과는 군사적 의의를 겸유하게 되었다. 1946년도 미국의 대외원조금액은 불과 8억 수천만 달러이던 것이 1947년도에는 60억을 초과, 그리고 1949년에는 70여 억을 예상하고 있다. 그러므로 사실에 있어서는 국방비에 원조비가 가산되어 대체로 총예산액의 반 이상을 점령하여 평시 예산의 의의를 상실하는 경향이 있는 것이다.

그런데 한편 1945년도 전시미국 잉여물자는 대략 100억 달러를 산算하되 그 중 파손품과 불용 항공기류들을 제하면 40억 달러의 물자는 상품화할 수 있었으면 1945년 말부터 1947년 상반기까지 산업체제의 평시복구가 시행되었다고 하지마는, 계속하여 생산되는 잉여물자는 연 20억 달러 이하를 내리는 일이 없이 1947년까지 이르렀다. 그러면 이러한 막대한 잉여물자의 처분은 자연 해외시장에 기다리는 수밖에 없고 이러한 요구를 대외원조라는 명목에서 미국은 해결하여 왔다.

그러면 미국민이 항상 자랑하는 번영은 어떠한가 하면 1945년도 생산고를 최고로 하고 1945년 하반기에는 급하락을 보였으나 1946년도의 생산고는 평시 생산고로서는 과거에 전례가 없었으며, 1947년, 1948년 계속하여 전후경기는 호조였다. 그러나 그 내용을 검토하면 생산고가 점고하는 1946년 하반기부터 취직율의 최대기록을 낸 1947년 상반기에 이르는 기한이 바로 미국의 대외원조가 활발하기 시작하던 때이오, 또 유럽관세동맹과 유럽연맹론이 국제간에 요란하고 미국의 군사적 조처가 중구衆口에 오르던 1947년 하반기는 바로 흉년에 허덕이는 유럽의 미국물자 수입현황이 최하향 하던 때였다. 그해 11월 4상四相회의의 결렬을 계기로 하여 미국특별의회가 통과시킨 유럽원조금액은 한편 서유럽 정부의 곤경을 구하였는지도 모르나 다른 한편 미국자신의 경제계를 살리었던 것이다.

7

민주당 트루먼 정부는 미국의 번영과 호경기의 지속을 국내정책의 으뜸으로 삼고 있다(제81회 국회에 보내는 메시지). 그런데 미국의 국내번영은 해외시장에 의거하고 있거니와 대大고객 소련과 그 여국與國은 냉전 중이오 캐나다와 남미에 대하여는 미국이 전후 대체로 입초入超의 형편이오 남는 것은 대체로 동서의 피전화국被戰禍國인데, 이런 국가에 대하여는 미국이 그 구매력을 조성하는 외에는 시장의 의의를 상실할 위험이 있는 것이다(이 점은 바르가의 추방 원인인 신서新書에 상세한 듯하다.《뉴 리퍼블릭》1월 초순호). 그리고 보면 결국 미국은 원조자금의 활용으로 인하여 국내경기를 유지하는 것이오 또 원조하면 미국은 국제 신사태를 빙자하여 전시물자로서 수출의 기간을 삼게되는 것이다. 1947년 하반기 이래의 전시자재의 폭등과 전시공업의 재성再盛은 이러한 표면을 암시할 수 있을 것이다.

그런데 이 결과는 마치 전시생산품의 53%를 정부예산으로 구입하던 1945년도의 성격과 별로 다름이 없게 된다. 결국 트루먼 정부는 제약된 예산으로서 미국의 번영을 초래하고 국가의 안전을 도모하는 안전한 지역에 투자할 것은 의심의 여지가 없다.

8

전 유럽시장 형성을 기도하던 파리회의 이래 마샬안이 대상으로 하는 서유럽과 그리스, 터키에는 1945년도부터 1948년 상반기까지에 대략 80여 억 달러가 투하되었으며 전시무기 대여안에 의한 물자를 가산하면 근 400억 달러가 1939년 이래 투하된 셈이다. 뿐만 아니라 서유럽 세력이 유지하는, 즉 구 영국, 프랑스의 시장인 근동, 지중해안 아프리카가 미국에게 개방되는 것이오 또한 서유럽 세력의 육성은 자본주의 대 공산주의의 결전에 지비持備하는 소이였다. 또 한편 군략적으로 보자면 서유럽의 몰락은 곧 대서양의 위기요 미국국토의 안전을 위태롭게 하는 것이다(리프만,《미국외교정책》7장). 또 공격이라는 관점에서 보아도 서유럽과 그리스, 터키와 근동은 대소련 공격의 호好지역이라 현재 소련이 보유하는 지상공격에 대항할만한 지상방비력을 라인강변에 부식할 수만 있다면 그것은 대소작전의 일대진보를 의미할 것이다. 이렇듯 유럽은 미국에 대하여 군사적으로나 경제적으로나 압도적 의미가 있는 것이다.

한편 극동 주로 중국, 한국, 일본은 어떠한가 하면, 중국의 투하된 미국의 차관은 대략 9억 달러요 원조금액이 약 30억이요 무기대여안에 의한 보조가 100여 억에 달한다. 그러나 이 금액은 유럽에 비하면 문제될 바가 아니다. 또한 중국은 안정된 통일세력을 갖지 못하고 있다. 대저 대외투자상 안정된 통일세력이 없으면 상대하기 곤란하다. 마샬 장군이 국공 알선은 이 점으로 보자면 미국과의 숙명적 인연을 가진 장제스를 주도로 하는 안정 통일세력의 형성을 기도하였던 것이다. 그런데 국공화평이 실패된 후에는 트루먼 정부는 장제스 정부의 통일실력을 의심하였던 것이다. 가령 원조를 한다 하더라도 실력에 의한 중국통일은 가능치 않다고 단정하게 된 것이요, 따라서 언제 몰락할지 모르는 정권을 상대로 투자하는 것을 회피하였던 것이다. 반대로 공화당 국회의원 중의 친중파는 장제스가 원조만 하면 실력으로 중국을 장악한다고 보았던 것이다. 그러므로 지난 미대통령 선거는 미국의 극동정책사상의 분수령이라고 말할 만하였다.

트루먼 정부는 중국을 불안한 지역으로 보고 있으며 따라서 불안정한 시장으로 생각할 것이다. 개인이나 국가나 불안한 시장에 투자한 이치가 없다. 차라리 일본은 투자의 대상으로는 안정된 곳이요 친미세력의 육성에 의하여 장래를 기대할 만하였다. 말하자면 중국이 불안정한 덕으로 일본은 미국의 돈맛을 보았던 것이다.

군사 전략상으로 극동은 공방 양면에서 생각할 수 있다. 공격이라는 점에서 보자면 극동은 대륙에 기지를 가져야 소련 공격에 편리하다. 기지로서도 중국이 활용되어야 비로소 대소련 공격상 대편익을 얻게 되는 것이다. 중국 내부 지역은 변경부터는 소련공업지대인 우랄 지역과 바이칼 지역은 좋은 폭격대상이요 만주의 우수리강 연변이 친미세력이라면 소련극동군은 일대위협을 받게 될 것이다. 또한 미국의 태평양기지와 필리핀같은 길게 뻗친 사지의 말단은 중국과 같은 지석支石이 있어서 안정될 것이라는 미국평론가의 설도 경청할만하다.

한편 방어적 관점에서 보자면 중대한 협위를 미국이 느끼는 것은 북태평양이지, 중국, 일본본토, 남양방면은 아니다. 다행히 소련은 해군력이 아니라 가령 중국과 반도가 상대방의 영향권 내에 있다고 하더라도 일본에 침입하는 것을 한도로 할 것이요, 태평양 지대를 전일의 일본같이 침식해오고 필리핀이 위태롭다는 것은 가능성이 대단히 희박하다. 요컨대 극동은 미국 군략상 방어에는 효용이 적고 공격에는 중국대륙의 장악이 절대 필요한 것이다.

9

《이스베스티야》지는 지난 2월 미국이 스탈린의 회견제안을 거부한 것으로 '분명한 전쟁의도'로 보고 있고(《중국해만》에서 재인용), 미국은 묵묵히 대서양동맹 결성에 매진하고 있다. 현대는 오인吾人이 누차 논구한 바 있듯이 외교위기의 시대이요 국제무질서 시대이다. 비록 평화의 가능성이 있다고는 하나 같은 정도로 전쟁의 위험도 존재하는 것이다. 그러므로 미소 더불어 준비에 분망한 듯하다 불가닌 원수는 거년 혁명기념일에 적군의 증강을 역설하였거니와 (당시의《대공보》에 의함), 미국은 부지런히 군사동맹 체결에 전력을 기울이고 있다. 미국의 처지로는 이러한 위기에 있어서는 하루바삐 대서양동맹 그 밖의 군사적 조처를 완성하여 유럽방어에 만전을 기하려 할 것이다. 이미 전하는 바에 의하면 평시 무기대여안의 통과를 예상하고 대서양동맹에 10억 달러의 금액을 계산하고 협조국 자금으로 50여 억이로되 유럽에 대략 40억이 소비될 예정이고 그리스에도 수억을 고려하고 있다 한다. 10억은 아시아 전역에 배당되었으되 대일정책이 유지되는 한 수억이 그곳에 투하될 것이오, 협조국 자금 이외의 이 항목에서 한국도 원조를 받게 될 것이다. 이렇게 보게 되면 대중원조는 소규모로는 모르나 광둥廣東 정권이 회생할 원조는 사실상 절망이라고 하는 수밖에 없다.

이상에 자주 언급했듯이 미국은 극동의 사태를 적극적으로 관심할 만할 예산상의 여유가 없는 것이다. 또한 중국의 불안정한 현 상태로는 미국의 정부나 개인의 투자의 호好대상이 못되는 것이다. 일본은 가령 대규모 원조와 미군증강에 의하여 강력한 미군기지가 되더라도 그것은 어디까지든지 방어적 조처이지 공격적 의의에서는 불완전한 것이다. 기자가 전하는 로얄 장관담화에 암시되듯이 거대한 비용을 처비하여 안전한 태평양방어의 말단에 새 보루를 쌓는 것은 일종의 낭비라고 아니 할 수 없다.

10

 그러면 극동에 있어서 중국을 원조함으로 말미암아 미국은 극동지역에 방어적 태세를 취하였고 또 방어의 주체가 바다, 즉 태평양에 있었다면, 미국은 스스로 극동이 소련의 영향권 내에 들어가는 것을 인정하는 것일까.

 미국이 극동에서 주도적 지위를 포기할 때에 최악의 경우는 소련이 대신하여 주도권을 장악하는 것이 될 것이다. 그러나 현재는 아직 그러한 미국에 대한 최악의 경우는 아니다.

 미국 정부는 거년 이래 중공정권에 대하여 극히 신중한 태도를 취하여 왔고 중공정권도 외국권익에 대한 존중을 누차 언명하였다. 영국은 재빠르게 중공정권의 '티토'적 성격을 지적하고 승인의 용의가 있듯이 소관所關을 돌리고, 미국은 중국이 통일안정만 되면 재건부흥에 원조를 아끼지 않을 것을 여러 번 언명하여서 암암리에 중공통일정부에 대한 원조도 가능한 것을 암시하였다. 그러면 지금 미국이 일본강화에 진정 착수한다면 첫째로 캐나다, 호주 등 영국 자치령과 말썽도 있으려니와, 둘째로 장차 가능한 중공 중심의 중국세력과 충돌할 가능성이 있는 것이다. 만약에 일본을 포기한다면 방어의 큰 손해 없이 중국을 미소 간의 중립지대화할 가능성이 발생하는 것이다. 일본철퇴설에는 태평양 연안 각국과 국내여론이 분열하여 미국 정부로서는 당분간 사소한 제스처로 외면을 은폐할지 모르나 이미 극동에 대한 대규모 원조를 할 수 없고, 이미 주도권을 상실한 이상 일개 가치 적은 방어지역을 위하여 극동의 잠세적 주동세력과 충돌하는 것은 자진하여 소련과 신중국의 협동을 촉촉하는 것이오 소련의 영향권 속에 극동을 떠밀어 넣는 격이 될 것이니

백해무익할 것이다. 만일에 중공의 중국지배를 긍정하고 일본을 포기함으로써 신중국이 극동의 주도적 역할을 하도록 조장한다면 극동 외의 세력인 소련을 자연 방비하는 형편도 될 것이다. 또한 중공정부로 말하여도, 미국이 극동에 대한 주도적 지위를 포기하는 한 중공정부는 구태여 미국과 구원할 필요도 없고, 소련은 역사적 우군인 중공의 영향권에서 행동할 명목을 잃을 것이다.

11

미국의 극동정책은 과거 일본의 고립화를 목적으로 하였으나 오늘날 극동에서 충돌하는 세력은 극동세력 아닌 소련이 되고 말았다. 따라서 미국에 대한 극동문제는 자연 누구 영향권 내에 극동이 되느냐 하는 문제려니와 최근 미국은 장제스 정부의 몰락으로 인하여 중국에 대한 주도권을 상실하고 말았다. 이런 때에 미국정부는 타당의 간섭을 받는 제80회 의회를 겨우 탈출하여 일관성 있는 정책을 처음으로 실시하게 되었다. 미국의 남은 극동정책은 따라서 다시 대규모 대장제스 원조를 하여 주도권을 재장악하려 하든지 일본을 미군기지로서 확장증강하여 태평양방어의 최첨단으로 하든지 신중국세력을 승인 조성하여 극동에 있어서의 중립세력으로서 극동 전체에 영향력을 갖게하든가, 이상 3개 방안에 고칠 것이다. 1은 상술하듯이 그러한 재정상 여유도 없고 유럽 방비가 촉급하여 이미 단념한 방안이다. 2는 가능성은 있되 미국으로서는 이익에 비하여 손해가 수배數倍하니 실현성이 희박하다. 로얄 담화도 요는 이런데 근거가 있다. 3은 미국으로서는 밑져야 본전인 격이다. 성공하면 중공정부가 대미 위협세력이 되지 아니하는 한 극동은 세력의 균형을 얻어 안정하게 될 것이오 최악에 경우에도 극동을 소련이 독점할 위험은 제거될 것이다.

　오인은 3개 방안 중 최후의 정책이 민주당 미정부 극동정책의 기간이 될 가능성이 많다고 믿는 자이다. 다시 요약하자면, 미국은 극동을 미국의 영향권 내에 두는 것을 단념하는 동시에 소련의 영향권화하는 것도 배제하고 신중국의 주도성을 인정함으로써 극동을 미소간의 중립지대화하려 할 것이다. 이로서 극동은 당분간 세력의 균형이 잡힐 것이오, 따라서 현재 진행중의 국공화평은 화평의 성립여부는 모르나 일개 지역세력이던 중공이 명분에 있어서 중앙세력화하여 국제 간에 참가하는 최단거리일 가능성이 있으며, 미국의 극동정책은 중공세력이 국제간에 참가하는 그때부터 명백하여질 것을 오인은 믿는다.

《민성》 1949년 3월호

38선 획정의 시비
(1955)

《서울신문》1월 21일자 논단에는 〈38선은 누가 획정?〉이라는 일문一文이 실리었다. 연희대학 조효원趙孝源 씨의 해명인데 일찍이 38선은 얄타·포츠담 회담에서 이루어졌다고 믿고 있는 이 나라의 속론가俗論家를 계몽하는 것이 씨氏의 취지인 듯하다. 조 교수에 의하면 이미 38선 획정에 관한 미국정부의 공문서가 공개되었으나 얄타·포츠담 설說 같은 것은 '국제정세의 정보가 풍부하지 못한' 우리나라 인사의 '오신誤信'이라고 하는 것 같다. 그러나 과연 그럴까. 내 적이 의심난다.

38선에 대한 미 정부의 공식해명은 제81차 미 의회 하원 외교위원회에서 답변한 웹 차관의 성명이 그 주되는 것인데 1947년 국무

[원주]
*이 글「38선 획정의 시비」와 이어 게재되는「(속)38선 획정의 시비」두 개의 글은 원래 1955년 1월과 2월 당시 연희대학의 조효원 교수와의 지상(紙上) 논쟁용으로 저술된 것이었다. 이 두 가지 글에서 개진된 내용들은 대체로「신고(新攷)」에서 보다 자세히 논의되고 있지만「신고」자체가 이 두 개의 글이 있음을 전제로 하고 저술된 만큼 (「신고」의 머리글 참조) 저술 당시의 논의 맥락의 이해를 돕는 뜻에서 이 두 개의 글을 이곳에 전재한다. 조효원 교수의 논지는 동주 선생의 글 속에서 충분히 소개되므로 이곳에서는 반복된 설명을 생략코자 한다….

성에 의하여 공개되고, 이어 여러 종류의 정부문서에 수록되거니와 다시 골라 쓰면,

> 8월 10일 일본이 처음 항복을 제의하자 그 다음날인 11일 육군 장관은 맥아더 장군을 통하여 실시한 일반명령 제1호 안을 국무장관에게 제출하였는데 그 중 제1항이 38선 남북에 있어서의 미·소군에 의한 일본군 항복접수에 관한 것이었다. 11, 12 양일간 동안은 국무·육·해군 연락위에서 토의되고 14일에는 연합참모부의 검토를 필하였으며 15일에는 대통령 결재를 얻어 마닐라에 있는 맥아더 사령부에 타전되었다. 또 한편 동同 명령은 참고로 주모스크바 딘 장군에게도 타전되었으며, 다른 한편 스탈린과 영국 정부에도 연락되었다. 그런데 스탈린은 16일 동안同案에 대한 회답을 하였는데, 제1항 38선에 관하여는 가부간에 아무 언급이 없었다. 맥아더 장군에 의하여 동 명령이 공표된 것은 1945년 9월 2일이었고 당시 소련군은 12일부터 북한에 진군하고 있었다.

1947년은 소련 공세에 응하여 그리스와 터키에 원조가 실시될 뿐 아니라 기왕 루즈벨트 대통령의 대소對蘇 우호정책이 근본적으로 바뀌고 이에 따라 고 루즈벨트 대통령에 대한 공화당계의 치열한 공격이 민주당 정권 타도의 수단으로 채택되던 해이다. 중국정세도 악화일로를 더듬고 한국의 미·소공위도 실패하여 38선 획정의 책임이 민주당 외교정책이었다고 힐난을 받기 시작하는 해였다. 이러한 정세 하에 웹 차관의 상기 성명은 일종의 변명의 성격을 띠

며 국민 모르게 얄타에서 비밀거래가 있었다는 비난을 완화하려는 고충이 있었던 것은 넉넉히 짐작되는 일이다.

또 조 교수가 인용한 얄타 회담 시의 국무장관 스테티니어스 Edward Stettinius의 저서라든가 해리 홉킨스Harry Hopkins의 수기라든가 또 12권의 대통령문서 출간이라든가 레이히William D. Leahy 제독의 기록이라든가 등등의 서적이 모두 이러한 정치적 의의를 띠고 있는 것은 말할 것도 없다. 특히 얄타 회담에 국무장관으로 참여한 스테티니어스의 서적은 자료로서 중요한데, 그 책에 보면 극동문제에 관하여는 외상들의 참여 없는 3거두 밀담이 진행되었으며 회담 후에도 내용에 대하여 자기에게 별로 말하여 주지 아니하였다고 명기되어 있다.

한편 이러한 미국 공문서와 스테티니어스 그리고 홉킨스의 수기 등이 공표 출간되어 있음에도 불구하고 38선 얄타 획정설이 널리 횡행하였다. 1949년 1월에 나온 《세계정치》World Politics 지에 보면 맥큔George McCune이 〈한국의 38선〉이라는 일문—文을 초草하였는데 그 중에서 38선에 관한 미 정부의 설명을 옮기고 나서 다시 38선 획정이 얄타·포츠담 양 회담에 참가한 미·소 양국 참모장교에 의하여 논의되었을 가능성에 대하여 논급하였다. 1950년에는 《세계정세》 World Affairs지 10월호에서 그린이 이런 모든 사실을 검토한 끝에 38선이 얄타·포츠담 회담에서 취급된 것을 결론하고 또 해박한 공·사 문서에 관한 지식을 구사한 듀로셀 교수의 신저 《최신외교사》(1953년)에는 "특히 얄타에서 소인蘇人이 한국 북부를, 그리고 미인美人이 남부를 점거할 것이 규정되었으며 그리고 포츠담에서는 대국 원수들은 아무 정치적 의도 없이 분할선으로서 38선을 선정하였다"하고 꼬집어 놓았다.

이러고 보면 38선 문제는 일편一片의 미 정부문서로서 설명된 것 같지도 않다. 또 왜 미 육군에서 38선이 기안起案 시에 채택되었으며, 왜 스탈린의 가부 의사 표시에도 접하지 않고 실시하였으며, 그리고 왜 소군蘇軍은 명시적 응낙도 하지 않은 채로 38선을 넘지 않았더냐 하는 의문이 구름같이 밀려든다. 적어도 세상에는 우리나라뿐 아니라 얄타·포츠담에서 38선이 결정되었다고 믿는 인사와 학자가 있는 것이 분명하다.

아마도 38선 획정에 관한 미 정부 내의 문서안과 그 결재 실시의 경위가 공표된 것은 많은 참고가 된다고 할 수 있다. 그러나 얄타·포츠담에서 38선이 결정되지 않았다는 단론斷論은 시기상조인 듯하다. 더구나 우리나라 같이 강대국의 정치 틈에 끼어서 운명적 고난을 겪는 처지로서는 얄타·포츠담 회담의 성격으로 보아 38선도 군사적만이 아니라 정치적으로 토의되고 결정된 것이 아닌가 췌마판단揣摩判斷하는 것은 차라리 정객답다고 할 만하다.

끝으로 왕시往時 일본의 야마가타山縣有朋가 러시아에 38선을 제시한 고사를 이끌어 "38선을 획정한 워싱턴의 몇몇 관리"들이 이 일을 어떻게 알았었을까 하고 조 교수는 의아해하였다. 상기 맥큔의 논문에 보면 벽두에 이 고사를 인용하되 그것이 얄타·포츠담에 수행한 미·소 참모장교들 간에 참고로 논의되었을 가능성을 말하였으니 속말로 '한술 더 떴다'고 할까!

《조선일보》 1955년 1월 26일

(속)38선 획정의 시비
(1955)

《서울신문》 2월 1일자 논단에서 조효원 교수는 주로 〈38선 획정의 시비〉라는 내 글에 '답'한다는 일문―文을 발표하였다. 그런데 나는 조 교수의 '답'을 읽고 도대체 무엇을 '답'하려는 것이며 무엇을 반박하고자 하는 것인지 이해하기 곤란하였다. 내 글의 문의文義가 통하지 않은 듯하여 섭섭하였다.

나는 전자 1월 21일자 서울신문에 게재된 조 교수의 〈38선은 누가 획정?〉이라는 짧은 글을 읽고 씨氏가 우리나라를 '국제정세에 정보가 풍부하지 못한' 고장으로 빗대놓고 정객과 일반 인사가 '38선 얄타·포츠담 결정설'을 내세우는 것은 마치 무지몽매인 양 비웃는 만용과 편견에 놀랐던 것이다. 그리하여 나는 전 글월에서

(1) 구미의 일반 인사는커녕 학자들 중에도 조 교수가 소개한 자료를 숙지하면서 '38선 얄타·포츠담 획정론'을 지지하고 있으며 외교사 전문인 듀로셀 교수 같은 이는 이 나라의 '정객'과 매한가지로 '얄타·포츠담 설'을 주장하고 있는 예를 들어 하필 '정보'에 어둡다는 우리나라만이 아니라는 것을 명백히 하였다. '정객'을 위하여 신원伸冤한 셈이었다.

(2) 다음으로, 조 교수가 원용한 자료에도 불구하고 38선 문제는 아직도 많은 문제와 학자의 의심을 사고 있으며 조 교수가 생각하듯이 간단한 것이 아닌 것을 암시함으로써 단론斷論을 내리는 데는 '시기상조'라는 것을 일러두려는 것이었다.

그런데 무슨 오해인지 '38선 얄타·포츠담 획정'을 내가 단론하였다고 씨는 억측하고 심지어 원原자료 기타 참고자료의 구별론에까지 이르렀으니 나로는 가히 봉변이라는 느낌이다. 아마 적어도 (1)에 대하여서는 우리나라 정객 인사만이 무식 소치로 '38선 얄타·포츠담 설'을 내세운다고 다시는 꾸짖지 않을 성싶다. (2)에 대하여는 이번에 약간 소상히 논하여 '답'에 답으로 하겠다.

우선 조 교수의 인거引據 문헌에 대하여 간단히 말하겠다. 조 교수는 《극동총서》와 《일반외교정책총서》의 각 해당호를 들었다. 나는 씨가 원자료 운운하면서 왜 제1급의 원자료인 웹 성명이나 앨리슨 증언을 사용하지 않는가 의아하다.

웹 성명을 기간으로 하는 이 국무성 공식문서는 1947년에 공표되었으며 1953년 미 상원 외교위 한국관계 문서에도 기본문서로서 재록再錄된 것인데 내가 전번 의역한 것이 그 대요大要이다. 이 공식 발표를 이용하지 않는 약점은 곧 드러난다. 조 교수는 38선이 "맥아더 연합군 최고사령관을 통하여 소련에게 통고되었다"라고 원용하였는데 사실은 그렇지 않고 미 본토에서 직접 미, 영에 통고되었다. 또 조 교수는 셔우드Robert Sherwood의 《루즈벨트와 홉킨스》라는 책을 증거삼고 셔우드 씨를 소개하여 가로되 루즈벨트 대통령의 측근자이며 얄타에도 동행한 분이라고 하였는데 조 교수가 무슨 착각을 하고 있는지 나로서는 괴이하기 한량없다. 셔우드 씨는 극작가로서 루즈벨트의 특별보좌관이었던 고 홉킨스의 수기를 주로 하여 다른 문헌도 참조하면서 이 책을 편술하였을 따름이다.

1948년에 나온 이 책의 868쪽을 조 교수는 이끌어서 '외국군'foreign troops을 한국 이외의 군대로 해석하고 '주둔'station한다는 말을 군사점령 및 항복접수 등등도 포함한 군행 등 일반의 의미로 해석하는 모양인데 이 해석은 마치 그레이Arthur Grey 씨의 '38선론'의 그것과 동궤同軌인 것이 흥미 있다. 그러나 이 문구는 그 진의를 파악하기 대단히 어려운 말이다. 왜 그러냐하면 소련군이 대일전에 참가하는 것을 요청하면서 루즈벨트 대통령이 소련군에게 소위 '소련군'과 싸우지 말고 한국 전투지역을 점령도 하지 말라고 할 리 만무하며 또 38선 문제는 무엇보다 먼저 한국에 있어서의 미·소군의 점령 및 항복접수 구획에 관련된다고 추측되니 그것을 '주둔'의 의미라고 보는 것도 가당치 않다. 또한 이 대목은 방증이 없어 대체 무슨 뜻이며 또 신뢰할 것인지 두고 보아야 할 점이 있다. 왜냐하면 얄타에 참석한 사람 중에는 마셜 장군, 번즈 전 국무장관, 스테티니어스 당시 국무장관, 레이히 제독, 킹 제독 그리고 히스 국무성원 등이 있었다. 그런데 마셜, 히스, 킹의 맥아더 증언을 참고하면 그들은 대일협정, 대중협정까지도 당시 몰랐다고 한다.

번즈와 레이히는 각기 회고록에서 극동관계는 물론 대일협정까지도 몰랐으며 번즈는 국무장관이 된 연후에야 처음 알았다고 하였다. 또 스테티니어스는 전번 글에 언급했듯이 극동문제는 양 거두가 직접 처리하였으며 자기에게도(국무장관에게도!) 별로 일러주지 않았다고 한다. 해리 홉킨스와 이상의 얄타 참가원과는 숙면熟面의 친지들이었다. 그리고 혹은 증언 혹은 얄타 회상기를 발표하였

(속)38선 획정의 시비 | 353

으되 홉킨스의 이 대목은 전연 언급되지 않았다. 따라서 유독 홉킨스만이 지닌 이 대목은 후일에 방증을 기다려 해석하여야 된다는 것이 내 의견이다.

(3) 셋째로 조 교수는 《외교계보》Foreign Affairs 1951년 4월호에 실린 그레이의 '38선론'을 이끌었다. 샤논 맥큔의 '38선론'을 내가 인거引擧한 데 대하여 왜 그레이를 이끌고 나왔는지 내 갑자기 모르겠으되 솔직히 말하여 나는 의외라는 느낌을 감추기 어렵다. 왜 그러냐 하면 기실은 조 교수의 38선론은 그 논지거나 셔우드 인용이거나 야마가타山縣의 고사이거나를 막론하고 거의 다 그레이 논문에 포함되어 있는 까닭이다. 일찍이 나는 양씨兩氏의 논지가 유사한 것은 일종의 우연이 아니었나 내심 생각하였다. 그런데 조 교수가 이 그레이 논문을 참조하고 있는 것이 분명하다면 불가불 나는 씨의 38선론이 일종 그레이 논문의 초략抄略 소개라고 믿지 않을 수 없다. 또 그렇다면 일편 소개문을 초草하여 가로되 학구적 논의라고 왜 자처하였는지 경도驚倒 아니할 수 없다. 그런데 그레이 논문 중 조 교수가 언급하지 않은 논의에는 다음과 같은 재미있는 3개 논단論斷이 있었다.

1. 얄타에서 소련 대일참전과 그 시일에 관한 확약을 얻으려 하였으되 널리 극동을 토의한 일은 없었고 또 대일협정에도 한국은 언급되지 않았다.
2. 미 육군이 38선을 택한 이유는 항복문서가 준비되는 동안 소련군이 원산에 상륙한 까닭에 자연 원산 이남에서 취택取擇하였을 것이다.

3. 미 통고에 대하여 스탈린의 회략回諾이 없었음에도 불구하고 소련군이 38선 통고를 준행遵行한 이유로는, 첫째 일본군 항거의 위험이요, 둘째 38선에 도달할 때까지 미군이 한국 상륙을 할 가능성이요, 셋째 미국 통고를 무시하면 연합국 사이에 균열이 생길까 두려워하였다는 것이다.

이에 대하여 나의 단평을 가하겠다.

1은 그레이 논문의 근본가정이요 또 조 교수의 기본가정도 되는데, 대일 비밀협정에서 한국이 언급되어 있지 않음은 사실이로되 얄타에서 널리 극동이 취급되지 않았다는 것은 오단誤斷이다. 그 이유는 후절後節에서 언급하겠다.

2는 이미 벨로프 교수가 지적하듯이(《극동에 있어서의 소련정책》, 1953, 156쪽 주) 그레이 씨의 착오이다. 항복문서 준비는 원산 상륙 전의 일이었다.

3에 이르러는 대단히 논단이 천진난만하다는 인상을 받는다. 왜냐하면 우리가 경험한 현지 사실로써 보면 항복 후 일본군 항거는 없었고 또 항거의 가능성에도 불구하고 소련군은 급속히 반도를 남하하여 1945년 8월 18일(한국시간)에는 일부 부대가 동북에서 38선을 넘었으며 또 선발대가 서울역에 도착한다 하여 장안 군중이 들끓어 나갔던 것은 아직도 기억에 생생하다. 종전 당시 미군의 태평양 지역의 위치는 이미 모스크바에서 알고 있었으며 미군의 반도 상륙은 9월 8일이었다. 균열론에 이르러는 너무나 소박하여 일경一瞥하는데 실제로 균열을 두려워한 것은 미국 측이요, 또 후절에 언급하듯이 소련군이 한국에 진주하는 시의 악惡결과에 대하여도

(속)38선 획정의 시비 | 355

미군 자신이 잘 알고 있었다.

　왜 국무성 공식발표가 있는데도 불구하고 세상에는 얄타·포츠담 설이 아직 성행하며 또 왜 나도 의심하고 그리고 38선 획정문제는 장래를 기다려 단정하여야 된다고 생각하는 것인가. 지면이 없으니 남의 것은 다 그만두고 내 개인의 의혹만을 들겠다. 단 조 교수의 충언을 따라 원자료만에 의거하여 설의設疑하고 존의存疑하고 또 논설하겠다.

　(1) 국무성 공식발표에 대하여: 이 문서에는 이하의 설문이 가능하고 또 중요한 의문인데 해명되지 못하고 있다.

　첫째, 전번에도 설의하듯이 왜 스탈린의 회락回諾이 없었음에도 불구하고 미군은 38선 획정이 실시된다고 생각하였는가.

　둘째, 얄타·포츠담에서 보면 독일, 발칸, 중국, 만주, 동남아 등에 관하여 반드시 점령 항복접수의 구획설정이 있었는데, 왜 미, 소, 중국군이 긴밀히 관계되고 접촉할 가능성이 있는 한반도에서만 유독 사전협의를 안했을까.

　셋째, 웹 성명 자체가 얄타·포츠담에 대한 질의에 대한 것인데, 왜 적극적으로 '38선 얄타·포츠담 설'을 부인하지 않고 소극적으로 미 정부 내의 문서기안 그리고 공고까지의 경위만을 말하고 마는가.

　넷째, 한반도에 관하여 당시 영국보다 중국이 몇 배 중요한 관계를 가진 것은 두말이 필요 없다. 그런데 왜 38선 통고는 영, 소에만 사전통고하였으며 중국은 제외되었는가. 단 피被통고국과 얄타·포츠담 3거두국과 일치하는 것은 단지 우연일까.

　다음으로 미공개자료에 관하여 말하겠다. 제82회 미 의회 상원

보고서 제1440호에 공개된 포츠담 회의 관계 국무성 공한에 의하면 포츠담에서 체결된 "태평양지구 제諸 군사협정만은 공개되지 않고 있다"라고 명시적으로 극동관계 제 군사협정이 있는 것을 긍정하고 있는데 우리 한국은 미군의 태평양 지역 소관이다. 그러면 왜 이 자료는 아직 비밀에 부쳐두고 공개하지 않고 있는 것인가? 루즈벨트 문서는 그 사한私翰 또 그 공문서가 이미 발표되어 있으되 이 이외의 사문서가 그 부인의 손에 있으며 생존인과 관련된다는 이유로 공간이 보류되고 있는 것은 유명한 일이다.

스테티니어스의 《얄타 회고록》(94쪽)에 의하면 대일 밀密협정 같은 극비문서는 아무에게도 알리지 않고 루즈벨트 대통령이 그의 사문서고에 보관하였다고 기록하고 있다. '38선 획정'에 관한 협의가 혹시 만일에 얄타에서 있었다면 현재 정치적 책임문제가 관련되는 만큼 아직 극비에 속할 것이며 그 문서는 고 루즈벨트 대통령의 사문서로 보관되었을 가능성이 많다. 따라서 고 루즈벨트 대통령의 미간 사문서의 발표가 늦는 이유를 우리는 우리대로 못마땅하게 여긴다. 또 최종적으로 제1차 대전시같이 영, 소의 얄타 문서가 발표되어야 적어도 얄타 문제는 확인될 것이다.

(2) 38선이 얄타·포츠담에서 토의되었을 가능성에 대하여: 그레이의 논문에 불구하고 얄타의 군사회의에서 극동의 제 군사문제가 토의된 것은 의심의 여지가 없다. 얄타에 참가한 킹 제독의 《군사기록》(1952년간)에 의하면 제2차 3대국 참모회의는 의제가 극동 군사문제이었다고 한다(589~594쪽). 마셜의 맥아더 증언에 의하면 얄타에서 정치적인 것 외의 모든 군사문제가 참모회의에서 취급되었으며 소련군 참모들은 참모회의에서 결정짓는 것을 꺼려하며 양

거두에 여러 조건을 밀었다고 하여 극동 군사문제가 취급된 것을 은연히 승인하였다.

포츠담에서 극동 군사문제가 취급되고 모종의 제 협정이 있었던 것은 전술하였다. 단 배저 제독의 맥아더 증언에 의하면 1943년경부터 미 참모부는 소련의 대일참전에 따르는 극동 제문제를 연구하였으며 자기가 1943년 말 테헤란 회담에 참가하였을 때 소련이 대일참전의 의사표시를 하는 것을 들었다고 하였다. 이들로써 미루어보면 얄타·포츠담에서 소련의 대일참전에 따른 제 극동문제가 토의되었을 뿐 아니라 미국 측은 사전에 준비연구가 있었음이 확실하다.

다음으로 소련군이 참전하는 때에 한국은 어떻게 된다고 미국은 보았을까. 브리지스 상원의원이 공개한 1943년 4월 12일자 미군 고급비밀정보에 의하면 소련군이 극동에 참가하는 날에는 "중국은 아시아의 폴란드가 될 것이며 또 한국은 아시아적 루마니아가 될 것이다"라고 판단하였다(《맥아더 청문회 기록》제4권, 2916쪽).《루즈벨트 공문서집》최종권 제134항 부주附註에 보면 미 정부 내에 소련군의 대일참전을 반대하는 최고급 관원이 많았다 하며, 또 앞의 배저 증언에도 해군 수뇌부에서도 반대가 있었다고 명언하였다.

유시관지由是觀之하면 소련군이 극동에 참전하는 때에 야기될 정치 군사적 중대사태를 미 정부(특히 미군)는 충분히 인식하였던 것이 분명하며 따라서 얄타·포츠담에서 미국 측이 한국에 대하여 군사적 정치적 고려를 아니 하였다고 믿기 어렵다.

또 다음으로 애치슨 전 국무장관의 맥아더 증언을 참고하면 소련군이 만주를 점령하고 항복접수권을 갖게 된 것은 얄타 협정에 의거한 것이라고 말하였다. 또 설명하되 소련군의 일본군 항복접수를 반가이 여기지는 않았으나 국부군國府軍이 남방에 너무 처져 있고 중공군이 만주의 점유 항복접수를 실시할 위험에 비추어 국부군의 북방 이송이 끝나는 대로 교체한다는 조건 하에 소련군에게 일임하였다고 한다.

그렇다면 소련군 참전에 따르는 전후의 문제를 심각히 고려하면서 항복접수 점령구획 설정에 대하여 대단히 신경을 쓴 것은 틀림없다. 또 마셜 증언에 의하면 최종기最終期의 미국 작전으로는 3개 군단병력으로써 일본 상륙작전을 감행할 계획이었으나 한국에 우회 상륙할 계획은 없었다. 그렇다면 소련군이 단독으로 반도의 일본군과 접전할 것이며 또 그 당시의 조선군 병력으로 보아 곧 조선군이 섬멸될 것은 미군이 모르는 바 아니었을 것이다. 그렇다면 소련군의 반도진입에 따른 정치군사적 문제가 고려되었음에도 불구하고 또 미군이 급속히 대對조선군 전투에 참가할 계획이 없었음에도 불구하고 아무런 조처와 항복 후의 대책이 없이 백지로 있었다고 믿어야 될 것인가.

또 8월 10일에 와서 별안간 38선 통고를 하여 전 반도를 넉넉히 휩쓸 수 있는 소련군을 일편의 일방통고로써 제지할 수 있다고 믿었을까. 얄타, 카이로에서 신탁을 논하고 독립을 공약하여 심심한 관심을 표명하던 미국이 한국을 백지로 두었다가 급조의 38선 통고로써 사태수습이 된다고 생각하였다면 이야말로 기상천외의 일이다.

이상에 입각하여 볼 때 '38선 획정은 누구냐' 하는 문제는 전술의 제 자료와 전설前設의 제 의문이 구명되지 않는 한 해결되었다고 볼 수 없다. 이 점에서 보면 그간 발표된 국무성 문서 기타는 비록 많은 참고거리라고는 할 수 있으나 단언까지에는 상거만리相距萬里라 하겠다.

끝으로 문세文勢에 이끌린 조 교수에 대한 실례의 과過를 사謝하는 바이다.

《서울신문》 1955년 2월 17~19일

동서진영에 있어서의 서독의 위치
(1957)

독일사람의 문제

오늘날 유럽문제의 핵심이 바로 독일의 문제인 것은 대개 짐작을 하고 있다. 왜 그런고 하면 독일의 사태가 바뀌면 유럽에 있어서 동서 사이의 관계가 일변하며 따라서 세계정세가 모습을 바꿀지 모른다. 그래서 동서의 양 진영은 서로 서독, 동독을 발걸이로 하고 제 편에 유리하도록 고심참담하는 형편이다. 본래 대전을 끝낼 무렵에는 독일문제는 간단한 것이었다. 미국, 소련을 중심으로 하는 전승국은 장래 서로 협력하여 세계평화를 이룩한다는 가정을 하고 그 전제 아래 ① 독일의 분할점령, ② 무장해제와 항구적인 군비금지, ③ 나치 조직의 철저한 파괴, ④ 전시공업의 완전한 해체, ⑤ 독일의 민주화 등에 합의를 보았다. 그 후에 동서 양진영이 냉전에 들어감에 따라 서로 독일을 제 편에 잡아두려고 애쓰게 되고 이 까닭에 당초의 계획은 중도에 폐기하게 되었다. 그런데 독일을 서로 제 편에 붙게 하여 유리한 관계를 맺으려면 불가불 독일사람 자체의 문제와 요구를 생각하지 않을 수 없다. 이 까닭에 자유 진영은 서독을, 그리고 공산 진영은 동독을 자가自家의 보루로 삼아 전독일 통일 문제에 유리한 조건을 만들려고 애쓰게 되었다. 그런데 지금 온 독일에 걸치는 독일 자체의 문제가 몇 개 있는데 동서의 양독은 모두 이 문제를 내걸고 있다. 무엇이냐 하면, ① 두말 할 것도 없이 첫째가 국토의 통일이다. ② 다음으로는 얄타 협정에서 유래하는 동부국경의 문제이다(이른바 독일, 폴란드의 국경은 오데르-나이셀강 선으로 하고 동프러시아를 폴란드령으로 하며 일방 폴란드 동부 일부를 소련에 할여). ③ 또 다음은 독일을 풍족한 부국으로 하자는 것들이다. 그런데 이러한 독일민족의 당면한 목적을 동서의 진영은 서로 제 뜻에 맞게 달성시킨다고 외치고 그리고 동서의 양 독일을 그 통일 독일의 본보기로 내세우려고 한다.

공산 진영의 당면계략

그러면 공산 진영은 무엇을 노리고 동독을 잡아두고 독일통일을 생각하느냐 하는 것을 추측해 본다. ① 물론 전 독일을 공산화하여 위성국화하는 것이 장기의 목적이며 최대의 희망사항인 것은 아마 틀림 없으리라. ② 그러나 최급의 목표는 군략軍略적인 점에서 (그린란드와 아이슬란드에서 서독, 이탈리아, 터키, 그리스, 이란, 이라크, 파키스탄, 동남아동맹국, 대만, 한국, 일본, 오키나와, 알래스카에 이르는) 자유진영의 포위망의 가장 위험한 부분인 중유럽의 고선孤線을 깨뜨리자는 것이다. 그런고로 오스트리아에게 중립과 비무장을 조건으로 통일을 허락하는 제스처를 써서, 서독에게도 중립과 비무장(곧 서방측에서 빠져나오는 것)이라면 서독 요구대로의 통일독일을 찬동할 용의가 있다고 소련이 내세우는 것이다. 이 목적에 관계된다. ③ 아데나워 정부 아래 이러한 소련안이 어렵다고 보자 소련은 서독 국내여론에 호소하여, 이 소련안에 찬동할 만한 사회당 세력의 팽창에 성원을 가하였다. 그 수단으로 서독과의 협상(단독협상)을 제기하여 통일 희망과 납치 독일인의 송환이 가능하다는 인상을 주고, 또 한편 서독인이 분격하는 오데르-나이셀선의 국경문제도 소련과 잘 협의만 하면 변경의 여지가 있는 듯 한 눈치를 보여주었다.

이 결과 상당한 여론상의 압력이 아데나워 정부에 가해져서, 나토나 서유럽방위동맹에 부담하기로 한 50만의 독군 편성도 서방측이 2년 기한을 요구한 데 대하여 1960년까지인 5년 기한을 아데나워는 역으로 요구하게 되었고, 또 사회당의 세력도 증가일로에 있었다. 지난 주에 있었던 서독의 총선거는 이 의미에서 대단히 중대한 것으로 아데나워가 승리하였다는 점은 소련의 간접공세가 좌절한 것을 의미한다. 그러나 아데나워 정부에 이변이 있을 경우에 국내동향은 반드시 장래에 있어서 안심할 바는 못 된다. 또 이 점에서 보면 일전에 발표된 폴란드의 고물카 성명 곧 오데르-나이셀선의 사수성명은 이번에 서독 총선거 결과에 대한 소련의 복수적 행동이라고도 보인다. ④ 또 다음으로 소련이 뜻하는 바는 어떻게 하든지 서독군의 창설과 증강을 막는 것으로서 이 점에서 첫째, 전반적인 군비강소의 제기로써 독일의 군비를 지연 혹은 방지하려 한다. 둘째, 독일인의 나치 때의 전쟁공포를 이용하여 반대운동을 일으키게 한다 등등의 방법을 이용하고, 나아가서는 유도탄 위협과 동독경비대의 보강으로 나머지를 커버하고 있다.

다시 말하자면, 여러 가지 문제가 있으나 그 중에서 소련이 가장 급히 서두르는 것은 군략적인 것이며, 그 밖의 일은 제2차적인 것으로 취급하는 것 같다. 다만 한 가지 기억할 것은 본래 소련은 청

소년을 공산화하여 그것을 핵심으로 장기공산화 계획을 세웠던 모양인데, 1953년 동독 폭동 그리고 그 다음을 잇따라 나온 폴란드 폭동, 그리고 작년의 헝가리 폭동으로 인하여 이 방침에는 수정을 가한 듯이 보인다.

자유 진영의 목표

자유 진영의 목표는 반드시 고르지 않다. 가령 미, 영은 강력한 통일독일을 요구한다. 민주적이면 더욱이나 만족스러운 일이려니와 설사 미영식의 민주주의가 아니라도 반공적이면 우선은 협력할 수 있다고 생각한다. 그러나 프랑스를 비롯한 베네룩스 3국과 스칸디나비아 국가들은 독일의 민주화를 의심쩍게 보고 이 의심에서 독일의 통일을 반드시 좋은 것이라고 보지 않는다. 재무장이 무섭단 말이다. 그러나 ① 독일의 공업력과 잠재적인 군사력이 유럽방위에 있어서 불가결이라는 점에서는 일치하고 있다. ② 서독의 지정학적 지위가 오늘날 미국 같은 나라의 전진기지주의에서 나오는 전략에 없을 수 없는 것임에도 의견이 일치한다. ③ 독일이 통일되어 제3노선에 들어가거나 좌경한다면 또 그리고 서독이 사회당의 중립노선에 들어가면, 첫째는 프랑스, 이탈리아 같은 나라의 사회주의(공산주의가 아님) 세력이 팽창하여 서구의 정치국면이 일변하고, 둘째 유럽 공동시장, 슈망계획, 경제협력체 등등에 중대한 균열이 생겨 급기야 서구에 커다란 경제위기가 닥쳐올 가능성이 있다 등등의 이유로써 서독 혹은 통일독일의 장래는 유럽정치의 사활문제로서 생각하고 있다.

자유진영의 쇼윈도

지금은 서독은 위에 적은 바의 배경 아래 자유진영, 특히 미국 외교정책의 쇼윈도의 구실을 맡고 있다. 쇼윈도를 잘 장식하고 호화롭게 하여야 비로소 물건이 잘 팔릴 것이 상업의 원칙이다. 정치도 이 점에는 다를 바가 없다. 더욱이 독일문제는 곧 한국, 베트남. 중국의 통일문제로 관계된다. 다시 말하자면 독일문제의 귀추는 곧 한국통일의 방안을 암시하는 것이요 또 자유 진영이 내세우는 여러 쇼윈도의 하나로서 서로 중대한 군략과 정치적 가치를 지니고 있다. 서독이 서방측에 붙어서 잘 되어 나간단 말은 곧 서방측의 경기가 유지된다는 의미가 되고 한국이 자유 진영 속에서 통일에 성공한다면 독일은 물론 성공하지 않겠느냐 하는 예측을 가능케 한다. 다만 문제는 쇼윈도의 역할은 독일인 자체가 하려는 것이 아니다. 아데나워 자신도 독일부흥과 강국화의 교환조건으로 쇼윈도 구실을 십분 이용하고 있다. 그런 고로 독일의 경제발전과 자유권 행사에 서방측은 아데나워에게 꼭 백가지의 양보를 하였다. 그리하여 서독은 비교적 내용이 충실한 쇼윈도가 되었다. 그런 데서는 반드시 내용이 충실치 않은 쇼윈도도 있다. 이 점이 바로 자유진영이 또 서독의 현황을 아껴 보는 이유이다.

《대학신문》 1957년 9월 30일

우리나라의 외교를 위하여
외교란 자랑이나 이상의 선언이 아니다
(1958)

하도 나라 안의 일이 어수선해서 가끔 국민은 나라외교의 현실을 잊어버린다. 그러나 실상은 외교야말로, 우리나라에서는 장막을 버티고 있는 기둥 같은 것인데, 덧없는 사람들은 장막이 제대로 서 있는 셈을 잡고 안심하고 기광낭자하다. 공산군에 대항하는 우리 병력도 제 것만이 아니오, 나라의 살림도 절반 이상이 미국에 의존한다고 하는 갖가지 일이 지금은 하도 예사스러워서 자칫하면, 그새에 넘나드는 외교의 중대한 것을 몰각하는 상 싶다. 하물며 우리네 국토의 통일문제가, 국제여론도 국제여론이려니와 대국 간의 이해에서 영문 모르게 오락가락할 위험이 있는 판에야 국민도 정신 바짝 차려서 외교의 모습을 아니 볼 도리 없다. 이때에 즈음하여 특히 관심을 끄는 것은 개개의 외교문제보다도 먼저 우리외교가 지니고 있는 체모의 문제이다.

혹은, 뭇입에 오르내리는 작은 시비 곧 홀아비 외교관, 경험부족, 외무부내 기구 및 예산 따위를 들어서 꼬집으려고 하는 것으로 미리 생각할지 모르나, 그런 것이 아니라 우리나라 외교의 체통을 대체로 따져 보려는 게다. 헌데, 우리나라 외교는 거의 대통령 혼자서도맡아 있다는 것이 오늘날 국민의 인상이다. 또 이 한 분에게 맡기면 되지 않느냐 하는 것이 중론 같다. 그러면 외무부장관이란 무얼 하는 것이냐.

대통령외교

별안간 정색해서 외무부장관의 직책을 논하려는 것이 아니다. 그런 시끄러운 것이 무슨 소용이리오.

지금 문제는, 나라 외교가 제대로 서고 국민의 이익을 도모하는데 있어서 외교정책은 적어도 우리 장관이 주동이 되어서 이룩하는 것 같지는 않다.

아니, 정책수립에 제대로 한 몫 끼우는 것 같지도 않다. 휴전협정 당시의 어마어마한 외교적 긴장은 지금도 눈에 선한데 그때 이 대통령을 거들었는지 궁금하다.

'국가의 흥망'이 걸려 있노라고 한 휴전협정(아이젠하워 미 대통령에게 보낸 이 대통령의 서한)을 에워싼 외교전은 지난 일이라고 하자. 요즘 사람 입에 오르내린 한일문제는, 그러면 외무장관 손에서 닳도록 연구되어 국가원수에게 방안을 건의하고 있는 것인가 하면 국민은 도무지 그런 인상을 못 받는다.

그럴 리 만무하련만 장관이 바쁜 것은 인사치레, 문안작성, 외교의례 등등인 양 싶다. 또 그것을 아무도 이제는 탓하지 않는 것이 재미있다. 그러면 어째서 이런가? 항용 하는 말에, 대통령의 역량이 원체 탁월하다는 게 있다. 뒤바꿔 말하면, 장관 역량이 어지간히 떨어진다는 말일 게다.

이렇게 장관된 사람을 얕보는 것은 당사자로는 맹랑한 일이러니하고 생각은 되나, 세상에서는 부인 못할 명백한 사실로 통용된다.

또 장관 스스로가 유유히 낙낙 즐겨서 긍정하는 느낌을 준다.

몰라라, 어찌된 셈으로 장관 능력이 이렇듯이 얄보이는지. 허나 그렇다손 치더라도 이런 일은 자연인과 자연인 사이의 역량의 차를 들고 얘기하는 것이 되어서 덧없기 짝이 없다.

이보다도 큰 문제는 우리나라의 대통령 중심의 외교가 현 대통령의 역량과 인격이라는 자연인으로서의 면만이 아니라는 점이다.

설혹 유능한 외무 장관이 들어선다 하더라도 현재의 기구로는 대통령 한 분만이 외교적 전망을 가질 수밖에 없다.

가령, 우선 대외관계의 관례로 보자.

우리나라도 남의 본을 따라 정치적인 대외관계는 외무부가 관장하는 원칙을 취하고, 행정, 기술적인 것은 해당하는 부처로서 맡게 한다.

이러한 행정상의 분장은 나아가서 국제교섭, 협정체결에까지 미쳐서 행정, 기술적인 협정은 해당 부처의 장(혹은, 총리가 있을 때는 국무총리와 같이도 한다)을 나라 대표로 하여 체결케 하는 것이 예이다. 이를테면 우편에 관한 협정은 체신부장관이 소관에 따라 나라를 대표하고, 경제조정에 관한 부산협정은 재무부장관, 또 통상협정은 외무부장관이 대표하였다.

하기는, 국무총리나 총리서리가 있을 때는, 상대방 대표의 격을 보아 외무, 국방, 재정에 관한 조약, 협정을 그들이 대표하는 당연한 예가 있으나, 비록 체결의 대표자는 총리라 하더라도 그 후의 관장은 해당 부처에 맡기게 되었다.

그런데 여기 난데없는 사태가 벌어졌다. 무엇이냐 하면 우리나라와 미국 사이의 공동방위, 군사협조, 군사고문단 설치 그리고 우리 정부와 유엔군 관계는 설령 해당은 군사관계로서 국방부의 관장이 대부분이라 하지만 하도 규모와 내용이 어마어마해서 정치, 외교, 군사의 각 면이 한데 뭉친 감이 있다.

또 우리와 미국 사이의 경제원조 관계만 하더라도, 하도 범위와 액수가 끔찍해서 단순히 재정, 부흥에 관한 행정, 기술적인 것이라고는 몽상도 되지 않는다.

더구나 경제원조는 미 국무성의 정책적 건의 아래 국제경제협조처에서 산출하는 것이며 군사원조는 미 국방부의 관할이로되 국무성이 외교정책을 감안하고 있으며, 이 두 대한협조는 다시 국회 측의 정책적 심의를 받고야 결정된다.

말하자면 그 의도가 고도로 외교정책적이며 동시에 전략적이다.

이에 대하여 우리나라 측은 어찌되는가 하면, 국방은 국방대로, 경제원조는 경제원조대로 각기 해당 관장처인 국방부, 재무부흥에 행정사무로 맡겨질 뿐 아니라, 정책의 수립 및 교섭까지도 소관이라 하여 일임된다.

이런 사항에 대하여 과거 외무부장관의 구실을 보면 기껏해서 특수한 문제에 합의차 불리우거나 해외사절에게 연락하는 것이 고작이오, 대개는 국무회의에서 다른 각료 틈에 끼어 의견을 개진할 수 있는 것이 현실인 듯하다.

이것만이 아니다. 국방에 있어서는 '고문단제도'와 '작전지휘권(위양협정)'이 엄존하고 또 일방 경제원조에 있어서는 '경제조정협정'이 있어서 미군 및 기타 연합군과 국군, 그리고 미국 경제원조사절단과 재정부, 부흥부는 대외관계를 공식으로 담당하는 외무부라는 길을 통하지 않고 자유로 내왕하고 교섭하는 형편이다.

다시 말하면 우리나라 외교의 양대 배경을 이루는 군사, 경제에 있어서 외무부장관이 차지하는 위치란 미미하기 짝이 없고 어색하기 비할 데 없다.

이 고달픈 모양이 그대로 나타난 보기를 하나만 들자면 가령 1954년 늦은 여름부터 시작해서 '11월 협정'으로 끝나는 소동을 생각하여 보라.

별안간 휘발유 공급이 줄어들고 경제원조 도착량이 적어지고 압력이 나날이 느껴지는 때에 과연 외무부장관의 위치는 어떠하였던가 말이다. 이렇게 보면 외교에 있어서 대통령의 직위는 말할 필요도 없이 분명하다.

그새에 국무총리직이라도 있다면 모르되, 지금으로 보면 정부의 기구의 운영상 외교에 있어서 정치, 군사, 재정, 경제의 대세가 한눈에 내다보이는 자리는 결국 대통령 자리밖에 없다는 결론이 된다.

그러므로 또 외교정책을 세울 만한 종합적 전망을 가진 사람은 국방, 재정, 부흥과 외교의 각 항을 겸하여 듣고 판단할 수 있는 대통령만이 아니냐 하는 논리도 나옴직하다.

이것은 우리나라의 외교의 성격을 결정하는 중대한 상황 중의 하나이다.

더구나 여기 개인의 역량과 정치력의 문제가 겹치면, 우리나라 외교의 궤도가 보인다고 할 수 있지 않을까? 이에 비교하면 해외공관의 통솔이 장관 힘에 벅차다든가 또 국회의 외교 분야에 대한 관여가 보잘 것 없다든가 하는 따위의 평판은 그리 대수로운 문제가 아니리라.

외교의 일선

우리나라 외교사정의 인사는 대체로 미국과 같은 데가 있다. 말하자면 사절의 임명은 그 개인의 능력이나 전문지식보다 정치적 고려가 앞서는 것 같다.

미국의 대사, 공사 등의 임명이 흔히 정당관계, 금력 따위를 생각한 정치적 임명인 것은 예로부터 유명하다.

트루먼 대통령 때 일인가, 워싱턴 사교계의 여왕 노릇을 하던 메스타 여사를 룩셈부르크 공국공사로 임명한 따위는 그 심한 예라 할까. 지금 공화당정부는 더욱이 대부호의 사절임명이 흔한데, 그 보기로는 영국과 프랑스의 미국 대사라는 점은 천하가 다 아는 사업가 출신인 따위다.

이 까닭에 얼마 전 《뉴욕타임즈》의 살스버거씨는 일문一文을 초草해서 미국외교의 약점이라고 제題하고, 그 중에서 외교인사가 능력과 경험에 의하느니보다 금력과 정치관계를 위주한다고 통렬한 평론을 가했다.

우리 경우는 이와는 사정이 약간 다르다.

또 요새 대사, 공사로 임명되는 분들 중에는 각 부처에서 오래 외인을 상대도 하고 또 중대한 교섭을 해보아서 일종의 경험을 쌓은 인사가 적지 않다. 외교가로서의 전통이 있을 수 없었던 우리네 형편으론 이러한 인사가 차라리 무난히 보일지 모른다. 그러나 아무튼 그것이 정치적 임명임에는 틀림이 없다. 헌데, 정치적 임명이 성행하는 미국의 예에서 보면, 그 대신 강력하고 전통에 빛나는 국무성이 있어서 외교사절을 지휘 독려하고 있고, 또 해외공관에는 익숙하고 빈틈없는 직업적 외교관이 그 아래 배치되어 있어서 심지어는 대사, 공사가 국제정치와 외교를 전혀 모르는 이라도 꾸려 나갈 수 있을 수도 있다.

이 대신 전문적 외교관의 훈련과 양성에는 이만저만한 힘을 들이고 있지를 않다. 대사, 공사에 이르기까지 항상 훈련의 길을 열어 놓고 있다. 워싱턴시에 미국 국무성의 외교관 훈련소가 있다. 그 곳에서는 갓 들어온 병아리 외교관만이 아니라 중견급 외교관도 훈련하거니와 나아가서는 본성에 와 있는 대사, 공사급도 이용할 수 있게 되어 있다. 이러한 일급의 외교관들이 사용하는 바를 들어가 보니 별것이 있는 것이 아니라 낮잠자기 좋을 만한 안락의자와 세계 각국의 최신정보를 정리하여 놓은 자료가 비치되어 있을 뿐인데, 소장 설명에 의하면 담배 피면서 세계 정세를 생각해 볼 기회를 주자는 것이 노외교관들에 대한 훈련소의 조치라고 한다. 우리네 사정은 아주 다르다.

앞서도 들었거니와, 외교행정을 맡아 보는 외무부는 기구상의 결정과 능력이 엎치고 덮쳐서 강력한 통솔이란 어지간히 어려운 일일 것이다. 변영태 때는 총리가 외무를 겸하고, 한때 제법 위령이 선다는 소문이 다니던 때였건만 그래도 정책적 통솔이란 동떨어진 감이 없지 않았다.

더구나 해외공관에서 실무를 담당하는 중견급의 직업외교관에 이르러서는 첫째로 역사가 짧고, 또 둘째로 훈련방침이 어리벙벙해서 일상적인 문서사무나 의례나 익히면 스스로 만족하는 경향이라, 외교정책적인 안목은 의심쩍기 짝이 없다. 그리고 해외공관의 장들은 정치적 임명의 결과로서 외교정세에 대한 기본 연구를 해볼 기회가 적은 이들이었다. 이렇듯이 외무부의 통솔이 강력하지 못하고, 외교사절과 직업외교관의 외교적 식견이 모자라면 자연히 통솔과 일선 지휘가 외무부를 넘어 그 위로 가는 수밖에 없게 될 것이다. 외교정책적 사항은 사사건건 국가원수가 실질적으로 처리한다는 맹랑한 사태가 벌어질 위험이 생긴다.

말하자면 외교정책 사항에 있어서 그것을 중간에서 거르고 채치고 윤내고 말쑥히 다듬는 중대한 기능이 마비된다는 말이다. 또 말하자면, 고양이 눈동자같이 무시로 변화하는 국제정치의 낌새를 맞추어서 최고책임자의 외교적 조절능력을 발휘하는 기능이 멍들고 만다는 것이다.

지난번(1954년), 인도차이나 싸움 때에 그 개업문제를 둘러싸고 덜레스 성명과 외교포석이 국제간에 문제가 되었다. 그때에 국제적 반응을 검토해서 그것을 수습한 것은 다름 아닌 미국 대통령이었다. 동남아동맹 결성 직전에 '대량보복' 정책을 내세운 것은 덜레스 국무장관이로되 그로 인한 서구와의 분규를 조정한 것은 아이젠하워 대통령이었다.

그러나 만일에 덜레스 외교라고 불리우논 지금의 미 외교를 미 대통령이 직접 지휘하고, 수렴하고, 훈령하고, 성명을 말한다면, 그 결과는 어떻게 되고, 외교적 기미는 어떤 수로 마칠 것인가. 외교의 기구는 오늘날 그냥 제멋대로 만든 것이 아니라 오랜 외교관습에서 발달하여 최대의 효력과 최소의 국제책임을 지도록 마련되어 있는 것이며, 만일에 이러한 기구와 기능이 마비될진댄 자칫하면 외교가 무산되고 적나라하고 변동이 없고 딱딱할 위험이 생긴다.

외교적 위치의 모델 케이스

외교는 흔히 하는 말로 이념이 아니라 현실이라고 한다. 내 하고자 하고 싶은 대로만 할 수 있다면 무슨 외교냐 말이다. 다만 현실은 아무나 제 하고 싶은 대로 되는 세상은 아니다. 더구나 우리네 같은 작은 나라는 세상사 불여의不如意한 것이 보통이렸다! 우리 외교에서 보면 우선 커다란 산줄기와 같이 눈에 띄는 두 가지 사실이 있다. 하나는 국토가 양단되어 있는 사살이오, 둘은 압도적으로 많은 공약이 미국과 한국 사이에 이루어졌다는 사실이다.

잘라진 국토와 국제적 고립

먼저 나라가 양단된 사실인데, 이 사실은 남의 나라 입장에서 보더라도 틀림없는 잠정적인 사태로서 본격적인 외교관계는, 국토가 통일되고 정형이 안정된 후에야 비로소 이루어지는 것이 원칙이라는 견지가 지배적일 것이다. 그리고 통일의 전망에 있어서는

 (1) 우리 편으로 통일된다.
 (2) 그렇게 아니 된다.
 (3) 어리둥절하게 통일된다.
 (4) 장기적으로 양단상태가 고정된다, 라는 가능성을 따질 것이다.

물론 (3), (4)도 안 될 말이려니와, (2)는 그리 될 수 없는 일수밖에 없되, 남의 눈에는 가능한 일로 헤아려질 것은 틀림없다. 그런데 오늘 현재로 보면 (2)의 경우에 있어서 불승인의 기색이 농후한 미국과 반공의 우방국 등(甲)과 (1)의 경우에 단절상태가 가능한 소련, 중공 따위(乙)를 빼놓으면, 이른바 중립노선의 나라와 자유진

영에서도 영국, 프랑스, 북유럽 등을 포함한 허다한 나라(丙)가 (1), (2), (3)의 경우를 가리지 않을 성싶고, 심지어 (4)의 경우가 확인되는 때도 남, 북을 더불어 상대할 기색조차 엿보인다. 이런 사태는 우리에게 있어서 도저히 무시 못 할 환경이라고 아니할 수 없다. 따라서 만일에 우리 외교가 갑甲나라만에 외교교섭을 한정하거나 또 혹은 너무 병丙류의 나라를 경시한다면 그 결과는 우리 외교를 아주 폭이 좁고, 낌새에 민첩하지 못한 외교로 만들 위험이 있다. 원래 각국의 외교는 어디까지나 자기나라의 이해를 중심한 현실외교이지 무슨 도덕외교, 정의외교가 아님은 외교의 상식이다. 이 말은 곧 남이 우리네를, 우리는 그렇지 않지만 불안정한 상태로 보고 저울질한다는 사실이다. 미국조차도 어느 모로는 우리를 불안정한 상태라고 보는 편이 있다. 하물며 다른 나라에서야. 더구나 한편에서는 우리는 국제적 고립에 빠졌다고도 한다. 유엔총회에 다녀온 우리 국회의원은 한국은 고립되어 있다고 공연한다. 아닌게 아니라 유럽, 미국을 다녀 보면 우리 입장에 동조하는 사람과 나라는 퍽이나 적다. 이 경우 고립되어 있다는 말은 한국 입장이 미국, 필리핀, 중국, 베트남 등등의 소수 우방국의 당국자를 빼놓으면 아시아, 아랍의 중립노선파는 말할 것도 없고, 그 밖에 자유진영 측의 나라에서도 찬바람이 감돈다는 것이다.

그러면 어떠냐 하고 시치미를 떼면 할 말은 없다. 그러나 이러한 형편은 과연 우리만이 느끼고 보고 못 마땅히 여기고 있는 것일까. 한 발을 나라 밖에 옮겨 각국을 다녀오면, 미국 같은 우리의 우방에서까지도 공산당의 선전과 조직이 움직여서 국내 여론에 상당한 영향을 주고 있다. 반드시 공산당 선전만이 아니라 중립노선의 선전을 통한 간접선전으로 국민 여론을 달래서 정부시책에 압력을 가하려는 것을 도처에서 보게 된다. 그뿐이랴, 이 방대한 공산당의 선전망은 한국을 집중적으로 헐뜯고 꼬집고 욕하고 때려서, 하루바삐 베어낼 존재로 만들려고 한다.

다시 말하자면, 여론으로 죽이고, 외교적으로 고립시키려고 든다. 우리네 외교와 선전이 그렇지 않아도 폭이 좁고 까다로운 것을 이용하여 외교적 고립에 몰아넣고 이로 말미암아 미국 외교의 일각을 무너뜨리려고 한다. 내 보건대는, 우리 외교의 약점을 상대측은 이용까지 하고 있는 것 같다. 외교는 외로워서는 안될 것이다.

미국의 들창으로 내다보는 좁은 외교

그 다음에는 한, 미 사이의 외교관계는 무엇보다 먼저 해방 이후 6·25 전란을 겪어온 역사에 매어 있다. 따라서 오늘날의 모습을 이미 놓인 조건으로 보고 따지지 않을 수 없다. 우선 외교관계를 공식으로 결정하는 조약, 협정을 보면(유엔군 사령관과의 협정도 이에 포함된다), 실로 정치, 군사, 재정, 경제의 핵심 부분을 고루 덮은 광범위한 것으로, 현재로서는 외교의 폭이 이로써 대폭 제한되어 있다고 하여도 과장이 아니다. 아니, 외교 정도가 아니라 국내행정에 있어서까지 중대한 영향을 준다.

가령, 비교적 우리 국민에게는 가볍게 알려져 있는 경제원조를 들자. 그 원조가 디디고 서는 미국의 상호안전보장법의 규정을 보면 원조를 바라는 나라의 자격규정 중에는,

(1) 원조는 반공전선에 함께 서는 나라가 군사재정의 팽창으로 인하여 재정균형이 깨졌을 때 이것을 보충하는 것이라는 명분이

적혀 있으나, 이것은 곧 원조가 군사의무를 조건으로 하는 것을 가리킨다. 1955년차 국방예산을 짚고 대충자금을 부흥에 돌리려고 하던 때에 이에 반대한 〈우드서한〉을 기억하면 이 사실은 족히 알 수 있다.

(2) 원조는 미국안전보장에 도움이 되어야 된다고 하였으니 이것은 미국으로는 당연하나 받는 편으론 뜨끔한 말이다.

(3) 원조를 받는 나라는 최선을 다하여 자조自助하라, 로 되어 있는데, 노력의 정도는 미국 측의 해석에 의하니 만큼, 결국 철저한 재정부담이 요구된다. 왜 우리의 빈약한 재정이 공무원봉급도 제대로 부담을 못하면서 방대한 국방 유지비를 계상하여야 하는가를 이해하는 데 도움이 된다.

(4) 원조받는 나라는 지하자원 등을 능률적으로 개발하는 데 있어서 이에 상치되는 법을 고쳐야 된다. 독자는 생각나는 것이 있을 것이다.

(5) 미국 상무성, 국무성은 원조자금의 사용에 있어서 미국의 중소기업가가 자유스러운 활동과 혜택을 받을 수 있게 마련하여야 된다. 반도호텔을 가볼 지어다 등등이 있는데, 이만하면 이 원조가 얼마나 정치적 성격을 띠고 있는가를 짐작할 수 있거니와, 이 원조 내용은 매년 부흥, 재정의 양 부처가 맡아 교섭한다.

아무튼 우리 외교는 고달플 정도로 대미 관계가 소상하다. 이 까닭에 우리 외교는 불가부득 미국의 외교정책에 압도적인 영향을 받지 않을 수 없다. 그래서 영국 사람은 한국을 가리켜 미국의 화원이라고 별명을 붙이고 빙그레 웃는다. 또 소련은 한국을 때리면 바로 미국 외교를 때리는 셈이라고 믿는다. 이렇듯이 조그만 한국의 정치는 강력한 밧줄로 미국과 묶여져 있고, 또 그 힘에 의존한다. 그런데 일방 미국의 외교는 한국만을 치중하는 것은 아니다. 아니, 우선 취급이 아닐지도 모른다.

세상이 다 알다시피, 한미군사조약은 일국이 침략을 당하였을 때 피차 헌법철차에 따라 행동하기로 되어 있는데 미국이 가입하고 있는 북대서양동맹조약은 이와 달라서 침략이 생기면 자동적으로 참전하게 되어 있다. 이로 보면 얼마나 미국이 서구를 긴하게 여기는지 알 수도 있거니와 왜 또 6·25 사변 때에 영국, 프랑스의 압력 아래 전투를 국지화하였나도 짐작된다. 이렇게 보면 미국은 여러 개의 들창으로 세상을 보고 있으나, 우리네는 단 한 개 들창을 미국에서 빌려서 보는 셈인지 모른다. 가령, 우리 외교는 남북통일은 한국의 문제이니 이 문제만 따로 생각하자는 입장이다.

그러나 미국만 가도 남북통일문제는 곧 독일통일, 베트남통일, 대만문제와 한 주름에 꿰인 문제라는 것이 중론이다. 이 점은 우리 외교도 적지 아니 의심하는 바로서, 가령 1954년 제네바회담 전후에 빚어진 한미 간의 외교긴장이거나 휴전회의 당시의 압력을 회상하면 알만한 일이다.

그런데 생각하면 한국의 전적인 대미의존은 여러 가지로 외교적인 이점을 가져왔거니와 동시에 한편으로 우리 외교가 국제적 고립을 사는 원인도 되었다.

왜냐 하면, 한미 간의 관계가 거의 한국의 외교의 폭을 좁힐대로 좁혔을 뿐 아니라, 다각적인 국제이해의 타협과 절충을 저해한다는 인상을 남에게 주는 까닭이다.

더군다나 요즈음 미국의 대한 정책이 정치적인 것보다는 차라리 전략적인 것이 우려 외교를 한층 더 까다로운 것으로 만들고 있다. 우리 외교의 위치를 측량하는 데 따져 볼 요소는 물론 이것들만이 아니다. 그러나 이 두 가지 점에 비교하면 기타의 문제는 사소한 것이라, 지금은 그만둔다.

정책의 가로

말할 것도 없이, 우리나라의 외교정책은 우리 외교의 환경을 벗어날 수 없다.

혹 어떤 사람은 이불 속에서 활개치듯이 제멋대로 할 말은 해도 좋지 않느냐고 한다.

그러나 외교는 실효가 있어야 한다.

외교는 자랑이나 이상의 선언이 아니라, 실효를 거둬들이는 목적으로 행하는 나라의 행위이다.

이 까닭에 오늘날 우리 외교는 장차 이루어질 '통일국가로서의 한국'의 앞날을 정하는 대외정책 위에 서 있는 것이 아니다. 어떤 사람은 우리 정부가 장기 외교책이 없는 것이 탈이라고 하는데 이것은 모르는 말이다.

적어도 그 말이 통일한국의 미래의 향방까지를 의미하였다면 그것은 덧없는 생각이다.

왜냐하면, 국토가 양단되어 있다는 오늘의 사실이 현재 우리 외교가 출발하는 모든 정책의 근거이며, 국토가 장차 통일된다면 그 당시의 통일상태를 조건으로 하여 새로운 정책이 서야 되는 까닭이다.

이 점에서는 우리 외교가 국토통일을 최우선의 정책으로 내세우는 데는 이론이 있을 리 만무하다.

그런데 국토의 통일은 단순히 나라 '안'의 문제가 아니라 국제이해가 착잡하게 개재하는 국제문제이고 외교의 기미가 섞이는 난문제인 것은 우리가 다 아는 바이다.

이에 관하여는 앞서 헤아린 바대로 우리 외교는 미국과의 공약에 긴절히 관계되어 있다.

우리의 독자적인 행위가 가능한 범위는 우리의 외교체계를 180도 돌리지 않고는 될 수 없게 되었다.

도대체 우리 외교가 당면하는 초미의 대상은 대 가상적과 우방과 제3국인데, 지금 가상적에 통하는 통로라고는 미국을 통하지 않으면 직접이든 간접이든 통할 길이 없는 형편이다. 따라서 교섭에 한하는 한은 어떤 교섭이든간에 직접 간접으로 미국에 의뢰하는 수밖에 없고 또 이것이 암묵간의 양해사항 같이 되어 있다.

이것은 우리 외교의 따져 볼 만한 점이다.

말하자면 공산측과의 교섭적인 통로는 거의 일체가 워싱턴에 일임되어 있다.

그러면서 교섭내용에 대하여는 반드시 꼭 일치하는 것은 아닌 까닭에 가끔 분규가 일어난다.

이 사실은 외교상 중대한 문제를 암시한다.

다음으로 우방에 대한 관계인데, 우리 외교에 있어서 제1급의 우방은 ① 적극적인 반공과, ② 철저한 대미 협력 두 점이 교우하여 이루는 좌표상에 있다.

그런데 드러내 놓고 반공을 자처하는 나라는 오늘 현재로는 수효가 아주 적고 대개는 외교적 탈을 써서 이데올로기보다 이해를 먼저 따진다.

또 대미 절대의존도 비록 사실은 그렇다 하더라도, 대개는 외교적 자율성을 내세워 자유행동의 여지를 두는 것이 보통이요, 의존을 공인하는 나라는 유럽과 아시아에서는 많지 않다. 그러고 보면 제 일급의 우방의 수효가 불가분 부쩍 줄지 않을 수 없다.

더욱이 반공정책도 거의 전면이 미국정책과 연관되어 있어서, 가령 남미의 우방과 필리핀 같은 나라의 우정에 찬 협력도 그 속에는 미국의 양해가 엿보이는 터이다.

이 까닭에 반공의 외교도 각국의 적극적 협력이 없이는 기대한 대로의 성과가 아니 나는 수가 있다.

또 이 까닭에 유엔군의 출병국으로서 우리와 응당 우방관계에 있는 나라여야 되는 영연방의 몇 나라와 기타 유럽의 한두 나라가 가끔 우리를 힐난하고 미국의 대한정책을 견제하는 것을 보게된다. 이 점에서 보면 설혹 우리 외교가 대미 중심이라 하더라도 미국 외교에 중대한 영향을 주는

　(1) 미주대륙국, 특히 캐나다 등,

　(2) 안저스동맹의 오스트레일리아와 뉴질랜드,

　(3) 서유럽 국가들 등에 접근할 길을 강구하지 않는 것은 의문 중의 의문이라고 할 만하다.

이렇게 보면 우리 외교는 거의 외교의 탄력을 잃고 미국에 전적으로 업혀 있는 느낌을 줄 뿐 아니라, 또 이것이 미국 외교의 희망하는 바이라는 것도 손쉽게 짐작할 수 있다. 그러나 과연 이러한 사태는 계속되어야 할 것인가.

가령 현재 우리나라 국내정책의 양대 목표는 국방과 부흥이다.

국방과 부흥은 공산위협에 한편 대처하면서 또 한편 민생을 이룩하는 데에 있어서의 논리적인 귀결이다.

그런데 국방과 부흥은 우리의 국내정책이로되 그 근간은 외국원조라, 외교적인 조처에 서고 있고 원조를 주는 나라는 우선 전략적인 견지에 서고 있다. 그런데 국방과 부흥의 현 계획은 벌써 여러해 동안 실험되어 왔다.

그리하여 그것이 현행대로라면 국방과 부흥의 양 정책이 더불어 성공한다는 것이 여간 힘든 일이 아닐 뿐더러 어떻게 보면 양 정책이 현 조건하에서는 서로 어긋나는 것이나 아닌가 하는 인상을 준다. 이러한 사태를 공산측이 모르고 무관심하고, 이용하지 않으리라고는 도저히 생각되지 않는다.

그렇다면 국방과 부흥의 딜레마는 곧 외교공세의 대상이 되고 우리 외교의 약점이 될 것이다. 외교문제는 이런 면에서도 새 구상, 새 조처가 요구된다. 또 다음으로 우리 외교는 국토통일 외에 당면의 목표로서 아시아에 있어서의 우리의 지위를 공고히 하려든다. 당면의 목표란, 다름이 아니라

(1) 군사적 안전(국토의 안전),

(2) 정치외교지위의 향상,

(3) 경제적 지위의 증진 따위인데, 반공문제와 관련된 통일문제, 군사 및 경제문제를 빼놓으면 나머지 큰 외교의 대상은 두말없이 동북남의 아시아가 아닐 수 없다.

이 방면은 그것이 직접 공산관계가 아니고 또 바로, 전략적 공약 아래 외교가 있지도 않은 까닭에 비교적 외교의 자유가 있는 때였다.

따라서 반공의 한미외교를 제하면 우리 외교가 가장 활발히 움직이는 방면인데, 그 첫째는 공산위협이라는 면에서 반공전선을 만들자는 외교적 조치이다.

이러한 반공전선 결성은 일찍이 6·25 전에 필리핀의 퀴리노 대통령에게 이 대통령이 제안한 바도 있었고 또 현재 중화민국 형식의 반공동맹으로 열매 열고 있는 형편이다.

이 반공동맹이 미국의 외교적인 리더십을 문란하게 할 위험과 비반공적인 면에 전용될 위험을 고려하여서인지 아직 미국의 적극적 협력을 얻지 못하고 있으나, 한국외교로서는 그것이 중대한 포석인 것만은 틀림이 없다.

오래전부터 우리 외교가 이 방면에 외교적 이니시어티브를 잡아 일종의 패권을 이룩할려는 것이 거의 전문가들이 일치하는 관찰이었다. 동남, 동북아시아, 특히 동북아시아가 미국의 지원 아래 공산 위협에 대항하기로 뭉친다면 반드시 한국은 이 지역 반공세력의 지도세력이어야 될 것이 아니냐 하는 문제가 아니 나올 수 없다. 뿐만 아니라 그렇게만 된다면 외교적인 국제위신이 옳을 뿐 아니라 미국의 대한정책이 가벼히 변경되는 것을 막을 수 있고, 동북아에 있어서는 한국을 위주하여 외교를 전개하게 되지 않을까. 아니, 그럼으로써 비로소 일본의 진출을 막을 수 있지 않을까. 일본 얘기가 나왔으니 말이지, 한국의 대일문제는 외교적으로 세 가지 면이 있다. 하나는 외교의 공식개통을 에워싼 양국 사이의, 또 양국만이 관련되는 교섭문제, 둘은 공산측을 포함한 아시아 전체에 있어서의 한일관계(일본의 대북 관계도 여기 들어갈 것이다), 셋째는 미국정책의 대상으로서 한일관계인데, (1)을 빼놓는다면 (2), (3)의 문제는 현재의 한일정부의 성격상, 아주 밀접히 관련되어 있다. 왜냐하면 공산측을 제외한 아시아 국가 사이의 외교적 패권 문제는 곧 미국의 대아정책 또 대극동정책에 중대한 영향을 주는 까닭에 미국은 자연히 관련 아니 할 수 없다는 생각일 것이다. 더구나, 한국과 일본은 모두 오늘날 미국의 전략적인 외교정책의 대상국일 뿐 아니라 미국의 힘에 의하여 적고 크고 간에 영향받고 있는 터이다. 한국의 눈으로 본다면, 일본이 동북아시아의 패권을 잡는 날에는,

(1) 반비례하여 한국의 외교적 지위가 약화된다.

(2) 일본의 외교개방주의로 보아, 한국의 반공제일주의가 동남, 동북아시아에서 완전히 고립할 것 같다.

(3) 미국의 대극동정책이 일본견해에 따라 수정되고 한미관계가 일변할 위험이 있다.

(4) 공산측이 일본을 외교적인 한국포위망의 일환으로 쓸 위험이 있다. 등등의 외교적 가능성이 있다.

그러므로 한국은 불가불

(1) 일본이야말로 고립되어야 된다.

(2) 일본의 반공적 성격이 뚜렷이 나오는 것이 중요하다.

(3) 미국이 일본을 아시아의 보급기지로 보는 사상과 일본을 극동의 안정세력으로 하려는 정책은 시정되어야 한다.

(4) 군사력은 1955년 전후의 한일비율이 고정되어야 된다. 따라서 일본의 해공력이 증가되는 비율로 한국군의 해공력도 불어야 된다.

(5) 미국의 대한원조는 실질상으로 달러가 일본에 떨어져서 일본의 기간산업을 팽창시키고 일본의 국제수지를 맞춰 주는 이중정

책이 돼서는 안 된다, 등등을 생각할 법도 하다. 또 미국의 현정책으로는,

(1) 한국을 전선지역으로 보고, 따라서 시설투자는 위험하다는 견지를 취한다.

(2) 극동방위력의 병점으로 일본을 볼 뿐 아니라, 유럽의 서독과 같은 구실을 일본에 부여할 수 없을까? 라고 생각한다.

(3) 일본의 보수세력은 길려야 된다. 그로 인한 한일문제의 이용은 불가피하다.

(4) 일본경제의 안정은 극동지역의 전략적 의미상 중요하다. 따라서 일본의 국제수지는 맞추어 주어야 하고, 또 이에 필요한 판매시장은 열어 주어야 된다. 한국은 시장일 수 있다.

(5) 결국에는 동북아는 한 개의 군사체제로서 뭉쳐야 된다. 극동에 있어서는 정치적 조건보다 현재 전략적 요건이 우선한다. 따라서 이 한도 내에서 한국의 요구는 고려 아니할 수 없다. 등등의 면이 있을 가능성이 아주 많다, 이렇게 보면 우리 외교가 당면하는 대일문제는 정책적으로는 어지간히 명백한 것이었다. 다만 외교의 현실에서 보면, 한일문제에 한하여 보면, 몇 가지의 변화가 생겼다. 무엇인가 하면,

(1) 일본의 국제수지는 1955년까지 한국 원조중의 역외 구입금이 일본에 들어감으로써 커버되었다. 따라서 한국의 일본상품의 구매 거부는 아프지 않을 수 없고 따라서 한일외교에 있어서 이만큼 일본이 약하였다. 그러나 동남아동맹이 결성된 이듬해부터 동맹원조의 역외구입이 일본에서 행하여지는 관계로 일본의 수지는 반드시 한국관계에 의존하지 않게 되어, 따라서 외교도 경화되었다.

(2) 일본의 외교적인 지위가 강화되었다(유엔가입 등).

(3) 미군의 전략상 지상군에 대한 평가가 달라지고 그것이 곧 우리에게 영향을 주었다.

(4) 아시아, 아랍군의 노선이 국제적으로 강화되어 그것이 한일관계에 투영되기 시작하였다.

(5) 단, 미국의 극동방위는 아직도 전진기지주의며 또 필리핀 같은 나라는 일본에 대하여 의심의 눈을 던지고 있다. 이렇게 보면 한일외교의 문제는 곧 한미일외교의 문제로서 한일의 모든 응수는 사실은 미국에 대한 요구를 포함하는 것이었다. 말하자면 대일문제도, 극동의 외교적 패권 문제도, 필경은 대일관계를 중축으로 하고도는 것이었다. 그런데, 그런데 말이다, 이 미국의 정책은 불변부동의 것이라는 보장이 없다. 한미방위조약이나마 북태평양조약식으로 고치자는 것을 우리가 제의한 지 오래건만 아직 호응하는 기색도 없다. 이러고 보면 우리는 우리 외교를 다시 보아야 된다. 또 다시 보지 않을 수 없을 것이다.

《신태양》 1958년 2월호

유엔거부권 문제와
그 장래
(1958)

국제연합 헌장은 '국제평화와 안전을 유지하는 주요 책임'을 안보이사회에 부여하고, 또 회원국은 '안보이사회의 결정을 수락하고 이행할 것을 동의'하였다. 이와 같은 책임과 권한을 안보이사회에 위임하는 한편, 안보이사회에 있어서의 모든 결정은 소위 얄타 방식인 제한적 다수결로써 이루어지게 하였다. 다시 말하면, 국제평화와 안전에 관계되는 중대한 문제를 결정함에 있어서는 상임이사국에 거부권을 허용하였고, 역으로, 상임이사국인 강대국의 합의 없이는 헌장이 위임한 전기한 안보기능이 발휘될 수 없다는 것이다. 그런데 국제연합이 발족한 이래 상임이사국이 거부권을 자주 행사한 사실과, 또 그와 같은 거부권이 행사되어 온 주위사태에 비추어 본다면, 안보이사회의 투표절차에 관한 문제는 오늘날 국제연합이 당면한 가장 중요한 기구적 문제라 아니할 수 없다.

거부권 문제는 헌장제정회의에서도 그러하였거니와, 국제연합기구가 탄생한 이후 약소국가뿐만 아니라 투표의 특권을 가지는

---
*이 글은 손제석 씨와의 공동집필이다.

강대국 사이에서도 시비거리로 격렬히 논의되어 왔다. 대다수가 관측하는 바에 의하면, 강대국의 거부권을 헌장의 치명적인 약점으로 보고, 강대국은 거부권을 수정하거나 제거하거나 혹은 그 남용을 억제하는 조치를 취해야만 한다고 주장한다. 그 이유로서는 거부권이 안보이사회의 기능을 마비케 하여 전체로서의 국제연합을 약화시켰으며, 평화애호국가의 가입과 분쟁의 평화적 해결을 막아 왔다는 것을 든다. 그런데 거부권이 과연 본질적인 암이 되었는지, 혹은 소련과 반공산국가간의 반목의 단순한 표시에 불과한지, 그 여부에 대한 견해에는 다소의 차이가 없지 않다. 그러나 소련이 과거 12년 동안 거부권에 호소할 수 있는 특권의 한계를 넘어섰기 때문에 그 남용의 비난과 다른 국제연합국과의 비협조에 대한 책망을 받아 왔던 것이다.

이와 같은 거부권에 대한 논의의 결과로, 헌장의 공식적인 개정절차를 밟아서 안보이사회의 투표절차를 변경하자든가, 또는 간접적인 방법으로써 문제를 해결하자는 여러 가지 제안이 나왔다. 그러면 여기서 문제가 되는 것은 과연 강대국의 거부권이 안보기능을 마비케 하여 평화유지기구로서의 국제연합에 치명적인 장애를 가져오는 동시에 강대국관계를 악화시킨 원인이던가라는 문제이다. 그리고 또 투표절차의 형식상의 변경으로써 그 문제를 해결할 수 있는가 하는 것이다. 이 문제를 따져보기 위해서는 우선 세계평화와 안전의 유지를 근본 목적으로 하는 국제연합의 당초 구상을 살펴볼 필요가 있다.

국제평화와 안전을 유지할 수 있는 국제기구의 설립을 논의하기 위하여 덤바튼 오크스회의에 모였던 강대국 대표들은, 국제연맹의 경험을 통해서, 새로운 기구에 있어서는 비교적 소수의 회원국으로 구성되는 안보이사회에 평화유지의 주요책임을 부여하여, 위기에 직면했을 경우에는 총회의 간섭을 받지 않고 신속, 단호히 행동할 수 있도록 구상하였다. 뿐만 아니라 침략을 제지, 억제하는 경우에는 안보이사회는 연맹이사회와는 달리 새로운 기구의 모든 회원국을 구속할 수 있는 결정권을 가지도록 만들었다. 이렇게 되면 안보이사회는 그 기능을 원만히 수행하기 위해서 제2차 세계대전을 승리로 이끈 강대국의 집단군사력에 주력, 의존하지 않을 수 없음은 지극히 명백한 일이다. 다시 말하자면, 당시의 정치적 국제정세를 이 안보이사회의 구성에 반영시키지 않을 수 없다는 것이다. 만약 세계의 강대국 세력이 뭉쳐질 수 있다면 그 이외에 또 더 좋은 방책이 있을 수 없다는 것이며, 전쟁목적에 이바지하였던 연합국의 단결은 그대로 평화달성에도 사용될 수 있다고 여겨졌던 것이다. 이리하여 당시의 열강인 5대국, 즉 미국, 소련, 영국, 프랑스, 중국은 안보이사회에 있어서의 임기와 투표절차에 관해서 그 책임에 대응하는 특권을 얻게 되었다.

이와 같이 국제연합의 정치적 구상은 안보이사회를 집단안전보장의 집행기관으로 설치하되 그 핵심인 상임이사국은 제2차 대전말의 세계세력의 배분상태를 반영하는 강대국으로 결정한다는 것이다. 그리고 이러한 강대국은 세계평화와 안전을 유지하는 특권으로서 거부권을 보유하는 것으로 되었다. 또 한편 안보기능의 핵심을 강대국의 합의에 둔 더 큰 이유는 당시의 정치정세 밑에서는 제도적 기반에서 평화를 조직하기보다도 곧 닥쳐올 앞날의 강대국 간의 평화적 관계를 유지하는 것이 더 긴급한 일이라고 여겨졌기 때문이라는 것은 얄타 3거두 회담록에서 역력히 볼 수 있다. 강대국 간의 행동통일의 원칙은, 실은 이미 틈이 생기기 시작하였고 앞으로도 더욱 벌어질 운명에 놓여 있는 상호간의 양해를 보지하기 위한 정치적 의욕에 그 근거가 있었다. 대체로 국제연합의 근본구조는 이와 같은 정치적 필요성에 의하여 결정되었던 것이다.

안보이사회의 투표절차에 관한 문제는 덤바튼 오크스회의에서는 합의에 이르지 못하고 1945년 2월 얄타 3거두회담에서 다시 논의되었다. 여기서 루즈벨트 미대통령이 제안한 소위 얄타 방식이라고 일컫는 투표방식이 스탈린 소련 원수와 처칠 영국 수상에 의하여 수락되어, 샌프란시스코 회의에서 이것이 약간의 수정을 받은 후 오늘날의 헌장 제27조가 되었다.

샌프란시스코회의에서 헌장 제27조로서 승인된 얄타 투표방식이라고 하는 것은, 안보이사회가 절차 사항 procedural matters은 7개 이사국의 가可표로써 결정하되, 기타 사항 즉 비절차사항은 모든 상임이사국의 동의투표를 포함한 7표 이상의 다수표로써 결정한다는 것이다. 단 제6장과 제52조 3항하의 결정에 있어서는 분쟁의 당사국은 투표에서 기권하여야 한다.

얼른 보기에는 이 27조가 규정하는 내용이 간단, 명료한 법적 문제를 제기할 뿐만 아니라, 그 해석 여하에 따라서 중대한 정치적 결과를 초래한다. 여기서 법 해석문제는 제쳐 놓고 다만 27조에 규정된 투표절차가 적용되는 대체적인 경우만을 다루어 보기로 한다.

27조 하의 투표절차에 의거하여 안보이사회가 투표에 부칠 사항에는 세 가지 종류가 있는 것이다. 하나는 '절차'procedural 사항이요, 둘은 '준-법적'quasi-judicial 사항이요, 나머지는 '정치적'political 사항이다. 만약 심의 중인 문제가 의장의 지명, 또는 의사일정과 회의장소의 결정과 같은 단순한 절차사항이라면 7개 이사국의 가표로써 결정한다. 그리고 안보이사회가 분쟁의 평화적 해결을 추진하는 따위의 준법적 기능을 발휘할 경우에는 상임, 비상임을 가릴 것 없이 어떠한 나라도 자기 나라가 개입된 사건에 관해서 심판을 할 수 없다. 다시 말하면, 분쟁당사국은 어떤 문제, 예를 들면 특정한 문제에 대하여 조사를 할 것인가, 사태 혹은 분쟁의 계속이 평화를 위협할 가능성이 있느냐, 분쟁의 해결조건을 권고해야 되느냐, 그리고 분쟁을 총회 혹은 지역기관에 이관할 것이냐의 여부에 관한 문제에는 투표할 자격이 없다. 그러나 상임이사국이 분쟁당사국이 아닐 경우에는 어떠한 근거에서든지간에 이와 같은 문제에 거부권을 행사할 수 있는 것이다. 끝으로 안보이사회가 평화와 안전의 유지를 위한 조치를 취하는 경우, 즉 정치적 기능을 발휘하는 경우에는 5대 강국의 일치투표가 필요하다. 예를 들면 평화에의 위협 혹은 평화의 파괴가 존재한다는 확인, 무력 혹은 다른 강제조치의 사용, 안보이사회의 지휘 밑에 놓일 군사력의 제공을 위한 협정, 그리고 군비관리에 관한 권고 따위는 모든 상임이사국의 합의로써 결정한다는 것이다. 그리고 신회원국의 가입 및 사무총장의 선출에 관한 권고에도 역시 일치투표가 요구되고 있다.

사실 제27조의 규정은 헌장 전반에 미치지 않는 곳이 없으며, 중대한 결정은 상임이사국의 동의 없이는 이루어질 수 없는 것이다. 이것보다는 더욱 중대한 사실은 어떠한 강대국이라도 헌장개정의 비준을 거부함으로써 그 채택을 막을 수 있다는 것이다. 이런 까닭에 샌프란시스코회의에서 약소국가들은 강대국의 일치요건을 국제연합이 딛고 서는 민주주의 원칙과 주권평등 원칙을 위반하는 것이라고 신랄히 비난하였던 것이다. 그러나 당시의 국제정세로 보아 거부권은 강대국의 가입을 보장하고 또 안보이사회가 그 결정을 집행하는 데 필요한 실력을 마련하기 위하여 국제연합이 치르지 않을 수 없는 대가였던 것이다. 결국 약소국이 얄타 방식의 투표절차를 수락하였으나, 동시에 4개 초청국은 그 투표절차의 해석에 관한 공동선언에서 '상임이사국이 이사회의 운영을 방해하기 위하여 그네들의 거부권을 함부로 사용하리라고 생각할 것이 못된다'는 비공식 보장을 주었다.

현장 기초자들이 닥쳐올 세계평화의 전망에 대하여 궁금히 생각하는 바가 없지 않았으나, 한편 강대국이 자국의 이익을 위해서도 국제연합의 테두리 속에서 단결하고 협조해 나가리라는 데는 퍽 희망적인 견해를 가졌을는지도 모른다. 강대국이 자기네들 어깨에 세계평화를 유지하는 책임이 지워져 있음을 자각하여, 전시에 있어서와 같은 협조정신으로 평화를 쟁취하는 데 전력을 다 하리라는 기대에는 너무나 큰 착오가 있었다.

안보이사회가 기능하기 시작한 벽두부터 안보조치를 봉쇄하기 위하여 강대국이 거부권을 행사함에 따라 전기한 희망은 급격히 사라져 갔다. 1946년 2월 16일 소련이 시리아와 레바논에서 외국군을 철수케 하자는 미국 제안을 거부한 이래 10년 동안 소련대표는 무려 60회에 걸친 거부권을 행사하였는데(다른 상임이사국이 거부권을 행사한 수는 희소하다), 이것은 강대국 간의 의견의 불일치를 여실히 나타내는 것이며, 안보이사회의 활동을 심히 방해하는 것이었다. 이 숫자는 소련만이 부정否定투표를 독점하였다는 것을 의미한 것은 아니다. 투표통계에 의하면 적어도 국제연합의 처음 1년 동안은 다른 강대국이 안보이사회에서 소련보다도 더 많은 부(否)표를 던졌었다. 예를 들면 165회의 투표에서 소련이 24회, 중국이 27회, 영국이 29회, 그리고 미국이 34회에 걸쳐 부표를 던졌던 것이다. 그러나 다른 강대국의 부정표가 거부표는 아닌 까닭은 그네들이 지지한 조치를 막는 결과를 가져오지 않았기 때문이다.

소련은 그 방해공작으로 해서 헌장을 위반하고, 또 4개 초청국 공동선언에서 한 약속을 지키지 않았다는 비난을 받았다. 그러나 엄밀히 따지어 본다면, 소련 역시 다른 안보이사국과 마찬가지로 자기네 나라의 이익에 해롭다고 여겨지는 어떠한 제안도 반대할 권리가 있는 것이다. 또 한편, 국제연합에 있어 강대국의 중대한 역할을 생각해 보면, 일치요건이라고 하는 것은 연합기구를 잘 운영하기 위해서 거부권 사용을 가능한 한 억제하고 서로 어긋나는 견해를 조정할 특별한 책임을 강대국에 맡긴다고도 할 수 있으리라. 도대체 규정상으로 강대국에게 거부권을 허용한 그 자체가 그와 같은 권한의 남용을 유익하다고 함직하다. 그와 같은 특권적인 지위에 놓여 있는 강대국이 자국의 정치적 목적과 타국의 견해가 정면으로 충돌하는 토론석상에서는 더욱 그러할 것임에는 틀림이 없다. 거부권이 국제연합 안에서의 타협과 협조정신의 성장을 방해하여 쓴 것은 사실이다. 뿐만 아니라 거부권의 행사는 새로운 정치적 묘안이 거기서 싹터서 익어 가지 못하게 하였던 것이다.

이와 같이 안보이사회에 있어서의 거부권의 실제가 빚어낸 험악한 사태로 말미암아 1946년 가을에 열렸던 제1차 총회는 이 문제에 대한 격렬한 토의가 있은 다음에, 안보상임이사국에 '상호 및 안보이사회의 동료이사국과 협의해서 상임이사국의 투표특권의 사용이 안보이사회가 신속적 결정에 이르는 것을 방해하지 않도록 모든 노력을 다할 것'을 요구하는 결의안을 채택하였다. 그러나 이 결의는 안보이사회의 실제와 정치상에 아무런 중대한 변경도 가져오지 못하였다. 그래서 이 문제는 다시 제2차 총회에서 상정되었다. 여기서 두 개의 제안이 나왔는데, 하나는 헌장 제109조에 의거하여 거부권을 제기하기 위한 협의를 소집하자는 것이고, 둘은 제1총회의 결의가 어느 정도 실시되었는가를 검토해 보자는 것이었다. 결국 총회는 소총회에다가 투표문제를 연구케 하여 그 권고사항을 차기총회에 보고하도록 요청하는 결의를 하였다. 소총회의 보고에 의거하여 총회는 투표문제에 관한 세 번째의 결의안을 채택하였던 것이다.

이 결의는 당시 총회가 모색할 수 있었던 가장 좋은 해결책을 제시하였는데, 그 주요내용은 강대국이 중대한 결정을 지을 때는 서로 협의할 것, 분쟁의 평화적 해결을 규정한 제6장 하의 문제와 어떤 사항이 절차사항이냐 비절차사항이냐를 결정하는 선행문제가 포함된 특별히 열기한 사항에는 거부권이 적용되지 않는다는 것, 그리고 헌장개정 회의 소정은 다른 조치의 결과를 기다려서 차후에 다시 토의한다는 것 따위였다.

그런데 여기서 특기할 것은 전기한 결의에 소련이 반대하였다는 사실이고, 한 걸음 더 나아가 얄타협정이 그렇게 운명지워진 바와 같이, 거부권 문제는 어디까지나 정치적인 문제로 남지 않을 수 없다는 것이다.

앞서 본 3차의 총회결의에서 채택된 거부권을 제한하기 위한 여러 방안을 요약하면, 첫째는 강대국이 안보이사회에서 중대한 문제에 관한 결정을 투표에 부치기 전에 상호협의할 것과, 둘째는 헌장을 광의적으로 재해석하는 것이었다. 그러면 헌장의 재해석방안이란 무엇일까. 이것은 절차사항의 광의적 정의와 기권문제를 포함한다. 만일 안보이사회가 절차사항의 정의를 넓힌다면 거부권의 행사범위를 좁힐 수 있음은 두말할 나위도 없다. 헌장 제27조는 실질사항과 절차사항에 따라 각각 다른 투표방식을 규정하였으나, 이 두 용어를 한정하고 있지 않다. 그런 까닭에 안보이사회가 결정을 지어야할 많은 사항 가운데, 거부권이 적용되고 안되고 하는 결정을 대체로 안보이사회의 자유재량, 그러나 헌장의 넓은 제약 속에 달려 있다고 볼 수 있다.

샌프란시스코회의에서 강대국은 '절차'라는 용어를 비교적으로 좋게 해석하였다. 4개 초청국의 공동선언은 헌장 제28~32조 하의 모든 문제는 거부권이 적용되지 않는다고 하고, 절차사항에 속하는 구체적인 예를 열거하였다. 또 절차사항으로 볼 수 있는 사태 혹은 분쟁의 심의에 있어서도 '중대한 정치적 결과를 자아내어, 마지막에는 안보이사회로 하여금 그 책임 하에 강제조치를 취하게 할지도 모르는 연계사태a chain of events를 발단케 할 법한' 안보이사회의 결정에는 강대국의 합의가 있어야 한다고 하였다. 그러나 4개국 공동선언은 절차, 비절차 사항을 가려내는 완전한 지침을 주지 못하였다. 그런데 여기서 특기할 사항은 만일 어떠한 문제가 절차사항이냐 아니냐에 관한 선결문제는 상임이사국의 동의 표를 포함하는 7개 이사국의 가표로써 결정한다는 것이다. 이것은 절차투표가 행해질 범위를 넓히기보다 차라리 더 좁힌 결과를 가져왔다.

유엔거부권 문제와 그 장래 | 395

실제에 있어 특정한 문제가 절차사항에 속하느냐, 실질사항에 속하느냐 하는 문제에 서로 다른 견해가 여러 번 나왔다. 몇몇 경우에는 이것이 소위 이중거부 double veto 에까지 발전하였다. 즉 첫 번째는 어떠한 문제가 절차사항이라고 간주한다는 데 거부권을 행사하고, 다음에는 실질문제로서의 조치를 막기 위하여 또 한번 거부권을 행사하는 것이다.

소련은 안보이사회에서 다른 이사국으로부터 법적 반항을 받지 않고 네 번에 걸쳐 이중거부권을 행사하였다.

그러나 안보이사회는 단 한번 헌장과 4개국 공동선언 하에서 절차사항이라고 인정되는 문제를 실질문제로 변환시키는 데에 거부권이 사용될 수 없다는 예를 만들었다. 이 사건은 1950년 국민당 중국이 대만문제의 토의에서 중공정권을 안보이사회의 회의에 참석케 하자는 결의를 반대하였을 때 발생하였다. 국민당 대표는 그의 부정투표를 거부로 기록할 것을 주장하였으나, 다른 대표들은 이 문제가 엄연히 절차사항이기 때문에 거부권이 적용되지 않는다고 지적하였다.

그래서 이 문제가 참으로 절차사항이라고 볼 수 있느냐를 결정하기 위해서 두 번째의 투표가 실시되었으나 또한 국민당 대표만이 부표를 던졌다. 그러자 의장은 의사규칙 30조에 의하여 이 결의는 절차사항이라고 재정裁定하고, 동시에 안보이사회는 의장의 재정을 지지하였다.

만일 이 사건을 계기로 해서 강대국이 안보이사회의 다수표로써 지지를 받지 못하는 경우에는 이중 거부권에 호소할 수 없다는 선례가 생겼다고 하면 거부권의 행사범위가 축소된다는 것은 의심할 여지가 없다. 그런데 이 선례의 합법성에 관하여는 이론이 없지 않다. 왜냐하면 4개국 공동선언에 의거한다면 국민당 중국 측 주장이 타당하고, 안보이사회 규칙 30조 하에서는 의장의 재정이 합법적이라고 할 수 있다. 이 문제에 관한 줄리어스 스톤 교수의 견해에 의하면(《국제충돌의 법적통제》, 1954, 226쪽), 4개국 공동선언과 규칙 30조는 서로 반대되나, 둘 다 같은 무게의 법적 근거가 될 수 있기 때문에 양자택일은 정치에 의하여 결정되지 법에 의하지 않는다고 한다. 왜냐하면 앞으로 이와 같은 선택은 의장이 할 수 있고, 그의 선택은 자기나라의 정치적 입장에 의하여 결정될 것이기 때문이라 한다. 그렇다면 이 대만문제의 결의가 선례로서는 대단히 애매한 입장에 놓여 있다고 아니할 수 없다.

안보이사회의 투표절차에는 완전한 한 가지 특이한 사항이 있다. 그것은 상임이사국의 투표에서의 기권에 관한 안보이사회의 실례이다.

27조의 엄밀한 해석에 의한다면 '모든' 5대 상임이사국의 동의 투표가 없으면 안보이사회가 실질적 조치를 취할 수 없는 것이다. 그러나 실제는 이와 반대였다. 1946년 이래 투표에서 적어도 한 상임이사국이 기권하였음에도 불구하고 일련의 결의가 채택되었다. 모든 경우에 있어서 상임이사국 중 한 나라는 자기의 기권에도 불구하고 자기의 동의를 요구하는 안보이사회의 결의에 대한 합법성을, 많은 경우에 있어서의 묵인뿐만 아니라 동 결의를 원하지는 않으나 그 통과는 막지 않겠다는 태도표명으로써 인정하였다. 이리하여 기권은 안보이사회에 있어 상례가 되었고, 27조의 딱딱한 규정에 융통성을 불어넣어 주었다. 그 결과 거부의 수는 줄어들었으며,

안보이사회는 훨씬 효과적으로 기능하였다고 할 수 있다.

여기서 특기할 것은, 비록 이 문제에 대하여 시비가 없지 않았으나 상임이사국의 결석은 기권과 똑같은 법적 효과를 갖는 것으로 취급되었다는 것이다. 1946년 이란의 경우와 1950년 한국의 경우에 있어서 안보이사회는 선명히 고의로 안보이사회에 결석하였을 적에 여러 결의를 채택하였다. 특히 대한민국에의 침략행위에 관한 결의는 무엇보다 중대한 의의를 가졌다. 소련이 한국사변에 관한 결의가 합법적이 못된다고 반박하는 근거로서 분명히 중공정권과 소련이 불참하였기 때문에 안보이사회 자체가 불법적으로 구성되었다는 것을 내세웠던 것이다. 그리고 또 이와는 좀 다른 각도에서 중대한 결정이 이루어지자면 헌장 하에서는 '모든' 5대 상임이사국의 동의투표가 필요하다고 주장하였던 것이다. 그러나 소련 주장은 안전보장이사회에서 용납되지 못하였다. 미국은 일련의 선례에서 안보이사국이 투표에 있어 상임이사국의 기권은 거부를 의미하지 않는다는 원칙을 수락하였다고 지적하였다. 이와 같은 결정의 합법성에 대하여서는 소련과 기타 강대국이 도전하지 않았다. 법이론상에서는 이론이 있으나 실제에 있어서는 상임이사국의 고의적인 결석은 기권과 같은 법적 효과를 나타내었던 것이다.

위에서 보아온 바와 같이, 총회에서나 혹은 다른 곳에서 거부권을 제한하기 위한 노력은 적어도 강대국의 자제와 상호협조 없이는 그 효과를 바랄 수 없다는 것을 알 수 있다. 비록 기권의 선례가 거부권 행사를 감소시키는 데 도움이 되었다고 하나, 강대국이 투표에서 기권한 경우는 거의 모두가 자국의 특별한 이해에 그다지 영향을 미치지 않는 문제에 한정되었을진댄 그 의의가 있다고는 볼 수 없다. 그러면 왜 제도상의 투표절차의 개정으로써 거부권 문제를 해결할 수 없을까.

일반적으로 투표절차라고 하는 것은 그 자체로서 어떠한 결정적인 영향을 줄 수 없는 것이다. 그 효과는 항상 참여자의 정신에 의존하여 기구의 목적에 그네들의 결정을 접합시키는 성실한 태도에 달려 있는 것이다. 따라서 핵심적인 문제는 상호협조 정신이며, 절차상의 변경으로써 그 기구의 정상적 발전을 기대한다는 것은 소용없는 일이며, 한걸음 더 나아가 위험한 일이다. 특히 안보이사회는 종전에 그 유례를 볼 수 없는 결정권한으로써 제도화되어 있는데다가, 거기에서 채택된 얄타 투표방식은 강대국 상호 간 뿐만 아니라 다수표에 대항해서 그네들을 보충하도록 의도되었다. 이와 같은 특수한 경우에 있어서 거부권을 안보이사회를 마비케 한 결정적인 원인으로 간주하는 것은 크나큰 착오이다. 왜냐하면 거부권에 관계없이 참으로 중대한 정치적인 결정, 특히 강제조치는 한 강대국에 대해서 뿐만 아니라, 오늘날과 같이 양극화된 세계정세 하에서는 그 강대국의 보호 하에 있는 약소국에 대해서도 취해질 수 없음은 너무나 명백한 일이기 때문이다. 이렇게 보면 거부권은 다만 한낱 도구에 불과하며, 진정한 원인은 강대국 간의 근본적인 정치관계 속에 있는 것이다.

거부권 행사의 실제는 강대국 간의 알력의 반영에 불과한 것이지, 안보이사회로 하여금 집단안전보장의 핵심기관으로 한 헌장상의 기도를 파괴한 것은 아니다. 그래서 샤를르 드 비쉐Charles de Visscher 교수는 차라리 강대국의 일치요건이 확고한 정치적 기초를 가지지 못 했다는 표현이 옳다고 한다(《국제법의 이론과 실제》, 1955,

1411~1441쪽). 따라서 거부권 문제의 해결책이 강대국 관계의 긴장과 충돌을 완화하는 데 도움이 되지 않는다면 아무런 의의도 없는 것은 두말 할 것도 없다. 이와 같은 결론에 이른다면, 위기와 긴장이 존속하는 한 다수표에 의하여 권력정치의 틈바구니 속에서 패배당하지 않으려고 강대국이 앞으로도 거부권을 행사하리라는 것은 능히 짐작할 수 있는 일이다. 이렇게 보면 거부원칙이라고 하는 것은 문서상에서 허용되기 전부터 국제현실 속에는 이미 있었다고 말할 수 있으리라.

《사조》 1958년 8월호

제3부

1960년대 세계정치와 한국외교

미일 신방위조약론
(1960)

1

지난 1월 19일 워싱턴에서 미일 신방위조약이 체결되었거니와 지금은 다만 양국의 비준의 절차만이 남아 있다. 이 조약은 1951년 강화조약 때에 같이 맺은 구 미일 방위조약을 대신하게 될 것이다. 구조약 제4조는 조약의 기한을 명시하지 않고 다만 유엔조치거나 혹은 기타의 개별적 또는 집단적 안보의 조치가 일본 지역에 실시되었다고 양 정부가 생각하였을 때는 조약은 폐기된다고 하였다. 동 정부의 '생각'이라 하였으니 따라서 일국만의 '생각'으로 폐기될 수 없다고 해석된다. 또 이런 고로 미국은 신조약의 체결로 구조약을 폐기할 의무가 없었으며 또 구조약의 유지를 주장할 권리가 있었다. 그런데 미일은 새 조약을 맺었다.

2

새 조약은 구조약과 실질적으로 여러 면이 다르다. 그런데 이 다른 점은 거의가 미 측의 양보라는 세평이다. 이 점을 우선 따진다. 본래 구조약을 맺을 때의 정세는

(1) 일본은 완전무장해제가 되어 있으므로 미군이 대공방위를 담당하지 아니하면 강화 후에 국제진공지대가 생긴다.

(2) 국외로부터의 무력공격뿐만이 아니라 공산내란 반란에 대하여도(간접침략) 미국이 투입되지 않을 수 없다.

(3) 미일방위조약은 태평양 지역의 광범위한 집단안보조치에의 계단으로 구상되어야 된다(이른바 덜레스 구상).

이상과 같은데 (1), (2)는 구조약의 핵심인 제1조에 포함되고 (3)은 제4조 하반에 표시되었다. 이에 대하여 신조약에는 간접침략에 대한 방위원조 조항이 제거되었다. 이것은 현 일본의 위신과 더불어 일본의 20만 가까운 자위대의 내란진정에 충분하다고 인정된 탓이리라. 신조약은 또한 수차 있을, 더 포괄적인 태평양 지역안보체제를 언급하지 않았다. 이 사실은 안저스ANZUS 조약, 미국-필리핀, 미국-중화민국, 한국-미국 각 조약의 전문 및 구조약 제4조와 대조하여 생각할 때 일대 사건이 아닐 수 없으며 덜레스 구상이 덜레스 장관의 서거와 더불어 사라져 간다는 인상을 준다. 다시 말하면 그동안 그리도 시끄럽던 동북아동맹안의 구상이 바뀐다는 인상이다. 또 다음으로 생각할 것은 원래 구조약에는 일본 측의 의무사항만이 있었다. 그리고 미 상원보고서에 있듯이, 미 측은 아무런 의무사항에 구속되지 않았던 것이 구조약의 특색이었다. 신조약에 있어서는 이 실질적 불평등 관계가 시정되어서 방위는 쌍무적이 되고 1948년의 〈반덴버그Vandenberg 결의〉에 규정된 '계속적이며 유효적인 자조와 상호원조'의 조목이 명시되었다. 이것뿐이 아니다.

3

신조약 체결에 있어서는 미일 양국에 각각 다섯 개의 각서를 교환하였는데 그 내용은 공개되어 있지 않다. 그런데 체결 시에 발표된 코뮤니케에 의하면 일 수상은 '사전협의' 사항을 미 대통령과 상의하였으며, 한편 미 대통령은 조약 중의 '사전협의' 사항에 대하여 일본정부의 '희망에 반하는 행위를 감행할 의사가 전무하다'고 확신하였다고 한다. 이 대목은 이른바 핵무기의 일본도입과도 관련 있는 것으로 교환된 각서 중에 하나는 적어도 이에 관한 것임이 틀림없으리라. 다음에 일본 측의 '사전협의' 사항으로 주장했으리라고 생각되는 것은 ① 주일미군의 타 태평양지역 전용 또는 타 지역 전투를 위한 기지화의 문제이다. 가령 한국사변이 재발하거나 중공·대만 간의 전투가 본격화할 경우에 주일미군이 일본을 기지로 하여 전투에 참가하는 경우가 그 일례가 될 것이다. ②는 미군과 관계된 타 병력이 일본시설을 이용하는 문제인데, 가령 유엔군으로서 미군 이외의 출전군 및 우방군이 일본의 시설을 이용하는 것이 그 일례가 된다. 이들 문제가 조약뿐으로는 애매해서 알 길이 없다. 또 이런 고로 일본의 반조약파들은 핵무기 금지와 미군전용 금지 등의 명시적인 문구가 없는 것은 곧 기시 내각이 그것을 허용한 탓이라고 공격한다. 먼저 ②의 문제를 보면 구조약에 있어서는 애치슨 장관과 요시다 수상 간의 공한公翰 교환이라는 형식으로 유엔군의 일본시설 이용에 관한 합의가 있었다. 이번에도 이에 관한 합의사항이 없을 리가 없으니 역시 교환각서 중에는 이 문제도 포함되었을 가능성이 있다. 한편 ①에 해당하는 주일미군의 전용에 대하여 일본 측 소스는 '사전합의' 사항이라는 입장을 취하고 있다. 이에 대하여 미 측의 태도는 '사전합의' 사항으로는 볼 수 없다는 입장이며, 신문에 보면 한국정부의 문의에 대하여도 미군의 이동은 '사전합의'가 필요 없다는 회답으로 알려지고 있다. 그런데 이들 문제의 핵심은 이른바 극동이라는 말에 있는 것 같다. 신조약 제4조에는 '일본의 안전 또는 극동에 있어서의 국제평화와 안전이 위협받았을 때'는 언제든지 한편의 요구에 의하여 상호협의한다고 하였으며 또 제6조에 의하면 미군이 일본의 시설과 지역을 사용케 되는 소이는 일본의 안전과 동시에 '극동에 있어서는 국제평화와 안전'을 유지하는 데 공헌하는 것을 목적으로 하는 탓이라 하였다. 이러고 보면 주일미군의 목적은 일본의 안전뿐만이 아니라 '극동'의 안전에도 있었다.

미군의 주일 목적이 일본지역을 넘는 광지역임은 이것으로 명백하다고 하겠으며, 미일방위조약에 합의한 양 정부의 관심도 일본지역에 국한되지 않는 것도 이것으로 분명하다. 그런데 극동이 구체적으로 어떠어떠한 지역을 가리키는지 조약에는 명시적 표시가 없다. 따라서 이 중요한 문구에 관하여 교환각서 중에 취급된 바 있을 것은 의심의 여지가 없다. 그리고 이상에 든 미군 전용 등의 두 개의 문제가 역시 각서내용에서 취급되었으며 또 그것이 일본 측의 요구대로 '사전협의' 사항이 되었을 가능성이 대단히 많다. '사전협의'는 '사전합의'와는 다르며 행동의 자유를 완전히 구속하는 것은 아니다. 그러나 사전협의라는 형식을 통하여 극동문제의 결정적 단계에 있어서 중대한 발언권을 갖게 되는지도 모른다는 것은 간과할 수 없는 사실이다.

지금까지 논하고 따지고 열거한 중요한 것도 모두 미국 측의 양

보였다. 〈반덴버그 결의〉 조항 같은 것은 현재로 보아서는 혹여 가당하다고 할 것이겠으나, 기타에 있어서는 신조약에 따른 일본의 소득이었다. 현재 미국의 신탁통치 하에 있으며 미군기지인 오키나와 등에 대한 조약의 의정록이 일본 여론의 압력에 대한 미국의 타협인 것은 말할 것도 없다. 이렇듯이 일본은 신조약을 통하여 실질적 평등을 회복하고 오키나와 등에 대한 주권의 명분을 인정받고 제3조에서와 같이 경제적 협조의 길을 열고 그리고 '사전협의'의 형식을 통하여 극동사태에 대한 발언권을 갖게 되었으리라 믿어진다.

4

1950년 한국사변이 일어났을 때 마침 고 덜레스는 대일 강화조약의 예비 교섭차 동경에 머무르고 있었다. 그리고 1951년 구조약은 대일 강화조약의 보조적 조약으로 구상되었으며 일본의 군사적 해체와 정치경제적 무력無力을 배경으로 체결되었다. 구조약에 관하여 당시 대통령 특사였던 덜레스 씨가 국무장관에게 제출한 보고서에 의하면 한국사변이 발발하자 맥아더 장군과 덜레스 등은 이 사변의 궁극적 목적은 소련의 일본 포위에 있고 그리고 일본침략에의 전주前奏로 간주하였다고 한다. 10년이 지난 오늘날 극동에 있어서 공산 측의 정략전략도 바뀌어졌거니와 방공전선에도 대이변이 생겨가고 있다. 과거의 통론으로 말하자면 태평양지역은 우선 동남아동맹과 동북아동맹으로 묶어놓고 결국에는 태평양동맹으로 단일화할 가능성이 있으리라는 것이었는데, 이 미 측의 구상은 이번에 체결된 미일 신방위조약으로 보면 일단 포기되고 말았고 개별적인 조약체(양자 혹은 삼자조약)가 태평양지역 집단안보의 체인(연쇄)을 이룬다는 현상을 그대로 유지해 나갈 것 같으나, 그보다도 더 중요한 사실이 있다.

  극동의 최전선을 담당하고 또 방대한 현지군을 보유하는 나라는 말한 것도 없이 한국군이고 자유중국군이다. 그리고 이 양국군은 방공전에 있어서는 적어도 주일미군과 기타 및 일본시설과 일본지역과는 전략적으로 불가불리의 관계에 서 있다. 일본 자체의 병참적인 가치는 도외시하고서도 말이다. 더욱이 미국의 후진지역 경제원조 방식이 미국 단독주의에서 미국 협조주의로 가는 마당에 서는 이 방면에 있어서도 일본은 투자국, 원조국으로서의 위선을 높일 가능성이 많다. 하물며 또한 신조약에 의하여 극동 일대의 군사적 그리고 결과적으로 정치적 판국에 대하여 발언권을 갖게 된다면 한국과 자유중국 그리고 일본 사이에 오래 유지되던 균형은 명백히 깨졌다고 할 수밖에 없다. 이제까지는 극동방공전선 내의 관계는 본질적으로 간단한 것이었다. 한일의 다난한 10년 외교사만 하더라도 그 배후에는 사변 당시의 극동 토착세력 간의 균형은 유지되어야 한다는 근본태도가 있었다. 일본이 방공防共에 적극적으로 참가하였다고 가정하면 아마 한일관계는 또 달랐으리라는 것은 우리들의 상상인데 그런 경우 일본은 극동방공세력의 주장으로서의 한국을 안정 아니 할 수 없으리라는 것도 논리로는 당연하였다. 그러나 그러는 사이에 옛 균형은 깨져나갔다. 지금으로부터 극동방공전선은 저편과도 복잡한 싸움을 하여야 되겠으나 동시 이편도 어지간히 복잡해질 것 같다.

《대학신문》 1960년 2월 15일

소련 외교정책을
해부함
(1960)

1

무릇 외교정책이란 자국을 주체로 하여 자국의 국가목적을 이룩하기 위해서 남의 나라를 대상으로 그 구체적이요 현실적인 방안을 세워 실시하는 데 있는 것이려니와 서로 현실적인 정치질서의 패턴이 다르게 가름된 이른바 오늘의 진영 별의 외교정책에 나타나는 특색은 일국적인 특색이 거의 무시되는 수가 허다한지라 소련의 외교정책은 소련 진영 내에 소속된 주변 국가들과 더불어 대표되는 것이기에 여기 흐루쇼프 외교의 흐름과 내용을 따져보는 의의를 갖는다. 첫째, 소련적인 외교정책의 수립, 실시에 있어서 국내적인 여건의 특색으로 고려되는 것은 정부의 배후에 단일하고도 극히 서열적인 정당제가 존재하고 있다는 사실이다. 정치권력의 성격이 지니는 생리는 그것이 어떤 형식으로든지 교체되는 것을 원칙으로 하며 이러한 정권교체의 제도는 민주주의의 극히 중요한 골격이라고 이해되거니와 그러한 의미에서 따져지는 소련 외교정책의 특색은 앞서 언급되었듯이 제도적으로 단일하고 서열적인 정당제도를 전제로 하는 것이기 때문에 외교정책의 실시 면에 있어서 기구적으로나 제도적으로나 합리적인 견제의 가능성이 거의 없는 것이다. 따라서 그 정당의 외교정책이 곧 소련정부를 대표하는 외교정책으로 구현되는 것이요, 정권의 교체를 취한 합리적인 제도가 유효하게 존립할 수 없기 때문에 적어도 일반적인 사실관계 또는 국내정치의 관여도가 대단히 다양하다는 것은 부인할 수 없는 하나의 특색임에 틀림없다. 이런 식으로 따진다면 소련의 외교정책은 국내정책 면에 있어서 보다 국제정치에 향한 관심이 우선할 수 있다 하겠고 뿐만 아니라 이렇듯 정당제도의 성격과 외교정책과의 상관관계는 극히 밀접한 위치에 놓여 있는 것이라 하겠다. 가령 스탈린이 죽은 뒤 흐루쇼프 외교에 이르기까지 일관해서 양자가 모두 당의 구조적 핵심의 지지를 토대로 정책을 실시해 왔다는 사실이다. 말하자면 소련에 있어서 외무성이라고 하는 기구는 단순한 행정기구로 존립할 따름이요, 정책수립이나 실시에 중대한 발언을 하는 것은 공산당인 것이다.

다만 한 가지 간과할 수 없는 것은 외교정책의 수립과 실시에 있어서 그 외교적 역량은 그 역량을 현실적으로 백업하는 군사적인 여건이 중요한 비중을 차지한다는 것은 어떠한 외교정책의 패턴에 있어서도 공통된 점이라 하겠다. 특히 요사이 소련에 있어서 군부의 발언이 당내에 영향력을 미치고 있다는 소문은 주목할 만한 의의를 갖는 것이라 하겠다. 그렇기는 하나 스탈린 이래 공언해 온 정책이라는 것을 보아하면 확실히 소련의 외교정책은 비교적 그 노선에서 그대로 실행을 이어왔다고 할 만하다. 이 점 미국의 외교정책과는 다른 제도적인 특색에서 연유하는 결과라고 비교될 만하다. 기실 미국의 경우에서 보아하면 정권의 성격이 제도적으로는 정권의 교체가 유효하고 합리적으로 이룩될 수 있는 복수정당의 공존이라는 특색이요, 적어도 원칙에 있어서는 정권을 잡은 정당의 소수그룹의 외교정책이 곧 그 나라의 외교정책을 대표하게 마련이지만 병존적 복수정당제도에 있어서의 가장 중요한 요인이 인권의 평등한 보장이라는 것인데 이것이 제도적으로 구체화되어서 나타나는 것이 곧 여론이요 정권담당자는 이러한 일반 국민의 여론의 힘에 그 외교정책의 수렴이나 실시에 있어서 영향받는 것이다. 왜냐하면 일반 국민은 자유라든가 평등이라는 것을 구체적으로 무엇인지 따지기에 앞서 그리고 외교정책의 구체적 양상이 무엇인가를 캐어따지기 전에 먼저 자신에게 주어진 의무와 권리행사에 대한 합법성이 깨어져 나갈 때는 곧 반발하게 마련이요, 민주주의 사회의 지상지고의 이념인 '인권'의 보장을 위하여 합리주의에 지배를 받게 마련이다. 따라서 이러한 합리주의를 합리적으로 조절해야만 비로소 안정적인 권리의 유지 가능을 전제하는 것이므로 정권담당자의 정책수립, 실시가 기본에 있어서는 비록 소수집권 그룹의 주체적인 이미지에 입각해서 고려한다 할지라도 공공의 의견을 통해서 투영되는 여론의 힘에 지배받지 않을 수 없다. 따라서 그때그때 상황에 따라 다를 수 있는 정책 그 자체가 옳고 그른 것을 따지는 것은 잠깐 덮어두고라도 수립, 실시에 있어서 안정적이요 일관된 성격은 찾아보기 힘든 것이 부인할 수 없는 사실이라 하겠다.

2

그러면 요즈음 한창 우리의 이목을 끌고 있는 흐루쇼프의 이른바 평화공존론이라든가 군축론이 가져온 외교적 효과는 무엇일까. 첫째는 세계적인 수준에서 소련이 이룩해왔다고 내세우는 경제적 성장에의 자신력이요, 둘째는 그 실력적 요인을 이루는 군사력에의 자신력이라 하겠다. 작년 흐루쇼프가 미국을 방문했을 때 설명하였듯이 미국이 근 150년 동안에 이룩한 것이 겨우 오늘에 있어서의 번영이라 하지만 비록 정도에 있어서 똑같지는 아니할망정 소련의 경제적 성장은 불과 수 10년의 동안을 통해서 미국의 수준에 육박하였고 또 앞으로 얼마 안가면 미국과 동등한 수준에 올라선다고 말한 것은 확실히 어떤 종류의 아이러니라고만 돌릴 수 없는 것이었다. 또 군사력에의 자신력은 1945~46년간을 통해서 보았듯이 초현대무기라고 알려졌던 군사기술을 미국만이 독점했던 때와는 엄청나게 사정이 바뀌어졌다. 그 구체적인 보기로서 오늘날 전쟁수단의 유별한 비중을 차지하는 우주병기 분야에 있어서의 소련의 실력이 어느 면에 있어서는 낫다고 하는 사실을 적어도 전기前記 분야에 있어서 소련에 대한 유일한 경쟁위치에 놓여있다고 일반이 알고 있는 미국의 고위 군사전문가나 정책 당당자들이 인정하고 있는 바인데 곧 미국과의 군사적 실력의 평등관계를 조성한데서 이러한 심리적 영향력을 공산권의 확대라든가 중립국가군의 확대를 통해서 세력권을 확장하려는 데에 외교적인 효과를 노리는 것이요, 뿐만 아니라 자유진영에 대한 장기적이고 무언의 압박정책을 내세우고 있는 것이 금일 소련외교정책의 특색이라고 보아서 틀림이 없겠다.

　다음은 소련외교정책의 실시에 있어서 소련권의 주변적인 국가로서의 구설을 톡톡히 맡아보고 있는 중공관계의 조절로 보아하면 한국사변 이래 특히 빈번히 주장해온 바, 중공의 대 유엔 관계에 있어서의 정치적인 국제무대에의 등장을 종용하고 있는 것이라든 가 또는 군축문제에의 참고를 내세우는 것이라든가 이 모두는 극동에 있어 중공의 지보地步를 튼튼히 하고 따라서 그 발언권을 중시하려는 듯이 여겨진다. 또 한 가지 관심을 모으는 것이 있다면 그것은 독일 문제해결을 둘러싸고 흐루쇼프가 내걸고 있는 것이라 하겠는데, 무엇인고 하니 독일의 통일문제라든가 베를린 문제의 청산, 해결은 제2차 대전의 전후 처리문제라고 내세우는 사실이라 하겠다.

이 점에서 고려한다면 우리 한국문제도 독일문제의 경우와 매한가지로 인정이 되는 점이요, 그렇다면 독일문제의 해결방식은 곧 전후 처리문제의 일환으로서 한국문제의 해결에도 적용이 된다고 주장한 가능성을 믿어서 잘못이 없는 듯하다. 그리고 보면 비록 거리에 있어서는 우리와 동떨어져 있기는 하나 독일문제 해결의 추이는 곧 우리의 직접적인 중대 관심사가 아닐 수 없고 실로 세계정치의 '힘'에 의한 메커니즘을 간단히 설명해주는 것이기도 하다. 만일에 독일 문제가 미국과 소련의 합의에 의해서 전후 처리문제로서 어떤 형식으로든지 해결을 보는 마당에 있어서는 독일은 독일대로 제 힘에 의해서 자국의 내적문제를 해결해 나아가야 할 운명일 것이고 보면 비록 어떠한 정치질서권에 속하게 되든지 간에 자국의 경제적인 성장도 곧 생산능력은 무엇보다도 중대한 비군사적인 요인으로서 자국의 존립 문제에 참고하는 것이다. 그리고 보면 통일과업을 눈앞에 두고 있는 우리들 스스로의 문제도 따지고 분석해서 내일을 대비해야만 한다는 현실에 직면하고 있을 뿐더러 허다한 문제들을, 국방문제라든가 경제통상정책이라든가 또는 외교정책면에서 제기하고 있는 것이다.

요컨대 소련외교정책면에 나타나는 현재의 특색으로서 뚜렷한 것이 있다면 그것은 흐루쇼프의 소위 평화공존론이라는 이념을 미끼로 자유진영에 대한 정치체제에 도전하는 장기적인 방책인 것이요, 또 하나는 그렇듯 신경을 쓰고 있는 바 군사문제의 합의를 통해서 현재 소련이 지니고 있는 대 서방진영에의 군사적 지위의 밸런스를 지속함으로써 이른바 '아무 쪽에도 아직 물들지 않는' 국가들을 흡수하여 세계지배를 위한 실력적인 배후자로 존립해 나간다는 방향에 서 있는 것이라 하겠다.

《대학신문》 1960년 6월 20일

중근동 친선방문을
마치고나서
(1961)

중근동친선사절의 결과를 간단하게 말씀드리면 저희는 친선사절단 제3반이었습니다. 가 본 지역은 중근동 10개국을 돌았습니다. 위로부터 말하면, 터키, 이라크, 레바논, 키프로스, 요르단, 사우디아라비아, 통일 아랍공화국입니다. 그 다음에는 리비아, 모로코, 이란 그래서 10개국을 다녔습니다.

먼저 10개국 다닌 나라에 대한 외교적 성과라 할까를 말씀 드리면 주로 우리 혁명정부가 가지고 있는 혁명사업의 의의와 역사적 의의라는 것과 또 군사혁명의 불가피했던 이유의 해명인데 그 점은 제3반은 별로 힘이 안 들었습니다.

그 한 이유로는 우리가 방문한 나라의 여러 나라가 다 같은 혁명국가올시다. 또 그 다음에는 설혹 혁명국가가 아니고 재래의 군왕국가라 하더라도 부패 혹은 무능을 갖다가 제거해야 한다는데 있어서는 우리 이상으로 절실히 느끼고 있었던 것입니다. 이번 군사혁명의 여러 가지 이유 중에 부패와 무능력을 갖다가 제거하는데 있었다는데 대해서는 거기에서 어느 나라든지 동감을 해주었기 때문에 군사혁명정부의 존재의의에 대한 설명은 아마 다른 사절단 어느 단보다도 설명이 힘들지 않은 혹은 설명의 필요가 없었던 나라라고 그렇게 생각을 합니다.

그 다음에는 우리나라와 일반적인 친선관계를 갖다가 수립하고 나아가서 가능하면 외교사절을 교환하자 혹은 특정한 나라에 대해서는 영사교환을 하자 하는 교섭에 관한 이야기가 있었는데 대체로 보아서 외교사절을 겸임외교사절로 교환하자고 하는 원칙에 대해서는 원칙적으로 대체는 찬성이었습니다. 1, 2개국을 빼놓고는 대체로 찬성을 했습니다. 또 구체적으로 겸임대사를 갖다가 체결하자고 합의한 나라도 수개 국가가 됩니다. 그 중에 이라크 같은데는 겸임사절에 대한 공동성명도 발표했고 그 외에도 요르단이라든지 리비아라든지 레바논 같은 나라라든지 원칙적으로 그런 것을 좋다 하는 데에 의견의 일치를 본 나라가 여러 나라가 있었습니다. 1, 2개국의 예외가 있었지만 그것은 그 나라의 특수 사정때문에 그렇지 그 원칙 자체에 불찬한 것은 아닙니다. 영사기관에 대해서도 카이로 정부 다시 말하면 지금 이집트 정부 같은데에서는 그 국가의 현 정책상 외교관계 수립에 대해서는 아직 시기가 상조하다고 생각하고 있습니다. 영사교환에 대해서는 전폭적으로 찬성을 표하고 거기에 대한 수속절차만이 남았다 하는 정도의 합의를 보았습니다.

그 다음에 일반 친선관계 수립이라는데 대해서는 우리가 방문한 10개국이 전부 다 이의가 있을 수 없었던 것입니다. 다만 현실적으로 어떤 문제가 나오느냐 하면 서로 거리가 떨어져 있고 또 방문한 나라 중에는 현재 혁명과업 역시 수행 중에 있거나 혹은 독립초창기에 있기 때문에 분망해서 그런 그 좋은 의의를 인정하면서 그 것을 실시하는 데에 여력이 없다 하는 말은 왕왕이 있었습니다. 그러나 그런 일이 장차 필요하고 한국이 그런 의의를 가지고 있다 하는 것에 대해서 대환영을 한다 하는 데에는 거의 예외가 없습니다. 그보다 우리나라 국제정치상의 위치에 대해서 국제적으로 협조한다 하는 중요한 문제가 있는데 그 문제에 있어서도 우리가 처음에 출발할 때에 생각한 것보다는 비교적으로 대체로 협조적인 태도표시를 할뿐 아니라 동정적이고 비교적 우호적인 태도를 목격했습니다. 개중에는 명백한 언어로서 우리나라 국제 레벨에 있어서의 국제수준에 있어서의 입장을 갖다가 적극 지지하겠다고 말한 나라도 수 개국이 있고 일반적인 의미에 있어서 우리 한국의 입장을 갖다가 격려해 주겠다는 나라도 있었고 또 설혹 그 나라의 현재의 외교방침으로 보아서 그러한 표시가 어렵다 하더라도 한국의 여러가지 어려운 입장에 대해서 동정적이라는 나라가 대부분이었습니다.

이러저러한 것이 다 우리 이번 사절단의 말하자면 업적이 아닐 수 없고 이런 업적은 이번 혁명정부에서 의도했던 바가 얼마나 말하자면 성공적으로 이루어졌느냐 하는 것에 대한 좋은 증좌입니다. 아시다시피 이번 우리가 방문한 10개국은 그 중에 터키를 빼놓고는 대체로 한국사정에 어둔 나라입니다.

또 그 다음에는 이란 또 요르단 같은 수 개국을 빼놓고는 나머지는 세상이 다 아는 중립주의 국가입니다. 따라서 기왕에 말하자면 자유당 정권시대나 장면 정권시대의 예를 보면 우리한테 대해서는 이해가 없는 비동정적인 비협조적인 나라라고 간주되었던 나라가 대부분입니다.

그러나 이번에 가서 접촉한 결과 우리 혁명정부에 대한 인식을 더 높였을 뿐 아니라 의외로 그들이 우리 사정을 몰라서 그렇지 알면 비교적 동정적이었다는 것이 발견되고 나아가서는 그들의 중립주의라고 하는 것이 반드시 한국에 대해서 비우호적인 것이 되어야 된다는 이론상의 근거는 가지고 있지 않으면 다시 말하면 그 사람들의 중립주의라고 하는 것을 우리나라의 입장에서는 충분히 우리나라의 국제적인 입장을 갖다가 협조받는데 또한 협조를 구할 수있는 여지가 충분히 있다는 것이 발견되었습니다. 이 사실은 아마 한국이라고 하는 비교적 중근동에 알려져 있지 않은 나라에 대한 사태를 소개할 뿐 아니라 나아가서는 우리나라 문제에 대해서 비교적 동정적인 이해를 갖다가 증진 촉구하는 데에 중대한 계기가 되었을 줄 압니다.

그 다음에 우리들이 방문한 나라들의 일반적인 특징이 무엇이냐 하는 점이 있는데 그 점에 대해서는 이렇게 말씀드릴 수 있습니다. 현재 우리가 방문한 나라 중에 터키, 이란, 키프로스 3개국을 빼놓고 나머지 7개국은 아랍국가입니다. 따라서 우리가 방문한 나라를 두 가지로 나누어서 볼 수 있습니다. 비아랍국가와 아랍국가…….

비아랍국가는 대체로 우리나라에 대해서 우호적인 나라입니다. 터키, 이란 같은 나라는 역사적인 의미에서 우리와 불가분의 관계를 맺었거나 터키와 같이 같은 전선에서 싸웠거나 그렇지 않으면 계속적으로 우호적 지지를 아끼지 않는 나라였습니다. 키프로스는 독립한지가 불과 1년 반밖에 되지않은 나라였습니다. 금년 봄에 유엔총회에서도 나타나듯이 우리나라 문제에 대해서는 감연敢然히 찬표를 던져 가지고 우리나라의 입장을 지지해 주었던 나라입니다. 키프로스 역시 초창기에 여러가지의 정치적인 문제로 골머리가 아프고 또 거기에 공산당의 활동때문에 정부자신이 여러가지 곤란을 느끼고 있습니다. 그래서 우리나라 처지에 동정적인 견해를 정부자신이 가지고 있었습니다. 그러니까 이 3개국에 대해서는 이번 사절단들의 인상으로 보면 그 우호적인 태도가 변할 가능성이 없고 우리들이 얻을 수 있는 국가다, 적어도 3개국은 동정적이었다고 하는 감을 받았습니다.

그 다음에 아랍국가인데 아랍국가는 전반적으로 지금 아랍국가의 여러가지 복잡하고 미묘한 사태 때문에 아랍국가라는 점에서는 통일되었습니다마는 아랍국가내의 여러가지 정치사정때문에 그 관계가 미묘합니다. 그 중에 적극적인 중립주의라고 우리가 호칭할 수 있는 몇 나라가 있습니다. 가령 유명한 이집트의 나세르, 그 다음에 이라크의 캇셈, 또 모로코의 하산 2세, 다 적극적인 중립주의입니다.

그 다음에 중립주의적인 경향을 보이는 나라로서 몇 개국이 있습니다. 예를 들면 사우디아라비아같은 것도 그런 경향을 보여가고 있고 또 기타도 그렇습니다마는 설혹 또 자유진영에 퍽 가까운 위치에 있는 나라도 아랍세계에서는 중립주의적인 말하자면 태도나 언사를 갖다가 공공연히 내세우는 것이 일종의 유행과 같이 되었습니다. 그런 나라를 전반적으로 보는 경우에 우리가 특히 관심이 있는 것은 그 중에 적극적인 중립주의 국가가 반드시 왕국이 아닌 혁명을 일으킨 이라크의 그뿐 아니라 왕국인 모로코 같은 데서도 예를 보듯이 정치와 관계없이 중립주의가 선양되고 있다는 사실, 그 중립주의의 기본구상이 말하자면 어떠한 철학이나 어떠한 정치이념에서 보다는 현재 경제상태에서 민생을 향상시키고 현재 뒤떨어져 있는 일반적인 경제형편을 급격하게 향상시키려고 하는 그런 국내적인 요구와 밀접한 관계가 있다 하는 사실이 나타난 것입니다. 그렇기 때문에 그 중립주의라고 하는 것은 우선 본 인상으로서는 마치 국내적인 경제수요를 충족시키려고 한 방법으로 쓰는 인상도 없지 않아 있었습니다.

그것이 옳으냐 그르냐 하는 것은 우리 사절단으로서는 실례되기 때문에 말하고 싶지 않습니다. 우리들이라도 견해가 있을 수 있습니다마는 다만 선의의 견해로서는 본 것은 그 사람도 그 사람으로서의 절실한 요구에서 나오지 않나 하는 감도 없지않아 있습니다. 그러면서 또 하나의 특징은 무엇이냐 하면 지금 아랍세계의 대세는 그 과거의 전통이나 사회형태로 보아서 그렇게 비자유주의적인 선에서 말하자면 만족할 그러한 상태는 아닙니다.

따라서 현재 그러한 아랍세계의 동향이라고 하는 것이 여기에서 생각하는 것과 같이 그렇게 말하자면 국제적인 농간에 좌우되는 것이 아니고 비교적 아랍세계인들의 이슬람적인 공고한 이념체가 있어서 적절하게 그 사람들의 국제적인 지위가 인식되거나 향상된다면 믿을 수 있을 만한 우방으로 화할 수 있지 않는가 대체로 보아서는 그런 인상을 받았습니다. 이번에 아랍세계의 10개국을 돌아서의 또 하나의 인상은 우리 사절단에 대해서 극진히 친절했습니다. 우리 한국이 가지고 있는 고민에 대해서 자기들도 가지고 있는 고민의 일단이 있는 경우에 비교해서 깊이 동정을 했습니다.

가령 예를 들면 요르단에서는 우리나라에 이북에서 내려온 방대한 피난민이 있다는 사실에 비추어서 팔레스타인 지역에서 방대한 피난민이 요르단에 와 있어서 그것 때문에 국정에 중대한 영향을 주고 있다는 사실과 비교해서 깊이 우리 한국사태에 대해서 동정을 했으며, 아랍국가의 어떤 나라에 있어서는 우리 한국이 군사적으로 방대한 부담을 지지 않으면 안될 입장에 있고 그것이 또 말하자면 상당한 군사적인 위협하에 불가피한 조처였고 그것 때문에 일반국민들이 얼마마한 희생과 고통을 당하고 있다는데 대해서 깊이 동정적이었다는 것 그것을 안 연후에는 아주 우리들에 대한 태도가 달랐습니다.

그런 일에 있어서 또 가령 모로코 같은 데에서는 모로코 자신이 현재 그 근방의 어느 지방에 대해서 그것이 자기들의 역사적인 영토였는데도 불구하고 그것이 현재 그대로 되지 않았다는 사태에 비교해 가지고 현재 대한민국이 양단된 국토 하에서 그 일단에서만 살고 있다는 데에 대해서 깊이 동정을 하는 그런 태도로 나오고 또는 지금 이러한 극난한 시기에 있어서 국민이 일치단결해 가지고 북방의 위협을 막으면서 동시에 국내의 경제재기를 하려는 굳은 결심하에 궐기했다는 사실에 대해서 자기들의 경제향상의 노력에 비추어서 극히 감격적이라고 하는 그런 사실이 있고 그것 중에 좋은 예로서는 그러한 우리나라와의 사이의 비교에 감격한 나라로서 우리 사절단에 대해서 전무후무한 훈장수여를 했었습니다.

가령 예를 들면 요르단같은 데에서는 국왕이 한국의 사절단이 와가지고 한국과 요르단 사이에 정말 획기적인 우호관계를 이루게 해준 공로는 외교상 중요한 공로라고 해서 건국공로훈장 제1등 훈장을 갖다가 사절단장에게 주고 이하는 2등, 3등, 4등까지 그 이하의 총리나 대신급의 훈장을 주었습니다. 본인같은 사람도 말석에 있었습니다마는 내 생전에 보지못한 커다란 훈장을 둘씩이나 얻어 가지고 왔습니다. 그리고 거기에 같이 갔던 기자한테까지도 주었습니다. 우리가 양국 사이의 외교관계에 중대한 역할을 했다고 해서 큰 상을 받았습니다.

그런 것은 결국은 다시 말하자면 우리나라의 입장이 소개됨에 따라서 그 입장과 자기나라의 입장을 비교해가지고 일종의 동지감, 우호감을 얻은 것입니다. 간혹은 사절단이 처음 아랍세계에 들어갈 적에는 아랍세계에서 이 사절단의 진의가 어디에 있나 목적이 어디에 있나하고 의아한 눈으로 보는 눈치가 없지 않아 있었습니다. 따라서 초기에는 만난 즉석에서는 비교적 때에 따라서는 의아한 인상을 우리한테까지도 표시했습니다.

또 따라서 우리들의 활동에 대해서도 충분히 예정이 되지 않았었습니다. 그러나 지금 말씀드린 것과 같이 만나서 거기에 고위층을 만나 가지고 우리나라의 실정과 우리나라와 자기나라의 관계의 유사성이라는 것이 인식됨에 따라서 태도가 일변해가지고 만난지 못한다고 예정했던 사람도 만나고 극진히 대접해서 떠날 때에는 대단히 화기 애애하게 끝을 냈습니다. 그런 점도 퍽 감격적이었습니다. 끝으로 한가지 말씀드릴 것은 이번 중근동 사절로 다녀와서 세 가지 우리가 하고 싶은 말이 있었습니다.

첫째는 중근동 일대의 나라는 비아랍 3개국이나 아랍 7개국이나 다 국내 민생의 향상을 위해서 결사노력을 하고 있습니다. 따라서 현재 우리나라의 입장에서 보더라도 그런 점에서는 피차 같은 고생을 하고 있다 그런 점이 느껴진다는 것 그 점을 서로 강조해가지고 피차의 경험을 적절하게 교환하고 서로 편달한다면 아마 장차 중근동 여러 나라와의 우호관계도 좀 더 우호적인 면으로 친밀해지지 않겠나 하는 것과 둘째는 현재 중근동에 있는 소련이나 중공이나 혹은 북한의 외교적 노력이라는 것이 막대합니다.

다시 말하자면 전력을 기울여가지고 중근동지역에 친공산세력을 양성하거나 혹은 중립주의에서 친공산주의적인 중립선에 억류하게 하기 위해서 최대의 노력을 하고 있습니다. 이런 사실에 대해서 우리 한국은 혹은 한국뿐 아니라 자유우방은 좀 더 적극적인 태도를 취하지 않으면 안되지 않는가, 비록 나라는 멀다 하지만 그러나 우리나라에 가지고 있는 국제적인 영향력을 보아서 좀 더 우리가 이 점을 국제적으로 생각하지 않으면 안되리라고 생각합니다.

셋째로는 이번에 한국이 사절단을 통해서 그 정도로나마 알림으로써 전무후무한 일종의 우정을 획득했습니다. 그렇다면 이것을 이것에 그치지 말고 진일보해가지고 계속적인 우호관계로서 화하게 하려면 역시 외교사절단이거나 영사단이거나 빨리 설치해서 행동의 근거를 두지 않으면 안되지 않는가? 현재 우리나라에서 자력이나 인재면에 여러가지 부족을 느끼고 있다고 하지만 지금 중근동의 어떠한 지역에다가 외교활동의 근거를 둔다는 것은 우리나라에 큰 또 국제적인 협조라고 하는 점에서 중요한 공헌이라고 하겠습니다.

또 그 점에 관련해서 현재 비아랍국가중에서는 지금 터키에 우리 대사관이 설치되어 있고 이라크에는 겸임영사관이 있지만 아랍세계에다가 거기 설치되어 있는 대사관으로서 겸임시키려고 할 것이 아니라 아랍세계 내에 어떤 나라에다가 적어도 상주사절단을 설치해가지고 거기를 중심으로 해서 겸임사절을 확대한다든지 하는 식으로 아랍세계 따로따로 취급하는 것이 현재 중근동의 비아랍국가의 미묘한 관계로 보아서 필요하지 않을까 생각 합니다.

《최고회의보》 3, 1961년

또 유엔총회를 맞으면서
한국문제의 현황을 논한다
(1964)

1

금년도[1964년] 유엔총회는 오는 11월에 개막되거니와, 한국문제는 예년과는 달라 그 토의가 아니라, 상정 그 자체가 바로 보이지 않는 문제의 핵심이 될 듯하다. 내년도 유엔총회는 내년 9월에 개최될 것이려니와, 한국문제는 상정여부가 아니라 총회 안에서나 혹은 총회 밖에서 논의할 것이냐 하는 중대사가 실로 문제의 초점이 될 가능성이 엿보인다. 이러한 사태가 만일에 상정되고 또 적중된다면 그것은 적이 충격적이 아닐 수 없다. 그것은 비단 과거의 예와 너무나도 다를 뿐 아니라 통일문제에 관련된 우리의 고정된 이미지가 그 외양을 잃을 위험이 있는 까닭에 더욱 충격적이 아닐 수 없다. 그렇다면 왜 우리는 이러한 사태를 상정하게 되고 또 상정할 위치에 서게 되었는가?

2

요새 외신에 의하면 김용식 유엔대사는 미 국무성의 유엔담당 차관보와 더불어 한국문제의 상정여부를 상의한 것으로 전하거니와,

그 까닭인 즉 유엔에 있어서의 한국통일 문제 토의가 실질적인 성과를 크게 거두지 못하였다는 데 있는 것으로 알려졌다. 주지되듯이 한국문제는 1954년 제네바정치회담 이래 거의 변함없이 같은 성질의 문제로서 유엔 총회에 상정 토의되어 왔었다. 그러면 한국문제의 상정 여부라는 것은 다름 아니라 종래 유엔한국부흥통일위원단UNCURK의 연차보고 제출에 따라 예년 자동적으로 총회 의제 속에 오르던 한국문제의 보고를 금년부터는 '자동적으로 상정한다'는 '해석'을 바꾸든가, 그렇지 않으면 금년부터 한국 문제는 일반의제에 있어서와 같이 절차에 따른 필요한 요청이 없을진댄 의제로 상정하지 않는다는 원칙에서 상정을 없게 하든가, 또 그렇지 않으면 상정되더라도 금년 혹은 계속하여 토의하지 않을 것을 결의하자는 것으로 이해된다. 이 가운데 한국문제의 토의를 연기, 보류 혹은 중지하자는 움직임은, 과거 2년 동안 꾸준하게 소련이 비공식으로 미 측에 접촉하였던 바로 알려지거니와, 지금 우리가 주목하고 있는 사태는 오히려 앞의 두 가지, 곧 해석의 변이와 상정요청이 없게 된다는 두 점에 집중한다.

  본래 유엔 한국위원단은 매년 한국문제에 관련된 현지상황을 총회에 보고하기로 되어 있으며, 현실적으로는 활동이 가능한 대한민국에 한하여 보고하여 온 것은 주지된 사실이거니와, 이 경우 '보고'는 거년도까지 총회에 대한 '직접적'인 보고로 해석되어 의심되는 바가 없었다. 따라서 '보고'는 적어도 총회에서 '직접' 실시되었고, 또 이 '보고'를 계기로 하여 한국문제가 논의되고, 또 이 한국문제에 연관하여 남북한 초청문제, 결의안 채택문제, 기타가 나오게 마련이었다. 그러던 것이 또 하나의 '해석'이 거년도부터 존재할 수 있다는 설이 전해진다. 곧 유엔 한국위원단의 보고는 반드시 직접 총회에서 행하여질 것이 아니라, 사무총장에게 제출하면 될 것으로, 다음 유엔 사무총장은 그 보고를 회원 각국에게 서면배포하면 그만이라는 것인데 이렇게 되면, 한편 한국문제 등을 물고 나올 한 개의 계기가 소멸될 뿐 아니라, 또 한편 문제상정의 결의가 작년 총회에서 미리 이루어지지 않은 이상, 상정에 필요한 요청이 없을진댄 자연히 한국문제는 고이 잠들 것이 아니냐 하는 논리가 깃들인다. 물론 상정이 아니되려면 원칙적으로 상정에 필요한 요청이 없어야 될 터인 즉, 역으로 상정이 필요하다면 원칙적으로 어느 편에서든 간에 상정에 필요한 절차만 밟으면 족할 것이다. 이 까닭에 상정 열원熱願론자에게는 장래 상정이 필요할 때는 언제든지 상정시킬 수 있다는 청량제가 마련될 수 있는가 하면, 또 한편 상정이 우방 아닌 편의 요구에 의하여 실현될 가능성도 십분 있는 것으로 이해된다. 그런데 한국문제를 이렇듯이 상정과정에서 문제삼는 것은, 얼핏 생각하면, 금년도의 한국문제를 너무나 문제 전에 선행하는 절차, 기술 혹은 상정여부라는 전술적 면에다 과중하게 주의를 집중시키는 것 같은 인상을 줄 것이다. 그러나 그것은 그렇지 않다. 여기서 우리는 또 한 번 작년인 1963년도 유엔총회로 돌아가 보아야 할 것이다.

3

제18차 유엔총회, 곧 작년도 유엔총회에 있어서 한국문제 가운데 소위 본질문제라고 하는 통일문제에 있어서는 미국을 위시한 참전 14개국의 결의안이 채택되었던 것은 이미 주지의 일이다. 그 결의안은 1954년 이래 동곡이문同曲異文이로되 그 골자는 ① 1947년 이래의 유엔결의를 재확인하고, ② 유엔군 주한은 유엔 목적이 한반도에서 실현되었을 때 종결될 것이며, ③ 한반도 내의 유엔 목적은 대의제 하 민주통일이며, ④ 유엔 목적에 북한은 순응할 것을 촉구하고, ⑤ 그리고 유엔 한위의 계속활동을 요청하는 데 있었다. 또 이 결의안의 정신은 1954년 제네바에서 발표된 참전 16개국 공동성명에서 천명된 3대원칙 곧 ① 한국문제를 취급할 수 있는 유엔의 권능과, ② 한반도의 통일은 유엔감시하, 인구비례로, 총선거에 의하여 달성되어야 한다는 원칙에 입각한 것이었다. 작년도에 있어서 이 결의안은 표면상 65개국이라는 전례없이 많은 찬성표를 얻어 채택되었거니와 한 가지 주목될 점은 제안국이 14개국으로 줄어들었다는 사실이다. 원래 유엔군에 가담한 참전 16개국 중에서 중립노선으로 전향한 에티오피아를 제외한 15개국이 제안국이 되는 예는 재작년 17차 총회서도 명백하거니와 18차인 작년도에 있어서는 다시 남아프리카연방이 제외되어 14개국으로 줄어들었다(호주, 벨기에, 캐나다, 콜롬비아, 프랑스, 그리스, 룩셈부르크, 네덜란드, 뉴질랜드, 필리핀, 태국, 터키, 영국, 미국). 남아연방이 공동제안국에 참가하지 않게 된 까닭은, 복잡다단한 아프리카정치의 여파로서 민망스럽기 짝이 없거니와, 그 당시의 사태로는 기실 14개국이 아니라 11~12개국으로까지 줄 우려도 있었던 것으로 알려진다. 한국문제의 본질적인 결의안이 바야흐로 총회의 제1위원회(정치위원회)에 제출될 무렵, 수3개국은 1964년도 (곧 금년도) 제19차 총회에 한국문제를 상정시키지 않도록 노력한다는 사전결정 없이는 공동제안에 참가할 수 없다는 뜻을 미국 측에 전한 것으로 알려진다. 그 표면 이유인즉 한국 문제의 실질적 해결이나 진전에 별로 도움이 아니되는 현상에 비추어 매년 상정에 필요하다는 것이라는 설도 전해졌다. 수개국이 남아연방과도 다른 이러한 이유로 탈락한다면 그 파동은 과연 수개국에 그칠 것인지 의문일 뿐 아니라, 종래 상정돼 오던 결의안의 역사적 유대가 크게 동요될 위험도 고려되지 않을 수 없다.

아니, 실은 작년도 상정조차가 시초부터 문제가 되었던 것이 아니냐 하는 혐의조차 없지 않으며, 1964년도에 대한 사전결의론은 제의국 측의 일종의 양보였을 가능성도 없지 않다. 당시 이 상정반대의 사전결정은 그대로 무마되어 147개국의 합의로는 진전되지 않았다고 하거니와 그 수3개국의 의사가 무시되기 어려운 것은 쉽게 짐작이 간다. 따라서 작년도 총회의 마지막 단계에 있어서 우방의 결의안은 아무런 표면상의 파문없이 147개국 명의로 공동제안되어 손쉽게 채택되었으나, 그 배후에 있어서 모측은 모종의 양해를 그 수3개국에 허용하였을 것은 거의 의심할 여지가 없게 되었다. 그리하여 금년도 유엔총회에 있어서는 한국문제의 상정토의가 아니라 상정여부 자체가 보이지 않는 문제의 핵심으로 나타날 가능성이 생겼다. 그렇다면 왜 이다지 이 수3개국은 완강한 상정반대론을 폈을까? 또 그 이유라고 알려진 것은 과연 어떠한 입장에서 해석하여야 될 것인가? 또 과연 이러한 입장은 그 수3개국에 한정되고, 따라서 우방중의 우방에는 영향이 없다고 볼 것인가?

4

주지되듯이 유엔총회에 있어서의 한국문제는 왕왕히 그 실질적이고 본질적인 면보다 오히려 부수적이며 절차적인 문제가 회기내의 판국을 지배하는 수가 있다. 일찍이 1947년, 처음으로 유엔총회에서 한국통일문제를 다룰 때부터 소련 등은 줄곧 남북한 공히 토의에 참석시킬 것을 주장 또 제의하여 왔거니와, 이 남북한 동시초청이라는 문제 아니되던 문제가 1960년도로부터는 새로운 전략적 의의를 띠게 되어 마침내 총회 공방전의 일대 초점으로 나타났다. 1960년도 총회에 있어서 남북한 동시 초청안에 대한 견제안으로서 나타난 소위 〈스티븐슨 조건부 초청안〉이 바로 그 공방전의 무기였는데 그것은 말할 것도 없이 새로운 총회 환경 곧 1959년도의 82개 회원국으로부터 중립 경향의 증대를 내포한 99개 회원국의 총회라는 환경에 적응한 것이기는 하나, 한국문제를 에워싼 한미 측의 약화인 것은 명백하였다. 이로부터 남북한 초청문제는 연래 총회 공방의 주 작전 같은 양상을 보였는데, 이 문제는 다시 1962년도 총회부터 미묘한 변화를 가져오기 시작하였다는 인상을 받는다. 앞서도 언급하였거니와 1962, 1963년의 양년도에 있어서 소련은 한국문제 토의 또는 상정의 보류에 관하여 비공식으로 미국 측에 접촉한 것으로 회자된다. 그런데 1962년도 유엔총회 임시의제에는 소련 측의 제안인 '외군철수(곧 유엔군철수) 및 남북교류'에 관한 안건이 있었는데, 이 의안은 본래 미 측의 헝가리문제 상정에 대한 보복적 의미가 있다는 설도 있었으되 한편 1962년 봄 이래 치열했던 북한 측의 선전이 주로 미군철수 및 남북교류에 집중하였던 사실로 보아 소련, 북한간의 긴밀한 연제작전임이 틀림없는 것이라는 평이 있었다. 이러한 점으로 판단하면, 당초 소련의 대한국문제 정책은 종전과 다름없이 북한에 대한 전폭적 지지 및 그 대변이라는 선에서 수립되었던 모양이다.

그러던 차에 그해 여름부터 인도 국경분규를 계기로 하여 인도, 중공의 사이는 아연俄然 악화하게 되고, 한편 중공, 인도 분규를 매개하여 중공, 소련의 반목관계가 한층 치열하여질 뿐 아니라 밖으로 세계정치에 노출되게 된다. 그 당시 미 측에서는 소련, 중국의 반목 확대에 따라 과연 북한은 어느 편으로 기울어질 것인가 하는 점에 주목하고 있었던 모양이다. 그것은 그 자체가 동북아정치에 상당한 변화를 가져올 뿐 아니라, 유엔총회에 있어서는 조건부 남북초청안이 채택되는 경우에 있을 북한 반응을 예지하는 결정적 자료가 된다는 판단이 가능하였던 까닭이었다. 인도 국경분규의 진전에 따른 북한 측의 태도는 명백하게 중공 측을 지지함으로써 중공선에의 접근을 상정하게 되었으나, 또 한편 소련의 이른바 '평화공존'론을 지지하고 있어서, 소련의 군사원조를 도외시한다 하더라도 아직 형평을 유지하려는 것이 아닌가 하는 인상을 주었었다. 따라서 소련은 북한의 환심을 사기 위하여도 한국문제에 있어서 맹공을 기할 것으로 보는 편도 있었다. 그런데 사세는 1962년도 총회 개최 중에 일변하게 되었다. 그리고 그 계기는 쿠바위험이었다. 주지되듯이 미소 양국의 충돌까지 우려되던 쿠바위기는 또 돌연 양국의 타협으로 해소되는데, 이즈음으로부터 쿠바위기의 해소뿐이 아니라 이른바 '냉전의 완화'라는 형태로 급진전되었으며, 이 분위기는 즉각적으로 개회중인 유엔총회에 반영되었다. 더구나 여기에 주목할 바는 그 해 10월 전후부터 북한의 친중공 경향은 급속히 노정되었으며 유엔총회 권능에 대한 북한 반응도 총회 분위기를 무시한 도전적인 점이 있었다. 1962년도에 있어서 대한민국은 몇 가지 수확이 있었는데, 그 하나는 남북초청 문제를 대체로 1959년도 곧 스티븐슨 제안 전의 상태로 환원시킨 것과, 그 둘은 유엔군 철수 문제를 가볍게 일축한 것인데 이것이 모두 상술한 미국, 소련, 중공 관계에서 이룩된 것은 기억할 만하거니와, 이 보다도 더 중요한 것은 1962년도의 '조용한 총회'에 있어서의 분위기와 반드시 조화된다고 생각되지 않았던 문제의 하나로 한국문제가 인상주었다는 점이리라.

5

1963년도 유엔총회에 있어서 한국문제는 그 결과로 보면 1962년도의 재판再版의 감이 있었다. 초청문제에 있어서 대한민국만이 실제상 초청되고, 또 본질문제로서의 결의안은 우방 측인 14개국안이 무난히 채택되었다. 그런데 한편 미국 냉전완화의 분위기 역시 총회 초부터 지배적이어서 양국의 협조적 태도가 누구의 눈에도 현저하였다. 다만 소련으로 말하자면, 1963년에 접어들어 북한의 친중공 경향은 급증하였던 관계로 총회 내에 있어서의 소련의 입장은, 적어도 중공대표권 문제와 한국문제에 관한 한 대단히 미묘한 것으로 널리 이해되었다. 말할 것도 없이 유엔총회에 있어서 한국문제는 전형적인 냉전문제로 취급되는 경향이 있어 왔다. 그리고 작년도에 있어서 정치문제로는 중공 및 한국문제가 전통적 냉전문제로 의논되었던 모양이다. 거년도 총회에 있어서 정치문제로 격론이 벌어진 사항은 아프리카 문제, 아랍 난민문제, 중공문제, 그리고 한국문제였는데 그 가운데 냉전이라는 이름 아래 오래 미국, 소련이 격돌하던 역사와 이해와 관계가 담겨 있는 문제는 중공, 한국의 양 문제뿐이라고 간주되었고 또 예민하게 참석국들은 이 점을 느끼고 있는 것같이 보였다. 총회에 있어서의 냉전문제란 어떤 것인가? 가장 구체적으로는, 한 안건에 관계된 투표상황이 압도적으로 미국, 소련의 영향 아래 이루어지는 문제라고 볼 수 있다. 그 내용과 원인과 명분은 어떠하든 간에 미국, 소련의 적극적이고 대립적인 입장이 찬반에 반영되는 문제라고 기술적으로 정의할 수 있다. 한국문제는 오래 그러한 한 개의 문제로 인정되어 왔다. 우리가 무어라고 하든 간에 총회에 있어서는 냉전의 이미지가 항상 한국문제를 뒤따라 다니었다. 주지되듯이 1961년의 군사정부 이래 유엔외교에 상당한 노력이 경주되어온 것으로 알려졌으며 또 본질적 문제에 있어서 60(1961년), 63(1962년), 65(1963년)의 찬표를 한국정부는 획득하여 왔다. 그러나 이러한 좋은 결과에 있어서도 강대우방국의 영향력을 고려하지 않는다면 한국의 독자적인 영향이 과연 어느 정도일 것이냐는 의문이 아닐 수 없다. 앞서 인용한 3년간의 예에 있어서도 한국만의 영향이 가능한 것으로 최대 7~8표, 최하 3~4표 이상을 계산한다면 비현실적이라는 평을 면하기 어려울 느낌이다. 따라서, 과거의 예로서 관찰하는 한 한국이 냉전의 테두리를 벗어나 독자적으로 활동할 수 있는 범위는 아주 좁은 것이라는 견지도 있을 수 있다. 이러한 한국문제에 대한 유엔이미지라는 배경 아래 총회의 비냉전화라는 국제환경에 당면한다. 또 이러는 참에 1963년 가을에는 영국의 맥밀란 수상이 물러서고, 신임수상에 흄 전 외상, 그리고 외상에 버틀러가 각각 취임하게 되었는데, 버틀러 신외상은 그 외교정책의 16개 목표로서 미소 간의 냉전완화와 그 적극적인 중개자라는 것을 내세웠다. 이 버틀러 외상의 정책은 영국 국내 및 국외에 대한 여러 가지 효과를 계산한 결과라는 논평을 받았거니와, 그 정책은 즉각적으로 개최 중이던 1963년도 총회에도 적용된 듯 한 인상을 준다. 특히 한국문제에 대하여 그러하다. 총회 초부터 있던 것으로 알려진 소련의 상정반대 혹은 토의보류의 막후접촉과, 한편으로 영측의 완화정책을 이해한 듯 한 영연방국 중 2, 3개국의 움직임은 곧 냉전문제의 가능한 배제라는 느낌이 없지 않았다. 더구나 버틀러 외상의 냉전완화 정책은 1954년 한국문제를 유엔 밖으로 옮겨 놓아, 제네바 정치회담을 성취시키는 데 공헌이 컸던 이든 외교를 생각할 때 그 영향의 방향이 과연 어떠한 것일까하고 생각에 잠기게 된다. 하여튼 1963년도 총회는 외면상 1962년도의 재판임을 유지하였다. 그러나 1964년도에 있어서는 1963년도 총회 막후에서 꿈틀거리던 일련의 사태가 표면화될 것은 거의 의심이 없는 것 같다. 틀림없이 유엔 국제환경은 변모해 가고 있다. 한국문제의 상정여부가 바로 금년도의 현실적인 문제가 되었다는 점이 단적으로 한국문제를 에워싼 국제환경의 변화를 손가락질한다. 아니, 실은 꿈틀거리고 변형되어 가던 사태가 드디어 그 일모를 뚜렷이 하였다고 할 수 있다. 그렇다면 그것은 어떠한 변화였을까?

6

제네바정치회담이 있었던 1954년도로부터 10년간 한국 측이 염원하는 한국통일 결의안에 대한 찬표는 그 절대수로 보아 50표로부터 65표라는 증가를 보였다. 그런데 우리가 여기서 인식해야 할 점은 그동안 총회 참석국의 총수도 대량 증가하였다는 사실이다. 제네바 한국회담의 이듬해인 1955년도까지 유엔가입 총수는 60개국으로서, 한국문제가 최초로 토의되던 1947년도에 비하여 불과 3개국의 증가였다. 그러던 것이 1956년에는 일약 60개국, 1961년도에는 104개, 그리고 작년(1963년)에는 111개국이라는 급증가를 보였다. 따라서 통일결의안에 대한 찬표는, 표에서 명백하듯이 비록 절대수에 있어서는 늘었으되, 총투표국에 대한 '비율'에 있어서는 점강漸降경향을 계속적으로 나타내었으니, 곧 1954년도의 83%는 작년도에 이르러는 59%까지 떨어졌고, 이 반면 기권·결석률은 같은 해에 각각 8%로부터 32%로 급증하였다.

지금 한국문제가 총회에 있어서 냉전문제로 간주되는 경향이 있다는 사실과 동시에 이른바 미국, 소련의 고정표를 감안하여 생각

[표 1] 한반도 통일결의안에 관한 유엔총회 표결

연도	회원국수	찬성	반대	기권, 결석***	찬(%)	기권, 결석(%)
1947*	57	43	0	14	75	25
1954**	60	50	5	5	83	8
1955	60	44	0	16	73	27
1956	80	57	8	15	71	19
1957	82	54	9	19	66	23
1958	81	54	9	18	67	22
1959	82	54	9	19	66	23
1960	99	59	14	26	60	26
1961	104	60	11	33	58	32
1962	110	63	11	36	57	33
1963	111	65	11	35	59	32
1964	112					

* 1947년도는 〈한국독립에 관한 문제〉
** 1954년도부터는 16개국(15, 14개국) 결의안
*** 결석국 중에는 의사표시와 관계없는 결석도 있으나, 대개는 기권의 뜻이 있는 예가 많으므로 한 단위로 엮었다.

하건대 찬성비율의 점차적인 감소는 곧 기권, 결석표의 점증으로서, 그것이 바로 미국, 소련 냉전의 국외에 서려는 소위 중립국의 점증과 함수관계에 있는 것은 쉽사리 추측이 된다. 1960년도 총회에 있어서 장면 정부를 당황하게 하였던 미국의 〈스티븐슨안〉이라는 조건부 남북한 초청안이 비록 그것이 조건부라 할지라도 남북한 초청을 인정한다는 타협안이었음에 불구하고 기권, 결석 26개국에 이르렀다는 사실은 마치 그해 회원국 총수가 전년도의 82개국으로부터 갑자기 99개국으로 급증하였다는 점에 비추어 한국문제의 추세를 점치는 징조로도 보였다. 이러한 사태는 생각건대 역사적으로는 냉전을 중심으로 하는 양극정치의 점차척인 후퇴를 상징하는 것이려니와, 동시에 미국, 소련 양대국의 유엔정치에 있어서의 영향력의 점감漸減을 의미한다. 여기에 국민정부가 군사혁명 이래 유엔외교를 중심한 국교확장에 매진한 소이가 있거니와, 그 결과는 앞서도 언급했듯이 10표 이내의 문제였으며 그나마 정부의 노력으로 2, 3표를 상실한 예도 있고(이스라엘 문제로 인한 아랍표), 반대로 노력에 비례하여 아프리카의 프랑스계 표를 무더기표로 묶는 데 성공한 예도 나왔으나, 그러나 이 모든 것은 대세를 지배하는 데는 너무나 미약하였다. 더구나 한국문제는 대한민국이 유엔회원국이 못된 이상 우방국에 의하여 대한민국의 입장은 대변될 수밖에 없고 또 현실적으로는 우방 특히 미국에 의존하여 왔으며, 또 따라서 냉전문제의 굴레를 벗을 수 없었다. 이 까닭에 한국문제는 미국 우방의 대국정책에 의존하고 특히 유엔정책에 의지하게 된다. 뿐만 아니라 앞서 논의한 바 찬성, 반대, 기권의 여러 상황은 필경 유엔총회의 투표외교에 불과하며 동시에 회의정치의 전략에 지나지 않는다. 결의안이 몇 번 채택되었다 하더라도 현실적으로 그것이 집행되지 못하였던 것은 주지의 사실이다. 따라서 총회의 투표외교 배후에 있어서는 이 문제에 대한 예리한 의식이 있었다.

7

1963년도 유엔총회에 있어서 냉전문제로 간주된 문제는 크게 중공대표권문제 및 한국문제였었다고 말하였다. 이 양 문제는 비단 같은 냉전문제로 간주되는 점에 있어서 관련이 있을 뿐 아니라 또한 같은 동북아지역의 문제라는 점에서도 항상 총회의 주목을 끌어왔다. 과거의 예에서 본다면, 무릇 중공문제의 귀추는 곧 한국문제에 대한 찬표 계산을 하는데 한 개 지표가 되었었다. 물론 엄밀한 대응이야 있을 수 없는 일이었으나 대체의 추세는 쉽사리 짐작되었다. 이 까닭에 1962, 1963년도에 있어서 중공대표권에 대한 부표(곧 국민정부 지지표)가 1961년보다 몇 표가 늘어 56표 또 57표(찬성 42표, 41표)로 나타났을 때, 한국문제에 대한 대한민국표가 약간 표씩 늘 것으로 예상되었던 것인데, 그것은 그대로 적중되었다. 금년도인 제19차 총회에 있어서는 중공 지지표는 프랑스, 콩고(브라자빌)표 짙은 결정표를 비롯하여 몇 개의 아프리카표의 증가를 예상할 수 있거니와 내년도인 1965년도에 있어서는 내년에 예상되는 중공 승인의 급증에 따라 중공대표권의 방지는 거의 불가능한 것으로 누구나 보고 있는 형편에 있다. 따라서 설령 한국문제가 종전과 같은 태세로 상정된다 하더라도 그 투표 결과는 작년도와는 차이가 있을 것임에, 하물며 1965년도인 내년에 있어서는 또 같은 태세라면 일종의 혼란에 빠질 것이 짐작된다. 이런 경우 곤란을 겪게 되는 강대국은 비단 미국만이 아니요 현재로서는 소련 역시 미묘한 위치에 설 것은 의심이 없다. 그런데 문제는 이에 그치는 것이 아니다.

과거에 있어서 소련의 대한정책은 줄곧 두 개의 한국을 공인시키는 데 있었으며 소련형 통일안이 예비단계인 연방안도 그 핵심은 남북 양한의 공인이 전제였다. 이 양한 정책은 소련의 양독 정책 곧 동독의 엄연한 존재를 국제적으로 공인시킨다는 정책과 부합하는 바로서 동독의 경우에 있어서는 어느 정도의 성과도 없지 않아 있었다. 이에 대하여 국토에 있어서는 대한민국의 정통적 위치가 한국통일 결의안을 통하여 공인되는 형식을 얻어 왔다. 적어도 유엔총회를 통하여 이 점이 매년 새로 천명되는 양식이 취하여짐으로써 독일문제에 와서는 다른 국제적 성격을 띠게 되었다. 그러나 현실적으로는 대한민국만이 한반도 내의 유일한 합법적 정부라는 1948년도 유엔총회의 결의에 대하여, 그 후에 가입한 신회원국 가운데는 이러한 명분에 대하여 비교적 무관심하거나 혹은 총회의 사로서의 결의에 대한 참여감이 부족한 나라가 없지 않아 있는 것은 유엔총회 기간 중에 사석에서 환담할 기회가 있었던 모든 사람의 경험일 것이다. 물론 그렇다고 공식적인 총회의 의사가 손상을 입는 것은 결코 아니나 현실 외교에 있어서 공감의 기저가 얕을 것만은 부인하기 어렵다. 그런데 공교롭게도 소련이 이룩하지 못한 양한 문제는 작금 중공의 대외진출과 아울러 점차로 확대되어 가는 느낌을 주고 있다. 1963년도 총회에 있어서 인도네시아 대표가 도쿄 올림픽에 양한 팀이 참가하는 예를 들어 그 친북한적인 양한론을 전개한 것은 당시 《뉴욕타임즈》도 주목한 바이려니와, 국제외교의 무대에 있어서도 작년 8월 북한외교 사절단 설치를 허용한 카이로 정부, 금년봄에 대사관 설치를 용인한 인도네시아의 예로부터 대한민국 지지의 중추였던 브라자빌 콩고의 북한 접근 등 허다한 변화가 진전 중으로 알려지는데, 이 모두가 이른바 중공외교의 양산(洋傘) 밑에서 이루어지는 점이 특히 주목거리라 하겠다. 더구나 여기에 제2차 아시아·아프리카 대회의 문제가 겹친다. 주지되듯이 내년(1965) 3월, 1955년 인도네시아의 반둥에서 개최되었던 아시아·아프리카 국제회의가 아프리카에서 제2차로 다시 개최된다. 그 회의의 목적과 의제의 대강과 그리고 참가국은 금년 4월에 열린 예비회의에서 미리 결정되었거니와 그 코뮤니케에 의하더라도 그 회의의 분위기는 반둥대회보다도 더 반둥적이 될 것이라고 짐작이 간다. 이 대회에는 대한민국도 초청되었거니와 북한도 초청되었으며, 지난 6월 제네바 예비 대표회담 때는 대한민국과 더불어 북한도 참석한 것으로 알려지고, 그리고 중공의 비중이 높았던 것으로 전한다. 아니나 다를까 그 대회에 결단코 참가하겠다던 소련은 완곡하게 자진사양할 뜻을 표함으로써 중공의 소련참가 저지운동이 성공하였고, 따라서 내년 3월 대회에 있어서 공산권을 대표하는 대국은 바로 중공으로서 아마도 회담장 내의 헤게모니를 잡을 것이 아닌가 하고 관측하는 측이 많다. 이러한 아시아·아프리카 대회의 움직임은 그것이 단순히 반둥대회의 계속일 뿐 아니라 제1차 국제연합통상개발대회에서 노출된 빈국군의 집결인 77개국 중의 아시아·아프리카 그룹을 배경으로 하고 있다는 점에서 그 영향이 비단 대회에 그치지 않고 내년 유엔총회에 넘겨질 것은 의문의 여지가 없다. 이렇게 볼 때 중공외교로서는 내년의 아프리카대회로부터 유엔총회까지가 결정적인 시기일 수 있거니와, 이에 북한이 그 반사

이익을 누릴 것은 역시 명약관화하다. 이미 그 진동은 금년부터 느끼게 되고 대한민국은 카이로, 인도네시아, 콩고 사태에 대하여, 또 그리고 장차 닥쳐올 제2의 카이로, 인도네시아 사태를 앞에 보면서 자못 자연의 추세에만 몸을 던지고 있는 것 같다. 이른바 할슈타인 정책이라는 양한론 절대불용 정책도 엄격하게 고수한다는 것이 어려울 것이나, 그렇다고 독일에서와 같이 할스타인정책으로부터 탈출하려느냐 하면 물론 그것은 그렇지도 않다. 이러한 과정과 환경에서 본다면 금년도 유엔총회에 있어서 한국문제 상정여부라는 문제는 명백히 단순한 전술상의 문제라고 할 수 없다. 왜냐하면, 한국문제는 오래 유엔총회의 냉전문제였거니와 그 냉전문제의 성격을 결정한 미국, 소련의 위치가 작금년부터 바뀌어졌을 뿐 아니라 심지어는 미국, 소련 냉전표 중의 고정표조차도 이제는 통솔되기 어려운 까닭이다. 이미 국제정치에 있어서와 같이 아니, 국제정치의 현황에 따라 유엔정치도 냉전시대로부터 다른 시대로 옮겨져 가고 있는 까닭이다. 유엔이라는 무대에서 작금 맹렬한 문제거리로 나타나는 아프리카 제문제, 아랍문제, 콩고와 키프로스, 그리고 수년 후에는 중대한 정치문제로 등장할 빈부국의 대립 등은 동남아사태와 아울러 현재 진행중인 국제정치의 재편성 과정을 역력히 보여주고 있으며, 동시에 그것이 냉전의 틀 밖으로 나가고 있는 것을 명백하게 가리켜 주고 있다. 따라서 한국문제는 얼굴을 바꾸어야 된다는 의견이 나온다. 미국, 소련과 더불어 취급하기 곤란한 문제라는 평이 나온다. 상정을 멈추고 가쁜 숨을 풀리자는 생각이 나오는 소이이다.

8

그런데 또 한 가지 중대문제가 있다. 국제환경은 바뀌어 가고 있는 이 마당에 대한민국 국내의 환경의식은 바뀌고 있는 것 같지 않다. 대한민국에 있어서는 유엔총회의 한국문제는 단색으로만 이해되었다. '대한민국은 유엔에 의하여 탄생되었으며 유엔군에 의하여 공산침략으로부터 구원되었다'. 대한민국은 한국통일 문제를 다루는 유엔의 권능을 인정한다. 대한민국은 유엔 총회에서 채택된 한국통일 결정안을 절대로 지지한다. 한국의 유엔가입 저지는 만부당하다. 그리고 대한민국 정부는 적어도 '한반도에 있어서의 유일한 합법적 정부'라는 명분을 견지하고, 나아가 이에 저촉되는 남북한 공동초청 등을 단연코 저지할 뿐 아니라 우방국의 결의안에 패한 최대 다수표를 획득하도록 노력한다. 이상은 거의 우리들의 일종 유엔 생리가 되어 있어서, 이 밖에 과연 무슨 유엔대책이 있을 것인지 여간 하여서는 생각조차 나지 않는다. 이 까닭에 근래에 있어서도 정부의 주력은 따라서 남북한 동시초청 저지, 제네바식 국제회의 반대, 참전국 제안의 통일 결의 지지라는 사항에 집중되었고 또 이 까닭에 찬표의 절대수 증가에 유엔 외교력을 총집중하였다. 그런데 이러한 형편에 있어서 우리는 당연히도 한국문제가 부당하게 양단된 우리 강토의 문제인 점을 강조하고, 그것이 주로 냉전문제로 취급되어온 것이 유엔총회의 실정이라는 점을 등한시한다. 따라서 우리는 유엔총회에 있어서 한국문제에 대한 찬표는 곧 우리 대한민국에 대한 찬표요 또 우정이라고 느낀다. 또 따라서 반대는 물론이요, 기권도 대개는 대한민국에 대한 비우호적인 행위로 받아들인다. 물론 우리가 지지하는 결의안을 찬동한 회원국에 대하여 대한민국으로서 고맙게 생각하고 감격하는 것은 한국문제의 당사국으로 의당 그래야 할 것으로 여겨지며, 또 한편 기권국에 대하여 섭섭함을 금치 못하는 것은 인지상정이라고도 할 수 있다. 그러나 국민의 감정이라는 점을 떠나서 만일에 유엔총회에 있어서 한국문제에 대한 회원국의 찬반, 기타의 반응이 대체로 대한민국 자체에 대한 반응이 주라고 생각한다면 이보다 더 현실에서 멀고, 사실과 어긋나는 일은 없다. 대한민국 자체에 대한 정책 혹은 태도의 표시가 있다 할지라도, 그것은 그렇지 않은 편이 압도적으로 많은 까닭이다. 유엔회원국의 반응과 투표 및 기타의 의사발표는 그야말로 유엔총회에 상정된 '한국문제'에 대한 것이며, '한국문제'는 냉전문제라는 범주에서 이해된 것이 실정에 가깝다고 할 것이다. 말할 것도 없이 한국의 지성인과 정부는 유엔 내의 한국문제가 오래 냉전 하에 취급된 사실을 깨닫고 있다. 그러나 국론으로서 또 여론으로서는 유엔의 '한국문제'와 한국문제 그 자체를 구별하지 않았을 뿐더러, 정부 스스로 오늘날까지 앞장서서 이 혼동을 장려한 느낌이 없지 않다. 이 까닭에 우리는 유엔의 한국문제를 포함에 있어서 그것이 널리 이해되고 있는 냉전문제라는 각도와, 또 그로 말미암아 유출되는 여러 가지 상황에 대하여 국내에서는 일찍이 문제시하지 않았다는 사실이 드러난다. 뿐만 아니라 정부는 자승자박에 걸려든다. 왜냐하면 한국 유엔외교의 대부분은 실은 국내정치인 까닭이다. 정부는 작금 전력을 기울여 찬표 획득에 노력한 점은 이미 언급하였다. 이 경우 한국이 독자적 노력으로 획득한 표수는 절대 표수에 약간을 보탰으나 결의의 통과를 결정하는 필요하고 충분한 표수는 물론 아니었다. 그럴 뿐더러 절대수의 7, 8표의 증가는 현실적으로는 국내여론에 대하여만 크게 어필하였으며 국제여론에 대하여는 기대한 바와 같지 못하였다. 역으로 냉전표로서의 대국표는 모든 결의통과에 결정적 역할을 하였던 것은 누구의 눈으로도 명백하여 의심이 없다. 하고 보면 우리의 유엔 외교는 외교환경의 개척에 따른 외교적 성과를 목표삼은 것보다는 오히려 외교성과라는 명목 아래 국내여론에 대한 활동인 면이 현저하였다. 물론 외교는 국내정치에 대한 효용을 중요시한다. 그렇다고 국내정치의 효용만이 주성과인 외교는 진정한 의미에서 이미 외교가 아니라 국내정치의 연장일 따름이다. 더구나 고정된 이미지, 불변의 유엔 한국문제관에서 국내여론이 기대하는 성과를 도저히 국제환경이 허락하지 않을 때, 이 고정된 이미지로 말마암아 국내는 충격을 받을 것이 거의 틀림없을 것이다. 아니, 그것이 충격적이고 따라서 국내정치에 파문을 일으킬 가능성이 있는 까닭에 선례를 따른다는 명목 아래 찬표 공작과 표수 증가에 국척跼蹐하여 유엔외교 원칙의 책임을 선임에게 돌리는 수도 없지 않다. 이리하여 한국외교는 한국문제를 자연에 맡긴다. 이미 2, 3년래 유엔외교의 난국이 예상이 되었으나 그러나 그것은 한바탕 가상에 그친 혐의가 있다. 미국 측으로서도 '한국 문제' 재검토의 움직임이 있는 것으로 전해졌으나 아직 공동 연구가 진행 중이라는 소식은 들리지 않는다. 그러나 이러한 조바성도 어언간에 지난 일로 되어 가는 것 같다. 금년도 유엔총회를 맞으면서 상정여부가 문제된다는 것이 이미 냉전문제로서의 '한국문제'가 사라져 가고 있으며, 바야흐로 새로운 환경에서 한국 문제가 취급될 것을 암시한다. 더구나, 만일에 냉전문제로서의 '한국문제'를 상정 보류한다는 움직임이 실현된다면 그것은 손쉽게 유엔 밖에서 한국문제를 논의하자는 대세로 진전될 가능성이 내년도부터는 보일 것으로 믿어진다. 왜냐하면 중공문제, 베트남문제 등의 착잡한 동남아문제의 전환기를 내년, 내후년에 앞두고 필연적으로 관련되는 한국문제가 그것이 논의될 장소를 유엔에서 갖지 못한다면 기필코 유엔 밖에서라도 가져야 된다는 이론이 나올 것이니 말이다. 이러한 이론은 기실 오래전부터 총회의 소수파가 주장하던 바이지만 내년도 총회에 있어서 중공대표권 문제가 중공에게 유리하게 전개되는 경우, 아마 아무도 이 소수파가 그때도 소수파로 남으리라고는 단정하기 힘들 것이다.

이러고 보면 금년이야말로 '유엔의 한국문제'로는 바로 역사적인 해가 아닐 수 없으며, 냉전문제로서의 '한국문제'가 새로운 '한국문제'로서 새로 탄생하는 진통기가 될지도 아마 모르겠다. 이러한 상황에 즈음해서 우리에게 시급히 요청되는 것은 우선 우리 국민이 지니고 있는 그 고정된 유엔외교의 환경인식을 현실화하는 것이라고 생각된다. 이러한 환경의식의 정비는 정부나 백성이나 모두 한 시각이라도 서둘러야 할 터로, 그것은 냉전하에 고정된 미국민의 소련관을 수년내 미정부와 또 그 지도 아래 미국민이 조금씩 고쳐나가고 있는 것으로도 명백하다. 왜냐하면 강대우방과의 협조에 있어서도 고정적인 이미지의 조절에 심한 시차가 생기는 경우 그것은 폭발적인 파탄을 가지고 올 우려가 있는 까닭이다. 이러한 입장에서 우리는 한시라도 빨리 냉전하 '한국문제'의 고정된 이미지를 수정하고 우적을 새로운 각도에서 보아야 할 것이다. 이럼으로써 비로소 우방강국과의 진정한 대책 강구도 가능할 것이며 또 한국문제에 대한 능동적인 접근도 기할 수 있을 것으로 믿는다. 이러므로 비로소 유엔총회에 있어서의 한국문제는 장차 수년 내에 닥쳐 올 현실적 정치로서의 한국통일 문제에 직결될 것이다.

《신동아》 1964년 10월호

탄트 보고와
한국문제
(1964)

우 탄트 유엔사무총장이 연례보고서에서 말한 바는 아직껏 옵서버를 파견하지 않고 있는 나라들에게 옵서버 자격을 주자는 것으로 해석할 수 있다.

최근 갑자기 국제적 발언권이 커진 중공의 유엔가입 문제는 이번 총회에서 아니라 명년도의 제20차 총회의 가장 큰 의제가 될 것이므로 이와 관련해서 볼 때 이번 보고에서 제기한 것은 각별한 의의를 갖는 것이라 할 수 있다.

그 동안 유엔을 무대로 해서 벌어져온 여러 가지 국제정치의 움직임을 본다면 사무총장이 보고서에서 제의한 것은 일찍부터 예기되어온 일이라 할 수 있다.

지난 1962년의 유엔총회에서 대한민국 대표의 초청결의안이 나왔을 때도 소련은 사무당국에 압력을 넣은 일이 있었다. 그것은 대한민국 대표단의 초청을 반대하는 것이 아니라 그와 함께 북괴대표도 동시에 초청해서 참석시켜야 한다는 것이었다.

우탄트 총장이 총회에 앞서서 이 문제를 제기한 것은 단적으로 말해서 소련으로부터의 새로운 압력을 예기豫期하고 선수를 쓴 것이라 할 수도 있다.

　지금까지의 관례로 봐서 회원국 아닌 국가대표가 옵서버의 자격을 얻는 것은 전적으로 사무총장의 권한에 속하는 것이었으며 그 기준은 ① 유엔 회원국과 얼마만큼의 국교관계를 맺고 있는가, ② 유엔 산하의 사무기구에 어느 정도 가입되어 있는가 하는 점 등이었다.

　그래서 대한민국은 이 두 가지 기준에 비추어 북괴보다 월등 유리한 입장에 있었던 것이다. 그러나 아시아, 아프리카 블록들과 공산권국가들의 반대 때문에 가끔 위협을 받기는 했었으나 그것이 결정적인 영향을 주지는 못했었다.

　최근의 급격한 국제정세 변동과 명년 3월 알제리에서 열리는 아시아·아프리카 회의에서 중공이 국제적인 발언권을 높일 것을 생각한다면 대한민국 외교는 적어도 유엔에 관한 한 결정적인 전술상의 변경을 꾀하지 않아선 안 될 것으로 생각한다.

　최근 수년 동안의 경과로 보아는 한국 문제는 유엔 자체 안에서보다는 유엔 밖으로 끌어내서 해결하자는 주장이 아시아 아프리카 블록에서 상당한 정도의 압력을 가지고 제기된 것이며 솔직히 말해서 이 같은 제의가 있을 경우 우리가 믿고 있는 우방이 어떻게 응수할 것인지도 의심되는 바 없지 않다.

　가령 중공과 함께 아시아, 아프리카의 중심 멤버인 인도네시아가 작년의 유엔 총회에서 한국 문제를 유엔 밖에서 해결하도록 하자는 공식, 비공식 제의를 한 사실을 우리는 크게 주시하지 않아서는 안될 것이다.

　내 생각으로는 앞으로 2, 3년 동안이면 우리는 통일 문제를 관념상의 차원으로부터 현실적인 당면 문제로서 다루지 않으면 안 될 때가 오리라고 본다.

그런데 최근 정부나 국회에서 통일 문제를 다루는 태도를 보면 그것이 관념상의 논의라는 한계점도 있거니와 그보다도 순전한 국내정치 문제로서의 논의에 그치고 있을 뿐이라는 점을 지적할 수 있다. 이것이 국제정치의 당면과제로서 다루어지자면 우리는 보다 더 시야를 넓혀서 정세의 추이에 민감하게 대처해나가야 될 것이다.

명년 3월의 아시아·아프리카 회의는 중공이 유엔 가입을 노리고 국제적인 시위 효과를 얻기 위한 것이며 중공의 노선에 맹종하고 있는 북괴의 국제적 지위 확보를 위한 시위도 겸할 것 인만큼 우리의 외교는 훨씬 폭이 넓고 신축성이 있어야 할 것이다.

이미 최근 몇 해동안의 경과가 그러했었거니와 한국 문제의 유엔 상정은 이번의 우 탄트 제의로 다시금 커다란 장애에 부딪친 것이며 대한민국 대표만의 초청결의안은 아예 나오지도 못할 가능성이 없지 않다.

동서냉전 시대로부터 남북교류 시대로 무대가 바뀌어 가고 있는데 한국 문제와 중공문제만이 동서냉전시대의 유물로 해마다 제기됐었는데 곧 중공의 대표권 문제가 해결된다면 한국문제만이 오직 하나의 구시대의 유물로 남게 되지 않을까 싶다.

《조선일보》 1964년 11월 21일

한국에의 외교적 도전
(1964)

한국에의 외교적 도전이란 표현은 현재 한국 정부가 공식적으로 유지하고 있는 외교적 입장에 대하여 유리하다고 생각할 수 없는 외교적 향방이라는 의미이다. 이 경우, 한국 정부의 외교적 입장은 일반적인 '국가이익', '국제위신'을 제외한다면, ① 적극적 반공, ② 한미우호 관계의 우선과, ③ 대북한 방위정책, ④ 유엔 남북통일결의안 지지 등을 주축으로 하고 있다. 따라서 여타의 외교활동, 일례를 든다면 경제 외교, 한일 외교, 유엔외교 등은 모두 이러한 외교적 입장에 유래하거나 혹은 그에 의하여 제약받고 있다. 그런데 주지되듯이 이러한 입장과 정책은 이른바 극심하였던 미소 냉전 시기에 형성되었고 또 전개되어 왔다. 이 시기에 있어서 그 특징의 하나는 한국 외교에 지대한 영향을 미치는 우방 지역의 정치적 중심지political center는 워싱턴 뿐인 것이 바로 그것이며, 또 이점이 이른바 '양극화 정치'의 성격이기도 하였다. 이렇듯이, 한국 외교는 그 형성기의 환경으로 인하여 냉전 외교의 양상을 지니고 있지 않을 수 없었으며, 이 까닭에 '양극'의 한 편에서 본다면 가상적지와 접경하고 있는 '민주진영의 최전선'이라는 인상을 주게 되었다. 더구나 한국의 냉전 외교는 그것이 한반도의 양단과 6·25 사변이라는 중대 사태로 인하여 더욱 노골적으로 준전시외교의 일면을 드러내게 되었다. 그러던 것이 오늘날 외교 환경에 있어서 무시할 수 없는 변화가 일어나고 있음을 느끼게 된다. 이른바 '양극화 정치'라는 정치여건이 점차로 변모하여 가고 있음에 따라 냉전환경의 변화가 여러 면에서 노정되고 한편 현재 형성 중에 있는 새 환경 속에 한국 역시 돌입하고 있는 중이라는 의식이 앞선다. 준전시적이며 냉전 성기盛期의 외교가 필연적으로 상대를 적국 혹은 우방의 흑백으로 식별할 수 없을 때는 냉전 외교의 기조는 흔들렸다고 아니할 수 없다. 따라서 현재와 같은 국제정치 환경의 변화가 진행하는 한 한국 외교는 그 영향을 면할 길이 없을 것이며, 또 우방 지역의 정치적 중심도 비단 북미주에서만이 아니라 동북아, 유럽에서도 발견할 수 있을 것이 예상된다. 그러므로 한국 외교는 호불호 간에 이러한 새 사태에 대처 아니할 수 없거니와, 아직 그 외교적 입장과 정책은 적어도 공식적으로는 냉전 외교의 전통을 견지하고 있는 것으로 보인다.

그러면 '외교적 도전'이라는 의미에서 외교 면에 나타난 불안요인은 무엇일까?

첫째, 한국 외교의 '적극 반공'이라는 입장에 중대한 도전을 받고 있다. '적극 반공'이란 무엇이냐? 대외면에 있어서는, ① 공산국 일반에 대한 무차별 적대주의에 유래하는 외교통로 및 기타 교류의 단절, ② 좌경 중립국에 대한 비우호적 규정, ③ 할슈타인 독트린의 견지, ④ 북한 접촉, 교역 등의 비우호시, ⑤ 양국 한국론에 대한 철저한 배격, ⑥ 우방의 대한정책에 나타난 반공무시에 대한 비우호시 등이라고 이해된다. 이러한 적극 반공은 냉전 성기의 미소 대립과 동시에 자유, 공산 양 진영에 있어서의 미소의 확고한 지도력이라는 국제 환경과 상부相符되는, 바로 이러한 외교 환경에 있어서 공산 진영은 그 일원적 구조에 따라(유고의 예외는 있었으나) 한미 외교의 단일하고 단색적인 가상적진으로 취급되었다. 따라서 적진 내의 공산국가들은 외교적으로 일색의 대상일 수밖에 없었던 까닭에 냉전 외교의 이데올로기적 표현도 가능하였다. 그러던 것이 오늘날 동서의 일원적 구조가 와해함에 따라 '미소냉전'이라는 기본 환경이 변동을 일으키고 있다. 소련, 중공의 분규가 마침내 공산계보를 흔들어 놓았을 뿐 아니라, 부분적인 구조(소련, 동유럽 관계)에 있어서까지 일원적인 집권주의는 약화하고 외교적으로 다색하게 되었다(《톨리아티 유서》의 예, 루마니아, 알바니아의 예). 이 점은 서방세계에 있어서도 미국, 프랑스의 예로 노정되었으며, 한편 중립 국가의 증대로서 양극화 정치의 의미는 상실하게 되었다. 이러한 상황 아래 수년래 미국 외교는 공산 각국에 대하여 개별국의 실정에 따라 변화 있고 적응성 있는 방향으로 매진하며, 금일의 미국·동유럽 관계와 미소 관계는 냉전 성기와는 판이한 인상을 주게 되었다. 적어도 외교에 있어서는 공산국이라는 단색의 표지로 외교면을 결정하는 사태는 처연히 자취를 감추게 되었다. 이에 대하여 한국 외교는 아직 이러한 외교 환경에 대한 외교조정에 착수하지 않고 있으며, 따라서 외교의 뉘앙스와 유연성을 발휘할 형편에 있지 않고 오로지 위협만을 느끼고 있는 것 같다.

냉전외교 하의 한미 관계는 현실적으로 군사 관계에서 가장 긴밀하였다. 외교는 이 경우 군사의 시녀인 감이 불무不無하였다.

그것은 한국방위의 중대한 역할을 담당하고 있는 유엔군이 실질적으로 대부분 미군이라는 점뿐만 아니라, 한미관계의 양대 지주인 군사조약과 원조에 있어서도 명백하였다. 왜냐하면 군사조약은 말할 것도 없고 원조라는 특수 관계도 기본적으로는 〈클레이 보고서〉에 명백하듯이 군사적인 것이 그 핵심이었던 까닭이다. 이러한 국방상의 유대는 양극화 정치기에 있어서 한국은 바로 '민주진영의 최전선'에 위치한다는 인식과 부합한다. 뿐만 아니라 현재에 있어서도 그 의미의 상당한 부분은 유효하다. 그러나 여기에도 변화는 이미 일어났으며 또 진행 중에 있는 것으로 여겨진다. ① 미국의 신외원법外援法이 명시하듯이 그것은 과거의 상호안전법Mutual Security Act과는 입법 취지가 다르며, 따라서 그 법에 의한 외원을 기대하는 한국에 대한 미국 외교의 강조점이 종전과 달라져 가고 있는 것은 쉽사리 짐작되는 일이다. ② 이 사태는 폴라리스 유도탄의 태평양 지역 배치 및 대공수력의 발달이라는 예에서 전형적으로 간취할 수 있는 전략 변화와 일치한다. ③ 1960년 체결된 미일안보조약을 계기로 한 일본에 대한 미 측의 새로운 평가, 이들이 변화의 노출된 면의 일부이다. 이러한 사태의 진전은 수년래 미국의 대한정책이 재검토되고 있다는 인상을 꾸준히 주게 된 이유이기도 한데, 이것은 또한 끊임없이 계속되는 감군론의 배경이자 동시에 한국 외교의 일대 과제로 나타난 한일 문제의 주인이 된다. 뿐만 아니라 변화는 반도 주변세력인 소련, 중공 관계에서 노정되었으니, 곧 과거 냉전기에 있어서 일률적으로 임할 수 있었던 소련, 중공을 과연 오늘날과 같이 소련·중공의 분규에 있어서도 또 미국·소련, 미국·중공의 차이 있는 관계를 고려에 넣고서도 일률적으로 대하여야 하느냐 하는 외교 전략의 문제가 나온다. 이 문제는 물론, 동시에 한국방위정책에까지 영향을 미칠 것이 이론상 틀림없다. 그러나 이러한 상황에도 불구하고 현재 한국이 지니고 있는 대미 관계의 외교적 이미지는 과거와 별다른 것이 없고, 따라서 피아 간에는, 이대로 간다면 정책 변화의 조만早晚에서 오는 시차가 커질 가능성이 많고, 이것이 그래도 한국 외교에 지대한 충격을 가져올 우려가 있다. 이것은 비단 원조의 점차적 감소 문제, 감군 문제, 한일 문제, 방위 문제뿐만 아니라, 통일 문제에까지 직결되는 까닭에 더욱이 도전적이라고 하겠다.

한국의 방위 문제는 냉전 환경에 있어서는 그대로 자유진영의 방위 문제로 이해되었다. 우리의 방위이며 동시에 우방과의 공동방위로 통용되고, 오늘날에 있어서도 이 명분은 한국 내에서 강력히 유지된다. 한국 외교는, 한국 방위는 곧 자유세계의 방위이며 국제적인 방위 태세의 일환이라는 명분 위에 구축되어 왔다. 유엔군의 주둔이 그 상징이며 한국 방위는 '국제적인' 침략에 대비하는 것이라고 이해된다. 이러한 '자유전선'의 이론은 주지되듯이 냉전기의 자유, 공산 양대 진영론에서 전형화한 바로서, 이것이 오늘날 여러 면에서 약화되는 경향을 시현示顯하는 인상을 주고 있다. 첫째, 중립주의 국가의 급증은 상대적인 의미에서 자유 민주전선론의 감소를 뜻한다. 둘째, 드골의 독자적인 동남아 정책이나 영국의 리버럴한 중공 정책은 실제적으로 자유민주전선을 한미 전선으로 좁히는 결과를 가져 왔다. 셋째, 한일회담의 예에서 보듯이 한국 대북방위에 대한 일본의 입장은 그 '상업주의'commercialism의 정책 그대로 공동방위관과는 거리가 먼 것이었다. 따라서 방위 외교면에 여러 가지 혼선이 나타났다. 유엔군 철수론 같은 공산안에 동조하는 중립국의 증가, 한국 방위의 국제적 성격에 대한 우방 측의 견제 등이 그 예가 아닐 수 없다.

군사혁명 이래 한국 외교망의 확대는 단적으로 유엔 외교의 확장이라고 이해되는데 유엔 외교는 실질적으로 명분외교였다. 결과로서 판단하면 곧 국토통일 달성이 이룩된다느니보다는 오히려 반도내의 '유일한 합법정부'라는 점이 매년 내외에 천명되고, 또 우방의 통일결의안이 통과됨으로써 16개국 공동성명의 정신이 과시된다는 것이 실정이었다. 근래에 있어서는 더구나 '유일한 합법정부'인 한국만이 총회에 초청되는 점에 상당한 외교력이 집중되었었다. 그런데 이러한 유엔외교는 국제 환경에 있어서는 대체로 냉전외교로 해석되는 경향이 있으며, 따라서 냉전완화 추세에 부응하여 종전대로의 유엔외교는, 우경 정권이 미국에 임하지 않는 한 오래 유지가 어렵게 되었다. 뿐만 아니라 통일 문제에 대한 유엔외교에 있어서도 중대한 변동이 닥쳐올 여러 가지 징후가 엿보인다. 그것은 비단 유엔외교에 있어서의 '통일 문제'뿐이 아니라 중공 대표권 문제의 진전에 따라 병진될 아시아 정치 외교에 있어서의 한국통일 문제라는 양태를 취할 가능성이 충분한 연고로 해서 더욱 사태는 중대할 것이다.

두 개의 한국론이라고 불리는 문제가 이것에 밀접히 연관되는 것은 쉽게 알 수 있는 일이다.

무릇 한반도 주변의 세력균형은 현재 재조정을 요하는 위험기에 돌입하고 있으며 그 주되는 이유는 중공, 일본의 새로운 위치에 있다. 더구나 중소 분규에 의해서 균형조절이 심히 어려워짐에 따라서 그것이 한국외교에 중대한 영향을 미칠 것이 예측된다.

새로운 국제 균형의 형성은 적어도 여러 해를 요할 것 같다. 첫째, 설령 중소의 분규는 파탄을 면한다 하더라도 한국 주변에 있어서 소련, 중공을 단일세력으로 간주한다는 것은 매우 위험한 판단이라 하겠다. 따라서 한국에 대한 한 소련, 중공은 1880년대의 관계로 되돌아갈 가능성이 있다.

둘째, 따라서 중공의 핵보유는 단기적으로도 중대한 의미를 갖는다. 설혹 실용 단계가 아니라 하더라도 1949년 소련 핵보유 시의 예로 보면 그것이 군사 균형에 새로운 계기를 마련하는 것은 틀림이 없다.

셋째, 또 따라서 일본재군비 문제 및 핵보유 혹은 미일 핵정보 교환은 일본 국내정치뿐 아니라 아시아정치에 중대한 전환점이 될 가능성이 있으며, 한반도는 이러한 상황 아래 형성되는 미국, 소련, 중공, 일본 관계에 영향받지 않을 수 없다. 국토 양단의 사실과 미국의 역할을 조정하며 생각한다면 사태는 흡사 갑오전쟁(청일전쟁) 전의 시기와 방불한 인상이 있다. 더구나 한국 외교는 1, 2년을 넘지 않고 괴로운 재검토를 끝마치지 않을 수 없는 문제를 가지고 있다. 내년 3월에 개최되는 제2차 아시아·아프리카 대회로부터 유엔 총회에 이르는 동안 예상되는 중공 외교의 전진인데, 수년래의 예로 판단하면 북한이 그 여덕을 누려 외교적 활동을 할 것은 의심이 없다. 따라서 현재 미결 상태에 있는 문제, 곧 통일 아랍, 인도네시아 등에서와 같이 북한 외교사절단의 존재를 무릅쓰고 외교 관계를 수립하느냐 아니하느냐 하는 문제는 장래 확대될 것이 예측된다.

또 한편, 이와 관련하여 금년에 있었던 제2차 아시아·아프리카 대회 예비회의(제네바)에 있어서와 같이 북한과 동석하는 회의에 계속 참가하느냐 하는 문제에도 부닥친다. 모두가 기술적인 것 같이 보이면서 동시에 원칙 문제를 내포하고 있다.

이러한 대소 각색의 문제가 한국 외교에 직접 간접으로 도전하는 문제가 아닐 수 없는데, 이러한 착잡하고도 다색한 문제는 따져 보면 구경究竟 한국사의 일 시기를 획할 통일 문제로 가는 외교적 도전이라고도 말할 수 있다.

세계자유회의 한국본부 토론회, 1964년 10월 27일
《국회도서관보》 1964년 11월호

금차총회와 한국문제
(1965)

한국문제에 대한 세계의 관심

현재 유엔 안에서 한국문제는 죽어가는 이슈이며 유엔 회원국들은 별로 관심을 보이지 않는 것 같다. 그 이유로는 첫째 유엔 총회에서 점차 냉전적인 요소가 줄어가는 경향이 있고, 둘째로 회원국들은 한국통일문제의 실효성에 대해 기대를 걸지 않는 경향이 농후하기 때문이다. 한국 문제에 대한 회원국의 의사를 조기타진한다는 것은 별로 효과가 없다고 본다. 따라서 20차 유엔 총회에서 한국문제의 전망은 예견하기 어렵다고 본다. 또한 1963년까지 관례적으로 한국문제가 제기될 때면 으레 북괴의 반응이 나타났고 그들이 매우 도전적으로 나올 때면 어떤 지침이 나왔으나 전번의 19차 총회 때나 이번 20차 총회를 맞는 현재까지 북괴는 별다른 반응을 보이지 않고 있다. 한편 한국 문제 자체가 냉전적 요소를 내포하고 있다고 많은 회원국들이 느끼고 있어 이번 총회에서 한국문제 상정 자체가 문제로 논의될 수도 있다.

유엔에서 냉전 완화를 위한 적극적인 활동이 나타날 때는 작년과 같은 반응이 보일 것으로 본다.

총회에 상정되는 경우의 문제점: 명분상으로는 통일결의안의 재확인이 될 것이나 실질상으로 당사국 초청문제(북한의 동시초청)가 문제로 등장될 것이며 유엔 밖에서 한국문제 처리방안이 나올 가능성도 전망될 수도 있다. 만일 한국문제 처리에 관해서 새로운 방안이 유엔에서 문제로 다루어질 경우 작년과는 여러 요인이 다르다.

첫째로, 20차 총회에서 한국문제는 월남문제가 긴급토의될 수 있는지의 여부와 밀접한 관계를 갖고 있고 중공의 대표권문제와도 관계를 갖고 있다. 따라서 이번 총회에서 월남문제에 대한 협상 분위기가 짙으면 한국에 대한 영향은 영점에 달하고 분위기가 거칠어 냉전화할 때면 한국은 심한 타격을 받을 우려가 있다.

둘째, 지난 6월에 개최 예정이던 아아亞阿회의가 연장됨에 따라 중립국가들의 대중공 태도가 변질되기는 했으나 연말에 가서 이 회의가 개최되면 우리에게 심한 영향을 줄지도 모를 정도로 사태는 유동적이다.

셋째로, 한동안 벌어졌던 소련과 북괴의 관계는 최근 북괴가 소련에 접근하고 있는 관측이 있는데 그런 관계가 계속된다면 한국통일 결의안은 당사국 동시초청이라는 난제에 부딪히게 되며 이 경우 예상하기는 어려우나 예년에 비해 최소한 표수의 차는 생길 것으로 보인다. 이럴 경우 북괴초청 문제 자체가 문제되며 한국통일 문제는 월남, 중공, 북괴 등과 관련되어 더욱 냉전 이슈로 다뤄질 때 달갑지는 않지만 심한 토의를 겪어야 될 것도 예상해야 한다. 냉전의 이슈가 되지 않을 때는 총회에 있어 한국문제는 작년까지 미국을 위시한 우방과의 협조 밑에 자주적인 어프로치를 할 수 있는 가능성이 많았으나 금년 들어서는 우방의 적극적인 협조를 기대하기 어렵게 되었다.

다시 말해 우방은 유엔에서 한국이 자주적이며 새로운 접근을 시도한다는 사실에 냉담하다. 이것은 태평양 지역에서 우방의 초점은 월남에 쏠려 있고 한국문제에 대해서는 현상유지 정책으로 굳어지고 있기 때문이다. 1961년 군정 수립 이후부터 볼 때 외교행위의 자율성의 한계가 지금처럼 미약한 때는 없었다. 다시 말해 유엔 대책에 자율적인 정책을 바란다는 것은 무리이다. 정부는 현상유지를 위한 지지표수 확보를 목표로 하고 있으나 그것은 유엔 안에서는 의미가 없다. 정부의 유엔 대책은 상례적인 연중행사로서 명분만을 찾으려 하고 있으며 자율적 해결방안을 세울 노력을 못하고 있는 실정이다. 이와 같은 소극적인 유엔 대책으로 총회에 나선다면 급격한 사태가 돌발할 때 준비 없는 정부로서는 충격을 받게 될 가능성도 짙다.

《경향신문》 1965년 9월 18일

정치의 앞날을 위하여
70년대 초를 향한 거센 시대조류
(1966)

한 정치적 시기에 대하여

대한민국에 한한다면, 해방 이래 오늘에 이르는 정치사의 흐름에는 몇 개의 구획이 가능하다. 우선 해방으로부터 대한민국 성립까지를 긋는 시기. 다음 대한민국의 수립으로부터 휴전에 이르는 한 시기. 이 시기는 중공 개입에 의한 새로운 군사균형이 이룩되는 한편 한반도가 태평양 지역의 한 개 전선임이 확립된 때였다. 또 다음에는 휴전으로부터 5·16으로 끝맺는 한 시기가 온다. 이때는 두 개의 특징이 두드러진다. 곧 하나는 실질적인 '정객' 정치의 단절이요 또 하나는 대일관계의 신국면의 도래. 그러면 우리가 처하고 있는 '오늘'이라는 정치적 시점은 과연 그 어느 시기, 또 그 어느 진행도상의 일점일까. 오늘날까지의 사태로 판단하면 두 개의 양상이 뚜렷하여 그것으로 시기를 구획하는 특징이 될 만하다.

첫째, 보통 은폐되어 있어야 할 정치권력의 실력적인 저변이 그대로 노출되는 정치의 출현이라는 점. 둘째는, 한반도를 둘러싼 제4의 세력으로서의 일본의 진출이 맹렬하여, 마침내 이 지역과 주변 일대에 미묘하고도 위험한 변화가 일어나고 있다는 사실이다. 첫째

문제는 필연적으로 의회정당정치의 가식화假植化, 그리고 선거를 통한 합법성에도 불구하고 지배와 명분과의 괴리를 가져왔으며, 급기야는 한국정치에 있어서의 군軍의 성격 문제와 군과 강국과의 관계라는 심각한 문제를 노정하였다.

둘째 문제는 자연 국제정치에 있어서 군사, 외교 양면의 재조정이라는 사태를 빚어내고 또 이에 따라 국내 정계, 경제의 재편성이 점차 구체화될 낌새가 보인다. 그런데 국내외의 재편성과 재조정은 본래 그 자체의 성격만으로 따진다면 통일보다는 오히려 반도 양단의 고정화 방향으로 연沿하여 전개되고 있는 인상을 준다.

그리고 또 그 일차적인 단락으로 나는 대략 1970년대 초의 1, 2년을 특히 주시한다. 그렇다면 과연 이 재편, 재조정의 단락은 한 시기의 획정을 거부하는 평탄한 것일까. 그것은 그렇지 않을 것이라는 것이 내 의견이다.

첫째로 재편과정에서 방사放射되는 사회정의에의 심각한 욕구와 일방 '빈곤의식의 심화경향'은 혹은 1970년대 초의 불안상태의 저변을 이룰지 모른다. 빈곤의식의 심화란 다름 아니라 설령 절대적인 소득의 상승이 있더라도 전반적인 소비기대가 보다 높을 경우 필연적으로 대중의 '빈곤의식'은 더욱 커진다는 뜻이다. 급격한 빈곤의식의 심화가 과거 사회변동의 한 개의 상황적 조건인 것은 주지의 사실이다.

둘째, 한국을 둘러싼 주변세력의 여러 정책 특히 군, 경, 정치의 여러 정책의 매듭이 묘하게도 1970년대 초로 집중되고 있으며, 따라서 세력균형을 확인하는 시험이 있을 수 있다면 1970년대 초가 가장 확률이 높을 것으로 추측된다.

셋째, 동북아 전체의 정략, 전략과 관련되어 이해되는 정치, 경제 양면의 재편은 불가피하게 정치적 비전으로 가장 호소될 수 있는 내셔널리즘의 저류에 거대한 충격을 가할 것이 의심 없다. 그리고 이러한 '자아상실'에의 저항은 국제긴장을 따라가면서 통일문제의 현실정치화를 가져 올 가능성이 크다. 통일문제의 현실정치화란 무엇이냐, 통일문제가 직접적으로 현실 남북정치의 문제거리가 된다는 것이다. 이 문제는 오랜 문제거리이고 또 국민의 숙원이었다. 해방 이래 정치명분의 최대의 것이며 따라서 각 정당의 통일방안에 부지런히 논급하고 밖으로 유엔총회에 있어서는 거의 매회 한국문제가 논의된다. 그러나 그럼에도 불구하고 통일문제가 진실로 긴박한 현실감에서 파악되었다는 인상은 적이 힘들다. 오히려 명분론에 맴돌았다고나 할까. 이에 반하여 '현실정치화'란 조건의 호불호, 또는 현실적인 기피행위의 유무에 불구하고 절박한 한경과 정치적 중압을 느끼면서 취급된다는 뜻이다.

따라서 이러한 통일문제의 현실정치화는 결국 정권의 좌座에 영향을 줄 수밖에 없으며 또 이러한 문제의 출현은, 만일에 출현한다면 이 시기의 종막이요 다음 시기의 개막일 듯하다. 이러한 의미에 있어서도 1970년대 초가 다시 주시된다.

혁명과 아시아

오늘날 아시아, 아프리카 그리고 중남미는 마치 혁명의 회오리바람 속에 살고 있는 인상이 든다. 그리고 그럼에는 그럴만한 이유가 있는 것으로 나는 안다. 대개 오늘날의 혁명에는 몇 개의 특징이 선명하다.

첫째, 제1차 대전 후의 모든 혁명, 내란, 소요, 쿠데타 등은 거의 모두가 이른바 후진지역의 일이며 압도적으로 비유럽지역이다. 이 점에서는 유럽은 오히려 예외에 속한다. 예컨대 러시아 대혁명의 러시아는 유럽의 후진이며 그나마 비유럽의 요소가 강하다는 것이 정평이었다. 전후 독일의 실패한 공산혁명은 패전 직후의 그야말로 혼란 시였다. 스페인의 프랑코 내란은 단순한 내란도 아니었거니와 스페인 역시 유럽의 후진이로되 이 모두가 비유럽지역의 발생 수에 비하면 거의 문제가 되지 못한다.

둘째, 제2차 대전 후 그것도 최근의 특색은 '혁명' 개념에 혼란이 일어난 점이다. 과거의 혁명이론에 의하면 혁명과 내란과 쿠데타와 소요 등은 엄연히 다른 것이며 권력만을 위한 지배층 간의 쿠데타, 무계획한 소요, 그리고 양대 세력으로 국내가 이분되어 전투에 들어간 내란은 정치이념에 따른 사회변혁을 기도하는 혁명과는 단연코 별개로 주장되었다. 그러나 최근의 쿠데타, 내란, 소요, 정치 운동은 대개가 '혁명'이라는 명목 아래 행하여지며 또 정치명분답게 미화된다. 물론 이 미화의 근저에는 오랜 혁명가들의 노력의 결실로서, 혁명은 새로운 좋은 사회에의 이정표라는 일 풍조가 깔려 있다. 그런데 문제는 이론적인 개념규정에 있는 것이 아니라 그보다도 권력만을 위한 지배층 간의 투쟁에 있어서까지도 적어도 표면상으로는 정치명분을 빌어 도장塗裝하지 않으면 아니 되게 된 대중의 정치의식의 전진이라는 상황이다. 이런 의미에서 나도 여기서는 혁명을 이 혼잡의 의미대로 써야 된다고 느낀다.

셋째, 혁명 또는 혁명운동은 그 빈도로 보아 제1차 대전 이래 증가 경향에 있으며, 또 신생국가의 성립 혹은 민족국가에의 운동과 비례하며, 지역적으로는 유럽 후진지역으로부터 중남미와 아시아로, 다음 아시아에서 다시 아프리카로 확대되는 경향이 있다. 요컨대 근대국가 관념의 전파 또는 근대 내셔널리즘과 혁명은 상관관계에 선다. 여기에도 그렇지 않은 예가 많다. 그러나 역시 총수總數에서 보면 문제가 못 된다. 혹자는 의심하여 공산혁명을 들 것이다. 러시아 대혁명은 내셔널리즘과 관계가 적은 예일 것이로되 단 여기에 있어서도 대혁명이 내셔널리즘의 붕괴상태라고 할 수 있는 패전 중에 이룩된 것은 의미심장하다. 뿐만 아니라 쿠바, 중공의 예에서와 같이 혁명 초기에 있어서는 적어도 내셔널리즘에 연沿하거나 혹은 의장擬裝 아래 진행시킨 사실은 기억할 만하다.

이런 의미에서 볼 때 18세기 말에서 시작되어 1850년대로 끝나는 장장 60년의 역사는 일종의 혁명시대의 역사였으며 또 내셔널리즘의 시대이자 동시에 서유럽의 근대국가화 과정이 완결되어 가는 한편, 새로 동유럽에서는 근대화과정이 시작되는 시대이기도 하였다. 이 내셔널리즘의 파도가 사조로서는 제1차 대전 후에 비로소 동유럽에서 일단락 짓게 되는 것은 적이 흥미스럽다.

혁명시대 속의 한 시기

그런데 기묘하게도 이러한 유럽의 내셔널리스틱한 혁명유형을 오늘의 아시아, 아프리카에서 비슷이 발견할 수 있다. 그리고 그 대응관계에서 보면 아시아, 아프리카의 신생국가는 대개 19세기 전반의 중유럽적인 후진형이며, 때에 따라서는 그것도 못되어서 '민족'이란 기저관념조차 형성되어 있지 않은 경우도 있다. 마치 동유럽 상태라고나 할까. 그러면서 이러한 아시아, 아프리카 상태는 폭발적이다. 왜냐하면 유럽의 고전 예에서 관찰하건대, 한번 근대국가의 대응되는 정치이데올로기로서 내셔널리즘이 정치집단에 부착하면 처연히 일로—肆 근대국가 이념에의 완결에 매진하는 까닭이다. 곧 내 나라 중심의 민족자주성, 자립적인 국민경제에의 치열한 열망, 팽창주의적 외교정책에의 욕구가 나타나는가 하면 한편 국내에 있어서는 국민주의의 자기관철로 인정되는 민주화가 요구된다.

아시아, 아프리카의 경우에 있어서는 이러한 역사적 경향에 가산하여 다시 역사를 단축하여 선진에 따라가려는 격렬한 욕구가 첨가된다. 요컨대 예나 지금이나 근대국가의 본을 택하는 이상 내셔널리즘의 자기관철의 과정이 전개된다. 이 점에 있어서는 근대화 과정이 미결상태인 공산국가도 예외는 아니다.

공산주의는 본시 국제계급주의이며 이념으로는 초국가주의이다. 그러나 현실은 이념과 달라 위기에 직면하면 주저하지 않고 '조국'과 '애국'을 내세우고 나라의 이익이 문제될 때엔 단연코 민족주의적 성격을 나타내는 것은 우리가 작금에 보는 대로다. 그런가 하면 일방 근대국가의 완결상태에 들어선 서유럽의 여러 나라는 오히려 초국가적인 유럽연합에 열의를 보이는 것은 좋은 대조가 아닐 수 없다. 또 왕년의 내셔널리즘의 선수국이나 오늘의 강대국이 신생국의 신생 내셔널리즘의 생장을 국제평화에의 위협으로 왕왕 보려는 경향은 일종의 아이러니가 아닐 수 없다.

오늘날 아프리카의 부족군群 국가 중에는 단일민족의 기저 형성조차 힘들며 따라서 내셔널리즘이 완전히 관념화하는 예를 본다. 뿐만 아니라 말레이시아, 인도네시아의 예에서 보듯이 내셔널리즘 이전 상태인 다민족으로부터 시작하여 장차 단일민족국가를 형성하겠다는 예도 들 수 있다. 모두 다양하고 또 다난한 형극의 길이 예상되는 형편이로되 그 본이 고전기에 전혀 없었던 것은 아니다. 그리고 이러한 대응이 가리키는 원칙은 19세기든 20세기든 근대국가라는 공소空疎한 명목으로부터 시작하여 자라가야만 하는 노정이나 내셔널리즘에의 지향으로 시작되는 험준한 정치운동이나 모두가 하나같이 피할 수 없는 길을 달린다는 것이다. 정치적 독립, 진정한 독립, 자립경제와 민주화 과정. 일단 이것이 성립하였을 때 현실정책에서 볼 수 있는 팽창주의. 나와 남의 예리한 대립과 이로 인한 내 나라에의 집착. 이 근대국가의 기본요청이 이른바 '민족'이라는 명분과 관념에서 이룩되거니와 때로는 이 지상의 정치요청으로 인하여 약소신생의 국가들은 저항하고 주장하고 국제적 소비수준을 본보기로 하는 외국원조를 경계하고 독자성보다는 국제의무가 과중한 군사원조를 주저의 빛으로 대하게 된다. 그리고 때로는 완강한 보호정책으로 자국시장을 감싸려고 한다.

1841년에 출판한 리스트의 《정치경제의 국민체계》는 소위 반자유주의의 거봉巨峯이거니와 그것이 유럽의 후진인 독일에서 나왔다는 사실은 후진 내셔널리즘의 성격을 여실히 일러주고 있다. 이 점은 또 신생국가의 일부에서 신식민주의라는 공포개념 하에서 대국과의 경제관계를 경계하는 것을 이해하는 데에 도움이 된다. 여기에 다시 강대국 정치의 관여가 도입된다. 고전기로부터 오늘의 예에 이르기까지 혁명은 반드시 강대국 정치의 호불호 속에 이룩되어야 한다. 그러면서도 말이다, 역사의 흐름은 강대국 정치를 넘어선다.

19세기의 혁명시대에 있어서도 역사의 외면은 강대국 정치가 찬란하게 수놓았고 약소국가와 민족의 혁명파동은 그 사이에 부록물 같은 감이 있었다. 그러던 것이 백년의 세월을 경과한 오늘의 시각에서 뒤돌아보면 홀연히 강대국 정치는 뒤로 물러서고 그 혁명의 파도가 역사의 오늘을 결정한 주류로 별안간 전면에 나타난다. 이것은 우리가 간과할 수 없는 교훈을 보여준다. 19세기 전반 메테르니히의 반동정책으로 내셔널리즘은 일진일퇴, 우여곡절을 겪어서 도저히 직선적이라고 할 수 없었다. 그나마 역사의 흐름 속에 이 문제는 자연히 해결되었다. 이 점도 과거 20년간의 아시아, 아프리카의 역사는 19세기의 고전적인 예를 닮아간다.

생각건대 한국의 정치는 현재 이러한 거대한 시대조류 속에 그리고 그 속에 지나가는 아주 짤막한 한 시기에 처하고 있다. 우리 정치는 본시가 국제적 제약과 현실적 상황 속에서 얼마만큼 그 독자성과 그 자율성을 정책으로 옮겨놓을 수 있느냐의 문제로 요약할 수 있으며, 또 그 방향은 모름지기 타율과 자율과의 타협에 있어서 최대한의 자주라는 역사적 곤란을 장기적으로 해결시킬 실마리를 찾을 수 있을 것이다. 그런데 혹자는 가로되, 오늘날 우리는 이러한 현실적인 최대의 자율성을 견지하고 있다고 주장한다. 이것을 듣고 나는 한 번 크게 웃어 버렸다.

《경향신문》 1966년 10월 6일

한국근세 국제관계의
이해를 위하여
(1966)

1

한국외교사는 대원군 시대로부터 새로운 시대에 들어간다. 그것은 이때로부터 대체로 조선왕국은 이른바 개국문제, 곧 동서의 나라와 근대적 외교관계를 갖는다는 문제에 직면하게 된 까닭이다. 그리고 개국의 문제는 단순히 새로운 방식의 외교관계를 뭇 나라와 맺는다는 의미에 그치는 것이 아니고 그 배경에는 종래 조선왕국이 의존하던 전통적인 사대교린의 국제정치질서가 허물어지고 이에 대신하여 유럽의 근대적 국제정치질서가 새로 도입된다는 역사적 사건이 있었다. 국제정치에서 볼 때 소위 사대주의는 결국 대·소국 사이의 서계화序階化를 국제법의 기준으로 삼은 국제정치질서였으며, 그 명분의 뿌리는 유교의 정치관념이며 그 표현은 '예'禮에 있었다. 이런 의미에서 나라 사이의 '예'가 근대유럽의 국제법 관념에 해당하는 사실은 기억할 만하다. 이에 반하여 근대국제정치는 명분상 대, 소국 사이의 평등권을 전제하였으며 이 위에 독립자주의 주관개념과 군사동맹의 기저가 된 조약권리론이 발전하였다. 따라서 그들 국제정치의 관념과 외교의 양태는 서로 이질적이어서 도저히 용납될 수 없었다. 그러므로 '사대교린'事大交隣의 '예'로부터 새로이 유럽 '이적'夷狄의 '외교'外交로 옮긴다는 것은 필연적으로 정치명분의 변개, 정치체제와 행위양식의 혁신을 같이 하지 않고는 몽상도 못할 바로, 말하자면 일종의 혁명기를 겪는 셈이 되었다. 그런데 조선왕국은 결과적으로 볼 때 새로운 정치체제에의 적응과 이에 필요한 국내조건의 조성에 실패하고 말았다. 그리고 그러한 적응불능의 징후는 이미 대원군 시대에 명백하였고 또 1910년 왕조의 종말이 명목상으로도 도래하였을 때까지도 이 점이 불식되지 못하였다고 생각된다. 이 점에 있어서 왕조외교의 운명은 중국의 청말외교 및 일본의 막말외교와 동궤同軌로서, 마치 중국과 일본의 신외교가 만청滿淸의 멸망, 도쿠가와 막부의 종결로써 매듭짓는 국내정치에의 신질서 도입이라는 조건에서 비로소 가능하듯이 나라 안의 새 정치세력의 출현으로만 타개되는 성질의 것이었는지 모른다. 그런데 한반도에 있어서는 새로운 정치 세력이 정권을 맡기 전에 그만 외국 세력의 예속 하에 들어간 것은 주지된 일이다.

2

근대한국외교사는 무릇 대원군 시대로부터 이씨왕조의 종말까지를 다루거니와 그것은 단지 한말의 대외관계사라는 일반적인 면에 있어서만이 아니라 이질적인 국제정치질서의 교체기의 외교사인 까닭으로 해서 독특한 성격을 띠고 있다. '사대교린'의 정치질서에의 의존도가 높았던 조선왕국의 종말기에는 전통적 질서와 유럽형 정치의 갈등과 또 그것을 통한 성격의 차이가 청말외교사에 있어서와는 또 달리 투영되고 있다. 그러면서도, 또는 그랬던 까닭에 한말외교는 사건의 와중에 있는 경우에도 외교교섭의 당사자로는 매우 피동적이거나 혹은 사건에 마치 관계없듯이 안여晏如한 일이 흔히 있었다. 아마 개국외교, 거문도사건이 그 심한 예이며, 반도문제를 위요한 청·일과 일·러의 교섭에 처한 조선외교가 그 버금이 될지 모른다. 이러한 사태는 한말외교사의 주자료는 말할 것도 없이 조선왕국 측의 자료이며 또 이것이 동시에 이 시기의 청·일, 일·러 관계의 중요자료임에도 불구하고 외교교섭이나 외교문제에 따라서는 왕왕히 왕국이 남긴 자료가 대단히 빈약하다는 사실에 봉착하는 수도 있다. 더구나 왕국 종말에 따른 혼란과 외교문서에 대한 일제日帝 관리는, 우연인지 고의인지 몰라도 상당수의 자료의 망실亡失을 상정할 수 있게 한다. 여하간에 한말외교사의 성격과 왕국쇠망 시의 혼란은 현재 남아 있는 외교자료 면에도 여실히 반영되고 있다는 감이 깊다.

3

이 까닭에 근대 한국외교사 연구에 있어서 관계되는 외국의 자료는 가히 다른 나라의 예에서보다 더욱더 중요할 뿐 아니라 때로는 주자료의 위치를 점하는 일도 없지 않게 되었다.

근대 한국외교사에 대한 우리 학계의 본격적인 연구는 그리 오래지 못하다. 첫째, 1945년의 해방까지로 말하면 일제하의 한반도에 있어서 한국인에 의한 진정한 한말외교사의 연구란 정치적으로 어려운 일이었던 것은 모두 아는 터이다. 둘째, 조선왕가의 외교문서가 유존遺存되던 규장각문고 및 일본 측의 한말관계문서는 대체로 일본 관학의 독점으로 오로지 일본인 연구의 인용 및 일본간행물에서 그 일단을 엿볼 뿐 부득이 연구자료 면에 있어서 제약을 받지 않을 수 없었다. 이 결과 해방 전의 한말외교연구란 매우 부진하였으며 그런 환경에서 분투노력한 몇 분의 업적이 있을 따름이다. 이에 대하여 일본인 학계의 경우는 대체로 일본의 대한 식민지정책에 호응하여 한말외교의 성격을 '일본화'하기 위한 관학의 노력을 중심으로 연구가 이루어졌다. 그 가운데의 으뜸되는 것이 조선총독부 정책 하의 경성제국대학 교수의 업적이었다.

한편 영미 학계에 있어서 그 나라 학계의 동아시아연구 및 중국연구의 여파로서 한말외교의 일모—貌가 천명되고 또 미국 선교사의 한미관계사연구도 있었는데 이 모두가 자국 측의 기본자료에만 의존한 연구가 대부분으로 따라서 자국 정부의 한국상像이 무조건 전제되었다.

4

8·15를 계기로 근대 한국외교사의 연구는 연구의 자유, 국내자료에의 접근, 신자료의 발굴이라는 점에서 가히 새로운 시대를 맞이한 느낌이었으나 6·25 사변으로 인하여 약 10년간은 연구의 주류라고 할 만한 학계 전체의 움직임이 형성되기 어려웠다.

그러던 것이 비교적 학계가 안정기로 접어든 최근 10년간에 있어서 연구의 방향에는 뚜렷이 몇 개의 흐름을 헤아릴 수 있게 되었으니 곧 그 첫째는 새로운 문제의식에의 모색, 그 둘째는 사료의 재검토, 그 셋째는 사료의 정비, 발간이었다. 특히 사료의 정비와 발간은 학계 전체의 기초작업이며, 장래의 모든 연구의 토대인 까닭에 이 방면에 있어서의 조속한 성과는 크게 요청되어 왔으며 이러한 요망에 응하는 대표적인 예가 바로 현재 진행 중인 아시아문제 연구소의 구한국 외교문서의 발간이며 또 여러 가지의 귀중한 사료를 발행한 국사편찬위원회의 활동이며, 국회도서관의 한말외교관계의 편찬물이라 할 수 있다.

그런데 한말외교자료의 정비는 말할 것도 없이 응당 그 동안 소홀했던 구한국 측 자료의 정비가 먼저 착수되어야 할 것이로되 또 동시에 외국자료에 대한 지견知見을 넓히지 못한다면 사료정비가 목적했던 바 새로운 문제의식의 정립, 사료의 종합적 검토란 심히 곤란할 것은 이미 위에서 잠깐 논급한 한말외교사의 성격 및 외교사료의 상황 조건으로 보아 쉽게 짐작이 될 것이다. 국내사료의 정비와 아울러 외국자료의 정리이용이 있어야 비로소 과거 국내외인의 많은 연구에서 보는 바와 같은 일국사적인 견지, 또는 자국사적인 입장이 극복될 것이다. 한말조선의 외교사는 물론 한반도사의 일맥이거니와 동시에 반도사로서의 의미를 넘어서 세계사의 흐름에 연관되어 전개되었다는 의식이 앞으로 근대한국 외교사를 연구하는 데 중요할지 모른다. 다시 말하자면 국제정치사적인 입장에선 외교사가 우리나라의 학문을 위해서나 또 외교실제의 지침으로서나 필요하다는 인식이다.

《근세한국외교문서총목》 서문, 1966년

한국과 미국, 시련의 전환기
신고립주의 경향을 따진다
(1970)

1

주한미군의 감축설은 전에도 여러번 있었으나 이번에는 풍설로 끝날 것 같지 않다. 닉슨 대통령의 소위 괌 구상에 따른 재외미군의 감축정책도 한국에는 당분간 적용되지 않으리라 한 것은 너무 희망적이었던지 작년에 이미 1971년 감축설이 나돌더니 그것이 지난 5월부터는 구체적인 사태로 들어가 오늘의 포터 통고에 이르렀다.

미국의 사정은 여러모로 알려져 있다. 그 으뜸은 물론 지나치게 팽창된 해외군사부담과 군사공약의 점감漸減정책인데 그 배후에는 국내반전의 여론의 추세와 누적된 재정적자, 미 달러 해외유출 문제가 있는 것은 주지된 일이다. 닉슨 정부의 국내정책 제1호는 인플레와 물가대책으로 적자재정과 군사비 가중은 이에 깊이 관여된다. 단기적으로는 중간선거가 11월에 다가오는데 월남전 해결은 묘연하고 민주당 국회는 선거를 앞두고 공화당 행정부를 견제하고 또 닉슨과 맞선다. 여러 가지 조건을 삽입한 무기판매 법안은 사실상 또 심리상 여러 가지 난문제를 가져온다. 한편 1/4 분기와 2/4 분기 초반의 동향을 보면 물가 실업률, 주식동향, 유명회사 결산 보고는 모두 경계를 요하며 계속 상승, 점증, 대폭락, 이익점감의 경향을 보여주고 있다. 여론은 군사, 경제, 인종 등에 집중하는데 특히 군사는 비미국화라는 직접개입 반대의 방향임은 모두가 아는 터이다. 주한미군의 감축론은 이러한 재정, 경제, 군사의 국내적 상황과 깊이 관련되는 감축론의 일부로 여겨진다. 그리고 중간선거에 앞서 공표가 예상되는 재외 미군감축계획에 우리도 끼는 것이 아닌가 추측이 자못 구구하다. 무릇 자유민주정치는 본래 여론정치며 정당정치는 결국 국내정치 위주이기 마련이니 미국서도 국내정치가 기타에 우선하리라.

2

그런데 우리에게 더 중요한 것은 첫째 주한미군의 감축이 과연 한국의 안보개념에 변화를 가져 오느냐하는 문제다. 대체로 미 감군안은 1970년 회계도예산을 심의하던 작년 봄에는 이미 성안成案이 되었던 모양인데 미 국회증언록을 참조하면 미 통합참모회의 의장은 월남에 버금가는 국제위기가 한국에 있는 것을 인정하되 단 대규모의 침략 곧 한국사변 형의 침공에는 부정적이었다. 따라서 한국의 위기를 대략 베트남 형으로 보았다고 추측된다. 또 미군감축은 때에 따라 파월국군의 귀환문제와 연결되어 있는 것을 미정부는 당연히 알고 있으니 그것도 고려한 나머지로 생각된다. 만일에 미군감축이 아마 미국의 입장에서와 같이 한국안보와 전략개념에 변화를 필요치 않는 것이라면 한국정보로서도 이점을 명백히 해야 할 것이며 그렇지 않다면 새로운 사태에 임하는 양국 사이에 새 안보 전략개념에 대한 우호적인 검토와 합의가 있음직하다.

둘째, 미군감축과 파월국군의 문제는 자칫하면 1972년도 경에는 방대한 외화수입원의 고갈이라는 식으로 나타날지 모르는데 바로 이 때쯤부터 차관상환의 의무가 가중된다. 이 문제는 이미 작년 닉슨-사토 성명 때부터 미일 양국이 예측하고 있었던 것 같다. 아마 대일관계는 일반자본도입에서보다는 이 면에서 급진전할 가능성이 있으며 이것이 틀림없이 동북아시아 문제를 더욱 더 복잡하게 만들 것이다.

셋째로 미군감축설은 전부터 묘하게 민심에 큰 영향을 준다. 말하자면 국제정치적이기보다는 국내정치적으로 작용한다. 이 심리적 영향을 어떻게 극복하느냐가 혹은 중대한 의미를 가질지도 모른다.

3

현재 한국사태를 중심으로 보며 미, 일, 소는 현상유지파라고 할 수 있고 한편 중공, 북괴는 현상타파에 속한다. 북괴는 현상타파에서는 중공과 기맥이 통하나 그러나 현대 무기의 공여와 대미 경제에서 소련에 많이 의존한다.

따라서 그 제한 내에서 기본전략이 설 것이다. 닉슨-사토 성명 이래 일본의 점고하는 위치는 이미 여러 사람이 논하였다. 중공, 월맹, 북괴 등의 현상타파 세력에 대하여 미국은 아마 군사적으로도 토착지역 세력의 중심으로, 1975~76년 경의 일본을 생각하고 있을 것이다.

그런데 예측할 수 없는 일들이 있다. 첫째, 과연 제4차 방위계획 후의 일본은 어떠한 일본일까. 금년 4월에 공표된 미하원의 조사단

보고서에 있듯이 신군국주의의 가능성이다. 둘째, 미국의 철군정책과 토착세력의 결집 사이에 올 수 있는 타임 갭은 흔히 한반도 위기가 올 수 있는 진공시기라고 한다. 이 문제는 절실한 현실문제로 다가올 가능성이 있다.

끝으로 한일관계의 접근은 역으로 양국민 사이에 민족주의적 반발을 유발할 위험이 있으며 한국의 의존도가 높을수록 더할 것이다.

요컨대 미군감축은 이 견지에서 보면 닉슨-사토 성명으로부터 시작하는 한·미·일 신관계의 구체적 전개로 보인다. 궁금한 것은 과연 이러한 신국면에 처하는 한국의 장기, 단기의 적극책은 무엇이냐 하는 것이다.

《동아일보》 1970년 7월 9일

《한국외교사와 한국외교》 출전

제1부 한국외교사 논고
"동인승의 행적(상)",《논문집》1권, 서울대학교 국제문제연구소, 1973년.
"거문도 점령외교 종고",《이상백박사 회갑기념논총》, 1964년.
"38선 획정 신고",《아세아학보》1권, 1965년.
"두 개의 중국과 한국의 장래",《신천지》1947년 2월호.
"6·25 사변을 에워싼 외교",《정치와 정치사상》, 일조각, 1958년.

제2부 1940, 50년대 세계정치와 한국외교
"미국의 결의와 평화의 상실",《신천지》1948년 4, 5월호.
"전쟁으로 가는 길",《신천지》1948년 9월호.
"미소위기의 의의와 군사론",《신천지》1949년 2월호.
"미국 극동정책의 변모",《민성》1949년 3월호.
"38선 획정의 시비",《조선일보》1955년 1월 26일.
"(속)38선 획정의 시비",《서울신문》1955년 2월 17~19일.
"동서진영에 있어서의 서독의 위치",《대학신문》1957년 9월 30일.
"우리나라의 외교를 위하여",《신태양》1958년 2월호.
"유엔거부권 문제와 그 장래",《사조》1958년 8월호.

제3부 1960년대 세계정치와 한국외교
"미일 신방위조약론",《대학신문》1960년 2월 15일.
"소련 외교정책을 해부함",《대학신문》1960년 6월 20일.
"중근동 친선방문을 마치고 나서",《최고회의보》3권, 1961년.
"또 유엔총회를 맞으면서",《신동아》1964년 10월호.

"탄트 보고와 한국문제", 《조선일보》 1964년 11월 21일.
"한국에의 외교적 도전", 1964년 10월 27일 세계자유회의 한국본부 토론회 발표문, 《국회도서관보》 1964년 11월호.
"금차총회와 한국문제", 《경향신문》 1965년 9월 18일.
"정치의 앞날을 위하여", 《경향신문》 1966년 10월 6일.
"한국근세 국제관계의 이해를 위하여", 《근세한국외교문서총목》 서문, 1966년.
"한국과 미국, 시련의 전환기", 《동아일보》 1970년 7월 9일.

동주 이용희 전집 4
한국외교사와 한국외교

2017년 12월 15일 인쇄
2017년 12월 20일 발행

지은이 | 이용희
펴낸이 | 권오상
펴낸곳 | 연암서가

등록 | 2007년 10월 8일(제396-2007-00107호)
주소 | 경기도 고양시 일산서구 호수로 896, 402-1101
전화 | 031-907-3010
팩스 | 031-912-3012
이메일 | yeonamseoga@naver.com

만든곳 | 서울대학교출판문화원
전화 | 02-880-5220
팩스 | 02-888-4424

ISBN 979-11-6087-024-4 94340
ISBN 979-11-6087-020-6 (세트)
값 25,000원

ⓒ 이용희 2017